# Entwurf

einer

# Militärstrafgerichtsordnung,

eines

## Einführungsgesetzes zur Militärstrafgerichtsordnung,

eines

## Gesetzes, betreffend die Dienstvergehen der richterlichen Militärjustizbeamten und die unfreiwillige Versetzung derselben in eine andere Stelle oder in den Ruhestand.

**Reichstagsvorlage.**

Berlin SW.48
Wilhelmstr. 119/120.
J. Guttentag, Verlagsbuchhandlung.
1897.

# Inhaltsübersicht.

## Gesetz, betr. die Dienstvergehen der richterlichen Militärjustizbeamten und die unfreiwillige Versetzung derselben in eine andere Stelle oder in den Ruhestand.

# Erster Theil.

# Gerichtsverfassung.

## Erster Titel.

## Umfang der Militärstrafgerichtsbarkeit.

§ 1.

Der Militärstrafgerichtsbarkeit sind wegen aller strafbaren Handlungen unterstellt:

1) die Militärpersonen des aktiven Heeres und der aktiven Marine;

2) die zur Disposition gestellten Offiziere, Sanitätsoffiziere und Ingenieure des Soldatenstandes;

3) die Studierenden der Kaiser Wilhelms-Akademie für das militärärztliche Bildungswesen;

4) die Schiffsjungen, so lange sie eingeschifft sind;

5) die in militärischen Anstalten versorgten invaliden Offiziere und Mannschaften;

6) die nicht zum Soldatenstande gehörigen Offiziere à la suite und Sanitätsoffiziere à la suite, wenn und solange sie zu vorübergehender Dienstleistung zugelassen sind;

7) die verabschiedeten Offiziere, Sanitätsoffiziere und Ingenieure des Soldatenstandes, wenn und solange sie als solche oder als Militärbeamte im aktiven Heere oder in der aktiven Marine vorübergehend wieder Verwendung finden;

8) die in den §§ 155, 157, 158, 166 des Militärstrafgesetzbuchs bezeichneten Personen, solange sie den Militärstrafgesetzen unterworfen sind.

§ 2.

Der Militärstrafgerichtsbarkeit sind ferner unterstellt:

1) die Personen des Beurlaubtenstandes und die denselben gesetzlich gleichstehenden Personen wegen Zuwiderhandlungen gegen die auf sie Anwendung findenden Vorschriften der Militärstrafgesetze;

2) die dem Beurlaubtenstand angehörenden Offiziere, Sanitätsoffiziere und Ingenieure des Soldatenstandes wegen Zweikampfs mit tödtlichen Waffen, wegen Herausforderung oder Annahme einer Herausforderung zu einem solchen Zweikampf und wegen Kartelltragens;

3) die im § 1 Nr. 6 bezeichneten Personen, auch wenn sie nicht zur Dienstleistung zugelassen sind, wegen der in der Militäruniform begangenen Zuwiderhandlungen gegen die militärische Unterordnung;

4) Ausländer und Deutsche wegen der in den §§ 160, 161 des Militärstrafgesetzbuchs bezeichneten strafbaren Handlungen.

§ 3.

Die Militärpersonen des aktiven Heeres und der aktiven Marine sind, soweit nicht die folgenden Paragraphen ein Anderes bestimmen, auch wegen der vor dem Diensteintritte begangenen strafbaren Handlungen der Militärstrafgerichtsbarkeit unterstellt.

§ 4.

Die zur Erfüllung ihrer gesetzlichen oder freiwillig übernommenen Dienstpflicht in das Heer oder in die Marine eingestellten Militärpersonen treten wegen einer vor dem Diensteintritte begangenen Zuwiderhandlung gegen die allgemeinen Strafgesetze nicht unter die Militärstrafgerichtsbarkeit,

1) wenn vor dem Diensteintritt wegen der Zuwiderhandlung ein verurtheilendes oder freisprechendes Urtheil ergangen oder ein Strafbefehl zugestellt war,

2) wenn die Entlassung aus dem aktiven Dienst erfolgt.

War vor dem Diensteintritt die Eröffnung des Hauptverfahrens bereits beschlossen, so muß, sofern die Entlassung nicht erfolgt, in der Sache militärgerichtlich erkannt werden.

§ 5.

Die Bestimmungen des § 4 finden auf die bis zur Entscheidung über ihr ferneres Militärverhältniß zur Disposition der Ersatzbehörden entlassenen und später von neuem für den aktiven Dienst ausgehobenen Mannschaften wegen der vor der Wiedereinziehung begangenen Zuwiderhandlungen gegen die allgemeinen Strafgesetze entsprechende Anwendung.

§ 6.

Die zum Dienst einberufenen Personen des Beurlaubtenstandes und die denselben gesetzlich gleichstehenden Personen treten wegen der Zuwiderhandlungen, die sie vor dem Tage, zu welchem sie einberufen sind, gegen die allgemeinen Strafgesetze begangen haben, nicht unter die Militärstrafgerichtsbarkeit. Während der Dauer der Dienstleistung darf jedoch ohne Zustimmung der Militärbehörden die Untersuchungshaft nicht verfügt, auch eine Hauptverhandlung nur abgehalten werden, wenn der Angeklagte von der Verpflichtung, in derselben zu erscheinen, entbunden ist.

§ 7.

Durch die Beendigung des die Militärstrafgerichtsbarkeit begründenden Verhältnisses wird hinsichtlich der vorher begangenen strafbaren Handlungen die Zuständigkeit der Militärgerichte nicht aufgehoben.

Sie hört jedoch auf in Ansehung solcher gegen die allgemeinen Strafgesetze begangenen Zuwiderhandlungen, welche mit einem militärischen Verbrechen oder Vergehen nicht zusammentreffen, es sei denn, daß bereits die Anklage erhoben (vgl. § 245) oder eine Strafverfügung des Gerichtsherrn (vgl. § 334) zugestellt war.

§ 8.

Macht sich eine der im § 1 Nr. 1 bezeichneten Personen nach Beendigung des die Militärstrafgerichtsbarkeit begründenden Verhältnisses aus Anlaß der früheren dienstlichen Beziehungen einer Beleidigung, Körperverletzung oder Herausforderung zum Zweikampfe gegenüber einem früheren militärischen Vorgesetzten schuldig, so ist wegen dieser strafbaren Handlungen und, wenn der Zweikampf stattgefunden hat, auch dieserhalb die Militärstrafgerichtsbarkeit begründet, sofern nicht der Thäter seit zwei Jahren der militärischen Kontrole nicht mehr unterstand.

## Zweiter Titel.

## Ausübung der Militärstrafgerichtsbarkeit.

### Erster Abschnitt.

### Allgemeine Bestimmungen.

§ 9.

Die Militärstrafgerichtsbarkeit wird durch die Gerichtsherren und durch die erkennenden Gerichte ausgeübt.

§ 10.

Gerichtsherren im Sinne dieses Gesetzes sind die Befehlshaber, welchen die niedere oder die höhere Gerichtsbarkeit nach Maßgabe dieses Gesetzes zusteht.

Den Gerichtsherren der niederen Gerichtsbarkeit stehen Gerichtsoffiziere zur Seite.

Den Gerichtsherren der höheren Gerichtsbarkeit wird die erforderliche Zahl von richterlichen Militärjustizbeamten (Kriegsgerichts-Räthe, Ober-Kriegsgerichts-Räthe) zugeordnet.

§ 11.

Die niedere Gerichtsbarkeit erstreckt sich nur auf Personen, welche nicht Offizierrang haben.

§ 12.

Die niedere Gerichtsbarkeit umfaßt:

1) die nur mit Arrest bedrohten militärischen Vergehen;

2) die Uebertretungen.

Der höheren Gerichtsbarkeit bleiben jedoch diejenigen Fälle vorbehalten, in denen gegen einen Unteroffizier die Verhängung einer Ehrenstrafe zu erwarten steht.

§ 13.

Der niederen Gerichtsbarkeit bleiben außerdem überlassen, sofern nach dem Ermessen des Gerichtsherrn keine höhere Strafe als Freiheitsstrafe bis zu sechs Wochen oder Geldstrafe bis zu einhundertfünfzig Mark, allein oder in Verbindung miteinander, zu erwarten steht:

1) die Vergehen gegen die §§ 64, 65, 77, 79, 89, 91 Abs. 1, §§ 93, 94, 102, 121 Abs. 1, §§ 137, 144, 151 des Militärstrafgesetzbuchs,

im Felde und an Bord alle militärischen Vergehen, bei denen Arreststrafe auch ohne Feststellung eines minder schweren Falles zulässig ist;

2) die in dem Borgen von Geld oder in der Annahme von Geschenken ohne Vorwissen des gemeinschaftlichen Vorgesetzten bestehenden Vergehen gegen § 114 des Militärstrafgesetzbuchs;

3) die Vergehen gegen die §§ 113, 123, 185, 223, 230, 241, 291, 298, 303 des bürgerlichen Strafgesetzbuchs,

im Felde und an Bord außerdem die Vergehen gegen die §§ 242, 246, 292, 293, 296, 299, 304 desselben Strafgesetzbuchs;

4) die Zuwiderhandlungen gegen die §§ 81, 83, 84, 86 der Seemannsordnung vom 27. Dezember 1872;

5) die Zuwiderhandlungen gegen die Forst- und Feldpolizeigesetze, sowie gegen die Holz-(Forst-)Diebstahlsgesetze.

Dies gilt auch dann, wenn neben der Hauptstrafe eine Ehrenstrafe oder die Einziehung eines Gegenstandes verwirkt erscheint.

Hinsichtlich der Unteroffiziere findet die Bestimmung des § 12 Abs. 2 Anwendung.

§ 14.

Die höhere Gerichtsbarkeit erstreckt sich auf alle unter Militärstrafgerichtsbarkeit stehende Personen und umfaßt alle strafbare Handlungen.

§ 15.

Die erkennenden Gerichte sind unabhängig und nur dem Gesetz unterworfen.

Die erkennenden Gerichte sind die Standgerichte, die Kriegsgerichte, die Ober-Kriegsgerichte und das Reichs-Militärgericht.

Die Standgerichte, die Kriegsgerichte und die Ober-Kriegsgerichte treten nur auf Berufung des Gerichtsherrn und nur für den einzelnen Fall zusammen.

Ist der Angeklagte ein General, so erfolgt die Berufung durch den zuständigen Kontingentsherrn, im Felde durch den Kaiser. Hinsichtlich der Admirale, sowie der Generale der Marine erfolgt die Berufung stets durch den Kaiser.

## Zweiter Abschnitt.

### Gerichtsherr.

§ 16.

Gerichtsherren der niederen Gerichtsbarkeit sind:

1) im Heere:

der Regiments-Kommandeur,
der Kommandeur eines selbständigen Bataillons,
der Kommandeur eines Landwehrbezirks,
der Kommandant von Berlin,
der Kommandant einer kleinen Festung;

2) in der Marine:

der Kommandeur einer Matrosen- oder Werft-Division,
der Kommandeur eines selbständigen Bataillons oder einer selbständigen Abtheilung.

§ 17.

Gerichtsherren der höheren Gerichtsbarkeit sind:

1) im Heere:

der kommandierende General,
der Divisions-Kommandeur,
der Gouverneur von Berlin,
der Gouverneur oder Kommandant einer großen Festung, sowie
der Gouverneur, Kommandant oder sonstige Befehlshaber eines in Kriegszustand (Belagerungszustand) erklärten Ortes oder Distrikts;

2) in der Marine:

der kommandierende Admiral,
der Chef einer heimischen Marinestation.

§ 18.

Hinsichtlich der Generale, welche nicht unter dem Befehl eines Divisions-Kommandeurs oder eines anderen dem kommandierenden General unterstellten Gerichtsherrn stehen, bestimmt der zuständige Kontingentsherr, im Felde der Kaiser, diejenigen Befehlshaber, welche die gerichtsherrlichen Befugnisse in erster oder höherer Instanz auszuüben haben. Hinsichtlich der Admirale, sowie der Generale der Marine erfolgt diese Bestimmung in den entsprechenden Fällen stets durch den Kaiser.

§ 19.

Hat eine Festung mehrere Kommandanten, so steht die höhere Gerichtsbarkeit dem ersten Kommandanten (Gouverneur), die niedere Gerichtsbarkeit dem zweiten Kommandanten zu.

§ 20.

Im Verhinderungsfalle gehen die Befugnisse des Gerichtsherrn auf den Stellvertreter im Kommando über. Diese Bestimmung findet in den Fällen des § 18 keine Anwendung.

§ 21.

Der höhere Gerichtsherr ist befugt, den ihm untergebenen Gerichtsherrn anzuweisen, eine Untersuchung einzuleiten oder fortzusetzen, sowie ein Rechtsmittel einzulegen oder zurückzunehmen. Im übrigen darf er in den Gang einer eingeleiteten Untersuchung nicht eingreifen.

§ 22.

Der Gerichtsherr hat die Gerichtsbarkeit über die zu seinem Befehlsbereiche gehörenden Personen.

§ 23.

Der Gouverneur und der Kommandant von Berlin, sowie die Gouverneure und Kommandanten von Festungen haben innerhalb der im § 16 Nr. 1, § 17 Nr. 1, § 19 bestimmten Grenzen die Gerichtsbarkeit über alle unter Militärstrafgerichtsbarkeit stehende Personen, welche

1) eine strafbare Handlung gegen die allgemeine Sicherheit, Ruhe und Ordnung des Ortes,
2) eine Zuwiderhandlung gegen eine besondere in Beziehung auf die Festungswerke und Vertheidigungsmittel bestehende Anordnung,
3) eine strafbare Handlung im Garnisondienste begehen.

§ 24.

Der Gouverneur, Kommandant oder sonstige Befehlshaber eines in Kriegszustand (Belagerungszustand) erklärten Ortes oder Distrikts hat die Gerichtsbarkeit (§ 17) über alle zur Besatzung gehörende Militärpersonen.

§ 25.

Detachierte Theile eines militärischen Verbandes können für die Dauer der Detachierung der Gerichtsbarkeit eines anderen Gerichtsherrn unterstellt werden.

§ 26.

Einem militärischen Verbande vorübergehend überwiesene Personen sind für die Dauer der Ueberweisung hinsichtlich der Gerichtsbarkeit dem Gerichtsherrn dieses Verbandes unterstellt.

§ 27.

Unter Militärstrafgerichtsbarkeit stehende Personen, für welche ein Gerichtsherr nicht ausdrücklich bestimmt ist, sind der Gerichtsbarkeit des Divisions-Kommandeurs unterstellt, in dessen Bezirke sie sich befinden oder die That verübt haben. In Berlin, sowie in Festungen tritt die Zuständigkeit der Gouverneure oder Kommandanten, im Bereiche der heimischen Marinestationen die der Chefs dieser Stationen ein.

Unter mehreren zuständigen Gerichtsherren hat derjenige den Vorzug, welcher den Beschuldigten verhaftet oder zuerst das Ermittelungsverfahren angeordnet hat.

§ 28.

Von dem kommandierenden General (Admiral) wird, abgesehen von dem Verfahren im Felde und an Bord (vgl. Fünften Titel), sowie vorbehaltlich der Bestimmung des § 18, die Gerichtsbarkeit nur in der Rechtsbeschwerde- oder Berufungsinstanz ausgeübt. Militärische Verbände und einzelne Militärpersonen, welche unmittelbar unter dem Befehle des kommandierenden Generals (Admirals) stehen, sind, soweit dies hiernach erforderlich, hinsichtlich der Strafverfolgung einem anderen Gerichtsherrn zu unterstellen.

Diese Bestimmungen finden auf die sonstigen Gerichtsherren der höheren Gerichtsbarkeit hinsichtlich der zur Zuständigkeit der Standgerichte gehörigen Sachen entsprechende Anwendung. Das Gleiche gilt in den Fällen des § 27.

Die Unterstellung erfolgt in den Fällen des ersten Absatzes durch den kommandierenden General (Admiral), in den Fällen des zweiten Absatzes, wenn der höhere Gerichtsherr ein Divisions-Kommandeur oder ein Marine-Stationschef ist, durch diesen, im übrigen, soweit nicht dieses Gesetz Bestimmung getroffen hat (§ 19), durch die Militär-Justizverwaltung.

§ 29.

Stehen Strafsachen dadurch im Zusammenhange, daß eine Person mehrerer strafbaren Handlungen beschuldigt wird, von denen eine der höheren, eine andere der niederen Gerichtsbarkeit unterliegt, so kann der höhere Gerichtsherr auch diese an sich ziehen.

Ist wegen einer der strafbaren Handlungen bereits die Anklage erhoben oder eine Strafverfügung zugestellt, so kann die Verbindung nur durch Beschluß des Reichs-Militärgerichts auf Antrag eines der zuständigen Gerichtsherren erfolgen.

In gleicher Weise kann die Verbindung wieder aufgehoben werden.

§ 30.

Wird eine Person mehrerer strafbaren Handlungen beschuldigt, welche theils zur Zuständigkeit eines mit der höheren Gerichtsbarkeit versehenen Gouverneurs oder Kommandanten, theils zur Zuständigkeit eines anderen Gerichtsherrn gehören, so steht die Strafverfolgung hinsichtlich sämmtlicher strafbaren Handlungen demjenigen Gerichtsherrn zu, welcher für die schwerere Strafthat zuständig ist. Maßgebend in dieser Beziehung ist die angedrohte Strafart, bei Strafen gleicher Art das höchste zulässige Maß derselben. Bei sich gleichstehenden Strafandrohungen haben die dem Beschuldigten vorgesetzten Gerichtsherren den Vorzug.

Die Bestimmungen des § 29 Absatz 2 und 3 finden Anwendung.

Gehören Strafsachen der niederen Gerichtsbarkeit theils zur Zuständigkeit eines nur mit niederer Gerichtsbarkeit versehenen Kommandanten, theils zur Zuständigkeit eines anderen Gerichtsherrn, so steht dem Erstgenannten die Strafverfolgung hinsichtlich sämmtlicher strafbaren Handlungen zu.

§ 31.

Sind bei einer strafbaren Handlung mehrere Personen als Thäter, Theilnehmer, Begünstiger oder Hehler beschuldigt und stehen die Beschuldigten unter der Gerichtsbarkeit verschiedener Gerichtsherren, so kann der Gerichtsherr, welcher der gemeinschaftliche Vorgesetzte ist, die Verbindung der Strafsachen und ihre gemeinsame Verfolgung anordnen.

Ist ein gemeinschaftlicher höherer Gerichtsherr nicht vorhanden, so haben die betreffenden kommandierenden Generale, und wenn einer der Beschuldigten der Marine angehört, der kommandierende General und der kommandierende Admiral darüber sich zu verständigen, welcher Gerichtsherr die Strafverfolgung zu übernehmen hat. Findet hierüber eine Einigung nicht statt, so steht, sofern die betheiligten kommandierenden Generale derselben Militär-Verwaltung angehören, die Entscheidung dem zuständigen Kontingentsherrn, anderenfalls dem Kaiser zu. Der Gouverneur von Berlin steht in dieser Beziehung einem kommandierenden General gleich.

Ist gegen einen Beschuldigten die Anklage bereits erhoben, oder ist ihm eine Strafverfügung bereits zugestellt, so kann die Verbindung nur durch Beschluß des Reichs-Militärgerichts auf Antrag eines der zuständigen Gerichtsherren erfolgen.

In gleicher Weise kann die Verbindung wieder aufgehoben werden.

§ 32.

Die Bestimmungen des § 31 finden bei strafbaren Handlungen, welche nach ihrem gesetzlichen Thatbestande das Zusammenwirken Mehrerer voraussetzen, entsprechende Anwendung.

§ 33.

Bestehen Zweifel darüber, welcher Gerichtsherr der zuständige ist, so entscheidet erforderlichen Falls das Reichs-Militärgericht.

§ 34.

Im Verordnungswege kann, soweit besondere Verhältnisse es erfordern, die Gerichtsbarkeit der in den §§ 16, 17, 19 bezeichneten

Befehlshaber eingeschränkt oder ausgedehnt, sowie auch anderen Befehlshabern Gerichtsbarkeit verliehen werden.

## Dritter Abschnitt.

## Erkennende Gerichte.

### I. Standgerichte.

§ 35.

Die Standgerichte bestehen aus drei Richtern, und zwar aus
einem Stabsoffizier als Vorsitzenden,
einem Hauptmann (Rittmeister, Kapitän-Lieutenant) als erstem Beisitzer und
einem Premier-Lieutenant (Lieutenant zur See) als zweitem Beisitzer.

§ 36.

In Ermangelung von Offizieren der vorgeschriebenen Dienstgrade kann an die Stelle des fehlenden Offiziers ein Offizier des nächstniederen oder des nächsthöheren Dienstgrades treten.

§ 37.

Als Richter kann nur mitwirken, wer seit mindestens einem Jahre dem Heere oder der Marine angehört.

§ 38.

Der Vorsitzende und der zweite Beisitzer werden vom Gerichtsherrn alljährlich vor dem Beginne des Geschäftsjahrs für die Dauer desselben als ständige Richter bestellt. Für die gleiche Dauer sind ständige Stellvertreter zu bezeichnen.

Der erste Beisitzer wird für den einzelnen Fall im Dienstwege berufen.

§ 39.

Die ständigen Richter und deren Stellvertreter werden beim Antritte des Richteramts durch den Gerichtsherrn beeidigt.

Die Eidesformel lautet:

„Ich schwöre bei Gott dem Allmächtigen und Allwissenden, die Pflichten eines Richters getreulich zu erfüllen. So wahr mir Gott helfe.

Ueber die erfolgte Beeidigung ist ein Protokoll aufzunehmen.

§ 40

Scheidet im Laufe des Geschäftsjahrs einer der ständigen Richter oder Stellvertreter aus, oder ist er an der Ausübung des Richteramts dauernd verhindert, so ist erforderliches Falles für den Rest des Geschäftsjahrs ein anderer Offizier als Richter zu bestellen.

Im Falle gleichzeitiger Verhinderung eines ständigen Richters und dessen Stellvertreters kann ein Offizier des entsprechenden Dienstgrades für den einzelnen Fall als Richter berufen werden.

§ 41.

Im Felde und an Bord erfolgt die Berufung sämmtlicher Richter für den einzelnen Fall. Die Bestimmung des § 37 findet keine Anwendung.

An Bord kann im Bedürfnißfall als zweiter Beisitzer ein Mitglied des Sanitäts-Offizierkorps oder Maschinen-Ingenieurkorps oder ein Deckoffizier berufen werden.

§ 42.

Die Standgerichte sind zuständig für die Strafsachen der niederen Gerichtsbarkeit (§§ 12, 13).

§ 43.

Vor die Standgerichte gehören auch diejenigen Strafsachen, deren Verhandlung und Entscheidung ihnen in Folge der Bestimmungen des § 57 zufällt.

§ 44.

Im Falle des Zusammentreffens mehrerer strafbaren Handlungen (§ 74 des bürgerlichen Strafgesetzbuchs, § 54 des Militärstrafgesetzbuchs) darf das Standgericht auf Gefängniß oder Festungshaft nicht über sechs Wochen, im Felde und an Bord nicht über drei Monate erkennen. Neben diesen Strafen, sowie neben Arrest kann auf Haft und Geldstrafe erkannt werden.

Das Gleiche gilt in den Fällen der §§ 13, 57.

§ 45.

Die Standgerichte, welche im Felde zusammentreten, heißen Feldstandgerichte.

Die Standgerichte, welche an Bord zusammentreten, heißen Bordstandgerichte.

II. Kriegsgerichte.

§ 46.

Die Kriegsgerichte bestehen aus fünf Richtern, und zwar aus
einem Kriegsgerichts-Rathe (§ 10 Absatz 3) und
vier Offizieren.

§ 47.

Außer dem Kriegsgerichts-Rathe sind als Richter zu berufen:

1) wenn der Angeklagte ein Gemeiner oder Unteroffizier ist:
ein Major, ein Hauptmann (Rittmeister) und zwei Premier-Lieutenants;

2) wenn der Angeklagte ein Subalternoffizier oder ein Hauptmann (Rittmeister) ist:
ein Oberst-Lieutenant, ein Major, ein Hauptmann (Rittmeister) und ein Premier-Lieutenant;

3) wenn der Angeklagte ein Major ist:
ein Oberst, zwei Oberst-Lieutenants oder Majors und ein Hauptmann (Rittmeister);

4) wenn der Angeklagte ein Oberst-Lieutenant ist:
ein General-Major, ein Oberst, ein Oberst-Lieutenant und ein Major;
5) wenn der Angeklagte ein Oberst ist:
ein General-Major, zwei Obersten und ein Oberst-Lieutenant;
6) wenn der Angeklagte ein General-Major ist:
ein General-Lieutenant, zwei General-Majors und ein Oberst;
7) wenn der Angeklagte ein General-Lieutenant ist:
ein General, zwei General-Lieutenants und ein General-Major;
8) wenn der Angeklagte ein General oder ein im höheren Range stehender Offizier ist:
zwei Generale und zwei General-Lieutenants.

§ 48.

Hinsichtlich der Bildung der Kriegsgerichte stehen den im § 47 bezeichneten Dienstgraden die entsprechenden Dienstgrade der Marine gleich. Ein Korvettenkapitän steht einem Major oder einem Oberst-Lieutenant gleich.

§ 49.

Ist der Angeklagte ein Sanitätsoffizier oder ein Ingenieur des Soldatenstandes oder ein Militärbeamter, so erfolgt die Bildung des Kriegsgerichts unter Berücksichtigung des Ranges des Angeklagten nach Maßgabe des § 47. An Stelle der zwei Offiziere des niedrigsten Dienstgrades sind jedoch, dem Dienstrange des Angeklagten entsprechend zwei Sanitätsoffiziere, zwei Ingenieure des Soldatenstandes oder zwei obere Militärbeamte als Richter zu berufen. Die oberen Militärbeamten sind thunlichst dem Dienstzweige des Angeklagten zu entnehmen.

§ 50.

Sind Personen, welche verschiedenen der im § 49 bezeichneten Dienststellungen angehören, oder ist eine dieser Personen mit einem der im § 47 bezeichneten Angeklagten gemeinschaftlich abzuurtheilen, so findet bei der Bildung des Kriegsgerichts eine Abweichung von den Bestimmungen des § 47 nur insofern statt, als an Stelle des Offiziers des niedrigsten Dienstgrades ein zweiter Kriegsgerichtsrath zu berufen ist.

§ 51.

Ist der Angeklagte eine Zivilperson, so erfolgt die Bildung des Kriegsgerichts nach Maßgabe des § 47 Nr. 1.

Wird eine Zivilperson zugleich mit einer Militärperson angeklagt, so erfolgt die Bildung des Kriegsgerichts lediglich mit Rücksicht auf die letztere.

Bei kriegsgefangenen Offizieren soll das militärische Rangverhältniß thunlichst berücksichtigt werden.

§ 52.

Richtet sich die Hauptverhandlung gegen mehrere Angeklagte verschiedenen Ranges, so ist, unbeschadet der Bestimmung des § 50, für die Besetzung des Kriegsgerichts der Dienstgrad des höchsten unter den Mitangeklagten maßgebend.

§ 53.

Im Felde und an Bord können die Sanitätsoffiziere, die Ingenieure des Soldatenstandes und die oberen Militärbeamten (§§ 49, 50) im Bedürfnißfalle durch Offiziere ersetzt werden.

§ 54.

Auf die aus dem Offizierstande zu berufenden Richter bei den Kriegsgerichten finden die Bestimmungen der §§ 36, 37 Anwendung.

§ 55.

In der Hauptverhandlung hat der rangälteste Offizier den Vorsitz; der Kriegsgerichts-Rath, von mehreren der dienstälteste, führt die Verhandlungen.

§ 56.

Die Kriegsgerichte sind zuständig:

1) für die Verhandlung und Entscheidung in erster Instanz in den nicht zur Zuständigkeit der Standgerichte gehörigen Strafsachen;

2) für die Verhandlung und Entscheidung über das Rechtsmittel der Berufung gegen die Urtheile der Standgerichte.

§ 57.

Im Felde und an Bord kann der Gerichtsherr

1) wegen der Vergehen gegen die §§ 113, 114, 117 Abs. 1, §§ 120, 123, 134, 135, 136, 138, 185, 189, 223, 223a, 230, 241, 242, 246, 257, 258 Nr. 1, §§ 259, 263, 291, 292, 293, 296, 298, 299, 303, 304, 327 Abs. 1, § 328 Abs. 1 des bürgerlichen Strafgesetzbuchs,
2) wegen der Vergehen gegen § 138 Abs. 1 des Militärstrafgesetzbuchs,
3) wegen der Vergehen gegen die §§ 81, 83, 84, 86 der Seemannsordnung vom 27. Dezember 1872

die Verfolgung dem Gerichtsherrn der niederen Gerichtsbarkeit überweisen, wenn er nach den Umständen des Falles annimmt, daß neben einer etwa zu verhängenden militärischen Ehrenstrafe oder auszusprechenden Einziehung auf keine andere und keine höhere Strafe als Freiheitsstrafe von drei Monaten oder Geldstrafe von sechshundert Mark, allein oder neben Haft oder in Verbindung miteinander, zu erkennen sein werde.

Die Ueberweisung ist ausgeschlossen, wenn der Beschuldigte ein Unteroffizier ist und eine Ehrenstrafe zu erwarten steht.

§ 58.

Die Kriegsgerichte, welche im Felde zusammentreten, heißen Feldkriegsgerichte.

Die Kriegsgerichte, welche an Bord zusammentreten, heißen Bordkriegsgerichte.

## III. Ober-Kriegsgerichte.

§ 59.

Für die Verhandlung und Entscheidung über das Rechtsmittel der Berufung gegen die Urtheile der Kriegsgerichte in erster Instanz werden bei den General-Kommandos und bei dem Ober-Kommando der Marine Ober-Kriegsgerichte gebildet.

Im Verordnungswege kann auch bei anderen Stellen die Bildung von Ober-Kriegsgerichten zugelassen werden.

§ 60.

Die Ober-Kriegsgerichte bestehen aus sieben Richtern, und zwar aus

zwei Ober-Kriegsgerichts-Räthen und
fünf Offizieren.

§ 61.

Als Richter sind, außer den Ober-Kriegsgerichts-Räthen, zu berufen:

1) wenn der Angeklagte ein Gemeiner oder ein Unteroffizier ist:
ein Oberst-Lieutenant, zwei Majors, ein Hauptmann (Rittmeister) und ein Premier-Lieutenant;

2) wenn der Angeklagte ein Subalternoffizier oder ein Hauptmann (Rittmeister) ist:
ein Oberst, ein Oberst-Lieutenant, ein Major und zwei Hauptleute (Rittmeister);

3) wenn der Angeklagte ein Major ist:
ein Oberst, zwei Oberst-Lieutenants und zwei Majors;

4) wenn der Angeklagte ein Oberst-Lieutenant ist:
ein General-Major, zwei Obersten und zwei Oberst-Lieutenants;

5) wenn der Angeklagte ein Oberst ist:
ein General-Major, drei Obersten und ein Oberst-Lieutenant;

6) wenn der Angeklagte ein General-Major ist:
ein General-Lieutenant, drei General-Majors und ein Oberst;

7) wenn der Angeklagte ein General-Lieutenant ist:
ein General, drei General-Lieutenants und ein General-Major;

8) wenn der Angeklagte ein General oder ein im höheren Range stehender Offizier ist:
drei Generale und zwei General-Lieutenants.

§ 62.

Die zur Bildung des Ober-Kriegsgerichts erforderlichen Offiziere werden in den Fällen des § 61 Nr. 1 bis 5 vom Gerichtsherrn alljährlich vor dem Beginne des Geschäftsjahrs für die Dauer desselben als ständige Richter bestellt. Für die gleiche Dauer sind ständige Stellvertreter zu bezeichnen.

Auf die aus dem Offizierstande zu berufenden Richter finden die Bestimmungen der §§ 36, 37, 39, 40 Anwendung.

§ 63.

Die Bestimmungen der §§ 48 bis 52, 55 finden auf die Ober-Kriegsgerichte entsprechende Anwendung.

§ 64.

In den Ober-Kriegsgerichten können die Ober-Kriegsgerichts-Räthe nur durch ständig angestellte richterliche Beamte vertreten werden.

## IV. Reichs-Militärgericht.

§ 65.

Das Reichs-Militärgericht ist, abgesehen von den ihm durch anderweite Bestimmungen dieses Gesetzes zugewiesenen Entscheidungen und Geschäften, zuständig:

für die Verhandlung und Entscheidung über das Rechtsmittel der Revision.

§ 66.

Der Sitz des Reichs-Militärgerichts ist Berlin.

Für den Kriegsfall kann der Kaiser den Sitz des Reichs-Militärgerichts oder einzelner Senate desselben verlegen.

§ 67.

An der Spitze des Reichs-Militärgerichts steht als Präsident ein General oder Admiral mit dem Range eines kommandierenden Generals. Demselben steht die Leitung der Geschäfte zu; an der Rechtsprechung nimmt er nicht theil.

§ 68.

Der Präsident wird vom Kaiser ernannt.

§ 69.

Der Präsident leistet beim Antritte seines Amtes vor versammeltem Plenum folgenden Eid:

„Ich schwöre bei Gott dem Allmächtigen und Allwissenden, die Pflichten des Präsidenten des Reichs-Militärgerichts getreulich zu erfüllen. So wahr mir Gott helfe."

Ueber die erfolgte Beeidigung ist ein Protokoll aufzunehmen.

§ 70.

Für die Fälle der Verhinderung des Präsidenten bestimmt der Kaiser einen Stellvertreter.

Ein Mitglied des Reichs-Militärgerichts kann nicht Stellvertreter des Präsidenten sein.

§ 71.

Bei dem Reichs-Militärgerichte werden Senate gebildet.

§ 72.

Jeder Senat besteht aus einem Senats-Präsidenten und der erforderlichen Zahl von Räthen und Offizieren.

Die Zuziehung von Hilfsrichtern an Stelle der Senats-Präsidenten und Räthe ist unzulässig.

§ 73.

Die militärischen Mitglieder des Reichs-Militärgerichts sollen mindestens im Range der Stabsoffiziere stehen.

Sie werden vom Kaiser auf Vorschlag der Kontingentsherren auf die Dauer von mindestens zwei Jahren bestimmt.

§ 74.

Die Senats-Präsidenden und die Räthe werden vom Kaiser auf Vorschlag des Bundesraths ernannt. Sie müssen in Gemäßheit des Gerichtsverfassungsgesetzes vom 27. Januar 1877 zum Richteramte befähigt sein und das fünfunddreißigste Lebensjahr vollendet haben.

§ 75.

Die Senats-Präsidenten und die Räthe sind Militärbeamte. Auf dieselben finden die Bestimmungen der §§ 6, 7, 8 Abs. 1 und 2, §§ 9, 130 Abs. 2 und 3 des Gerichtsverfassungsgesetzes vom 27. Januar 1877 entsprechende Anwendung.

§ 76.

Die militärischen Mitglieder des Reichs-Militärgerichts werden beim Antritt ihres Richteramts durch den Präsidenten vor versammeltem Plenum beeidigt. Die Eidesformel lautet:

„Ich schwöre bei Gott dem Allmächtigen und Allwissenden, die Pflichten eines Richters beim Reichs-Militärgerichte getreulich zu erfüllen. So wahr mir Gott helfe."

Ueber die erfolgte Beeidigung ist ein Protokoll aufzunehmen.

§ 77.

In den Senaten führt der rangälteste Offizier den Vorsitz; der Senats-Präsident leitet die Verhandlungen.

Die außerhalb der Hauptverhandlung nothwendigen Verfügungen werden von dem Senats-Präsidenten erlassen.

§ 78.

Die Senate beschließen und entscheiden in der Besetzung von vier militärischen und drei juristischen Mitgliedern mit Einschluß des Vorsitzenden.

§ 79.

Will ein Senat in einer Rechtsfrage von einer früheren Entscheidung eines anderen Senats oder des Plenums abweichen, so ist über die streitige Rechtsfrage eine Entscheidung des Plenums einzuholen.

Dasselbe gilt, wenn ein Senat in einer die Auslegung der bürgerlichen Strafgesetze betreffenden Rechtsfrage von einer früheren Entscheidung der vereinigten Strafsenate oder des Plenums des Reichsgerichts abweichen will.

Die Entscheidung der Rechtsfrage durch das Plenum ist in der zu entscheidenden Sache bindend. Sie erfolgt in allen Fällen ohne vorgängige mündliche Verhandlung.

Vor der Entscheidung ist die Militäranwaltschaft mit ihren schriftlichen Anträgen zu hören.

Soweit die Entscheidung der Sache eine vorgängige mündliche Verhandlung erfordert, erfolgt dieselbe durch den erkennenden Senat auf Grund einer erneuten mündlichen Verhandlung, zu welcher die Betheiligten unter Mittheilung der ergangenen Entscheidung der Rechtsfrage zu laden sind.

§ 80.

Zur Fassung der im § 79 vorgesehenen Plenarentscheidungen ist die Theilnahme von mindestens zwei Dritttheilen aller Mitglieder, mit Einschluß des Vorsitzenden, erforderlich.

Die Zahl der stimmberechtigten militärischen Mitglieder soll um eins größer sein, als diejenige der juristischen Mitglieder. Entspricht das Zahlenverhältniß der anwesenden juristischen und militärischen Mitglieder nicht dem vorstehend angegebenen Stimmenverhältnisse, so haben auf der über dieses hinaus vertretenen Seite die jüngsten Mitglieder kein Stimmrecht.

Unter den juristischen Mitgliedern gilt derjenige Rath, welcher zuletzt ernannt ist, und bei gleichem Dienstalter derjenige, welcher der Geburt nach der jüngere ist, als der jüngste; unter den militärischen Mitgliedern entscheidet der Dienstrang.

Den Vorsitz im Plenum führt der rangälteste Offizier; der dem Dienstalter, und bei gleichem Dienstalter der der Geburt nach älteste Senats-Präsident leitet die Verhandlungen.

§ 81.

Die Abstimmungen bei dem Reichs-Militärgericht erfolgen, vorbehaltlich näherer Regelung durch die Geschäftsordnung, in nachstehender Weise.

Ist ein Berichterstatter ernannt, so giebt derselbe seine Stimme zuerst ab. Der Vorsitzende stimmt in allen Fällen zuletzt. In den Senaten stimmt der Senats-Präsident unmittelbar vor dem Vorsitzenden. Im übrigen giebt abwechselnd ein juristisches und ein militärisches Mitglied seine Stimme ab. Der im Dienstrange Jüngere stimmt vor dem Aelteren.

§ 82.

Vor Beginn des Geschäftsjahrs werden auf die Dauer desselben die Geschäfte unter die Senate vertheilt und die Präsidenten, sowie die ständigen Mitglieder der einzelnen Senate und für den Fall ihrer Verhinderung die regelmäßigen Vertreter bestimmt. Jedes Mitglied des Reichs-Militärgerichts kann zum Mitgliede mehrerer Senate bestimmt werden.

Die getroffene Anordnung kann im Laufe des Geschäftsjahrs nur geändert werden, wenn dies wegen eingetretener Ueberlastung eines Senats oder infolge Wechsels oder dauernder Verhinderung einzelner Mitglieder des Gerichts erforderlich wird.

§ 83.

Die im § 82 bezeichneten Anordnungen erfolgen durch den Präsidenten des Reichs-Militärgerichts nach Anhörung der Senats-Präsidenten.

§ 84.

Im Falle der Verhinderung wird in einer durch die Geschäftsordnung zu regelnden Weise der Senats-Präsident durch einen anderen Senats-Präsidenten, nöthigenfalls durch den ältesten Rath des Senats, vertreten.

§ 85.

Im Falle der Verhinderung des regelmäßigen Vertreters eines Mitglieds wird ein zeitweiliger Vertreter durch den Präsidenten des Reichs-Militärgerichts bestimmt.

§ 86.

Im übrigen wird der Geschäftsgang durch eine Geschäftsordnung geregelt, welche das Plenum unter dem Vorsitze des Präsidenten des Reichs-Militärgerichts und unter Zuziehung der Militäranwaltschaft auszuarbeiten und der Präsident dem Kaiser zur Bestätigung vorzulegen hat.

Vierter Abschnitt.

## Ober-Kriegsgerichts-Räthe, Kriegsgerichts-Räthe und Gerichtsoffiziere.

§ 87.

Die Ernennung der Ober-Kriegsgerichts-Räthe und der Kriegsgerichts-Räthe erfolgt durch den zuständigen Kontingentsherrn, in der Marine durch den Kaiser.

§ 88.

Die Ober-Kriegsgerichts-Räthe und die Kriegsgerichts-Räthe müssen in Gemäßheit des Gerichtsverfassungsgesetzes vom 27. Januar 1877 zum Richteramte befähigt sein.

Auf dieselben finden die §§ 6, 7, 9 des bezeichneten Gesetzes entsprechende Anwendung.

§ 89.

Sind einem Gerichtsherrn mehrere Kriegsgerichts-Räthe zugeordnet, so kann durch die oberste Militär-Justizverwaltungsbehörde einzelnen der Amtssitz außerhalb des Garnisonorts des Gerichtsherrn angewiesen werden.

§ 90.

Die Ober-Kriegsgerichts-Räthe und die Kriegsgerichts-Räthe können wider ihren Willen nur kraft richterlicher Entscheidung und aus den Gründen und unter den Formen, welche das Gesetz bestimmt, dauernd oder zeitweise ihres Amtes enthoben oder in eine andere Stelle oder in den Ruhestand versetzt werden. In den Fällen des § 89 bedarf es der Zustimmung zur Versetzung nicht.

Die richterlichen Militär-Justizbeamten der Marine können durch die oberste Marine-Verwaltungsbehörde (Reichs-Marineamt) dem Befehlshaber einer Flotte oder eines Geschwaders zugeordnet werden. Ohne ihre Zustimmung darf in Friedenszeiten dieses Dienstverhältniß die Dauer von drei Jahren nicht überschreiten.

Bei einer Veränderung in der Organisation des Heeres oder der Marine können unfreiwillige Versetzungen in eine andere militärrichterliche Stelle oder Enthebungen vom Amte unter Belassung des vollen Gehalts durch die Militär-Justizverwaltung verfügt werden.

Gleiche Befugniß in Beziehung auf unfreiwillige Versetzungen steht der Militär-Justizverwaltung im Falle einer Mobilmachung mit der Maßgabe zu, daß die getroffenen Verfügungen nur für die Dauer der Mobilmachung gelten.

§ 91.

Die Ober-Kriegsgerichts-Räthe und die Kriegsgerichts-Räthe haben, soweit sie nicht als Richter bei den erkennenden Gerichten mitwirken, den Anordnungen des Gerichtsherrn Folge zu leisten.

Die im Laufe des Verfahrens ergehenden Entscheidungen und Verfügungen des Gerichtsherrn sind, soweit das Gesetz nicht ein Anderes bestimmt, außer von diesem auch von einem richterlichen Militär-Justizbeamten zu unterzeichnen. Letzterer übernimmt dadurch die Mitverantwortlichkeit für die Gesetzlichkeit. Hält derselbe eine Anordnung oder Verfügung mit den Gesetzen oder den sonst maßgebenden Vorschriften nicht vereinbar, so hat er dagegen Vorstellung zu erheben. Bleibt diese erfolglos, so hat er der Weisung des Gerichtsherrn zu entsprechen, den Hergang jedoch aktenkundig zu machen. Die Akten sind demnächst von dem Gerichtsherrn dem Reichs-Militärgerichte vorzulegen.

Bestehen hinsichtlich der dem Gerichtsherrn zugewiesenen Entscheidung über ein Rechtsmittel Meinungsverschiedenheit zwischen dem Gerichtsherrn und dem zur Mitzeichnung berufenen richterlichen Militär-Justizbeamten, so ist die Sache der rechtlichen Beurtheilung des Reichs-Militärgerichts zu unterbreiten und auf Grund derselben die Entscheidung zu treffen.

§ 92.

Die Ober-Kriegsgerichts-Räthe und die Kriegsgerichts-Räthe können, unbeschadet der Bestimmung des § 64, nur durch zum Richteramte befähigte Personen, im Felde und an Bord, soweit die Umstände dies erfordern, auch durch Offiziere ersetzt werden.

§ 93.

Die Gerichtsoffiziere werden von den Gerichtsherren aus der Zahl der Subalternoffiziere bestellt.

§ 94.

Zum Gerichtsoffizier darf nur bestellt werden, wer seit mindestens einem Jahre dem Heere oder der Marine angehört. Diese Einschränkung findet im Felde und an Bord keine Anwendung.

§ 95.

Der Gerichtsoffizier ist beim Antritte seines Amtes durch den Gerichtsherrn zu beeidigen.

Die Eidesformel lautet:

„Ich schwöre bei Gott dem Allmächtigen und Allwissenden, die Pflichten eines Gerichtsoffiziers getreulich zu erfüllen. So wahr mir Gott helfe."

Ueber die Beeidigung ist ein Protokoll aufzunehmen.

§ 96.

Die Bestimmungen des § 91 finden auf die Gerichtsoffiziere entsprechende Anwendung.

## Fünfter Abschnitt.

## Militäranwaltschaft beim Reichs-Militärgerichte.

§ 97.

Beim Reichs-Militärgerichte wird eine aus einem Ober-Militäranwalt und einem oder mehreren Militäranwälten bestehende Militäranwaltschaft eingerichtet.

§ 98.

Die Militäranwälte stehen unter der Aufsicht und Leitung des Ober-Militäranwalts und haben seinen Anordnungen Folge zu leisten.

§ 99.

Der Ober-Militäranwalt ist dem Präsidenten des Reichs-Militärgerichts unterstellt.

In Fragen, welche die Geltung oder die Auslegung einer militärischen Dienstvorschrift oder eines militärdienstlichen Grundsatzes betreffen oder allgemeine militärische Interessen berühren, ist der Ober-Militäranwalt gehalten, die Ansicht des Präsidenten zu vertreten.

§ 100.

Der Ober-Militäranwalt und die Militäranwälte sind nichtrichterliche Militärbeamte.

Zu diesen Aemtern können nur zum Richteramte befähigte Beamte ernannt werden (§§ 74, 88).

§ 101.

Die Ernennung des Ober-Militäranwalts und der Militäranwälte erfolgt durch den Kaiser auf Vorschlag des Bundesraths.

Dieselben können durch Kaiserliche Verfügung jederzeit mit Gewährung des gesetzlichen Wartegeldes einstweilig in den Ruhestand versetzt werden.

## Sechster Abschnitt.

## Militärgerichtsschreiber.

§ 102.

Bei dem Reichs-Militärgericht und bei dem Stabe eines jeden Gerichtsherrn der höheren Gerichtsbarkeit werden Gerichtsschreiber angestellt.

Die Dienstverhältnisse der Militärgerichtsschreiber werden hinsichtlich des Reichs-Militärgerichts durch den Bundesrath, im übrigen durch die Militär-Justizverwaltung bestimmt.

§ 103.

Die Wahrnehmung der Geschäfte des Gerichtsschreibers bei den Gerichtsherren der niederen Gerichtsbarkeit ist geeigneten Personen des Soldatenstandes zu übertragen.

An Bord können die Geschäfte des Gerichtsschreibers einer geeigneten Person der Besatzung übertragen werden.

§ 104.

Wird die Wahrnehmung der Geschäfte des Gerichtsschreibers Personen übertragen, die nicht Reichs- oder Staatsbeamee sind, so haben dieselben schriftlich das eidesstattliche Gelöbniß abzugeben, daß sie die ihnen übertragenen Geschäfte treu und gewissenhaft verrichten und Verschwiegenheit über dieselben beobachten wollen.

## Dritter Titel.

## Militär-Justizverwaltung.

§ 105.

Die Militär-Justizverwaltung wird hinsichtlich des Reichs-Militärgerichts und der Militäranwaltschaft vom Präsidenten des Reichs-Militärgerichts, hinsichtlich der Marine von dem Reichskanzler (Reichs-Marineamt), im übrigen von den Kriegs-Ministerien oder den ihnen in dieser Beziehung gleichstehenden Behörden ausgeübt.

§ 106.

Der Militär-Justizverwaltung steht die Aufsicht über die Ausübung der Militärstrafgerichtsbarkeit zu.

§ 107.

Die rechtskräftigen Urtheile der Standgerichte und der Kriegsgerichte sind nebst den Akten vierteljährlich einer Durchsicht zu unterziehen, um zu prüfen, ob die gesetzlichen Vorschriften über das Verfahren beobachtet und hinsichtlich der Anwendung der Gesetze, sowie der militärdienstlichen Vorschriften und Grundsätze gleichmäßig und richtig verfahren worden ist.

Die Durchsicht der standgerichtlichen Urtheile und Akten geschieht bei dem Gerichtsherrn der Berufungsinstanz durch einen Kriegsgerichts-Rath. Eine Zusammenstellung der wahrgenommenen Mängel und Verstöße ist dem kommandierenden General (Admiral) zur Nachprüfung einzureichen.

Diese Nachprüfung, sowie die Durchsicht der kriegsgerichtlichen Urtheile und Akten geschieht bei dem kommandierenden General (Admiral) durch einen Ober-Kriegsgerichts-Rath.

Die Urtheile der Ober-Kriegsgerichte sind zu dem im ersten Absatz angegebenen Zwecke halbjährlich an das Reichs-Militärgericht einzureichen. Demselben sind dabei die Ausstellungen mitzutheilen, zu welchen die standgerichtlichen und kriegsgerichtlichen Sachen im letzten halben Jahre Anlaß gegeben haben. Das Ergebniß der vom Reichs-Militärgerichte vorgenommenen Prüfungen ist durch den Präsidenten desselben der betreffenden Militär-Justizverwaltung zur weiteren Veranlassung mitzutheilen.

§ 108.

Die näheren Anordnungen hinsichtlich der Bestimmungen des § 107 erfolgen im Verordnungswege.

# Zweiter Theil.

# Verfahren.

## Erster Titel.

## Allgemeine Bestimmungen.

### Erster Abschnitt.

### Gerichtssprache.

§ 109.

Die Gerichtssprache ist die deutsche.

§ 110.

Wird unter Betheiligung von Personen verhandelt, welche der deutschen Sprache nicht mächtig sind, so ist ein Dolmetscher zuzuziehen. Die Führung eines Nebenprotokolls in der fremden Sprache findet nicht statt, jedoch sollen Aussagen und Erklärungen in fremder Sprache, wenn und soweit dies mit Rücksicht auf die Wichtigkeit der Sache erforderlich erscheint, auch in der fremden Sprache in das Protokoll oder in eine Anlage niedergeschrieben werden. In den dazu geeigneten Fällen soll dem Protokoll eine durch den Dolmetscher zu beglaubigende Uebersetzung beigefügt werden.

Die Zuziehung eines Dolmetschers kann unterbleiben, wenn die betheiligten Personen sämmtlich der fremden Sprache mächtig sind.

§ 111.

Zur Verhandlung mit tauben oder stummen Personen ist, sofern nicht eine schriftliche Verständigung erfolgt, eine Person als Dolmetscher zuzuziehen, mit deren Hilfe die Verständigung in anderer Weise erfolgen kann.

§ 112.

Personen, welche der deutschen Sprache nicht mächtig sind, leisten Eide in der ihnen geläufigen Sprache.

§ 113.

Der Dolmetscher hat einen Eid dahin zu leisten:

daß er treu und gewissenhaft übertragen werde.

Ist der Dolmetscher für Uebertragungen der betreffenden Art im allgemeinen beeidigt, so genügt die Berufung auf den geleisteten Eid.

§ 114.

Der Dienst des Dolmetschers kann von dem Militärgerichtsschreiber wahrgenommen werden. Einer besonderen Beeidigung bedarf es nicht.

§ 115.

Auf den Dolmetscher finden die Bestimmungen über Ausschließung und Ablehnung der Sachverständigen entsprechende Anwendung.

## Zweiter Abschnitt.

## Ausschließung und Ablehnung der Gerichtspersonen.

§ 116.

Von der Ausübung des Richteramts bei den erkennenden Gerichten ist kraft Gesetzes ausgeschlossen:

1) wer selbst durch die strafbare Handlung verletzt ist;

2) wer Ehemann oder Vormund der beschuldigten oder Ehemann oder Vormund der verletzten Person ist oder gewesen ist;

3) wer mit dem Beschuldigten oder mit dem Verletzten in gerader Linie verwandt, verschwägert oder durch Annahme an Kindesstatt verbunden, in der Seitenlinie bis zum dritten Grade verwandt oder bis zum zweiten Grade verschwägert ist, auch wenn die Ehe, durch welche die Schwägerschaft begründet ist, nicht mehr besteht;

4) wer in der Sache als Gerichtsherr, als Untersuchungsführer im Ermittelungsverfahren, als Vertreter der Anklage oder als Vertheidiger thätig gewesen ist, oder als Vorgesetzter den Thatbericht (vgl. § 146 Abs. 2) eingereicht hat;

5) wer in der Sache als Zeuge oder Sachverständiger vernommen ist.

§ 117.

Wer bei einer durch ein Rechtsmittel angefochtenen Entscheidung als Richter mitgewirkt hat, ist von der Mitwirkung bei der Entscheidung in höherer Instanz kraft Gesetzes ausgeschlossen.

§ 118.

Ein Richter kann sowohl in den Fällen, in denen er von der Ausübung des Richteramts kraft Gesetzes ausgeschlossen ist, als auch wegen Besorgniß der Befangenheit abgelehnt werden.

Wegen Besorgniß der Befangenheit findet die Ablehnung statt, wenn ein Grund vorliegt, welcher geeignet ist, Mißtrauen gegen die Unparteilichkeit eines Richters zu rechtfertigen.

Das Ablehnungsrecht steht dem Beschuldigten, im Verfahren vor dem Reichs-Militärgericht auch der Militäranwaltschaft zu.

§ 119.

Die Ablehnung kann nur in der Hauptverhandlung geltend gemacht werden.

Das Ablehnungsgesuch ist in erster Instanz nur bis zur Verlesung der Verfügung über die Anklageerhebung, in der Hauptverhandlung über die Berufung und die Revision nur bis zum Beginn der Berichterstattung zulässig.

§ 120.

Bei jedem Ablehnungsgesuch ist der Ablehnungsgrund glaubhaft zu machen; der Eid ist als Mittel der Glaubhaftmachung ausgeschlossen. Zur Glaubhaftmachung kann auf das Zeugniß des Abgelehnten Bezug genommen werden.

§ 121.

Der abgelehnte Richter hat sich über den Ablehnungsgrund dienstlich zu äußern.

Ueber das Ablehnungsgesuch entscheidet das Gericht, vor welchem die Hauptverhandlung stattfindet.

§ 122.

Die Entscheidung eines Standgerichts, Kriegsgerichts oder Ober-Kriegsgerichts, durch welche ein Ablehnungsgesuch für unbegründet erklärt wird, kann nicht für sich allein, sondern nur mit dem Urtheil angefochten werden.

§ 123.

Die Bestimmungen der §§ 116, 118, 120, 121 Absatz 1 finden auf die Gerichtsoffiziere und die Kriegsgerichts-Räthe, soweit sie außerhalb der Hauptverhandlungen mit Untersuchungshandlungen beauftragt sind, entsprechende Anwendung.

Das Ablehnungsgesuch ist an denjenigen Gerichtsherrn zu richten, welcher den Auftrag ertheilt hat, und von Mannschaften des aktiven Heeres oder der aktiven Marine zu Protokoll des nächsten mit Disziplinarstrafgewalt versehenen Vorgesetzten, von anderen Personen schriftlich anzubringen.

Beschuldigte, welche sich nicht auf freiem Fuße befinden, können die Erklärungen überdies zu Protokoll des mit der Aufsicht über das Gefängniß betrauten Offiziers oder Beamten oder, sofern sie nicht dem aktiven Heere oder der aktiven Marine angehören, desjenigen Amtsgerichts geben, in dessen Bezirke das Gefängniß liegt.

Ueber das Ablehnungsgesuch entscheidet der Gerichtsherr.

Wird das Ablehnungsgesuch bei Vornahme der Untersuchungshandlung angebracht, so ist dasselbe zu Protokoll zu nehmen. Der Gerichtsoffizier oder Kriegsgerichts-Rath kann das Ablehnungsgesuch, wenn es nicht unter Angabe und Glaubhaftmachung des Ablehnungsgrundes oder offenbar nur in der Absicht angebracht worden ist, das Verfahren zu verschleppen, als unzulässig zurückweisen. Hiergegen findet binnen der Frist von vierundzwanzig Stunden die Rechtsbeschwerde an den Gerichtsherrn statt.

§ 124.

Die für die Erledigung eines Ablehnungsgesuchs zuständige Stelle (§ 121 Absatz 2, § 123 Absatz 4) hat auch dann zu entscheiden, wenn, ohne daß ein solches Gesuch angebracht ist, ein Richter oder eine der im § 123 Absatz 1 bezeichneten Personen von einem Verhältniß Anzeige macht, welches die Ablehnung rechtfertigen könnte, oder wenn aus anderer Veranlassung Zweifel darüber entstehen, ob eine Ausschließung kraft Gesetzes begründet sei.

§ 125.

Die Bestimmungen der §§ 116, 119 Absatz 2, §§ 120, 124 finden auf den Militärgerichtsschreiber entsprechende Anwendung. Ueber die Ausschließung oder Ablehnung desselben entscheidet in der Hauptverhandlung das Gericht, außerhalb derselben der richterliche Militär-Justizbeamte oder der Gerichtsoffizier, welchem der Gerichtsschreiber beigegeben ist.

Gegen die Entscheidung, sofern sie nicht in der Hauptverhandlung ergangen ist, findet binnen der Frist von vierundzwanzig Stunden die Rechtsbeschwerde an den Gerichtsherrn statt.

§ 126.

In den Fällen der §§ 123, 125 hat der Abgelehnte vor Erledigung des Ablehnungsgesuchs nur solche Handlungen vorzunehmen, die keinen Aufschub gestatten.

§ 127.

Die ein Ablehnungsgesuch zurückweisende Verfügung ist in allen Fällen mit den Gründen aktenkundig zu machen.

§ 128.

Ein Gerichtsherr, bei welchem eine der Voraussetzungen des § 116 Nr. 1, 2, 3, 5 zutrifft, hat die Wahrnehmung der Gerichtsherrngeschäfte dem Stellvertreter im Kommando zu übertragen.

Das Gleiche gilt, wenn sonstige Umstände vorliegen, durch welche der Gerichtsherr sich in der Sache für befangen hält.

## Dritter Abschnitt.

## Entscheidungen, Verfügungen und deren Bekanntmachung.

§ 129.

Entscheidungen und Verfügungen, welche durch ein Rechtsmittel anfechtbar sind, oder durch die ein Antrag abgelehnt wird, sind mit Gründen zu versehen.

§ 130.

Entscheidungen und Verfügungen, welche in Anwesenheit der davon betroffenen Person ergehen, werden derselben durch Verkündung bekannt gemacht. Bei Mannschaften des aktiven Heeres und der aktiven Marine soll diese Art der Bekanntmachung die Regel bilden. Auf Verlangen ist eine Abschrift der Entscheidung oder Verfügung zu ertheilen.

Die Bekanntmachung der in Abwesenheit des Betheiligten ergehenden Entscheidungen und Verfügungen erfolgt durch Zustellung.

Diese Bestimmungen finden auf die lediglich den inneren Dienst der Gerichte oder der Gerichtspersonen betreffenden Entscheidungen und Verfügungen keine Anwendung.

§ 131.

Die erforderliche Zustellung oder Vollstreckung von Entscheidungen und Verfügungen wird durch den Gerichtsherrn, bei dem Reichs-Militärgerichte durch den Präsidenten desselben veranlaßt.

§ 132.

Die Zustellung besteht in der Uebergabe einer beglaubigten Abschrift des zuzustellenden Schriftstücks.

Die Beglaubigung geschieht bei den Gerichten der niederen Gerichtsbarkeit durch einen Gerichtsoffizier, bei den übrigen Gerichten durch einen richterlichen Militär-Justizbeamten.

§ 133.

Dem nicht auf freiem Fuße befindlichen Beschuldigten ist das zugestellte Schriftstück, wenn er des Lesens unkundig, vorzulesen, wenn er der deutschen Sprache unkundig, zu übersetzen.

§ 134.

Zustellungen, welche an aktive Militärpersonen erforderlich werden (§ 130), erfolgen dienstlich gegen Empfangsbescheinigung des Betheiligten.

Aus der Bescheinigung müssen die Person, der zugestellt ist, sowie Ort und Zeit der Zustellung sich ergeben.

§ 135.

Zustellungen an Personen, die nicht aktive Militärpersonen sind, erfolgen gegen Empfangsbescheinigung (§ 134 Absatz 2) durch hierzu bestellte Militärpersonen oder Beamte oder durch Ersuchen der Staatsanwaltschaft.

Sofern nicht zur Hauptverhandlung geladen wird oder mit der Zustellung der Lauf einer Frist beginnt, kann die Zustellung auch durch Aufgabe zur Post erfolgen. Diese besteht darin, daß das zu übergebende Schriftstück unter der Adresse der Person, an die zugestellt werden soll, zur Post gegeben wird. Die erfolgte Aufgabe zur Post ist zu den Akten zu beurkunden. Bleibt dieser Weg erfolglos, so geschieht die Zustellung nach Maßgabe des Absatzes 1.

§ 136.

Zustellungen an Personen, welche zu einem im Auslande befindlichen oder zu einem mobilen militärischen Verband oder zur Besatzung eines in Dienst gestellten Schiffes gehören, können mittels Ersuchens der vorgesetzten Kommandobehörde erfolgen.

§ 137.

Sind Zustellungen im Ausland an Personen, welche nicht aktive Militärpersonen sind, zu bewirken, so ist, soweit nicht der unmittelbare Verkehr mit den ausländischen Gerichtsbehörden zugelassen ist, das zu übergebende Schriftstück der obersten Militär-Justizverwaltungsbehörde mittels Berichts einzureichen.

Dasselbe gilt, wenn Zustellungen an Deutsche, welche das Recht der Exterritorialität genießen, oder an Vorsteher der Reichskonsulate erfolgen sollen.

Die weitere Veranlassung der Zustellung erfolgt in diesen Fällen in Gemäßheit der §§ 182, 183 der Zivilprozeßordnung.

§ 138.

Kann eine Zustellung an einen Beschuldigten nicht in der vorgeschriebenen Weise bewirkt werden, oder lehnt im Fall des § 137 Absatz 1 die oberste Militär-Justizverwaltungsbehörde die weitere Veranlassung als unausführbar oder voraussichtlich erfolglos ab, so gilt die Zustellung als bewirkt, wenn der Inhalt des zuzustellenden Schriftstücks durch den „Reichs-Anzeiger" bekannt gemacht worden ist und seit dem Erscheinen dieses Blattes zwei Wochen verflossen sind. Die gleichzeitige Bekanntmachung durch ein anderes Blatt ist nicht ausgeschlossen.

## Vierter Abschnitt.

## Berechnung der Fristen. Wiedereinsetzung in den vorigen Stand gegen Fristversäumniß.

§ 139.

Bei der Berechnung einer Frist, die nach Tagen bestimmt ist, wird der Tag nicht mitgerechnet, auf welchen der Zeitpunkt oder das

Ereigniß fällt, nach welchem der Anfang der Frist sich richten soll. Auf die Frist kommen auch diejenigen Tage nicht in Anrechnung, an denen die Person, welcher die Frist gesetzt ist, durch militärischen Dienst an der Wahrnehmung ihrer Rechte verhindert war. Daß dies thatsächlich der Fall war, ist durch dienstliche Bescheinigung nachzuweisen.

Eine Frist, die nach Wochen oder Monaten bestimmt ist, endigt mit Ablauf desjenigen Tages der letzten Woche oder des letzten Monats, welcher durch seine Benennung oder Zahl dem Tage entspricht, an welchem die Frist begonnen hat; fehlt dieser Tag in dem letzten Monate, so endigt die Frist mit Ablauf des letzten Tages dieses Monats.

Fällt das Ende einer Frist auf einen Sonntag oder allgemeinen Feiertag, so endigt die Frist mit Ablauf des nächstfolgenden Werktages.

§ 140.

Gegen die Versäumung einer für die Einlegung oder Rechtfertigung von Rechtsmitteln gesetzten Frist kann die Wiedereinsetzung in den vorigen Stand beansprucht werden, wenn der Antragsteller durch militärischen Dienst, durch Naturereignisse oder andere unabwendbare Zufälle an der Einhaltung der Frist verhindert worden ist. Als unabwendbarer Zufall ist es anzusehen, wenn der Antragsteller von einer Zustellung ohne sein Verschulden keine Kenntniß erlangt hat.

§ 141.

Das Gesuch um Wiedereinsetzung in den vorigen Stand muß binnen drei Tagen nach Beseitigung des Hindernisses bei derjenigen Stelle, bei welcher die Frist wahrzunehmen gewesen wäre, unter Angabe und Glaubhaftmachung der Versäumungsgründe angebracht werden.

Mit dem Gesuch ist zugleich die versäumte Handlung selbst nachzuholen.

§ 142.

Ueber die Wiedereinsetzung in den vorigen Stand entscheidet diejenige Stelle, welcher die Prüfung und Entscheidung darüber zukommt, ob die Frist gewahrt ist.

Die Wiedereinsetzung kann auch in Ermangelung eines förmlichen hierauf gerichteten Gesuchs bewilligt werden.

Die eine Wiedereinsetzung aussprechende Entscheidung unterliegt keiner Anfechtung.

Gegen die das Gesuch verwerfende Entscheidung findet binnen der Frist von drei Tagen nach deren Zustellung die Rechtsbeschwerde an das Reichs-Militärgericht statt. Im Felde und an Bord ist die Rechtsbeschwerde ausgeschlossen.

§ 143.

Durch das Gesuch um Wiedereinsetzung in den vorigen Stand wird die Vollstreckung einer Entscheidung oder Verfügung nicht gehemmt. Es kann jedoch ein Aufschub der Vollstreckung angeordnet werden.

## Zweiter Titel.

# Verfahren in erster Instanz.

## Erster Abschnitt.

### Ermittelungsverfahren.

§ 144.

Anzeigen strafbarer Handlungen, sowie Anträge auf Strafverfolgung gegen Personen, welche der Militärstrafgerichtsbarkeit unterstehen, sind von Personen des Soldatenstandes des aktiven Heeres und der aktiven Marine auf dem Dienstwege, von Militärbeamten bei der vorgesetzten Dienstbehörde des Beschuldigten anzubringen.

Für die Anbringung solcher Anzeigen und Anträge durch andere als die im Absatz 1 bezeichneten Personen sind die Vorschriften des bürgerlichen Rechts maßgebend. Es genügt jedoch auch das Anbringen bei der vorgesetzten Dienstbehörde des Beschuldigten.

§ 145.

Bei strafbaren Handlungen, deren Verfolgung nur auf Antrag eintritt, muß der Antrag aktenkundig gemacht werden.

§ 146.

Die Behörden und Beamten des Polizei- und Sicherheitsdienstes haben die bei ihnen angebrachten Anzeigen und Anträge sofort an die vorgesetzte Dienstbehörde des Beschuldigten abzugeben.

Der militärische Vorgesetzte hat über die ihm angezeigten oder sonst zu seiner Kenntniß gelangten strafbaren Handlungen seiner Untergebenen, soweit die Handlungen gerichtlich zu verfolgen sind, einen genauen, die Verdachtsgründe und Beweismittel umfassenden Thatbericht aufzustellen und denselben an den Gerichtsherrn einzusenden.

Die Staatsanwaltschaften, die Amtsgerichte, die Behörden und Beamten des Polizei- und Sicherheitsdienstes, sowie der militärische Vorgesetzte haben bis zum Einschreiten des Gerichtsherrn alle keinen Aufschub gestattenden Anordnungen zu treffen, um die Verdunkelung der Sache zu verhüten. Erscheint die schleunige Vornahme einer richterlichen Untersuchungshandlung erforderlich, so ist sie durch Ersuchen des nächst erreichbaren Kriegsgerichts-Raths oder Amtsrichters, im Nothfalle durch einen Gerichtsoffizier herbeizuführen. Die Verhandlungen sind sofort an den Gerichtsherrn abzugeben.

Erachtet der angegangene Gerichtsherr sich für unzuständig, oder ergiebt sich seine Unzuständigkeit im Laufe des Ermittelungsverfahrens, so hat er die Sache an die zuständige Stelle abzugeben.

§ 147.

Sind Anhaltspunkte dafür vorhanden, daß eine aktive Militärperson eines nicht natürlichen Todes gestorben ist, oder wird der Leichnam einer unbekannten Militärperson gefunden, so sind die

Polizei- und Gemeindebehörden zur sofortigen Anzeige an die nächste Militärbehörde verpflichtet.

Die Beerdigung darf nur auf Grund einer schriftlichen Genehmigung der Militärbehörde oder, im Nothfalle, des Amtsrichters erfolgen.

§ 148.

Bei Todesfällen anderer als der im § 147 bezeichneten Personen sind die Zivilbehörden zur Anzeige an die Militärbehörde verpflichtet, wenn dringender Verdacht vorliegt, daß der Tod durch eine strafbare Handlung einer unter Militärstrafgerichtsbarkeit stehenden Person verursacht worden ist, oder wenn auch nur Anhaltspunkte dafür vorliegen, daß eine solche Person in strafbarer Weise an dem Tode betheiligt sei.

In den Fällen der ersteren Art ist die Feststellung des Thatbestandes, insbesondere die richterliche Leichenschau und Leichenöffnung, der Militärbehörde zu überlassen.

In den Fällen der letzteren Art haben zunächst die bürgerlichen Behörden sich der Feststellung des Thatbestandes zu unterziehen. Der Militärbehörde ist jedoch thunlichst Gelegenheit zu geben, zur Theilnahme an der Leichenschau, der Leichenöffnung und der Ortsbesichtigung einen Kriegsgerichts-Rath abzuordnen.

In entsprechender Weise haben die Militärbehörden zu verfahren, wenn an dem Tode einer aktiven Militärperson eine unter der bürgerlichen Strafgerichtsbarkeit stehende Person in strafbarer Weise betheiligt ist oder betheiligt erscheint.

§ 149.

Sobald der Gerichtsherr durch eine Anzeige oder auf anderem Wege von dem Verdacht einer militärgerichtlich zu verfolgenden strafbaren Handlung Kenntniß erhält, hat er durch ein von ihm anzuordnendes Ermittelungsverfahren den Sachverhalt erforschen zu lassen. Mit der Vornahme der Ermittelungen wird vom Gerichtsherrn der niederen Gerichtsbarkeit ein Gerichtsoffizier, von dem Gerichtsherrn der höheren Gerichtsbarkeit ein Kriegsgerichts-Rath beauftragt. Bei einfach liegenden Sachen genügt die Feststellung durch den Disziplinarvorgesetzten.

Der Thatbestand muß festgestellt werden, auch wenn der Beschuldigte ein Geständniß abgelegt hat.

§ 150.

In den Fällen des § 3 des Einführungsgesetzes zum Militärstrafgesetzbuch ist eine gerichtliche Strafverfolgung ausgeschlossen, wenn die Handlung von dem zuständigen Disziplinarvorgesetzten im Disziplinarwege geahndet worden ist.

In denselben Fällen kann der Gerichtsherr, sofern er nicht zugleich der höhere Disziplinarvorgesetzte ist, die gerichtliche Strafverfolgung nicht deshalb ablehnen, weil er abweichend von dem Disziplinarvorgesetzten die Disziplinarbestrafung für ausreichend erachtet.

§ 151.

Bei Einleitung einer Strafverfolgung wegen Hochverraths oder Landesverraths oder wegen eines als Verbrechen oder Vergehen sich darstellenden Verraths militärischer Geheimnisse hat der Gerichtsherr unverzüglich der obersten Militär-Justizverwaltungsbehörde Bericht zu erstatten.

Sind diese Handlungen gegen den Kaiser oder das Reich gerichtet, so hat er überdies in jedem Falle dem Reichskanzler sofort Anzeige zu erstatten.

§ 152.

Der mit der Führung des Ermittelungsverfahrens beauftragte Gerichtsoffizier oder Kriegsgerichts-Rath (Untersuchungsführer) hat bei Erforschung des Sachverhalts nicht bloß die zur Belastung, sondern auch die zur Entlastung dienenden Umstände zu ermitteln und die Erhebung aller Beweise herbeizuführen, deren Verlust zu besorgen steht, oder deren Aufnahme zur Vorbereitung der Vertheidigung des Beschuldigten erforderlich erscheint.

§ 153.

Zu dem im § 152 bezeichneten Zwecke kann der Untersuchungsführer Ermittelungen jeder Art, einschließlich richterlicher Untersuchungshandlungen, insbesondere eidliche Vernehmungen von Zeugen und Sachverständigen vornehmen.

Zu demselben Zwecke kann von allen öffentlichen Behörden Auskunft verlangt werden.

Die Vornahme einzelner Untersuchungshandlungen kann durch Ersuchen eines anderen Gerichtsherrn oder des Amtsrichters des Bezirks, wo die Handlung vorzunehmen ist, herbeigeführt werden. Der Ersuchte hat zu prüfen, ob die beantragte Handlung nach den Umständen des Falles gesetzlich zulässig ist.

Die Ersuchungsschreiben sind in der Regel von dem Gerichtsherrn und dem Untersuchungsführer zu unterzeichnen.

§ 154.

Die Behörden und Beamten des Polizei- und Sicherheitsdienstes sind verpflichtet, Ersuchen des Untersuchungsführers um Ausführung einzelner Maßregeln oder um Vornahme von Ermittelungen zu genügen.

§ 155.

Der Untersuchungsführer hat alle die Untersuchung berührenden Vorgänge und Thatsachen, insbesondere alle von ihm vorgenommenen oder veranlaßten Ermittelungen aktenkundig zu machen.

§ 156.

Ueber jede Untersuchungshandlung ist ein Protokoll aufzunehmen. Bei minder wichtigen Sachen genügt ein Aktenvermerk. Das Protokoll ist von dem Untersuchungsführer und dem zugezogenen Gerichtsschreiber, der Aktenvermerk von dem Untersuchungsführer zu unterschreiben.

Ein Gerichtsschreiber muß zugezogen werden bei der Vernehmung des Beschuldigten, der Zeugen und der Sachverständigen sowie bei der Einnahme des Augenscheins.

Im Falle dringenden Bedürfnisses kann für einzelne Untersuchungshandlungen jede geeignete Person als Gerichtsschreiber zugezogen werden. Dieselbe ist in Gemäßheit des § 104 durch den die Untersuchungshandlung vornehmenden Beamten oder Offizier zu verpflichten.

§ 157.

Das Protokoll muß Ort und Tag der Verhandlung, sowie die Namen der mitwirkenden oder betheiligten Personen angeben und ersehen lassen, ob die wesentlichen Förmlichkeiten des Verfahrens beobachtet sind.

Das Protokoll ist den bei der Verhandlung betheiligten Personen, soweit es dieselben betrifft, behufs der Genehmigung vorzulesen oder zur eigenen Durchlesung vorzulegen. Die erfolgte Genehmigung ist zu vermerken und das Protokoll von den Betheiligten zu unterschreiben. Unterbleibt die Unterschrift, so ist der Grund dafür in dem Protokoll zu vermerken.

§ 158.

Findet die Einnahme eines Augenscheins statt, so ist dem Beschuldigten die Anwesenheit bei der Verhandlung zu gestatten.

Dasselbe gilt, wenn ein Zeuge oder Sachverständiger vernommen werden soll, welcher voraussichtlich am Erscheinen in der Hauptverhandlung verhindert, oder dessen Erscheinen wegen großer Entfernung besonders erschwert sein wird.

Von den Terminen ist der Beschuldigte vorher zu benachrichtigen, soweit dies ohne Aufenthalt für die Sache geschehen kann.

Beschuldigte, die dem aktiven Heere oder der aktiven Marine angehören, oder welche sich nicht auf freiem Fuße befinden, haben einen Anspruch auf Anwesenheit nur bei solchen Terminen, welche an dem Orte abgehalten werden, wo sie sich dienstlich aufhalten oder in Haft befinden.

Auf die Verlegung eines Termins wegen Verhinderung hat der Beschuldigte keinen Anspruch.

§ 159.

Der Beschuldigte kann von der Anwesenheit bei der Verhandlung ausgeschlossen werden, wenn zu befürchten ist, daß ein Zeuge in seiner Gegenwart die Wahrheit nicht sagen werde.

§ 160.

Der Gerichtsherr hat stets von dem Stande des Verfahrens durch Einsicht der Akten Kenntniß zu nehmen und die ihm zur Aufklärung der Sache geeignet scheinenden Verfügungen zu treffen. Er ist jedoch nicht befugt, an den Untersuchungshandlungen theilzunehmen.

Vom Gerichtsherrn kann, falls dies aus besonderen dienstlichen Rücksichten angezeigt erscheint, ein Offizier bestimmt werden, welcher den Untersuchungshandlungen des Untersuchungsführers oder des ersuchten Gerichts beizuwohnen und das Protokoll mit zu unterschreiben hat. Hat er Einwendungen gegen den Inhalt des Protokolls zu erheben, so sind sie von ihm unter demselben zu vermerken.

§ 161.

Das Ermittelungsverfahren ist nicht weiter auszudehnen, als erforderlich ist, um eine Entscheidung darüber zu begründen, ob Anklage zu erheben oder die strafgerichtliche Verfolgung einzustellen sei.

§ 162.

Im Felde und an Bord kann von einem schriftlichen Ermittelungsverfahren im Sinne dieses Abschnitts Abstand genommen werden. In jedem Falle ist dasselbe thunlichst einzuschränken und zu beschleunigen.

## Zweiter Abschnitt.

## Einzelne Untersuchungsmaßregeln.

### I. Vernehmung des Beschuldigten.

§ 163.

Beschuldigte, welche zu den Personen des Soldatenstandes des aktiven Heeres oder der aktiven Marine gehören, sind zu ihrer Vernehmung zu gestellen.

Verhaftete Beschuldigte sind vorzuführen.

§ 164.

Beschuldigte, die nicht zu den im § 163 bezeichneten Personen gehören, sind zu ihrer Vernehmung schriftlich zu laden.

Die Ladung kann unter der Androhung geschehen, daß im Falle des Ausbleibens die Vorführung erfolgen werde.

Die Vorführung ohne vorgängige Ladung kann verfügt werden, wenn Gründe vorliegen, welche die Untersuchungshaft rechtfertigen würden.

In dem Vorführungsbefehl ist der Beschuldigte genau zu bezeichnen und die ihm zur Last gelegte strafbare Handlung, sowie der Grund der Vorführung anzugeben.

Der Vorgeführte ist sofort durch den Untersuchungsführer zu vernehmen. Ist dies nicht ausführbar, so kann er bis zu seiner Vernehmung, jedoch nicht über den nächstfolgenden Tag hinaus, festgehalten werden.

§ 165.

Bei Beginn der ersten Vernehmung ist dem Beschuldigten zu eröffnen, welche strafbare Handlung ihm zur Last gelegt wird.

Die Vernehmung soll dem Beschuldigten Gelegenheit zur Beseitigung der gegen ihn vorliegenden Verdachtsgründe und zur Geltendmachung der zu seinen Gunsten sprechenden Thatsachen geben.

Bei der ersten Vernehmung des Beschuldigten ist zugleich auf die Ermittelung seiner persönlichen Verhältnisse Bedacht zu nehmen.

## II. Einstweilige Enthebung vom Dienste. Verhaftung und vorläufige Festnahme.

### § 166.

Dem Gerichtsherrn steht die Verfügung darüber zu, inwieweit ein Beschuldigter, welcher zu den Personen des Soldatenstandes gehört, aus Anlaß des eingeleiteten gerichtlichen Verfahrens einstweilen des militärischen Dienstes zu entheben sei. Die Verfügung ist vom Gerichtsherrn allein zu erlassen.

Die Befugniß der vorgesetzten Dienstbehörde zur vorläufigen Anordnung der Dienstenthebung wird durch Vorstehendes nicht berührt.

### § 167.

Darüber, ob ein Beschuldigter in Untersuchungshaft zu nehmen ist, entscheidet der Gerichtsherr. Der Haftbefehl ist von ihm allein zu erlassen.

### § 168.

Die Untersuchungshaft ist zulässig, wenn dringende Verdachtsgründe gegen den Beschuldigten vorhanden sind und entweder

1) ein Verbrechen den Gegenstand der Untersuchung bildet, oder
2) der Beschuldigte der Flucht verdächtig ist, oder
3) die Aufrechterhaltung der militärischen Disziplin die Verhaftung erfordert, oder
4) Thatsachen vorliegen, aus denen zu schließen ist, daß der Beschuldigte Spuren der That vernichten, oder daß er Zeugen oder Mitschuldige zu einer falschen Aussage, oder Zeugen dazu verleiten werde, sich der Zeugnißpflicht zu entziehen, oder daß er seine Freiheit zur Begehung neuer strafbarer Handlungen mißbrauchen werde. Diese Thatsachen sind aktenkundig zu machen.

### § 169.

Der Verhaftete muß spätestens am Tage nach seiner Einlieferung in das Gefängniß über den Gegenstand der Beschuldigung gehört werden.

### § 170.

Der Verhaftete soll, soweit möglich, von Anderen gesondert und nicht in demselben Raume mit Strafgefangenen verwahrt werden.

Dem Verhafteten dürfen nur solche Beschränkungen auferlegt werden, welche zur Sicherung des Zweckes der Haft oder zur Aufrechthaltung der Ordnung im Gefängnisse nothwendig sind.

Bequemlichkeiten und Beschäftigungen, die der Dienststellung oder dem Stande und den Vermögensverhältnissen des Verhafteten entsprechen, darf er sich auf seine Kosten verschaffen, soweit sie mit dem

Zwecke der Haft vereinbar sind und weder die Ordnung im Gefängnisse stören, noch die Sicherheit gefährden.

Fesseln dürfen im Gefängnisse dem Verhafteten nur dann angelegt werden, wenn dies wegen besonderer Gefährlichkeit seiner Person, namentlich zur Sicherung Anderer erforderlich erscheint, oder wenn der Verhaftete einen Selbstentleibungs- oder Entweichungsversuch gemacht oder vorbereitet hat. Bei der Hauptverhandlung soll er ungefesselt sein.

§ 171.

Die Untersuchungshaft ist aufzuheben, wenn der Grund derselben weggefallen ist, oder wenn der Beschuldigte freigesprochen oder außer Verfolgung gesetzt wird. Das Gleiche gilt, wenn die Verurtheilung auf Geldstrafe lautet oder, sofern besondere Umstände nicht entgegenstehen, wenn die erkannte Freiheitsstrafe die Dauer von sechs Wochen nicht übersteigt.

Die Einlegung der Revision gegen ein freisprechendes Urtheil rechtfertigt nicht die Fortdauer der Untersuchungshaft.

§ 172.

Die Befugniß zur vorläufigen Festnahme steht zu:

den militärischen Vorgesetzten, den militärischen Wachen und dem Untersuchungsführer,

wenn die Voraussetzungen der Untersuchungshaft vorliegen;

den Polizei- und Sicherheitsbeamten in den Fällen des § 168 Nr. 1, 2, 4, wenn

Gefahr im Verzug und ein militärischer Vorgesetzter des Beschuldigten oder eine militärische Wache nicht erreichbar ist.

Wird eine der Militärstrafgerichtsbarkeit unterstellte Person bei Verübung eines Verbrechens oder Vergehens auf frischer That betroffen oder verfolgt, so kann, wenn sie der Flucht verdächtig oder ihre Persönlichkeit nicht sofort feststellbar ist, die vorläufige Festnahme durch Jedermann geschehen.

Die Bestimmung des Abs. 2 findet jedoch auf einen im Offiziersrange stehenden und in entsprechender Uniform befindlichen Angehörigen der bewaffneten Macht nur dann Anwendung, wenn er bei der Begehung eines Verbrechens auf frischer That betroffen oder verfolgt wird.

§ 173.

Der Festgenommene ist unverzüglich, sofern er nicht wieder in Freiheit gesetzt wird, an die nächste Militärbehörde abzuliefern. Diese hat den Festgenommenen sofort zu vernehmen und, sofern sie nicht die Freilassung verfügt, dem zuständigen Gerichtsherrn zu überweisen.

§ 174.

Bei strafbaren Handlungen, deren Verfolgung nur auf Antrag eintritt, ist weder die vorläufige Festnahme, noch die Verhaftung von der Stellung eines solchen Antrags abhängig.

Ist die Verhaftung vor der Stellung des Antrags erfolgt, so ist der Antragsberechtigte, von mehreren wenigstens einer, sofort von der Verhaftung in Kenntniß zu setzen. Die Freilassung muß erfolgen, wenn nicht spätestens binnen einer Woche seit der Verhaftung ein Strafantrag eingegangen ist.

§ 175.

Steckbriefe können von dem Gerichtsherrn erlassen werden, wenn die Voraussetzungen der Untersuchungshaft vorliegen, und der zu Verhaftende flüchtig ist oder sich verborgen hält

Andere Militärbehörden sind zur Erlassung eines Steckbriefs befugt, wenn der Beschuldigte aus dem Gefängniß entweicht oder sonst der Bewachung sich entzieht oder der Fahnenflucht verdächtig ist.

Der Steckbrief soll, soweit dies möglich, eine Beschreibung des zu Verhaftenden enthalten und die demselben zur Last gelegte strafbare Handlung, sowie die Behörde bezeichnen, an welche die Ablieferung zu erfolgen hat.

Die Bekanntmachung des Steckbriefs kann außer durch öffentliche Blätter auch durch öffentlichen Anschlag im Heimathsorte, Wohnorte oder gewöhnlichen Aufenthaltsorte des zu Verhaftenden erfolgen.

§ 176.

Ist jemand infolge Haftbefehls (§ 167) oder auf Grund eines Steckbriefs (§ 175) ergriffen worden, und kann er nicht spätestens am Tage nach der Ergreifung bestimmungsgemäß abgeliefert werden, so ist er auf sein Verlangen sofort der nächsten Militärbehörde vorzuführen und von dieser unverzüglich zu vernehmen. Weist er bei der Vernehmung nach, daß er nicht die verfolgte Person, oder daß die Verfolgung durch die zuständige Behörde wieder aufgehoben sei, so hat die Militärbehörde seine Freilassung zu verfügen.

## III. Vernehmung von Zeugen.

§ 177.

Die Gestellung von Zeugen, welche Personen des Soldatenstandes des aktiven Heeres oder der aktiven Marine sind, erfolgt durch dienstliche Anordnung.

Anderen Personen ist, sofern nicht ein sonstiger Weg zweckdienlich erscheint, eine Ladung zuzustellen. In der Ladung ist auf die gesetzlichen Folgen des Ausbleibens hinzuweisen.

§ 178.

Ein ordnungsmäßig geladener Zeuge (§ 177 Absatz 2) ist, wenn er nicht erscheint, in die durch das Ausbleiben verursachten Kosten, sowie zu ein r Geldstrafe bis zu dreihundert Mark, und für den Fall, daß diese nicht beigetrieben werden kann, zur Strafe der Haft bis zu sechs Wochen zu verurtheilen. Auch ist die zwangsweise Vorführung des Zeugen zulässig. Im Falle wiederholten Ausbleibens kann noch einmal auf Strafe erkannt werden.

Die Verurtheilung in Strafe und Kosten unterbleibt, wenn das Ausbleiben des Zeugen genügend entschuldigt ist. Erfolgt nachträglich genügende Entschuldigung, so werden die gegen den Zeugen getroffenen Anordnungen wieder aufgehoben.

Die Befugniß zu den im ersten Absatz bezeichneten Maßregeln steht hinsichtlich der im § 1 bezeichneten Personen, soweit sie zu laden sind (§ 177 Absatz 2), dem Gerichtsherrn zu.

Hinsichtlich anderer Personen erfolgt die Festsetzung und die Vollstreckung der Strafe auf Ersuchen durch den Amtsrichter, in dessen Bezirke der Zeuge seinen Wohnsitz oder in Ermangelung eines solchen seinen gewöhnlichen Aufenthaltsort hat. Die Vorführung des Zeugen ist durch Ersuchen der Staatsanwaltschaft oder der Polizeibehörde zu bewirken.

## § 179.

Zur Verweigerung des Zeugnisses sind berechtigt:

1) der Verlobte des Beschuldigten;

2) der Ehegatte des Beschuldigten, auch wenn die Ehe nicht mehr besteht;

3) diejenigen, welche mit dem Beschuldigten in gerader Linie verwandt, verschwägert oder durch Annahme an Kindesstatt verbunden oder in der Seitenlinie bis zum dritten Grade verwandt oder bis zum zweiten Grade verschwägert sind, auch wenn die Ehe, durch welche die Schwägerschaft begründet ist, nicht mehr besteht.

Die bezeichneten Personen sind vor jeder Vernehmung über ihr Recht zur Verweigerung des Zeugnisses zu belehren. Sie können den Verzicht auf dieses Recht auch während der Vernehmung widerrufen.

## § 180.

Zur Verweigerung des Zeugnisses sind ferner berechtigt:

1) Geistliche in Ansehung desjenigen, was ihnen bei Ausübung der Seelsorge anvertraut ist;

2) Vertheidiger in Ansehung desjenigen, was ihnen in dieser ihrer Eigenschaft anvertraut ist;

3) Rechtsanwalte und Aerzte in Ansehung desjenigen, was ihnen bei Ausübung ihres Berufs anvertraut ist.

Die unter Nr. 2 und 3 bezeichneten Personen dürfen das Zeugniß nicht verweigern, wenn sie von der Verpflichtung zur Verschwiegenheit entbunden sind.

## § 181.

Oeffentliche Beamte und Personen des Soldatenstandes, auch wenn sie nicht mehr im Dienste sind, dürfen über Umstände, auf welche sich ihre Pflicht zur Dienstverschwiegenheit bezieht, als Zeugen nur mit Genehmigung ihrer vorgesetzten Dienstbehörde oder der ihnen zuletzt vorgesetzt gewesenen Dienstbehörde vernommen werden. Für den Reichskanzler bedarf es der Genehmigung des Kaisers, für die Minister der Genehmigung des Landesherrn, für die Mitglieder der Senate der freien Hansestädte der Genehmigung des Senats.

Die Genehmigung darf nur versagt werden, wenn die Ablegung des Zeugnisses dem Wohle des Reichs oder eines Bundesstaats Nachtheil bereiten würde.

§ 182.

Jeder Zeuge kann die Auskunft auf solche Fragen verweigern, deren Beantwortung ihm selbst oder einem der im § 179 Nr. 1 bis 3 bezeichneten Angehörigen die Gefahr strafgerichtlicher Verfolgung zuziehen würde.

§ 183.

Die Thatsache, auf welche der Zeuge die Verweigerung des Zeugnisses in den Fällen der §§ 179, 180, 182 stützt, ist auf Verlangen glaubhaft zu machen. Es genügt die eidliche Versicherung des Zeugen.

§ 184.

Jeder Zeuge ist einzeln und in Abwesenheit der später abzuhörenden Zeugen zu vernehmen.

Eine Gegenüberstellung mit anderen Zeugen oder mit dem Beschuldigten ist zulässig.

§ 185.

Die Vernehmung beginnt damit, daß der Zeuge über Vornamen und Zunamen, Alter, Religionsbekenntniß, Stand oder Gewerbe und Wohnort befragt wird. Erforderlichen Falls sind dem Zeugen Fragen über solche Umstände, welche seine Glaubwürdigkeit in der vorliegenden Sache betreffen, insbesondere über seine Beziehungen zu dem Beschuldigten oder dem Verletzten, vorzulegen.

§ 186.

Der Zeuge ist zu veranlassen, dasjenige, was ihm von dem Gegenstande seiner Vernehmung bekannt ist, im Zusammenhang anzugeben. Vor seiner Vernehmung ist dem Zeugen der Gegenstand der Untersuchung und die Person des Beschuldigten, sofern ein solcher vorhanden ist, zu bezeichnen.

Zur Aufklärung und zur Vervollständigung der Aussage, sowie zur Erforschung des Grundes, auf welchem die Wissenschaft des Zeugen beruht, sind nöthigenfalls weitere Fragen zu stellen.

§ 187.

Die Beeidigung der Zeugen bleibt der Regel nach bis zur Hauptverhandlung ausgesetzt.

Sie hat jedoch schon in dem Ermittelungsverfahren zu erfolgen, wenn die Beeidigung als Mittel zur Herbeiführung einer wahrheitsgetreuen Aussage über eine Thatsache, von der die Erhebung der Anklage abhängig ist, erforderlich erscheint. Das Gleiche gilt für den Fall, daß der Zeuge voraussichtlich am Erscheinen in der Hauptverhandlung verhindert oder sein Erscheinen wegen großer Entfernung besonders erschwert sein wird, sofern seine Aussage nicht für die Feststellung des Thatbestandes bedeutungslos erscheint.

§ 188.

Die Zeugen sind nach der Vernehmung und einzeln zu beeidigen. Sie sind von der Leistung des Eides in angemessener Weise auf die Bedeutung desselben hinzuweisen.

§ 189.

Der von dem Zeugen unter Erhebung der rechten Hand zu leistende Eid lautet:

„Ich schwöre bei Gott dem Allmächtigen und Allwissenden, daß ich nach bestem Wissen die reine Wahrheit gesagt, nichts verschwiegen und nichts hinzugesetzt habe. So wahr mir Gott helfe.“

Der Eid wird mittels Nachsprechens oder Ablesens der die Eidesnorm enthaltenden Eidesformel geleistet.

Stumme, welche schreiben können, leisten den Eid mittels Abschreibens und Unterschreibens der Eidesformel.

Stumme, welche nicht schreiben können, leisten den Eid mit Hilfe eines Dolmetschers durch Zeichen.

§ 190.

Der Eidesleistung wird gleichgeachtet, wenn ein Mitglied einer Religionsgesellschaft, welcher das Gesetz den Gebrauch gewisser Betheuerungsformeln an Stelle des Eides gestattet, eine Erklärung unter der Betheuerungsformel dieser Religionsgesellschaft abgiebt.

§ 191.

Nicht zu beeidigen sind:

1) Personen, welche zur Zeit der Vernehmung das sechzehnte Lebensjahr noch nicht vollendet, oder wegen mangelnder Verstandesreife oder wegen Verstandesschwäche von dem Wesen und der Bedeutung des Eides keine genügende Vorstellung haben;

2) Personen, welche nach den Bestimmungen der Strafgesetze unfähig sind, als Zeugen eidlich vernommen zu werden;

3) Personen, welche hinsichtlich der den Gegenstand der Untersuchung bildenden That als Theilnehmer, Begünstiger oder Hehler verdächtig oder bereits verurtheilt sind.

§ 192.

Hat eine Vernehmung von Personen stattgefunden, welche nach § 179 zur Verweigerung des Zeugnisses berechtigt sind, so hängt es von dem richterlichen Ermessen ab, ob sie unbeeidigt zu lassen oder zu beeidigen sind.

Dieselben können auch nach der Vernehmung die Beeidigung des Zeugnisses verweigern und sind über dieses Recht zu belehren.

§ 193.

Wird ein eidlich vernommener Zeuge in derselben Strafsache nochmals vernommen, so ist es zulässig, statt der nochmaligen Beeidigung den Zeugen die Richtigkeit seiner Aussage unter Berufung auf den früher geleisteten Eid versichern zu lassen.

§ 194.

Personen des Soldatenstandes des aktiven Heeres oder der aktiven Marine, welche die Ablegung des Zeugnisses oder die Eidesleistung ohne gesetzlichen Grund verweigern, sind disziplinarisch mit Arrest zu bestrafen.

Die Bestrafung kann wiederholt werden, jedoch nicht über die Zeit der Beendigung des Verfahrens in der Instanz, auch nicht über die Zeit von sechs Monaten, und bei Uebertretungen nicht über die Zeit von sechs Wochen hinaus.

Die Bestrafung erfolgt, sofern nicht der Gerichtsherr zugleich der Disziplinarvorgesetzte ist, auf dessen Ersuchen durch den betreffenden Disziplinarvorgesetzten.

Der ersuchten Stelle steht eine Nachprüfung, ob die Verweigerung des Zeugnisses ohne gesetzlichen Grund erfolgt ist, nicht zu.

§ 195.

Ein Zeuge, welcher nicht zu den im § 194 bezeichneten Personen gehört, ist, wenn er ohne gesetzlichen Grund das Zeugniß oder die Eidesleistung verweigert, in die durch die Weigerung verursachten Kosten, sowie zu einer Geldstrafe bis zu dreihundert Mark und für den Fall, daß diese nicht beigetrieben werden kann, zur Strafe der Haft bis zu sechs Wochen zu verurtheilen.

Auch kann zur Erzwingung des Zeugnisses die Haft angeordnet werden, jedoch nicht über die Zeit der Beendigung des Verfahrens in der Instanz, auch nicht über die Zeit von sechs Monaten, und bei Uebertretungen nicht über die Zeit von sechs Wochen hinaus.

Die Bestimmungen des § 178 Absatz 3 und 4 finden entsprechende Anwendung.

Sind die Maßregeln gegen den Zeugen erschöpft, so können sie in demselben oder in einem anderen Verfahren, welches dieselbe That zum Gegenstande hat, nicht wiederholt werden.

§ 196.

Soweit die Verhängung der in den §§ 178 und 195 gedachten Zwangsmaßregeln vom Gerichtsherrn verfügt ist, findet die Rechtsbeschwerde an das Reichs-Militärgericht statt.

§ 197.

Die Gebührenansprüche der auf Bestellung oder Ladung erschienenen Zeugen, welche nicht zu den aktiven Militärpersonen gehören, regeln sich nach der allgemeinen Gebührenordnung für Zeugen. Gegen die Festsetzung der Gebühren findet die Rechtsbeschwerde an das Reichs-Militärgericht statt.

Hinsichtlich der aktiven Militärpersonen zukommenden Gebühren wird im Verwaltungswege Bestimmung getroffen.

§ 198.

Die Landesherren und die Mitglieder der landesherrlichen Familien, die Mitglieder der Fürstlichen Familie Hohenzollern, sowie die Mitglieder des vormaligen Hannoverschen Königshauses, des vormaligen Kurhessischen und des vormaligen Herzoglich Nassauischen Fürstenhauses sind in ihrer Wohnung zu vernehmen.

Den Eid leisten dieselben mittels Unterschreibens der Eidesformel.

Zur Hauptverhandlung werden sie nicht geladen. Das Protokoll über ihre gerichtliche Vernehmung ist in der Hauptverhandlung zu verlesen.

§ 199.

Der Reichskanzler, die Minister eines Bundesstaats, die Mitglieder der Senate der freien Hansestädte, die Vorstände der obersten Reichsbehörden und die Vorstände der Ministerien sind an ihrem Amtssitz oder, wenn sie sich außerhalb desselben aufhalten, an ihrem Aufenthaltsorte zu vernehmen.

Die Mitglieder des Bundesraths sind während ihres Aufenthalts am Sitze des Bundesraths an diesem Sitze, und die Mitglieder einer deutschen gesetzgebenden Versammlung während der Sitzungsperiode und ihres Aufenthalts am Orte der Versammlung an diesem Orte zu vernehmen.

Die kommandirenden Generale (Admirale), sowie die im Range derselben oder in einem höheren Range stehenden Offiziere sind an ihrem Aufenthaltsorte zu vernehmen.

Zu einer Abweichung von den vorstehenden Bestimmungen bedarf es:

in Betreff des Reichskanzlers und der im dritten Absatz bezeichneten Admirale der Genehmigung des Kaisers,

in Betreff der im dritten Absatz bezeichneten Generale der Genehmigung des zuständigen Kontingentsherrn,

in Betreff der Minister und der Mitglieder des Bundesraths der Genehmigung des Landesherrn,

in Betreff der Mitglieder der Senate der freien Hansestädte der Genehmigung des Senats,

in Betreff der übrigen vorbezeichneten Beamten der Genehmigung ihres unmittelbaren Vorgesetzten,

in Betreff der Mitglieder einer gesetzgebenden Versammlung der Genehmigung der letzteren.

## IV. Zuziehung von Sachverständigen.

§ 200.

Auf Sachverständige finden die auf Zeugen bezüglichen Vorschriften der §§ 177 bis 199 entsprechende Anwendung, insoweit nicht in den nachfolgenden Paragraphen abweichende Bestimmungen getroffen sind.

Die Gebührenansprüche der nicht zu den aktiven Militärpersonen gehörenden Sachverständigen regeln sich nach der allgemeinen Gebührenordnung für Sachverständige. Im übrigen findet der § 197 Anwendung.

§ 201.

Die Auswahl der zuzuziehenden Sachverständigen und die Bestimmung ihrer Anzahl erfolgt durch den Gerichtsherrn, in dringlichen Fällen durch den Untersuchungsführer. Die Auswahl darf auch einer anderen Behörde im Wege des Ersuchens überlassen werden.

Sind für gewisse Arten von Gutachten Sachverständige öffentlich bestellt, so sollen andere Personen nur dann gewählt werden, wenn besondere Umstände es erfordern.

§ 202.

Auf die Ausschließung und Ablehnung von Sachverständigen finden die Bestimmungen des § 116 Nr. 1 bis 4, sowie der §§ 118, 120, 123 Absatz 2 bis 5, §§ 124, 126, 127 entsprechende Anwendung.

§ 203.

Der zum Sachverständigen Ernannte hat der Ernennung Folge zu leisten, wenn er zur Erstattung von Gutachten der erforderten Art öffentlich bestellt ist, oder wenn er die Wissenschaft, die Kunst oder das Gewerbe, deren Kenntniß Voraussetzung der Begutachtung ist, öffentlich zum Erwerb ausübt, oder wenn er zur Ausübung derselben öffentlich bestellt oder ermächtigt ist.

Zur Erstattung des Gutachtens ist auch derjenige verpflichtet, welcher sich dazu vor Gericht bereit erklärt hat.

§ 204.

Dieselben Gründe, welche einen Zeugen berechtigen, das Zeugniß zu verweigern, berechtigen einen Sachverständigen zur Verweigerung des Gutachtens. Auch aus anderen Gründen kann ein Sachverständiger von der Verpflichtung zur Erstattung des Gutachtens entbunden werden.

Die Vernehmung eines öffentlichen Beamten oder einer Person des Soldatenstandes als Sachverständigen findet nicht statt, wenn die vorgesetzte Behörde erklärt, daß die Vernehmung den dienstlichen Interessen Nachtheil bereiten würde.

§ 205.

Im Falle des Nichterscheinens oder der Weigerung eines zur Erstattung des Gutachtens verpflichteten Sachverständigen, welcher nicht zu den Personen des Soldatenstandes des aktiven Heeres oder der aktiven Marine gehört, wird der Sachverständige zum Ersatze der Kosten und zu einer Geldstrafe bis zu dreihundert Mark verurtheilt. Im Falle wiederholten Ungehorsams kann noch einmal auf eine Geldstrafe bis zu sechshundert Mark erkannt werden.

§ 206.

Der mit der gerichtlichen Vernehmung des Sachverständigen befaßte Untersuchungsführer hat, soweit ihm dies erforderlich erscheint, die Thätigkeit des Sachverständigen zu leiten.

§ 207.

Der Sachverständige hat nach Erstattung des Gutachtens einen Eid dahin zu leisten:

daß er das von ihm erforderte Gutachten unparteiisch und nach bestem Wissen und Gewissen erstattet habe.

Ist der Sachverständige für Erstattung von Gutachten der betreffenden Art im allgemeinen beeidigt, so genügt die Berufung auf den geleisteten Eid.

§ 208.

Dem Sachverständigen kann auf sein Verlangen zur Vorbereitung des Gutachtens durch Vernehmung von Zeugen oder des Beschuldigten weitere Aufklärung verschafft werden.

Zu demselben Zwecke kann ihm gestattet werden, die Akten einzusehen, der Vernehmung von Zeugen oder des Beschuldigten beizuwohnen und an dieselben unmittelbar Fragen zu stellen.

Die Vorschrift des § 184 findet auf Sachverständige keine Anwendung.

Es kann angeordnet werden, daß der Sachverständige sein Gutachten schriftlich erstatte.

§ 209.

Zur Vorbereitung eines Gutachtens über den Geisteszustand eines Beschuldigten, gegen welchen die Anklage erhoben ist, kann der Gerichtsherr auf Antrag eines Sachverständigen nach Anhörung des Vertheidigers anordnen, daß der Angeklagte in eine öffentliche Irrenanstalt gebracht und dort beobachtet werde.

Hat der Angeklagte keinen Vertheidiger, so ist ihm ein solcher zu bestellen.

Die im Absatz 1 bezeichnete Anordnung ist dem Angeklagten und dem Vertheidiger bekannt zu machen. Gegen die Anordnung findet binnen der Frist von drei Tagen die Rechtsbeschwerde an den höheren Gerichtsherrn statt. Dieselbe hat aufschiebende Wirkung.

Die Verwahrung in der Anstalt darf die Dauer von sechs Wochen nicht übersteigen.

§ 210.

Wird ein Gutachten als ungenügend befunden, so kann eine neue Begutachtung durch dieselben oder durch andere Sachverständige angeordnet werden.

Auch kann die Begutachtung durch einen anderen Sachverständigen angeordnet werden, wenn ein Sachverständiger nach Erstattung des Gutachtens mit Erfolg abgelehnt ist.

In wichtigeren Fällen kann das Gutachten einer Fachbehörde eingeholt werden.

### § 211.

Bei Münzverbrechen und Münzvergehen sind die Münzen oder Papiere erforderlichen Falles derjenigen Behörde vorzulegen, von welcher echte Münzen oder Papiere dieser Art in Umlauf gesetzt werden. Das Gutachten dieser Behörde ist über die Unechtheit oder Verfälschung sowie darüber einzuholen, in welcher Art die Fälschung muthmaßlich begangen worden sei.

Handelt es sich um ausländische Münzen oder Papiere, so kann an Stelle des Gutachtens der ausländischen Behörde dasjenige einer deutschen erfordert werden.

### § 212.

Zur Ermittelung der Echtheit oder Unechtheit eines Schriftstücks, sowie zur Ermittelung des Urhebers desselben kann eine Schriftvergleichung unter Zuziehung von Sachverständigen vorgenommen werden.

### § 213.

Insoweit zum Beweise vergangener Thatsachen oder Zustände, zu deren Wahrnehmung eine besondere Sachkunde erforderlich war, sachkundige Personen zu vernehmen sind, kommen die Vorschriften über den Zeugenbeweis zur Anwendung.

## V. Einnahme des Augenscheins. Leichenschau, Leichenöffnung.

### § 214.

Findet die Einnahme eines Augenscheins statt, so ist im Protokolle der vorgefundene Sachbestand festzustellen und darüber Auskunft zu geben, welche Spuren oder Merkmale, deren Vorhandensein nach der besonderen Beschaffenheit des Falles vermuthet werden konnte, gefehlt haben.

### § 215.

Ist der Tod einer Militärperson nicht auf natürlichem Wege erfolgt, so hat der Gerichtsherr, in dringenden Fällen jeder militärische Befehlshaber, welcher die Anzeige oder Meldung von dem Todesfall erhält, die Leichenschau durch einen Kriegsgerichts-Rath oder in Ermangelung eines solchen durch den zunächst erreichbaren Amtsrichter zu veranlassen.

Ist nach den bekannt gewordenen Thatsachen die Annahme begründet, daß der Tod durch Selbstmord, durch einen Unfall oder sonst ohne Verschulden eines Anderen herbeigeführt ist, so bedarf es der Zuziehung eines Arztes zur Leichenschau nicht.

Die Umstände, unter denen die Leiche gefunden und der Tod erfolgt ist, sind sorgfältig zu untersuchen und zu Protokoll zu verzeichnen. In allen Fällen des Selbstmordes sind die Beweggründe thunlichst aufzuklären.

§ 216.

Ergiebt sich der Verdacht, daß der Tod durch die strafbare Handlung eines Anderen herbeigeführt sei, so ist zur Leichenschau ein Militärarzt oder, wenn ein solcher nicht erreichbar, ein als Sachverständiger zu beeidigender anderer Arzt zuzuziehen.

Erscheint der Verdacht nach der Leichenschau in Verbindung mit den sonst ermittelten Thatsachen nicht als beseitigt, so ist die Leichenöffnung im Beisein des Kriegsgerichts-Raths oder Amtsrichters und des Gerichtsschreibers von zwei Aerzten, und zwar thunlichst Militärärzten, vorzunehmen. In allen Fällen soll einer der Aerzte ein Militärarzt mindestens vom Range eines Stabsarztes oder ein Gerichtsarzt sein. Demjenigen Arzte, welcher den Verstorbenen in der dem Tode unmittelbar vorausgegangenen Krankheit behandelt hat, ist die Leichenöffnung nicht zu übertragen. Derselbe kann jedoch aufgefordert werden, der Leichenöffnung anzuwohnen, um aus der Krankheitsgeschichte Aufschlüsse zu geben.

Im Felde und an Bord genügt es, wenn die Leichenöffnung lediglich von einem Militärarzte vorgenommen wird. Die Einschränkungen des zweiten Absatzes finden keine Anwendung.

§ 217.

Behufs der Besichtigung oder Oeffnung einer schon beerdigten Leiche ist ihre Ausgrabung statthaft.

§ 218.

Vor der Leichenöffnung ist, wenn nicht besondere Hindernisse entgegenstehen, die Persönlichkeit des Verstorbenen, insbesondere durch Befragung von Personen, welche den Verstorbenen gekannt haben, festzustellen. Ist ein Beschuldigter vorhanden, so ist ihm die Leiche, sofern dies ausführbar, zur Anerkennung vorzuzeigen.

§ 219.

Die Leichenöffnung muß sich, soweit der Zustand der Leiche dies gestattet, stets auf die Oeffnung der Kopf-, Brust- und Bauchhöhle erstrecken.

Bei Oeffnung der Leiche eines neugeborenen Kindes ist die Untersuchung insbesondere auch darauf zu richten, ob dasselbe nach oder während der Geburt gelebt habe und ob es reif oder wenigstens fähig gewesen sei, das Leben außerhalb des Mutterleibes fortzusetzen.

§ 220.

Liegt der Verdacht einer Vergiftung vor, so ist die Untersuchung der in der Leiche oder sonst gefundenen verdächtigen Stoffe durch einen Chemiker oder durch eine für solche Untersuchungen bestehende Fachbehörde vorzunehmen.

Erforderlichen Falles hat diese Untersuchung unter Mitwirkung oder Leitung eines Arztes stattzufinden.

## VI. Beschlagnahme und Durchsuchung.

### § 221.

Gegenstände, welche als Beweismittel für die Untersuchung von Bedeutung sein können oder der Einziehung unterliegen, sind in Verwahrung zu nehmen oder in anderer Weise sicher zu stellen.

Befinden sich die Gegenstände in dem Gewahrsam einer Person und werden dieselben nicht freiwillig herausgegeben, so bedarf es der Beschlagnahme.

### § 222.

Wer einen Gegenstand der vorbezeichneten Art in seinem Gewahrsam hat, ist verpflichtet, denselben auf Erfordern vorzulegen und auszuliefern.

Er kann im Falle der Weigerung nach Maßgabe der Bestimmungen in den §§ 194 bis 196 hierzu angehalten werden. Gegen Personen, welche zur Verweigerung des Zeugnisses berechtigt sind, finden Zwangmittel nicht Anwendung.

### § 223.

Die Vorlegung oder Auslieferung von Akten oder anderen in dienstlicher Verwahrung befindlichen Schriftstücken und Gegenständen durch Behörden, öffentliche Beamte oder Personen des Soldatenstandes darf nicht gefordert werden, wenn deren oberste Dienstbehörde erklärt, daß das Bekanntwerden des Inhalts dieser Akten oder Schriftstücke dem Wohle des Reichs oder eines Bundesstaats Nachtheil bereiten würde.

### § 224.

Schriftliche Mittheilungen zwischen dem Beschuldigten und denjenigen Personen, die wegen ihres Verhältnisses zu ihm nach §§ 179, 180 zur Verweigerung des Zeugnisses berechtigt sind, unterliegen der Beschlagnahme nicht, falls sie sich in den Händen der letzteren Personen befinden und diese nicht einer Theilnahme, Begünstigung oder Hehlerei verdächtig sind.

### § 225.

Zulässig ist die Beschlagnahme der an den Beschuldigten gerichteten Briefe und Sendungen auf der Post, sowie der an ihn gerichteten Telegramme auf den Telegraphenanstalten; desgleichen ist zulässig an den bezeichneten Orten die Beschlagnahme solcher Briefe, Sendungen und Telegramme, in Betreff derer Thatsachen vorliegen, aus welchen zu schließen ist, daß sie von dem Beschuldigten herrühren oder für ihn bestimmt sind, und daß ihr Inhalt für die Untersuchung Bedeutung habe.

### § 226.

Bei strafbaren Handlungen, deren Verfolgung nur auf Antrag eintritt, ist die Beschlagnahme auch vor Stellung des Antrags zulässig. Sie ist jedoch von Amtswegen wieder aufzuheben, wenn der Antrag nicht binnen einer Woche gestellt ist.

§ 227.

Die Anordnung von Beschlagnahmen und Durchsuchungen bei aktiven Militärpersonen steht dem Gerichtsherrn, wenn Gefahr im Verzug, auch dem Untersuchungsführer zu. Das Gleiche gilt für die Fälle des § 225, sofern der Beschuldigte zu den aktiven Militärpersonen gehört.

Durchsuchungen bei den im Abs. 1 bezeichneten Personen unterliegen keinerlei Beschränkung. Auf Verlangen ist ihnen ein Verzeichniß der in Verwahrung oder Beschlag genommenen Gegenstände auszuhändigen.

Diese Bestimmungen finden auf die im § 1 Nr. 3, 5, 6, 7 bezeichneten Personen Anwendung, so lange sie der Militärstrafgerichtsbarkeit unterstellt sind.

§ 228.

Beschlagnahmen und Durchsuchungen in anderen, als den im § 227 bezeichneten Fällen werden vom Gerichtsherrn, bei Gefahr im Verzug auch vom Untersuchungsführer angeordnet und auf deren Ersuchen durch das Amtsgericht bewirkt.

Bei Gefahr im Verzuge kann das Ersuchen an die Staatsanwaltschaft oder diejenigen Polizei- oder Sicherheitsbeamten gerichtet werden, welche als Hilfsbeamte der Staatsanwaltschaft den Anordnungen derselben Folge zu leisten haben.

Gegen die Anordnung des Gerichtsherrn und des Untersuchungsführers findet binnen drei Tagen vom Vollzug an die Rechtsbeschwerde an das Reichs-Militärgericht statt.

Auf das Verfahren der ersuchten Behörden finden die Vorschriften der bürgerlichen Strafprozeßordnung mit der Maßgabe Anwendung, daß die Anordnung des Gerichtsherrn oder Untersuchungsführers als richterliche Anordnung zu gelten hat. In allen Fällen ist die Militärbehörde auf Verlangen zuzuziehen.

Im Felde und an Bord bleiben die vorstehenden Bestimmungen außer Anwendung. Für die Beschlagnahmen und Durchsuchungen gelten allgemein die Vorschriften des § 227.

§ 229.

Werden bei Gelegenheit einer Durchsuchung Gegenstände gefunden, welche zwar in keiner Beziehung zu der Untersuchung stehen, aber auf die erfolgte Verübung einer anderen strafbaren Handlung hindeuten, so sind dieselben einstweilen in Beschlag zu nehmen. Der Militärbehörde oder der zuständigen Staatsanwaltschaft ist hiervon Kenntniß zu geben.

§ 230.

Die in Verwahrung oder in Beschlag genommenen Gegenstände sind genau zu verzeichnen und zur Verhütung von Verwechselungen durch amtliche Siegel oder in sonst geeigneter Weise kenntlich zu machen.

§ 231.

Gegenstände, welche durch die strafbare Handlung dem Verletzten entzogen wurden, sind, falls nicht Ansprüche Dritter entgegenstehen, nach Beendigung der Untersuchung und geeigneten Falles schon vorher von Amtswegen dem Verletzten zurückzugeben, ohne daß es eines Urtheils hierüber bedarf.

Dem Betheiligten bleibt die Geltendmachung seiner Rechte im Zivilverfahren vorbehalten.

## Dritter Abschnitt.

## Abschluß des Ermittelungsverfahrens. Erhebung der Anklage.

§ 232.

Erachtet der Untersuchungsführer das Ermittelungsverfahren für abgeschlossen (§ 161), so hat er unter Vorlegung der Akten dem Gerichtsherrn über das Ergebniß mündlich oder schriftlich Vortrag zu erstatten. Der von dem Untersuchungsführer gestellte Antrag ist zu den Akten zu bringen.

§ 233.

Der Gerichtsherr kann eine Vervollständigung des Ermittelungsverfahrens anordnen.

§ 234.

Auf Grund der Ergebnisse des Ermittelungsverfahrens hat der Gerichtsherr darüber zu befinden, ob der Beschuldigte außer Verfolgung zu setzen oder ob gegen ihn einzuschreiten sei.

Die Verfügung ist vom Gerichtsherrn allein zu erlassen.

§ 235.

Wird die Verfolgung eingestellt, so ist der Beschuldigte hiervon in Kenntniß zu setzen, sofern er im Laufe des Ermittelungsverfahrens unter der Anschuldigung einer bestimmten strafbaren Handlung verantwortlich vernommen worden war.

§ 236.

In allen Fällen, in denen die Einleitung eines Ermittelungsverfahrens abgelehnt oder die Einstellung verfügt wird, ist derjenige, welcher die Strafverfolgung beantragt hat, unter Angabe der Gründe zu bescheiden.

Ist der Antragsteller zugleich der Verletzte, so steht ihm gegen diesen Bescheid innerhalb einer Woche nach dessen Zustellung die Rechtsbeschwerde an den höheren Gerichtsherrn zu.

§ 237.

Liegt gegen den Beschuldigten hinreichender Verdacht einer strafbaren und militärgerichtlich verfolgbaren Handlung vor, so hat der Gerichtsherr, sofern nicht Disziplinarbestrafung eintritt (§ 3 des Einführungsgesetzes zum Militärstrafgesetzbuch) oder eine Strafverfügung erlassen wird, die Anklage zu verfügen oder die Sache an den zuständigen Gerichtsherrn abzugeben.

§ 238.

Ist der Beschuldigte einer strafbaren Handlung überführt, die nach § 3 des Einführungsgesetzes zum Militärstrafgesetzbuch im Disziplinarwege geahndet werden kann, so hat der Gerichtsherr darüber zu befinden, ob eine solche Ahndung nach Lage der Sache für ausreichend zu erachten ist. In dieser Beziehung ist, wenn der Gerichtsherr nicht zugleich Disziplinarvorgesetzter des Beschuldigten ist, bei Meinungsverschiedenheit die Ansicht des Disziplinarvorgesetzten maßgebend (§ 150 Absatz 2).

Ist der Gerichtsherr zugleich der Disziplinarvorgesetzte, so hat er entweder die Disziplinarstrafe selbst zu verhängen oder die Verhängung derselben einem ihm unterstellten Disziplinarvorgesetzten des Beschuldigten zu überlassen.

§ 239.

Vor der Anklageverfügung wegen einer der im § 151 bezeichneten strafbaren Handlungen ist, wenn sie gegen den Kaiser oder das Reich gerichtet ist, an den Reichskanzler, in anderen Fällen an die oberste Militär-Justizverwaltungsbehörde Bericht zu erstatten.

§ 240.

Fallen dem Beschuldigten nach dem Ergebnisse des Ermittelungsverfahrens mehrere strafbare Handlungen zur Last, und erscheint für die Strafzumessung die Feststellung des einen oder des anderen Straffalls unwesentlich, so kann der Gerichtsherr in Ansehung eines solchen bis zur rechtskräftigen Entscheidung über die anderen Fälle von einer Anklage absehen.

Im Felde und an Bord soll regelmäßig in dieser Weise verfahren werden.

Die Verfügung ist von dem Gerichtsherrn allein zu erlassen und zu den Akten zu bringen.

Erachtet der Gerichtsherr nachträglich die weitere Anklage für geboten, so kann diese nur innerhalb eines Monats nach Rechtskraft des Urtheils erhoben werden.

§ 241.

Die Anklageverfügung des Gerichtsherrn (§ 237) hat die dem Beschuldigten zur Last gelegte That unter Hervorhebung ihrer gesetzlichen Merkmale und des anzuwendenden Strafgesetzes zu bezeichnen, sowie die Angabe zu enthalten, ob die Aburtheilung der Sache durch ein Standgericht oder durch ein Kriegsgericht erfolgt.

§ 242.

Die Anklageverfügung ist dem Beschuldigten gleichzeitig mit einer die Angabe der Beweismittel und die wesentlichen Ergebnisse der stattgehabten Ermittelungen enthaltenden Anklageschrift bekannt zu machen.

Die Anklageschrift ist in Sachen der niederen Gerichtsbarkeit von dem Gerichtsoffizier, in Sachen der höheren Gerichtsbarkeit von dem Kriegsgerichts-Rathe welchen der Gerichtsherr mit der Vertretung der Anklage vor dem erkennenden Gerichte beauftragt, anzufertigen und zu unterzeichnen.

Im Felde und an Bord bedarf es der Anfertigung einer besonderen Anklageschrift nicht.

§ 243.

Die im § 242 vorgeschriebene Bekanntmachung erfolgt an Beschuldigte, welche dem aktiven Heere oder der aktiven Marine angehören oder sich in Haft befinden, mündlich durch einen Gerichtsoffizier oder Kriegsgerichts-Rath. Der Beschuldigte ist dabei aufzufordern, sich zu erklären, ob und welche Anträge er in Bezug auf seine Vertheidigung zu stellen habe.

Die mündliche Bekanntmachung und Aufforderung kann auch durch Ersuchen eines Amtsrichters herbeigeführt werden.

Ueber die Bekanntmachung und die Aufforderung, sowie über die von dem Beschuldigten abgegebene Erklärung ist ein Protokoll aufzunehmen.

Dem Beschuldigten ist auf Verlangen eine Abschrift der Anklageschrift mitzutheilen.

§ 244.

Gehört der Beschuldigte nicht zu den im § 243 Absatz 1 bezeichneten Personen, so erfolgt die Bekanntmachung und Aufforderung an ihn mündlich (§ 243) oder mittels Zustellung (§§ 132, 135 ff.).

§ 245.

Mit der Bekanntmachung der Anklageverfügung an den Beschuldigten (§§ 243, 244) gilt die Anklage für erhoben.

§ 246.

Haben vor der Erhebung der Anklage oder der Zustellung der Strafverfügung Veränderungen in der persönlichen Dienststellung des Beschuldigten. insbesondere durch Versetzung. Beförderung oder in den Fällen des § 26 durch Zurücknahme der Ueberweisung stattgefunden, infolge deren der Beschuldigte unter die Gerichtsbarkeit eines anderen Gerichtsherrn getreten ist, so ist die Sache an diesen abzugeben. Die Bestimmungen der §§ 31, 32 finden entsprechende Anwendung.

Später eingetretene Veränderungen ziehen eine Aenderung der gerichtlichen Zuständigkeit nur dann nach sich, wenn der Angeklagte durch Beförderung der niederen Gerichtsbarkeit entzogen wird.

§ 247.

Nach der Erhebung der Anklage muß, vorbehaltlich der Bestimmung des § 260, die Sache zur Aburtheilung gebracht werden.

Der Aburtheilung muß eine mündliche Verhandlung vor dem erkennenden Gerichte (Hauptverhandlung) vorangehen.

## Vierter Abschnitt.

## Vorbereitung der Hauptverhandlung.

§ 248.

Der Zusammentritt des erkennenden Standgerichts oder Kriegsgerichts erfolgt, nachdem die Anklage erhoben ist, auf Befehl des Gerichtsherrn.

Die Richter werden im Dienstwege berufen. Ist der Angeklagte ein General oder Admiral, so erfolgt die Berufung nach Maßgabe des § 15 Abs. 4.

§ 249.

Insoweit der Gerichtsherr wegen Mangels oder wegen gesetzlicher Verhinderung (§§ 116 ff.) der zur vorschriftsmäßigen Bildung des Gerichts erforderlichen Personen innerhalb seines Befehlsbereichs zur Berufung des erkennenden Gerichts außer stande ist, kann er einen anderen Gerichtsherrn ersuchen, entweder ihm einzelne fehlende Richter zuzuweisen oder selbst die Aburtheilung der Sache herbeizuführen.

Das Letztere kann auch geschehen, falls große Entfernung des Angeklagten oder der Zeugen oder sonstige besondere Umstände der Berufung des erkennenden Gerichts durch den zuständigen Gerichtsherrn entgegenstehen.

§ 250.

Ist in den Fällen des § 249 ein anderer Gerichtsherr um Herbeiführung der Aburtheilung ersucht worden, so verbleibt dem ersuchenden Gerichtsherrn das Recht der Einlegung von Rechtsmitteln und der Strafvollstreckung.

Derselbe ist befugt, mit der Vertretung der Anklage vor dem erkennenden Gericht einen seiner Gerichtsoffiziere oder einen der ihm zugeordneten Kriegsgerichts-Räthe zu beauftragen.

Im übrigen werden die gerichtsherrlichen Befugnisse von dem ersuchten Befehlshaber wahrgenommen.

§ 251.

Ort und Zeit der Hauptverhandlung werden von dem Gerichtsherrn festgesetzt.

§ 252.

Die zur Hauptverhandlung erforderlichen Ladungen und die Herbeischaffung der als Beweismittel dienenden Gegenstände hat der Gerichtsherr zu veranlassen.

Die Gestellung oder Ladung der Zeugen und Sachverständigen regelt sich nach Vorschrift der §§ 177, 198, 199.

§ 253.

Angeklagte, welche zu den Personen des Soldatenstandes des aktiven Heeres oder der aktiven Marine gehören, sind zu dem anberaumten Termine zu gestellen.

Der Termin ist denselben, wenn die Hauptverhandlung vor dem Standgerichte stattfindet, spätestens am vorhergehenden Tage, in allen anderen Fällen mindestens drei Tage vorher dienstlich bekannt zu machen. Die Meldung, daß und wann dies geschehen, ist zu den Akten zu bringen.

Die im Absatz 2 bezeichneten Fristen können mit Zustimmung des Angeklagten abgekürzt werden.

§ 254.

Angeklagte, welche nicht zu den im § 253 bezeichneten Personen gehören, sind zu dem anberaumten Termine schriftlich zu laden. Die Ladung eines auf freiem Fuße befindlichen Angeklagten kann unter der Warnung geschehen, daß im Falle seines unentschuldigten Ausbleibens seine Vorführung oder Verhaftung erfolgen werde. Bei der Ladung eines nicht auf freiem Fuße befindlichen Angeklagten findet der § 133 Anwendung.

Zwischen der Ladung und dem Tage der Hauptverhandlung muß die im § 253 Absatz 2 vorgeschriebene Frist liegen. Ist diese Frist nicht eingehalten, so kann der Angeklagte die Aussetzung der Verhandlung verlangen, solange mit der Verlesung der Anklageverfügung nicht begonnen ist.

§ 255.

Im Verfahren vor den Feldgerichten und Bordgerichten bedarf es einer Ladung des Angeklagten (§ 254) nicht. Die Gestellung richtet sich nach den Umständen des Falles.

Die Bestimmungen des § 253 Absatz 2 bleiben außer Anwendung.

§ 256.

Der Termin zur Hauptverhandlung ist den zur Zeit der Anberaumung dieses Termins bereits bekannten Vertheidigern zugleich mit der Benachrichtigung (§ 253) oder Vorladung (§ 254) des Angeklagten, den erst später bestellten Vertheidigern gleichzeitig mit der Bestellung bekannt zu machen.

§ 257.

Verlangt der Angeklagte vor dem Termine die Ladung von Zeugen oder Sachverständigen oder die Herbeischaffung anderer Beweismittel zur Hauptverhandlung, so hat er unter Angabe der Thatsachen, über welche der Beweis erhoben werden soll, seine Anträge, soweit sie nicht bereits zu Protokoll erklärt sind (§ 243 Abs. 3), an den Gerichtsherrn zu richten. Die Anträge sind von Mannschaften des aktiven Heeres und der aktiven Marine dem nächsten mit Disziplinarstrafgewalt versehenen Vorgesetzten zu Protokoll zu erklären.

Ist der Angeklagte verhaftet, so findet die Bestimmung des § 123 Abs. 3 Anwendung.

Die Verfügung des Gerichtsherrn ist dem Angeklagten bekannt zu machen.

§ 258.

Stehen dem Erscheinen eines Zeugen oder Sachverständigen in der Hauptverhandlung für eine längere oder ungewisse Zeit Krankheit oder Gebrechlichkeit oder andere nicht zu beseitigende Hindernisse entgegen, so kann der Gerichtsherr die Vernehmung desselben durch einen richterlichen Militär-Justizbeamten oder Gerichtsoffizier oder durch Ersuchen eines Amtsrichters herbeiführen. Die Vernehmung erfolgt, soweit nicht gesetzliche Hindernisse oder erhebliche Bedenken dagegen obwalten, eidlich.

Dasselbe gilt, wenn ein Zeuge oder Sachverständiger vernommen werden soll, dessen Erscheinen wegen großer Entfernung besonders erschwert sein wird.

§ 259.

Von den zum Zwecke dieser Vernehmung anberaumten Terminen sind der Gerichtsherr, sofern dieser den Termin nicht selbst angeordnet hat, der Angeklagte und der Vertheidiger vorher zu benachrichtigen, insoweit dies nicht wegen Gefahr im Verzug unthunlich ist. Einer Vertretung der Anklage oder des Angeklagten bei der Vernehmung bedarf es nicht. Das aufgenommene Protokoll ist dem Gerichtsherrn und dem Angeklagten oder dem Vertheidiger vorzulegen. Die Bestimmungen des § 158 Abs. 4 und 5 finden Anwendung.

Das Gleiche gilt, wenn zur Vorbereitung einer Hauptverhandlung noch ein richterlicher Augenschein einzunehmen ist.

§ 260.

Auf Grund neu hervorgetretener Umstände kann der Gerichtsherr vor der Hauptverhandlung zu Gunsten des Angeklagten die Anklageverfügung abändern oder zurücknehmen. Auf eine solche Entschließung finden die Bestimmungen der §§ 232 ff. entsprechende Anwendung.

## Fünfter Abschnitt.

## Hauptverhandlung.

§ 261.

Die Hauptverhandlung (§ 247) erfolgt vor dem vorschriftsmäßig besetzten Standgericht oder Kriegsgericht in ununterbrochener Gegenwart der zur Urtheilsfindung berufenen Personen, sowie des mit der Vertretung der Anklage beauftragten Gerichtsoffiziers oder Kriegsgerichts-Raths und eines Gerichtsschreibers.

Die Verhandlung findet in Abwesenheit des Gerichtsherrn statt.

§ 262.

Es können in der Hauptverhandlung mehrere Gerichtsschreiber, mehrere Vertreter der Anklage, sowie mehrere Vertheidiger mitwirken und sich in die ihnen obliegenden Verrichtungen theilen.

§ 263.

Wird in der Hauptverhandlung die Aussetzung derselben beantragt, so entscheidet das Gericht. Kürzere Unterbrechungen ordnet der Vorsitzende an.

Eine Verhinderung des Vertheidigers giebt nur in den Fällen der nothwendigen Vertheidigung (vgl. § 323) dem Angeklagten das Recht, die Aussetzung der Verhandlung zu verlangen.

Ist die Frist des § 253 Abs. 2 nicht eingehalten, so soll der Vorsitzende den Angeklagten mit der Befugniß, Aussetzung der Verhandlung zu verlangen, bekannt machen.

§ 264.

Eine unterbrochene Hauptverhandlung muß spätestens am vierten Tage nach der Unterbrechung fortgesetzt werden, widrigenfalls mit dem Verfahren von neuem zu beginnen ist.

§ 265.

Im Falle der Aussetzung oder Unterbrechung der Hauptverhandlung kann das Gericht die Festnahme des bis dahin auf freiem Fuße befindlichen Angeklagten anordnen. Dasselbe gilt im Falle der Verurtheilung. Von der Anordnung der Festnahme ist der Gerichtsherr in Kenntniß zu setzen. Derselbe hat zu bestimmen, ob die Festnahme aufrecht zu erhalten ist.

§ 266.

Gegen einen ausgebliebenen Angeklagten findet eine Hauptverhandlung nicht statt.

Ist das Ausbleiben eines gemäß § 254 Absatz 1 geladenen Angeklagten nicht genügend entschuldigt, so kann die Vorführung angeordnet oder die Verhaftung veranlaßt werden.

§ 267.

Der erschienene Angeklagte darf sich aus der Verhandlung nicht entfernen. Der Vorsitzende kann die geeigneten Maßregeln treffen, um die Entfernung desselben zu verhindern; auch kann er ihn während einer Unterbrechung der Verhandlung in Gewahrsam halten lassen.

Entfernt der Angeklagte sich dennoch, oder bleibt er bei der Fortsetzung einer unterbrochenen Hauptverhandlung aus, so kann diese in seiner Abwesenheit zu Ende geführt werden, wenn seine Vernehmung über die Anklage schon erfolgt war und das Gericht seine fernere Anwesenheit nicht für erforderlich erachtet.

§ 268.

Der Angeklagte kann mit seiner Zustimmung wegen großer Entfernung seines Aufenthaltsorts von dem Erscheinen in der Hauptverhandlung entbunden werden. Ueber einen darauf gerichteten Antrag des Angeklagten entscheidet, wenn er vor der Hauptverhandlung eingeht, der Gerichtsherr, anderenfalls das erkennende Gericht nach Anhörung des Vertreters der Anklage.

Für die Hauptverhandlung vor einem Kriegsgerichte darf eine Entbindung des Angeklagten vom Erscheinen nur eintreten, wenn voraussichtlich keine andere als eine innerhalb der Strafbefugnisse der Standgerichte liegende Strafe zu erwarten steht.

Das erkennende Gericht bleibt befugt, nachträglich das persönliche Erscheinen des Angeklagten zu beschließen.

§ 269.

Die Hauptverhandlung erfolgt öffentlich.

§ 270.

Die Oeffentlichkeit kann für die ganze Verhandlung oder für einen Theil derselben durch Beschluß des Gerichts ausgeschlossen werden, wenn sie eine Gefährdung der öffentlichen Ordnung, insbesondere der Staatssicherheit, oder eine Gefährdung militärdienstlicher Interessen oder eine Gefährdung der Sittlichkeit besorgen läßt.

Unter welchen Voraussetzungen und in welchen Formen der Ausschluß der Oeffentlichkeit aus Gründen der Disziplin zu erfolgen hat (vgl. § 8 des Reichs-Militärgesetzes vom 2. Mai 1874), bestimmt der Kaiser.

§ 271.

Die Verkündung des Urtheils und der Urtheilsgründe erfolgt öffentlich.

Durch einen besonderen Beschluß des Gerichts kann für die Verkündung der Urtheilsgründe oder eines Theiles derselben die Oeffentlichkeit aus einem der im § 270 bezeichneten Gründe ausgeschlossen werden.

§ 272.

Die Verhandlung über die Ausschließung der Oeffentlichkeit findet in nicht öffentlicher Sitzung statt. Der Beschluß, welcher die Oeffentlichkeit ausschließt, muß öffentlich verkündet werden. Bei der Verkündung ist anzugeben, aus welchem der im § 270 bezeichneten Gründe die Ausschließung erfolgt.

§ 273.

Ist die Oeffentlichkeit wegen Gefährdung der Staatssicherheit oder wegen Gefährdung militärdienstlicher Interessen ausgeschlossen, so kann das Gericht den anwesenden Personen die Geheimhaltung von Thatsachen, welche durch die Verhandlung, durch die Anklageschrift oder durch andere amtliche Schriftstücke des Prozesses zu ihrer Kenntniß gelangen, zur Pflicht machen. Der Beschluß ist in das Sitzungsprotokoll aufzunehmen.

§ 274.

Der Zutritt zu öffentlichen Verhandlungen ist aktiven Militärpersonen nur insoweit gestattet, als dieselben im Range nicht unter dem Angeklagten und, wenn mehrere Personen verschiedenen militärischen Ranges angeklagt sind, nicht unter dem Range des höchstgestellten Mitangeklagten stehen.

§ 275.

Der Zutritt zu öffentlichen Verhandlungen kann weiblichen, sowie unerwachsenen und solchen Personen versagt werden, welche sich nicht im Besitze der bürgerlichen Ehrenrechte befinden, oder welche in einer der Würde des Gerichts nicht entsprechenden Weise erscheinen.

Zu nicht öffentlichen Verhandlungen kann der Zutritt einzelnen Personen von dem Vorsitzenden gestattet werden.

§ 276.

Die Aufrechterhaltung der Ordnung in der Sitzung liegt dem Vorsitzenden ob.

§ 277.

Angeklagte, Zeugen, Sachverständige oder bei der Verhandlung nicht betheiligte Personen, welche den zur Aufrechterhaltung der Ordnung erlassenen Befehlen nicht gehorchen, können auf Beschluß des Gerichts von der Gerichtsstelle entfernt werden.

Personen des Soldatenstandes des aktiven Heeres und der aktiven Marine, welche sich in der Sitzung einer Ungebühr schuldig machen, sind, sofern nicht gerichtliche Verfolgung eintritt, disziplinarisch mit Arrest zu bestrafen. Die Bestimmung des § 194 Absatz 3 findet Anwendung.

Gegen andere Personen kann das Gericht in einem solchen Falle, vorbehaltlich der strafrechtlichen Verfolgung, eine Ordnungsstrafe bis zu einhundert Mark oder bis zu drei Tagen Haft festsetzen und sofort vollstrecken lassen. Die erforderlichen Anordnungen trifft der Vorsitzende.

Gegen einen Rechtsanwalt, der als Vertheidiger in der Sitzung einer Ungebühr sich schuldig macht, kann das Gericht, vorbehaltlich der disziplinaren oder strafgerichtlichen Verfolgung, eine Ordnungsstrafe bis zu einhundert Mark festsetzen.

Ist eine Ordnungsstrafe festgesetzt, so findet binnen der Frist von einer Woche nach der Bekanntmachung der Entscheidung die Rechtsbeschwerde an das Reichs-Militärgericht statt. Dieselbe hat nur in den Fällen des Absatzes 4 aufschiebende Wirkung.

§ 278.

Wird eine strafbare Handlung in der Sitzung begangen, so hat das Gericht den Thatbestand festzustellen und der zuständigen Behörde das darüber aufgenommene Protokoll mitzutheilen. In geeigneten Fällen ist die vorläufige Festnahme des Thäters zu verfügen.

§ 279.

Bei dem Kriegsgericht erfolgt die Vernehmung des Angeklagten und die Aufnahme des Beweises durch den die Verhandlung führenden Kriegsgerichts-Rath (§ 55).

Bei den Standgerichten kann der Vorsitzende die Führung der Verhandlung einem Beisitzer überlassen.

Wird eine auf die Sachleitung bezügliche Anordnung als unzulässig beanstandet, so entscheidet das Gericht.

§ 280.

Jedem Mitgliede des Gerichts, dem Vertreter der Anklage, dem Angeklagten und dem Vertheidiger ist auf Verlangen zu gestatten, Fragen an die Zeugen und Sachverständigen zu stellen. Der Vertheidiger kann die Fragen nur durch den die Verhandlung Führenden stellen.

Ungeeignete oder nicht zur Sache gehörige Fragen können von dem Vorsitzenden nach Anhörung des die Verhandlung Führenden zurückgewiesen werden.

Zweifel über die Zulässigkeit einer Frage entscheidet das Gericht.

§ 281.

Die Hauptverhandlung beginnt mit dem Aufrufe des Angeklagten, des Vertheidigers, der Zeugen und der Sachverständigen.

§ 282.

Nachdem der Aufruf erfolgt ist, verliest der Vorsitzende die Namen der zur Hauptverhandlung berufenen Richter und weist den Angeklagten auf die Bestimmung des § 119 Absatz 2 hin.

§ 283.

An die Verlesung der Richterliste schließt sich die Beeidigung der nicht ständigen Richter. Dieselbe erfolgt bei den Standgerichten durch den Vorsitzenden, bei den Kriegsgerichten durch den die Verhandlung führenden Kriegsgerichts-Rath.

Der den Eid Abnehmende richtet an die zu Beeidigenden die Worte:

„Sie schwören bei Gott dem Allmächtigen und Allwissenden, die Pflichten eines Richters getreulich zu erfüllen und Ihre Stimmen nach bestem Wissen und Gewissen abzugeben.

Die betreffenden Richter leisten den Eid, indem sie die Worte sprechen:

„Ich schwöre es, so wahr mir Gott helfe.

Die Schwörenden sollen bei der Eidesleistung die rechte Hand erheben.

Stehen an demselben Tage mehrere Verhandlungen an, zu denen dasselbe Richterpersonal berufen ist, so genügt es, daß der Vorsitzende in den späteren Verhandlungen auf den in einer vorhergegangenen Verhandlung geleisteten Richtereid verweist.

§ 284.

Nach der Bildung des Gerichts (§§ 282, 283) läßt der Vorsitzende die Zeugen abtreten. Hierauf erfolgt die Verhandlung in der Sache selbst.

Dieselbe beginnt mit der Vernehmung des Angeklagten über seine persönlichen Verhältnisse. Hieran schließt sich die Verlesung der Anklageverfügung und der Anklageschrift durch den Vertreter der Anklage. Vor einem Feldgericht oder Bordgericht ist, sofern eine Anklageschrift nicht mitgetheilt war, die Anklage mündlich zu begründen.

Sodann erfolgt die weitere Vernehmung des Angeklagten nach Maßgabe des § 165.

§ 285.

Nach der Vernehmung des Angeklagten folgt die Beweisaufnahme.

Es bedarf eines Gerichtsbeschlusses, wenn ein Beweisantrag abgelehnt werden soll, oder wenn die Vornahme einer Beweishandlung eine Aussetzung der Hauptverhandlung erforderlich macht.

Das Gericht kann auf Antrag und von Amtswegen die Ladung von Zeugen und Sachverständigen, sowie die Herbeischaffung anderer Beweismittel anordnen.

Die Bestimmungen der §§ 258, 259 finden entsprechende Anwendung.

§ 286.

Das Gericht bestimmt den Umfang der Beweisaufnahme, ohne hierbei durch Anträge, Verzichte oder frühere Beschlüsse gebunden zu sein.

Die Bestimmungen der §§ 178 bis 207, § 208 Abs. 1, 2, 3, §§ 210 bis 213 finden entsprechende Anwendung. Bezüglich der Ausschließung und Ablehnung von Sachverständigen gelten die §§ 121, 122.

Die Beeidigung eines Zeugen darf unterlassen werden, wenn dessen Aussage nach der Ueberzeugung des Gerichts sich als offenbar unglaubwürdig oder unerheblich darstellt.

§ 287.

Eine Beweiserhebung darf deshalb nicht abgelehnt werden, weil das Beweismittel oder die zu beweisende Thatsache zu spät vorgebracht worden sei.

Ist jedoch ein zu vernehmender Zeuge oder Sachverständiger dem Angeklagten so spät namhaft gemacht oder eine zu beweisende Thatsache so spät vorgebracht worden, daß es dem Angeklagten an der zur Einziehung von Erkundigungen erforderlichen Zeit gefehlt hat, so kann derselbe bis zum Schluß der Beweisaufnahme die Aussetzung der Hauptverhandlung zum Zwecke der Erkundigung beantragen.

Ueber die Anträge entscheidet das Gericht nach freiem Ermessen.

§ 288.

Das Gericht kann den Angeklagten, wenn zu befürchten ist, daß ein Mitangeklagter oder ein Zeuge bei seiner Vernehmung in Gegenwart des Angeklagten die Wahrheit nicht sagen werde, während dieser Vernehmung aus dem Sitzungszimmer abtreten lassen. Der Angeklagte ist jedoch, sobald er wieder vorgelassen worden, von dem wesentlichen Inhalt desjenigen zu unterrichten, was während seiner Abwesenheit ausgesagt oder sonst verhandelt worden ist.

In gleicher Weise ist zu verfahren, wenn das Gericht wegen ordnungswidrigen Benehmens des Angeklagten zeitweise dessen Entfernung von der Gerichtsstelle angeordnet hat.

§ 289.

Die vernommenen Zeugen und Sachverständigen dürfen sich nur mit Genehmigung oder auf Anweisung des Vorsitzenden von der Gerichtsstelle entfernen. Der Vertreter der Anklage und der Angeklagte sind vorher zu hören.

§ 290.

Urkunden und andere als Beweismittel dienende Schriftstücke werden in der Hauptverhandlung verlesen. Dies gilt insbesondere von früher ergangenen Strafurtheilen, von Straflisten und von Auszügen aus Kirchenbüchern und Personenstandsregistern und findet auch Anwendung auf Protokolle über die Einnahme des richterlichen Augenscheins.

§ 291.

Beruht der Beweis einer Thatsache auf der Wahrnehmung einer Person, so ist die letztere in der Hauptverhandlung zu vernehmen. Die Vernehmung darf nicht durch Verlesung des über eine frühere Vernehmung aufgenommenen Protokolls oder einer schriftlichen Erklärung ersetzt werden.

§ 292.

Ist ein Zeuge, Sachverständiger oder Mitbeschuldigter verstorben oder in Geisteskrankheit verfallen, oder ist sein Aufenthalt nicht zu ermitteln gewesen, so kann das Protokoll über seine frühere durch einen Gerichtsoffizier, einen Kriegsgerichts-Rath oder einen anderen richterlichen Beamten erfolgte Vernehmung verlesen werden. Dasselbe gilt von dem bereits verurtheilten Mitschuldigen.

Unter den Voraussetzungen des § 158 Absatz 2, § 258 ist die Verlesung des Protokolls über die frühere Vernehmung statthaft, wenn die Vernehmung unter Beobachtung der für dieselbe gegebenen Vorschriften (§ 158 Absatz 3 und 4, §§ 258, 259) erfolgt ist.

Die Verlesung kann nur durch Gerichtsbeschluß angeordnet, auch muß der Grund derselben verkündet und bemerkt werden, ob die Beeidigung der vernommenen Personen stattgefunden hat. An den Bestimmungen über die Beeidigung wird hierdurch für diejenigen Fälle, in denen die nochmalige Vernehmung ausführbar ist, nichts geändert.

§ 293.

Die Aussage eines vor der Hauptverhandlung vernommenen Zeugen, welcher erst in der Hauptverhandlung von seinem Rechte, das Zeugniß zu verweigern, Gebrauch macht, darf nicht verlesen werden.

§ 294.

Erklärt ein Zeuge oder Sachverständiger, daß er sich einer Thatsache nicht mehr erinnert, so kann der hierauf bezügliche Theil des Protokolls über seine frühere Vernehmung zur Unterstützung seines Gedächtnisses verlesen werden.

Dasselbe kann geschehen, wenn ein in der Vernehmung hervortretender Widerspruch mit der früheren Aussage nicht auf andere Weise ohne Unterbrechung der Hauptverhandlung festgestellt oder gehoben werden kann.

§ 295.

Erklärungen des Angeklagten, welche in einem Protokoll enthalten sind, können zum Zwecke der Beweisaufnahme über ein Geständniß verlesen werden.

Dasselbe kann geschehen, wenn ein in der Vernehmung hervortretender Widerspruch mit der früheren Aussage nicht auf andere Weise ohne Unterbrechung der Hauptverhandlung festgestellt oder gehoben werden kann.

§ 296.

In den Fällen der §§ 294, 295 ist die Verlesung und der Grund derselben auf Antrag des Angeklagten oder des Vertreters der Anklage im Protokolle zu erwähnen.

§ 297.

Die ein Zeugniß oder ein Gutachten enthaltenden Erklärungen öffentlicher Behörden oder militärischer Vorgesetzten, sowie ärztliche Atteste über Köperverletzungen, welche nicht zu den schweren gehören, können verlesen werden.

Ist das Gutachten einer kollegialen Fachbehörde eingeholt worden, so kann das Gericht die Behörde ersuchen, eines ihrer Mitglieder mit der Vertretung des Gutachtens in der Hauptverhandlung zu beauftragen und dem Gerichte zu bezeichnen.

§ 298.

Nach der Vernehmung eines jeden Zeugen, Sachverständigen oder Mitangeklagten, sowie nach Verlesung eines jeden Schriftstücks soll der Angeklagte gefragt werden, ob er etwas zu erklären habe.

§ 299.

Nach dem Schlusse der Beweisaufnahme erhalten der Vertreter der Anklage und sodann der Angeklagte oder dessen Vertheidiger zu ihren Ausführungen und Anträgen das Wort.

Dem Vertreter der Anklage steht das Recht der Erwiderung zu; dem Angeklagten gebührt das letzte Wort.

Der Angeklagte ist, auch wenn ein Vertheidiger für ihn gesprochen hat, zu befragen, ob er selbst noch etwas zu seiner Vertheidigung anzuführen habe.

§ 300.

Einem der Gerichtssprache nicht mächtigen Angeklagten müssen aus den Schlußvorträgen mindestens die Anträge des Vertreters der Anklage und des Vertheidigers durch den Dolmetscher bekannt gemacht werden.

Dasselbe gilt von einem tauben Angeklagten, sofern nicht eine schriftliche Verständigung erfolgt.

§ 301.

Die Hauptverhandlung schließt mit der Erlassung des Urtheils. Das Urtheil kann nur auf Freisprechung, Verurtheilung oder Einstellung des Verfahrens lauten.

Die Einstellung des Verfahrens ist insbesondere auszusprechen, wenn bei einer nur auf Antrag zu verfolgenden strafbaren Handlung sich ergiebt, daß der erforderliche Antrag nicht vorliegt, oder wenn der Antrag rechtzeitig zurückgenommen ist.

§ 302.

Ueber das Ergebniß der Beweisaufnahme entscheidet das Gericht nach seiner freien, aus dem Inbegriffe der Verhandlung geschöpften Ueberzeugung.

§ 303.

Hängt die Strafbarkeit einer Handlung von der Beurtheilung eines bürgerlichen Rechtsverhältnisses ab, so entscheidet das Strafgericht auch über dieses nach den für das Verfahren und den Beweis in Strafsachen geltenden Vorschriften.

Das Gericht ist jedoch befugt, das Urtheil auszusetzen und einem der Betheiligten zur Erhebung der Zivilklage eine Frist zu bestimmen oder das Urtheil des Zivilgerichts abzuwarten.

§ 304.

Gegenstand der Urtheilsfindung ist die in der Anklageverfügung bezeichnete That, wie sich dieselbe nach dem Ergebnisse der Verhandlung darstellt.

Das Gericht ist an diejenige Beurtheilung der That, welche der Anklageverfügung zu Grunde liegt, nicht gebunden.

§ 305.

Eine Verurtheilung des Angeklagten auf Grund eines anderen als des in der Anklageverfügung angeführten Strafgesetzes darf nicht erfolgen, ohne daß der Angeklagte zuvor auf die Veränderung des rechtlichen Gesichtspunkts besonders hingewiesen und ihm Gelegenheit zur Vertheidigung gegeben worden ist.

In gleicher Weise ist zu verfahren, wenn erst in der Verhandlung solche vom Strafgesetze besonders vorgesehene Umstände behauptet werden, welche die Strafbarkeit erhöhen.

Das Gericht hat auf Antrag oder von Amtswegen die Hauptverhandlung auszusetzen, falls dies infolge der veränderten Sachlage zur genügenden Vorbereitung der Anklage oder der Vertheidigung angemessen erscheint.

§ 306.

Wird der Angeklagte im Laufe der Hauptverhandlung noch einer anderen That beschuldigt, als wegen welcher die Anklageverfügung gegen ihn erlassen ist, so kann auf Antrag des Vertreters der Anklage jene That mit seiner Zustimmung zum Gegenstande derselben Aburtheilung gemacht werden.

Diese Bestimmung findet nicht Anwendung, wenn die That sich als ein bürgerliches oder militärisches Verbrechen darstellt, oder die Aburtheilung derselben die Zuständigkeit des Gerichts überschreitet.

§ 307.

Die Leitung der Urtheilsberathung und das Sammeln der Stimmen erfolgt durch denjenigen, der die Verhandlungen geführt hat.

Etwaige Vorfragen sind einzeln vor der Hauptfrage, die Festsetzung des Strafmaßes ist erst nach beschlossener Anwendung des Strafgesetzes, die Gesammtstrafe erst nach Festsetzung der Einzelstrafen und die Verhängung einer Nebenstrafe erst nach der Bemessung der Hauptstrafe zur Abstimmung zu bringen.

Meinungsverschiedenheiten über den Gegenstand, die Fassung und die Reihenfolge der Fragen oder über das Ergebniß der Abstimmung entscheidet das Gericht.

§ 308.

Kein Richter darf die Abstimmung über eine Frage verweigern, weil er bei der Abstimmung über eine vorhergegangene Frage in der Minderheit geblieben ist.

§ 309.

Zu einer jeden Entscheidung des Gerichts ist Stimmenmehrheit erforderlich.

Bilden sich bei einer Abstimmung mehr als zwei Meinungen, von denen keine die Mehrheit für sich hat, so werden die dem Angeklagten nachtheiligsten Stimmen den zunächst minder nachtheiligen so lange hinzugerechnet, bis sich nach Vorschrift des ersten Absatzes eine Entscheidung herausstellt. Ist es zweifelhaft, welche der Meinungen die nachtheiligere ist, so muß hierüber besonders abgestimmt werden.

§ 310.

Bei den Standgerichten richtet sich die Reihenfolge der Abstimmenden nach dem Dienstrange; der Jüngste im Range stimmt zuerst.

Bei den Kriegsgerichten stimmt der die Verhandlungen führende Kriegsgerichts-Rath zuerst; die übrigen Richter stimmen in der für die Standgerichte vorgeschriebenen Reihenfolge. Wirken außer dem bezeichneten Kriegsgerichts-Rath noch andere Militärbeamte als Richter mit, so stimmen diese vor den Offizieren.

§ 311.

Wird der Angeklagte verurtheilt, so müssen die Urtheilsgründe die für erwiesen erachteten Thatsachen angeben, in welchen die gesetzlichen Merkmale der strafbaren Handlung gefunden werden, und die nähere Darlegung enthalten, weshalb diese Thatsachen für erwiesen erachtet worden sind.

Waren in der Verhandlung solche vom Strafgesetze besonders vorgesehene Umstände behauptet worden, welche die Strafbarkeit ausschließen, vermindern oder erhöhen, so müssen die Urtheilsgründe sich darüber aussprechen, ob diese Umstände für festgestellt oder für nicht festgestellt erachtet werden.

Die Gründe des Strafurtheils müssen ferner das zur Anwendung gebrachte Strafgesetz bezeichnen und sollen die Umstände anführen, welche für die Zumessung der Strafe bestimmend gewesen sind. Macht das Strafgesetz die Anwendung einer geringeren Strafe von dem Vorhandensein mildernder Umstände oder eines minder schweren Falles abhängig, so müssen die Urtheilsgründe die hierüber getroffene Entscheidung und die dafür maßgebend gewesenen Erwägungen ergeben, sofern das Vorhandensein mildernder Umstände oder eines minder schweren Falles angenommen oder einem in der Verhandlung gestellten Antrag entgegen verneint wird.

Wird der Angeklagte freigesprochen, so müssen die Urtheilsgründe ergeben, ob der Angeklagte für nicht überführt, oder ob und aus welchen Gründen die für erwiesen angenommene That für nicht strafbar erachtet worden ist.

§ 312.

Die Verkündung des Urtheils erfolgt durch Verlesung der Urtheilsformel und Eröffnung der Urtheilsgründe am Schlusse der Verhandlung oder spätestens innerhalb dreier Tage nach dem Schlusse der Verhandlung durch den Vorsitzenden, bei den Kriegsgerichten durch diesen oder durch den die Verhandlung führenden Kriegsgerichts-Rath.

Die Eröffnung der Urtheilsgründe geschieht durch Verlesung oder durch mündliche Mittheilung ihres wesentlichen Inhalts.

Der Angeklagte ist zu befragen, ob er sich bei dem Urtheile beruhigt. Verneinenden Falls ist derselbe über die bei Einlegung der Berufung einzuhaltende Frist (vgl. § 364), sowie den einzuschlagenden Weg (vgl. § 354) zu belehren.

Die Verkündung eines kriegsgerichtlichen Urtheils nebst der im Absatz 3 vorgeschriebenen Belehrung kann auch durch einen Gerichtsoffizier geschehen, welcher eine Verhandlung darüber aufzunehmen hat.

Im Falle der Zustellung des Urtheils (§ 130 Absatz 2) ist die Belehrung mit der Zustellung zu verbinden.

§ 313.

Findet das Gericht im Laufe der Verhandlung, daß der Angeklagte nicht unter der Militärstrafgerichtsbarkeit steht, so hat es durch Beschluß seine Unzuständigkeit auszusprechen.

Gegen diesen Beschluß steht sowohl dem Gerichtsherrn wie dem Angeklagten binnen einer Woche nach der Verkündung des Beschlusses die Rechtsbeschwerde an das Reichs-Militärgericht zu. Hat die Verkündung in Abwesenheit des Angeklagten stattgefunden, so läuft für diesen die Frist vom Tage der Zustellung des Beschlusses.

§ 314.

Das Gericht darf sich nicht für unzuständig erklären, weil die Sache vor ein Gericht niederer Ordnung gehöre, oder weil die Erhebung der Anklage von einem unzuständigen Gerichtsherrn verfügt sei, oder weil zur Ahndung der strafbaren Handlung die Bestrafung im Disziplinarwege nach Maßgabe des § 3 des Einführungsgesetzes zum Militärstrafgesetzbuch ausreichend gewesen wäre.

§ 315.

Stellt sich nach dem Ergebnisse der Verhandlung vor einem Standgerichte die That als eine solche dar, welche die Zuständigkeit des Standgerichts überschreitet, so hat dasselbe durch Beschluß seine Unzuständigkeit auszusprechen und die Sache an die zuständige Stelle zu verweisen. Dieser Beschluß hat die Wirkung der Anklageerhebung für das weitere Verfahren.

Das Gleiche gilt, wenn der Angeklagte mit Rücksicht auf seinen Rang der niederen Gerichtsbarkeit entzogen ist, oder die zu erkennende Strafe die dem Standgerichte gezogenen Grenzen überschreitet. (§§ 11, 12, 13, 44, 57.)

§ 316.

Ueber die Hauptverhandlung ist ein Protokoll aufzunehmen, welches außer von dem Vorsitzenden und dem Gerichtsschreiber auch von dem die Verhandlung Führenden zu unterschreiben ist.

§ 317.

Das Protokoll über die Hauptverhandlung enthält:

1) den Ort und den Tag der Verhandlung;

2) die Namen der Mitglieder des Gerichts, des Vertreters der Anklage, des Gerichtsschreibers und des etwa zugezogenen Dolmetschers;

3) die Bezeichnung der strafbaren Handlung nach der Anklage;

4) die Namen der Angeklagten und ihrer Vertheidiger;

5) die Namen der vernommenen Zeugen und Sachverständigen und den Vermerk über die stattgehabten Beeidigungen;

6) die Angabe, daß öffentlich verhandelt oder die Oeffentlichkeit ausgeschlossen ist.

§ 318.

Das Protokoll muß den Gang und die Ergebnisse der Hauptverhandlung im wesentlichen wiedergeben und die Beobachtung aller wesentlichen Förmlichkeiten ersichtlich machen, auch die Bezeichnung der verlesenen Schriftstücke sowie die im Laufe der Verhandlung gestellten Anträge, die ergangenen Entscheidungen und die Urtheilsformel enthalten.

Von dem Inhalte der Erklärungen des Vertreters der Anklage, des Angeklagten und Vertheidigers, der Zeugen und der Sachverständigen wird nur das Wesentliche in das Protokoll aufgenommen. Insoweit diese Personen bereits im Ermittelungsverfahren vernommen waren, ist in dem Protokolle nur zu vermerken, ob und inwiefern ihre Erklärungen etwa von den früheren Aussagen in erheblichen Punkten abweichen.

Kommt es auf die Feststellung eines Vorganges in der Hauptverhandlung oder des Wortlauts einer Aussage oder einer Aeußerung an, so hat der die Verhandlung führende Richter die vollständige Niederschreibung und Verlesung anzuordnen. In dem Protokoll ist zu bemerken, daß die Verlesung geschehen und die Genehmigung erfolgt ist, oder welche Einwendungen erhoben sind.

§ 319.

Erfolgt die Beobachtung der vorgeschriebenen Förmlichkeiten nach Ansicht eines bei der Verhandlung Betheiligten in mangelhafter oder ungenügender Weise, so ist dieser berechtigt, die Feststellung des Vorganges und dessen Aufnahme im Protokoll zu verlangen.

§ 320.

Die Beobachtung der für die Hauptverhandlung vorgeschriebenen Förmlichkeiten kann nur durch das Protokoll bewiesen werden. Gegen den diese Förmlichkeiten betreffenden Inhalt desselben ist nur der Nachweis der Fälschung zulässig.

§ 321.

Das Urtheil mit den Gründen soll binnen drei Tagen nach der Verkündung zu den Akten gebracht werden, falls es nicht bereits vollständig in das Protokoll aufgenommen worden ist.

Es ist von den Richtern, welche bei der Entscheidung mitgewirkt haben, zu unterschreiben. Ist ein Richter verhindert, seine Unterschrift beizufügen, so wird dies unter Angabe des Verhinderungsgrundes von dem Vorsitzenden oder bei dessen Verhinderung von dem ältesten beisitzenden Offizier unter dem Urtheile vermerkt.

Die Bezeichnung des Tages der Sitzung, sowie die Namen der Richter, des Vertreters der Anklage und des Gerichtsschreibers, welche an der Sitzung theil genommen haben, sind in das Urtheil aufzunehmen.

Die Ausfertigungen und Auszüge der Urtheile sind bei den Standgerichten vom Vorsitzenden, bei den Kriegsgerichten von dem Kriegsgerichts-Rath, der die Verhandlung geführt hat, zu unterschreiben und mit dem Gerichtssiegel zu versehen.

## Sechster Abschnitt.

## **Vertheidigung.**

§ 322.

Der Angeklagte kann sich, nachdem die Anklage erhoben ist, des Beistandes eines Vertheidigers bedienen.

Diese Bestimmung findet in den zur Zuständigkeit der Standgerichte gehörigen Sachen keine Anwendung.

§ 323.

Bildet ein Verbrechen den Gegenstand der Anklage, so hat der Gerichtsherr dem Angeklagten, sofern derselbe einen Vertheidiger nicht erwählt hat, einen solchen von Amtswegen zu bestellen.

Diese Bestimmung findet nicht Anwendung, wenn die strafbare Handlung nur deshalb als ein Verbrechen sich darstellt, weil sie im Rückfalle begangen ist, oder weil die Voraussetzungen des § 55 des Militärstrafgesetzbuchs vorliegen.

§ 324.

Erachtet außer den Fällen der nothwendigen Vertheidigung (§ 323) der Gerichtsherr oder das erkennende Gericht die Bestellung eines Vertheidigers für sachgemäß, so ist dieselbe von Amtswegen zu veranlassen.

Der Angeklagte kann die Bestellung eines Vertheidigers beantragen, sofern dieselbe nicht von Amtswegen erfolgt.

Der Antrag ist binnen einer Frist von drei Tagen nach der Bekanntmachung der Anklageverfügung (§§ 243, 244) zu stellen. Für das Verfahren in der Berufungsinstanz ist der Antrag auf Bestellung eines Vertheidigers, sofern er nicht schon in erster Instanz gestellt war, spätestens binnen einer Frist von drei Tagen nach Bekanntmachung des Termins der Hauptverhandlung (§ 253 Absatz 2, § 254 Absatz 2, § 373) zu stellen.

Ueber den Antrag entscheidet außerhalb der Hauptverhandlung der Gerichtsherr, in der Hauptverhandlung das Gericht nach freiem Ermessen.

§ 325.

Die Vertheidigung mehrerer Angeklagten kann, insofern dies der Aufgabe der Vertheidigung nicht widerstreitet, durch einen gemeinschaftlichen Vertheidiger geführt werden.

§ 326.

Als Vertheidiger werden zugelassen und können von Amtswegen bestellt werden:

1) Personen des Soldatenstandes des aktiven Heeres und der aktiven Marine im Offizierrange;

2) Kriegsgerichts-Räthe und die bei den Militärgerichten beschäftigten Assessoren und Referendare (Praktikanten);

3) nicht richterliche obere Militärbeamte;

4) Rechtsanwälte, welche ihre Zulassung zum Auftreten vor den Militärgerichten erwirkt haben, insoweit bürgerliche Verbrechen oder Vergehen den Gegenstand der Anklage bilden.

Die unter Nr. 1 bis 3 bezeichneten Personen bedürfen zur Uebernahme von Vertheidigungen der Genehmigung der vorgesetzten Dienstbehörde.

Die Zulassung der Rechtsanwälte zum Auftreten vor den Militärgerichten erfolgt hinsichtlich der Kriegsgerichte und der Ober-Kriegsgerichte durch die oberste Militär-Justizverwaltungsbehörde, hinsichtlich des Reichs-Militärgerichts durch den Präsidenten desselben.

§ 327.

Bevor im einzelnen Falle ein Vertheidiger von Amtswegen bestellt wird, ist, sofern nicht Dringlichkeit obwaltet, der Angeklagte zu befragen, ob er besondere Wünsche in Betreff der Person des zu bestellenden Vertheidigers zu äußern habe. Die vorgebrachten Wünsche sind nach Möglichkeit zu berücksichtigen.

§ 328.

Die Bestellung eines Vertheidigers unterbleibt, oder ist, falls sie bereits erfolgt war, zurückzuziehen, wenn der Angeklagte einen von ihm gewählten Vertheidiger benennt, welcher den Erfordernissen des § 326 entspricht und zur Uebernahme der Vertheidigung bereit ist.

§ 329.

Dem Vertheidiger müssen die Untersuchungsakten auf Verlangen vor Beginn der Hauptverhandlung vorgelegt werden.

Sofern keine Bedenken entgegenstehen, können die Akten mit Ausnahme der Ueberführungsstücke dem Vertheidiger in seine Wohnung verabfolgt werden.

§ 330.

Dem verhafteten Angeklagten ist schriftlicher und mündlicher Verkehr mit dem Vertheidiger gestattet.

§ 331.

Bleibt in einem Falle der nothwendigen Vertheidigung (§ 323) oder in einem Falle, in welchem das Gericht die Vertheidigung für sachgemäß erachtet hat (§ 324), der bestellte oder gewählte Vertheidiger in der Hauptverhandlung aus, so muß die Verhandlung ausgesetzt werden. An Stelle des Wahlvertheidigers ist in einem solchen Falle demnächst ein Vertheidiger von Amtswegen zu bestellen.

§ 332.

Den bestellten Vertheidigern, welche sich nicht am Gerichtsorte befinden, sind, sofern sie zu den im § 226 Nr. 1 bis 3 bezeichneten Personen gehören, die verordnungsmäßigen Fuhrkosten und Tagegelder zu zahlen. Vertheidigungsgebühren stehen denselben nicht zu.

§ 333.

Im Felde und an Bord finden die Bestimmungen der §§ 327, 329 nur insoweit Anwendung, als die Verhältnisse dies gestatten. Außer den im § 326 bezeichneten Personen können im Bedürfnißfall auch Angehörige des Heeres oder der Marine, die nicht Offizierrang haben, als Vertheidiger zugelassen und bestellt werden.

## Siebenter Abschnitt.

## Strafverfügung.

§ 334.

Betrifft die Beschuldigung lediglich eine Uebertretung oder eine Zuwiderhandlung gegen die Vorschriften über die Erhebung öffentlicher Abgaben und Gefälle, so kann nach vorausgegangenem Ermittelungsverfahren durch schriftliche Strafverfügung des Gerichtsherrn ohne vorgängige Hauptverhandlung eine Strafe festgesetzt werden. Die Verfügung ist außer von dem Gerichtsherrn von einem Gerichtsoffizier oder einem Kriegsgerichts-Rath zu unterzeichnen.

Durch eine Strafverfügung darf jedoch keine andere Strafe als Haft bis zu vierzehn Tagen oder Geldstrafe und diejenige Haft, welche für den Fall der Unbeibringlichkeit der Geldstrafe an deren Stelle tritt, sowie eine etwa verwirkte Einziehung festgesetzt werden.

Bestehen Bedenken gegen die Festsetzung der Strafe innerhalb dieser Grenzen, so ist nach dem im dritten, vierten und fünften Abschnitte dieses Titels gegebenen Vorschriften zu verfahren.

§ 335.

Die Strafverfügung ist dem Beschuldigten zuzustellen (§§ 132, 134, 135).

§ 336.

Die Strafverfügung muß außer der Festsetzung der Strafe die strafbare Handlung, das angewendete Strafgesetz und die Beweismittel bezeichnen, auch die Eröffnung enthalten, daß sie vollstreckbar werde, wenn der Beschuldigte nicht binnen einer Woche nach der Zustellung bei dem Gerichtsherrn Einspruch erhebe.

Hinsichtlich der Erhebung des Einspruchs finden die Bestimmungen des § 354 Absatz 2 bis 4 über die Einlegung von Rechtsmitteln Anwendung.

In der dem Beschuldigten zu machenden Eröffnung ist derselbe auf einen oder mehrere der hiernach für die Erhebung des Einspruchs offenstehenden Wege zu verweisen.

§ 337.

Auf den Einspruch kann vor Ablauf der Frist verzichtet werden.

§ 338.

Eine Strafverfügung, gegen die nicht rechtzeitig Einspruch erhoben worden ist, erlangt die Wirkung eines rechtskräftigen Urtheils.

§ 339.

Bei rechtzeitigem Einspruche wird zur Hauptverhandlung geschritten, sofern nicht bis zur Bekanntmachung des Termins derselben (§ 253, 254) der Einspruch zurückgenommen wird.

§ 340.

Das Gericht ist bei der Urtheilsfällung an den in der Strafverfügung enthaltenen Ausspruch nicht gebunden.

## Achter Abschnitt.

## Verfahren gegen Abwesende.

§ 341.

Ein Beschuldigter gilt als abwesend, wenn sein Aufenthalt unbekannt ist, oder wenn er sich im Ausland aufhält und seine Gestellung vor das zuständige Militärgericht nicht ausführbar oder nicht angemessen erscheint.

§ 342

Gegen einen Abwesenden findet eine Hauptverhandlung nicht statt. Das Verfahren gegen denselben hat sich auf die Sicherung der Beweise für den Fall seiner künftigen Gestellung zu beschränken.

Zeugen und Sachverständige sind, insofern keine Bedenken entgegenstehen, eidlich zu vernehmen.

§ 343.

Ein Anspruch auf Benachrichtigung über den Fortgang und das Ergebniß des Verfahrens steht dem abwesenden Beschuldigten nicht zu.

Der Gerichtsherr ist jedoch befugt, einem Abwesenden, dessen Aufenthalt bekannt ist, Benachrichtigungen zugehen zu lassen.

§ 344

Der Abwesende, dessen Aufenthalt unbekannt ist, kann auf Anordnung des Gerichtsherrn in öffentlichen Blättern zur Gestellung oder zur Anzeige seines Aufenthaltsorts aufgefordert werden.

§ 345.

Sind die Voraussetzungen vorhanden, wonach der Abwesende wegen eines Verbrechens oder eines Vergehens vor ein Kriegsgericht zu stellen wäre, so kann durch einen von dem Gerichtsherrn und dem Kriegsgerichts-Rath zu unterzeichnenden Beschluß das im Reiche befindliche Vermögen des Abwesenden mit Beschlag belegt, und, sofern die Voraussetzungen der Fahnenflucht vorliegen, der Abwesende für fahnenflüchtig erklärt werden.

Dieser Beschluß ist durch den Reichs-Anzeiger bekannt zu machen und kann auch noch durch andere Blätter veröffentlicht werden.

§ 346.

Mit dem Zeitpunkte der ersten Bekanntmachung im „Reichs-Anzeiger“ verliert der Beschuldigte das Recht, über das in Beschlag genommene Vermögen unter Lebenden zu verfügen.

Der die Beschlagnahme verhängende Beschluß ist derjenigen Behörde mitzutheilen, welche für die Einleitung einer Vormundschaft über Abwesende zuständig ist. Diese Behörde hat eine Güterpflege einzuleiten.

§ 347.

Die Beschlagnahme ist aufzuheben, wenn die Gründe derselben weggefallen sind.

Die Aufhebung der Beschlagnahme ist durch dieselben Blätter bekannt zu machen, durch welche die Beschlagnahme selbst veröffentlicht worden war.

Eine entsprechende Bekanntmachung hat zu erfolgen, sobald der Zustand der Fahnenflucht aufhört.

## Dritter Titel.

## Ordentliche Rechtsmittel.

### Erster Abschnitt.

### Allgemeine Bestimmungen.

§ 348.

Ordentliche Rechtsmittel im Sinne dieses Gesetzes sind die Rechtsbeschwerde, die Berufung und die Revision.

§ 349.

Die Rechtsbeschwerde findet nur gegen Beschlüsse und Verfügungen statt.

§ 350.

Die Berufung und die Revision finden nur gegen Urtheile der erkennenden Gerichte statt. Diese Rechtsmittel stehen gleichmäßig dem Gerichtsherrn und dem Angeklagten zu.

Hinsichtlich der Urtheile der Feldgerichte und der Bordgericht sind in diesem Gesetze besondere Bestimmungen getroffen.

§ 351.

Gegen die Entscheidungen des Reichs-Militärgerichts findet ein ordentliches Rechtsmittel nicht statt.

§ 352.

Der Gerichtsherr kann von den ihm zuständigen Rechtsmitteln auch zu Gunsten des Angeklagten Gebrauch machen.

Jedes seitens des Gerichtsherrn eingelegte Rechtsmittel hat die Wirkung, daß die angefochtene Entscheidung auch zu Gunsten des Angeklagten abgeändert oder aufgehoben werden kann.

§ 353.

Die auf die Einlegung oder die Zurücknahme von Rechtsmitteln bezüglichen Erklärungen des Gerichtsherrn sind in Sachen der niederen Gerichtsbarkeit durch einen Gerichtsoffizier, in Sachen der höheren Gerichtsbarkeit durch einen richterlichen Militär-Justizbeamten zu den Akten zu beurkunden.

§ 354.

Seitens des Beschuldigten sind die auf die Einlegung oder die Zurücknahme von Rechtsmitteln bezüglichen Erklärungen in den Fällen des § 123 Absatz 5 und des § 125 Absatz 2 bei dem Gerichtsherrn anzubringen, welchem die Entscheidung zusteht, im übrigen bei dem Gerichtsherrn, welcher die angefochtene Verfügung erlassen oder herbeigeführt, oder das Gericht berufen hat, dessen Entscheidung angefochten wird.

Die Erklärungen können schriftlich eingereicht oder zu Protokoll eines Gerichtsoffiziers oder eines richterlichen Militär-Justizbeamten, von Mannschaften des aktiven Heeres oder der aktiven Marine nur zu Protokoll eines der Genannten oder des nächsten mit Disziplinarstrafgewalt versehenen Vorgesetzten abgegeben werden.

Angeklagte, welche sich nicht auf freiem Fuße befinden, können die Erklärungen überdies zu Protokoll des mit der Aufsicht über das Gefängniß betrauten Offiziers oder Beamten oder, sofern sie nicht dem aktiven Heere oder der aktiven Marine angehören, desjenigen Amtsgerichts geben, in dessen Bezirke das Gefängniß liegt.

Zur Wahrung einer Frist genügt es, wenn innerhalb derselben das Protokoll aufgenommen wird.

Für den Beschuldigten kann auch der Vertheidiger, jedoch nur in dessen ausdrücklichem Auftrage, Rechtsmittel einlegen.

§ 355.

Ein Irrthum in der Bezeichnung des zulässigen Rechtsmittels ist unschädlich.

§ 356.

Die Zurücknahme eines Rechtsmittels, sowie der Verzicht auf die Einlegung eines Rechtsmittels kann auch vor Ablauf der Frist zur Einlegung desselben wirksam erfolgen. Ein seitens des Gerichtsherrn zu Gunsten des Angeklagten eingelegtes Rechtsmittel kann jedoch nur zurückgenommen werden, wenn letzterer auf dasselbe ausdrücklich verzichtet.

Der Vertheidiger bedarf zur Zurücknahme einer ausdrücklichen Ermächtigung.

§ 357.

Hat die Entscheidung über das Rechtsmittel auf Grund mündlicher Verhandlung stattzufinden, so ist die Zurücknahme nach Beginn der Hauptverhandlung nicht mehr zulässig.

## Zweiter Abschnitt.

## **Rechtsbeschwerde.**

§ 358.

Die Rechtsbeschwerde findet nur statt, soweit sie in diesem Gesetz ausdrücklich zugelassen ist.

§ 359.

Erachtet die Stelle, deren Verfügung oder Entscheidung angefochten wird, die Rechtsbeschwerde für begründet, so hat sie derselben abzuhelfen. Anderenfalls ist die Beschwerde sofort der zur Entscheidung darüber zuständigen Stelle vorzulegen. Auf Rechtsbeschwerden gegen die Entscheidung erkennender Gerichte findet der erste Satz keine Anwendung.

§ 360.

Durch Einlegung der Rechtsbeschwerde wird der Vollzug der angefochtenen Verfügung oder Entscheidung nicht gehemmt. Die Bestimmung des § 209 Absatz 3 bleibt unberührt.

Die Aussetzung des Vollzuges kann jedoch von demjenigen, der die angefochtene Verfügung oder Entscheidung erlassen hat, oder, sofern es sich um die Entscheidung eines erkennenden Gerichts handelt, von dem Gerichtsherrn, welcher dasselbe berufen hat, angeordnet werden. Gleiche Befugniß hat die zur Entscheidung über die Rechtsbeschwerde zuständige Stelle.

§ 361.

Die zur Entscheidung über die Rechtsbeschwerde zuständige Stelle kann etwa erforderliche Ermittelungen anordnen oder selbst vornehmen.

§ 362.

Die Entscheidung über die Rechtsbeschwerde erfolgt ohne vorgängige mündliche Verhandlung.

Steht dem Reichs-Militärgerichte die Entscheidung zu, so ist vor derselben die Militäranwaltschaft mit einer schriftlichen oder mündlichen Erklärung zu hören.

Wird die Rechtsbeschwerde für begründet erachtet, so ist zugleich die in der Sache erforderliche Anordnung zu treffen.

## Dritter Abschnitt.

## Berufung.

§ 363.

Die Berufung findet statt gegen die Urtheile der Standgerichte und gegen die Urtheile der Kriegsgerichte in erster Instanz.

Durch Berufung kann das Urtheil erster Instanz sowohl in thatsächlicher wie in rechtlicher Beziehung angefochten werden.

§ 364.

Die Berufung muß binnen einer Woche nach Verkündung des Urtheils eingelegt werden.

Diese Frist beginnt, falls die Verkündung nicht in Anwesenheit des Angeklagten stattgefunden hat, für diesen mit der Zustellung.

§ 365.

Legt der Gerichtsherr Berufung ein, so muß er zugleich erklären, weshalb und inwieweit das Urtheil von ihm angefochten wird.

§ 366.

Legt der Angeklagte Berufung ein, so ist ihm das Urtheil mit den Gründen, sofern dies noch nicht geschehen, sofort zuzustellen.

§ 367.

Sind vom Angeklagten bei Einlegung der Berufung bestimmte Beschwerdepunkte nicht aufgestellt, ist namentlich nicht klar erkennbar, ob er die auf die Schuldfrage bezügliche Entscheidung oder welchen anderen Theil des Urtheils er anfechten will, so ist er durch einen Gerichtsoffizier oder einen Kriegsgerichts-Rath darüber zu vernehmen, weshalb und inwieweit das Urtheil von ihm angefochten wird.

§ 368.

Durch rechtzeitige Einlegung der Berufung wird die Rechtskraft des Urtheils, soweit dasselbe angefochten ist, gehemmt.

§ 369.

Ist Berufung eingelegt, so hat der Gerichtsherr erster Instanz die Akten dem Gerichtsherrn der Berufungsinstanz vorzulegen.

Gleichzeitig sind, wenn die Berufung vom Gerichtsherrn eingelegt ist, dem Angeklagten die Schriftstücke über Einlegung und Begründung der Berufung zuzustellen.

Der Angeklagte und der Gerichtsherr erster Instanz sind befugt, eine schriftliche Gegenerklärung auf die Begründung der Berufung vor dem Termine zur Hauptverhandlung zu den Akten einzureichen.

§ 370.

Der Gerichtsherr der Berufungsinstanz kann das Rechtsmittel als unzulässig zurückweisen, wenn dasselbe nicht innerhalb der gesetzlichen Frist (§ 359) oder nicht auf dem vorgeschriebenen Wege (§ 354) eingelegt ist.

Gegen diese Verfügung findet binnen drei Tagen nach der Zustellung die Rechtsbeschwerde an das Reichs-Militärgericht statt.

§ 371.

Wird die Berufung zugelassen, so hat der Gerichtsherr der Berufungsinstanz den Zusammentritt des erkennenden Gerichts (§ 56 Nr. 2, § 59) zu veranlassen. Mit der Vertretung der Anklage in der Hauptverhandlung ist ein Ober-Kriegsgerichts-Rath oder ein Kriegsgerichts-Rath zu beauftragen.

§ 372.

Ist in Sachen der niederen Gerichtsbarkeit der kommandierende General (Admiral) Gerichtsherr der Berufungsinstanz, so kann er mit der Zusammenberufung des erkennenden Kriegsgerichts einen ihm unterstellten Gerichtsherrn beauftragen.

§ 373.

Auf die Vorbereitung der Hauptverhandlung finden die Vorschriften der §§ 248 bis 254, 256 bis 259 mit nachstehenden Maßgaben Anwendung.

Der Anwesenheit des Angeklagten in der Hauptverhandlung bedarf es nicht, wenn er darauf verzichtet, oder wenn das Urtheil erster Instanz nur hinsichtlich solcher Theile angefochten worden ist, welche die Entscheidung der Schuldfrage nicht enthalten (§ 367), oder wenn dem Erscheinen erhebliche Hindernisse entgegenstehen. Hinsichtlich der Vertheidigung gelten auch für diese Fälle die Bestimmungen der §§ 322 ff.

Insoweit eine wiederholte Vernehmung der in erster Instanz vernommenen Zeugen und Sachverständigen zur Aufklärung der Sache nicht erforderlich erscheint, kann ihre Gestellung oder Ladung unterbleiben.

Neue Beweismittel sind zulässig.

Bei der Auswahl der Zeugen und Sachverständigen ist auf die zur Rechtfertigung der Berufung benannten Personen Rücksicht zu nehmen.

§ 374.

Auf die Hauptverhandlung in der Berufungsinstanz finden die §§ 261 bis 267, 269 bis 280, 316 bis 320 entsprechende Anwendung.

§ 375.

Nachdem die Hauptverhandlung nach Vorschrift der §§ 281 bis 283 begonnen hat, erstattet der die Verhandlung führende Kriegsgerichts-Rath oder Ober-Kriegsgerichts-Rath in Abwesenheit der Zeugen Bericht über die Ergebnisse des bisherigen Verfahrens. Das Urtheil erster Instanz ist stets zu verlesen.

Sodann folgt die Vernehmung des Angeklagten, falls dieser anwesend ist, und die Beweisaufnahme.

§ 376.

Bei der Berichterstattung und der Beweisaufnahme können Schriftstücke verlesen werden. Protokolle über Aussagen der in der Hauptverhandlung erster Instanz vernommenen Zeugen und Sachverständigen dürfen, abgesehen von den Fällen der §§ 292, 294, ohne die Zustimmung des Vertreters der Anklage und des Angeklagten nicht verlesen werden, wenn die Zeugen oder Sachverständigen wiederholt gestellt oder auf wiederholte Ladung erschienen sind. Im übrigen gelten bezüglich der Beweisaufnahme die Bestimmungen der §§ 285 bis 298.

§ 377.

Nach dem Schlusse der Beweisaufnahme werden der Vertreter der Anklage, sowie der Angeklagte und sein Vertheidiger mit ihren Ausführungen und Anträgen — und zwar derjenige Theil, welcher die Berufung eingelegt hat, zuerst — gehört. Dem Angeklagten gebührt das letzte Wort. Die Vorschrift des § 300 findet Anwendung.

§ 378.

Der Prüfung des Gerichts unterliegt das Urtheil nur, soweit es angefochten ist.

Im übrigen finden die Vorschriften über die Feststellung, Abfassung und Verkündung des Urtheils in erster Instanz (§§ 302 bis 309, § 310 Absatz 2, §§ 311, 312) auf das Verfahren vor dem Berufungsgericht entsprechende Anwendung.

§ 379.

Insoweit die Berufung für begründet befunden wird, hat das Berufungsgericht unter Aufhebung des Urtheils in der Sache selbst zu erkennen.

Leidet das Urtheil an einem Mangel, welcher die Revision wegen einer Gesetzesverletzung im Verfahren begründen würde, so kann das Berufungsgericht unter Aufhebung des Urtheils die Sache, wenn die Umstände des Falles es erfordern, zur Entscheidung in die erste Instanz zurückverweisen. In diesem Falle hat der Gerichtsherr der ersten Instanz von neuem ein erkennendes Gericht zu berufen.

Hat das Gericht erster Instanz mit Unrecht seine Zuständigkeit angenommen, so hat das Berufungsgericht unter Aufhebung des Urtheils die Sache der zuständigen Stelle zu überweisen oder, wenn es selbst für diese Sache als Gericht erster Instanz bestellt werden könnte, in der Sache zu erkennen.

§ 380.

Hat das Berufungsgericht nach dem Ergebnisse der Verhandlung die Ueberzeugung, daß der Angeklagte die Berufung lediglich zur Verschleppung der Sache oder aus Muthwillen eingelegt hat, so kann es neben der erkannten Strafe gegen Personen des Soldatenstandes Arrest in der im Disziplinarwege zulässigen Art und Dauer, gegen andere Angeklagte Haft bis zu vierzehn Tagen als Ordnungsstrafe verhängen.

Im übrigen darf, wenn das Urtheil nur von dem Angeklagten oder zu Gunsten des Angeklagten angefochten war, eine härtere Strafe als die in erster Instanz erkannte nicht verhängt werden.

Die Vollstreckung einer nach Maßgabe des ersten Absatzes verhängten Ordnungsstrafe wird durch Einlegung der Revision gehemmt. Das Reichs-Militärgericht hat in der Revisionsinstanz zugleich über die Ordnungsstrafe zu befinden.

## Vierter Abschnitt.

## **Revision.**

§ 381.

Die Revision findet statt gegen die Urtheile der Ober-Kriegsgerichte.

Insoweit das Urtheil eine der im § 12 bezeichneten strafbaren Handlungen zum Gegenstande hat, ist die Revision ausgeschlossen.

§ 382.

Die Revision muß binnen einer Woche nach Verkündung des Urtheils eingelegt und nach Maßgabe der nachfolgenden Bestimmungen gerechtfertigt werden.

Die §§ 364 Absatz 2, 366 finden entsprechende Anwendung.

§ 383.

Die Revision kann nur darauf gestützt werden, daß das Urtheil auf einer Gesetzesverletzung beruhe.

Gesetzesverletzung ist vorhanden, wenn eine ausdrückliche Vorschrift der Gesetze oder ein Rechtsgrundsatz oder eine militärische Dienstvorschrift oder ein militärdienstlicher Grundsatz nicht oder nicht richtig angewendet worden ist.

§ 384.

Ein Urtheil ist stets als auf einer Verletzung des Gesetzes beruhend anzusehen:

1) wenn das erkennende Gericht nicht vorschriftsmäßig besetzt war;

2) wenn bei dem Urtheil ein Richter mitgewirkt hat, welcher von der Ausübung des Richteramts kraft des Gesetzes ausgeschlossen war;

3) wenn bei dem Urtheil ein Richter mitgewirkt hat, nachdem derselbe wegen Besorgniß der Befangenheit abgelehnt war, und das Ablehnungsgesuch entweder für begründet erklärt war oder mit Unrecht verworfen worden ist;

4) wenn das Gericht seine Zuständigkeit mit Unrecht angenommen hat;

5) wenn die Hauptverhandlung in Abwesenheit einer Person, deren Anwesenheit das Gesetz vorschreibt, stattgefunden hat;

6) wenn das Urtheil auf Grund einer mündlichen Verhandlung ergangen ist, bei welcher die Vorschriften über die Oeffentlichkeit des Verfahrens verletzt sind;

7) wenn das Urtheil keine Entscheidungsgründe enthält;

8) wenn die Vertheidiguug in einem für die Entscheidung wesentlichen Punkte durch eine Verfügung des Gerichtsherrn oder einen Beschluß des Gerichts unzulässig beschränkt worden ist;

9) wenn das Urtheil in Beziehung auf die Geltung oder Auslegung einer militärischen Dienstvorschrift oder eines militärdienstlichen Grundsatzes mit einer darüber ergangenen Allerhöchsten Entscheidung nicht im Einklange steht.

§ 385.

Die Verletzung von Rechtsnormen, welche lediglich zu Gunsten des Angeklagten gegeben sind, kann nicht zu dem Zwecke geltend gemacht werden, um eine Aufhebung des Urtheils zum Nachtheile des Angeklagten herbeizuführen.

§ 386.

Der Beurtheilung des Revisionsgerichts unterliegen auch diejenigen Entscheidungen, welche dem Urtheile vorausgegangen sind, sofern dasselbe auf ihnen beruht.

§ 387.

Die Rechtfertigung der Revision muß erkennen lassen, inwieweit das Urtheil angefochten und dessen Aufhebung beantragt werde, und die Anträge (Revisionsanträge) näher begründen.

Aus der Begründung muß, falls die Verletzung einer gesetzlichen Vorschrift oder eines Rechtsgrundsatzes behauptet wird, hervorgehen, ob die Vorschrift oder der Grundsatz das Verfahren betrifft oder anderer Art ist. Ersterenfalls müssen die den Mangel enthaltenden Thatsachen angegeben werden.

§ 388.

Hat der Angeklagte Revision eingelegt, jedoch binnen der im § 382 bestimmten Frist einen begründeten Revisionsantrag bei dem Gerichtsherrn der Berufungsinstanz nicht eingereicht, so ist er durch einen Kriegsgerichts-Rath nach Maßgabe des § 387 über seine Anträge und deren Begründung zu Protokoll zu vernehmen.

§ 389.

Durch rechtzeitige Einlegung der Revision wird die Rechtskraft des Urtheils, soweit dasselbe angefochten ist, gehemmt.

§ 390.

Der Gerichtsherr der Berufungsinstanz hat die Revisionsanträge mit den Akten an den Präsidenten des Reichs-Militärgerichts einzusenden.

§ 391.

Das Reichs-Militärgericht hat das Rechtsmittel durch Beschluß als unzulässig zu verwerfen, wenn dasselbe nicht innerhalb der gesetzlichen Frist (§ 382) oder nicht auf dem vorgeschriebenen Wege (§ 354) eingelegt worden, oder wenn die Revision ungerechtfertigt geblieben ist (§§ 387, 388).

Anderenfalls entscheidet das Reichs-Militärgericht durch Urtheil. Vor der Entscheidung ist die Revisionsrechtfertigung dem anderen Theile zuzustellen. Diesem steht frei, binnen einer Woche eine Gegenerklärung entweder schriftlich einzureichen oder, falls er der Angeklagte ist, einem Kriegsgerichts-Rath zu Protokoll zu erklären.

§ 392.

Der Angeklagte, oder auf dessen Verlangen der Vertheidiger, ist von dem Tage der Hauptverhandlung zu benachrichtigen. Der Angeklagte kann in dieser erscheinen oder sich durch seinen Vertheidiger vertreten lassen.

Der nicht auf freiem Fuße befindliche Angeklagte hat keinen Anspruch auf Anwesenheit.

§ 393.

Die Hauptverhandlung beginnt mit dem Vortrag eines Berichterstatters.

Hierauf werden die Militäranwaltschaft, sowie der Angeklagte und sein Vertheidiger mit ihren Ausführungen und Anträgen gehört.

Derjenige, welcher die Revision nachgesucht hat, ist zuerst zu hören; dem Angeklagten gebührt in allen Fällen das letzte Wort.

Auf die Hauptverhandlung finden die Bestimmungen der § 262, § 263 Absatz 1, §§ 269 bis 276, § 277 Absatz 1 bis 4, §§ 278, 307, 308, 309 entsprechende Anwendung.

§ 394.

Der Prüfung des Revisionsgerichts unterliegen nur die gestellten Revisionsanträge und, insoweit die Revision auf Mängel des Verfahrens gestützt wird, nur diejenigen Thatsachen, welche bei Anbringung der Revisionsanträge bezeichnet worden sind.

Eine weitere Begründung der Revisionsanträge als die im § 387 Absatz 2 vorgeschriebene, ist nicht erforderlich und, wenn sie unrichtig ist, unschädlich.

§ 395.

Insoweit die Revision für begründet erachtet wird, ist das angefochtene Urtheil aufzuheben.

Gleichzeitig sind die dem Urtheile zu Grunde liegenden Feststellungen aufzuheben, sofern sie durch die Gesetzesverletzung betroffen werden, wegen deren die Aufhebung des Urtheils erfolgt.

§ 396.

Erfolgt die Aufhebung des Urtheils nur wegen Gesetzesverletzung bei Anwendung des Gesetzes auf die dem Urtheile zu Grunde liegenden Feststellungen, so hat das Reichs-Militärgericht in der Sache selbst zu entscheiden, sofern ohne weitere thatsächliche Erörterungen nur auf Einstellung des Verfahrens oder auf Freisprechung zu erkennen ist.

In anderen Fällen ist die Sache zur anderweiten Verhandlung und Entscheidung in die Berufungsinstanz zurückzuverweisen.

Der Präsident des Reichs-Militärgerichts hat behufs weiterer Veranlassung mit dem zuständigen Gerichtsherrn sich in Verbindung zu setzen.

§ 397.

Die Verkündung des Urtheils erfolgt durch den Senats-Präsidenten nach Vorschrift des § 312 Absatz 1 und 2 mit der Maßgabe, daß an die Stelle der Frist von drei Tagen eine solche von einer Woche tritt.

§ 398.

Erfolgt zu Gunsten eines Angeklagten die Aufhebung des Urtheils wegen Gesetzesverletzung bei Anwendung des Strafgesetzes, und erstreckt sich das Urtheil, soweit es aufgehoben wird, noch auf andere Angeklagte, welche die Revision nicht eingelegt haben, so ist zu erkennen, als ob sie gleichfalls die Revision eingelegt hätten.

§ 399.

Das Gericht, an welches die Sache zur anderweiten Verhandlung und Entscheidung verwiesen ist, hat die rechtliche und militärdienstliche

Beurtheilung, welche der Aufhebung des Urtheils zu Grunde gelegt ist, auch seiner Entscheidung zu Grunde zu legen.

War das Urtheil nur von dem Angeklagten oder zu Gunsten desselben angefochten worden, so darf das neue Urtheil eine härtere Strafe als die in dem aufgehobenen erkannte nicht verhängen.

## Vierter Titel.

## Bestätigung der im ordentlichen Verfahren ergangenen Urtheile.

§ 400.

Urtheile, die durch ein ordentliches Rechtsmittel nicht mehr anfechtbar sind, werden mit einer Bestätigungsordre versehen.

In der Bestätigungsordre ist zum Ausdruck zu bringen, daß das Urtheil rechtskräftig geworden und, soweit es auf Verurtheilung lautet, zu vollstrecken ist.

Die Bestätigungsordre ist dem Angeklagten bekannt zu machen.

§ 401.

Auf Strafverfügungen (§ 334) finden die Bestimmungen des § 400 keine Anwendung.

§ 402.

Von Wem die Bestätigungsordre ertheilt wird, bestimmt für die bei der Marine ergehenden Urtheile der Kaiser, im übrigen der zuständige Kontingentsherr.

## Fünfter Titel.

## Bestätigung und Aufhebung der Urtheile der Feldgerichte und der Bordgerichte.

§ 403.

Gegen die im Felde oder an Bord ergangenen Urtheile finden die Rechtsmittel der Berufung und der Revision nicht statt.

§ 404.

Die im § 403 bezeichneten Urtheile erlangen Rechtskraft und Vollstreckbarkeit durch die Bestätigung.

§ 405.

Die Bestimmung des § 404 gilt auch hinsichtlich derjenigen militärgerichtlichen Urtheile, welche zu der Zeit, wo der Angeklagte in ein mobiles Verhältniß tritt, die Rechtskraft noch nicht erlangt haben.

§ 406.

Wem das Bestätigungsrecht und das Aufhebungsrecht zusteht, bestimmt der Kaiser.

§ 407.

Vor der Entschließung über die Bestätigung hat der Gerichtsherr den Angeklagten, falls dieser verurtheilt ist, durch einen Kriegsgerichts-Rath oder einen Offizier protokollarisch darüber vernehmen zu lassen, ob und welche Beschwerden er gegen das Urtheil vorzubringen habe.

Dieser Vernehmung bedarf es nicht, wenn in den Fällen des § 405 der Angeklagte bereits ein ordentliches Rechtsmittel eingelegt und begründet hatte.

§ 408.

Die Urtheile, deren Bestätigung der Kaiser sich vorbehält, sind demselben durch den Präsidenten des Reichs-Militärgerichts mit einem Gutachten der Militäranwaltschaft vorzulegen.

§ 409.

Die Bestätigung anderer Urtheile darf nur auf Grund des schriftlichen Rechtsgutachtens eines richterlichen Militär-Justizbeamten oder, in Ermangelung eines solchen, eines zum Richteramte befähigten Beamten oder Offiziers erfolgen, wenn auf Tod, auf Zuchthaus oder auf Gefängniß oder Festungshaft von mehr als einem Jahre erkannt ist.

Lautet ein kriegsgerichtliches Urtheil auf Freisprechung oder auf eine geringere als die im ersten Absatze bezeichnete Strafe, so hat der Befehlshaber, dem die Bestätigung zusteht, eine Begutachtung nur dann anzuordnen, wenn die Entscheidung des Kriegsgerichts vom Antrage des Vertreters der Anklage wesentlich abweicht, oder wenn ihm die Entscheidung aus sonstigen Gründen bedenklich erscheint.

§ 410.

Die Begutachtung soll nicht durch einen Beamten oder Offizier geschehen, welcher in der Hauptverhandlung als Richter oder als Vertreter der Anklage oder als Vertheidiger mitgewirkt hat.

§ 411.

Der Befehlshaber, welchem die Bestätigung zusteht, kann eine Vervollständigung der Untersuchung anordnen.

§ 412.

War das Urtheil in den Fällen des § 405 durch ein ordnungsmäßig eingelegtes Rechtsmittel bereits angefochten, oder werden in dem Rechtsgutachten (§ 409) gegen die Gesetzlichkeit des Urtheils oder gegen die thatsächliche Feststellung wesentliche Bedenken erhoben, so hat der zur Bestätigung berechtigte Befehlshaber, sofern er nicht selbst über die Aufhebung des Urtheils befinden kann, die Entscheidung des hierfür zuständigen Befehlshabers herbeizuführen.

In derselben Weise ist zu verfahren, wenn der zur Bestätigung berechtigte Befehlshaber entgegen dem Rechtsgutachten Anstand nimmt, die beantragte Bestätigung zu ertheilen. Die Versagung derselben ist schriftlich zu begründen.

§ 413.

Bei Urtheilen der Feldstandgerichte und der Bordstandgerichte findet eine Begutachtung nicht statt. Glaubt der Gerichtsherr die Bestätigung versagen zu müssen, so hat er unter Begründung der Versagung die Entscheidung des für die Aufhebung zuständigen Befehlshabers herbeizuführen.

§ 414.

Der zur Aufhebung berechtigte Befehlshaber hat nach Einholung des Gutachtens eines ihm zugeordneten richterlichen Militär-Justizbeamten darüber zu entscheiden, ob das Urtheil dem Gerichtsherrn zur Ertheilung der Bestätigung zurückzusenden, oder ob dasselbe aufzuheben sei.

§ 415.

Die ertheilte Bestätigung ist auf der Urschrift des Urtheils zu vermerken und dem Angeklagten auf dem in den §§ 243, 244 bezeichneten Wege bekannt zu machen.

§ 416.

Im Falle der Aufhebung des Urtheils ist die Berufung eines neuen erkennenden Gerichts zu veranlassen. Soweit es erforderlich oder sachgemäß erscheint, ist mit dieser Berufung ein anderer Gerichtsherr als der zuerst mit der Sache befaßte zu betrauen. Zu dem neu zu berufenden Gerichte dürfen die Personen als Richter nicht zugezogen werden, welche bei der früheren Hauptverhandlung mitgewirkt haben.

Der die Aufhebung aussprechende Befehlshaber kann auch die Erledigung der Sache im ordentlichen Verfahren verfügen, sofern die Erledigung nach Lage des Falles bis zur Beendigung des die Anwendbarkeit dieses Titels begründenden Verhältnisses aufgeschoben werden kann.

§ 417.

Wird im Laufe eines im Felde oder an Bord eingeleiteten Strafverfahrens der Beschuldigte zu einem immobilen militärischen Verbande versetzt oder einem solchen überwiesen, so findet die Ueberleitung in das ordentliche Verfahren statt.

War jedoch ein Urtheil bereits ergangen, so hat über die Bestätigung der bis dahin zuständige Befehlshaber nach Maßgabe dieses Titels zu befinden. Wird die Bestätigung versagt, so ist das Urtheil dem Angeklagten nach dessen Uebertritt in den immobilen Verband bekannt zu machen (§ 130). Gegen das Urtheil ist binnen der gesetzlichen Frist (§ 364) die Berufung zulässig. Die Frist läuft auch für den Gerichtsherrn vom Tage der Bekanntmachung des Urtheils an den Angeklagten. Die gerichtsherrlichen Befugnisse gehen in einem solchen Falle auf den Gerichtsherrn des immobilen Verbandes über.

§ 418.

Bei der Marine steht dem Uebertritte zu einem immobilen Verbande (§ 417) die Ablösung von Bord gleich.

§ 419.

Mit der Demobilmachung treten die Bestimmungen dieses Titels außer Anwendung. Noch nicht erledigte Strafsachen sind in das ordentliche Verfahren überzuleiten.

Auf die bei Eintritt der Demobilmachung noch nicht bestätigten Urtheile finden die im § 417 Absatz 2 für den Fall der Versagung der Bestätigung gegebenen Bestimmungen Anwendung.

## Sechster Titel.

## Wiederaufnahme eines durch rechtskräftiges Urtheil geschlossenen Verfahrens.

§ 420.

Die Wiederaufnahme eines durch rechtskräftiges Urtheil geschlossenen Verfahrens zu Gunsten des Verurtheilten findet statt:

1) wenn eine in der Hauptverhandlung zu seinen Ungunsten als echt vorgebrachte Urkunde fälschlich angefertigt oder verfälscht war;

2) wenn durch Beeidigung eines zu seinen Ungunsten abgelegten Zeugnisses oder abgegebenen Gutachtens der Zeuge oder der Sachverständige sich einer vorsätzlichen oder fahrlässigen Verletzung der Eidespflicht schuldig gemacht hat;

3) wenn bei dem Urtheil ein Richter mitgewirkt hat, welcher sich in Beziehung auf die Sache einer Verletzung seiner Amtspflichten schuldig gemacht hat, sofern diese Verletzung mit einer im Wege des gerichtlichen Strafverfahrens zu verhängenden öffentlichen Strafe bedroht und nicht vom Verurtheilten selbst veranlaßt ist;

4) wenn ein zivilgerichtliches Urtheil, auf welches das Strafurtheil begründet ist, durch ein anderes rechtskräftig gewordenes Urtheil aufgehoben ist;

5) wenn neue Thatsachen oder Beweismittel beigebracht sind, aus denen allein oder in Verbindung mit den früher erhobenen Beweisen sich die Unschuld des Verurtheilten, sei es bezüglich der ihm zur Last gelegten That überhaupt, sei es bezüglich eines die Anwendung eines härteren Strafgesetzes begründenden Umstandes, ergiebt.

§ 421.

Der Antrag auf Wiederaufnahme des Verfahrens wird weder durch die erfolgte Strafvollstreckung, noch durch den Tod des Verurtheilten, noch durch die Beendigung des die Militärstrafgerichtsbarkeit über den Verurtheilten begründenden Verhältnisses ausgeschlossen.

Im Falle des Todes sind der Ehegatte, die Verwandten aufsteigender und absteigender Linie, sowie die Geschwister des Verstorbenen zu dem Antrage befugt.

§ 422.

Die Wiederaufnahme eines durch rechtskräftiges Urtheil geschlossenen Verfahrens zu Ungunsten des Angeklagten findet statt:

1) wenn eine in der Hauptverhandlung zu seinen Gunsten als echt vorgebrachte Urkunde fälschlich angefertigt oder verfälscht war;

2) wenn durch Beeidigung eines zu seinen Gunsten abgelegten Zeugnisses oder abgegebenen Gutachtens der Zeuge oder Sachverständige sich einer vorsätzlichen oder fahrlässigen Verletzung der Eidespflicht schuldig gemacht hat;

3) wenn bei dem Urtheil ein Richter mitgewirkt hat, welcher sich in Beziehung auf die Sache einer Verletzung seiner Amtspflichten schuldig gemacht hat, sofern diese Verletzung mit einer im Wege des gerichtlichen Strafverfahrens zu verhängenden öffentlichen Strafe bedroht ist;

4) wenn von dem Freigesprochenen vor Gericht oder außergerichtlich ein glaubwürdiges Geständniß der strafbaren Handlung abgelegt wird.

§ 423.

Eine Wiederaufnahme des Verfahrens zum Zwecke der Aenderung der Strafe innerhalb des durch dasselbe Gesetz bestimmten Strafmaßes findet nicht statt.

§ 424.

Ein Antrag auf Wiederaufnahme des Verfahrens, welcher auf die Behauptung einer strafbaren Handlung gegründet werden soll, ist nur dann zulässig, wenn wegen dieser Handlung eine rechtskräftige Verurtheilung ergangen ist, oder wenn die Einleitung oder Durchführung eines Strafverfahrens aus anderen Gründen als wegen mangels an Beweis nicht erfolgen kann.

§ 425.

Die Bestimmungen der §§ 352, 354 Absatz 5 und des § 355 finden auch bei dem Antrag auf Wiederaufnahme des Verfahrens entsprechende Anwendung.

§ 426.

In dem Antrage müssen der gesetzliche Grund der Wiederaufnahme des Verfahrens, sowie die Beweismittel angegeben werden.

Der Antrag ist seitens des Angeklagten oder einer der im § 421 Absatz 2 bezeichneten Personen bei dem Gerichtsherrn erster Instanz in Gemäßheit des § 354 Absatz 2 und 3 anzubringen.

§ 427.

Ueber die Zulassung des Antrags entscheidet das Reichs-Militärgericht.

Die Entscheidung erfolgt ohne mündliche Verhandlung nach Anhörung der Militäranwaltschaft.

Das Reichs-Militärgericht kann einen Aufschub, sowie eine Unterbrechung der Strafvollstreckung anordnen.

§ 428.

Ist der Antrag nicht in der vorgeschriebenen Form angebracht oder ist darin kein gesetzlicher Grund der Wiederaufnahme geltend gemacht oder kein geeignetes Beweismaterial angeführt, so ist der Antrag als unzulässig zu verwerfen.

Anderenfalls ist der Antrag, wenn er von dem Verurtheilten oder im Falle des § 421 Absatz 2 zu dessen Gunsten gestellt war, der Militäranwaltschaft, wenn er zu Ungunsten des Verurtheilten gestellt war, diesem unter Bestimmung einer Frist zur Erklärung mitzutheilen.

§ 429.

Wird der Antrag an sich für zulässig befunden, so veranlaßt das Reichs-Militärgericht die Aufnahme der angetretenen Beweise, soweit diese erforderlich ist, mittels Ersuchens an einen Gerichtsherrn oder an einen Amtsrichter.

Die Vernehmung der Zeugen und Sachverständigen erfolgt eidlich, soweit die Beeidigung zulässig ist.

Hinsichtlich der Berechtigung der Betheiligten zur Anwesenheit bei der Beweisaufnahme finden die Vorschriften der §§ 158 bis 160 entsprechende Anwendung.

Nach Schluß der Beweisaufnahme sind die Militäranwaltschaft und der Angeklagte unter Bestimmung einer Frist zur ferneren Erklärung aufzufordern.

§ 430.

Das Reichs-Militärgericht entscheidet über den zugelassenen Antrag auf Wiederaufnahme des Verfahrens nach Maßgabe des § 427 Absatz 2.

Der Antrag wird als unbegründet verworfen, wenn die darin aufgestellten Behauptungen keine genügende Bestätigung gefunden haben, oder wenn in den Fällen des § 420 Nr. 1 und 2 oder des § 422 Nr. 1 und 2 nach Lage der Sache die Annahme ausgeschlossen ist, daß die in diesen Bestimmungen bezeichnete Handlung auf die Entscheidung Einfluß gehabt hat.

Anderenfalls verordnet das Reichs-Militärgericht die Wiederaufnahme des Verfahrens, sowie die Erneuerung der Hauptverhandlung unter Bezeichnung des Gerichts, bei welchem die letztere stattfinden soll.

§ 431.

Ist der Verurtheilte bereits verstorben oder in eine unheilbare Geisteskrankheit verfallen, so findet eine Erneuerung der Hauptverhandlung nicht statt. Das Reichs-Militärgericht hat vielmehr auf Grund der neuen Ermittelungen ohne mündliche Verhandlung auf Freisprechung zu erkennen oder den Antrag auf Wiederaufnahme abzulehnen.

Mit der Freisprechung ist die Aufhebung des früheren Urtheils zu verbinden.

6*

§ 432.

In der erneuten Hauptverhandlung ist entweder das frühere Urtheil aufrecht zu erhalten oder unter Aufhebung desselben anderweit in der Sache zu erkennen.

Ist die Wiederaufnahme des Verfahrens nur von dem Verurtheilten oder zu Gunsten desselben seitens des Gerichtsherrn beantragt worden, so darf das neue Urtheil eine härtere Strafe als die in dem früheren erkannte nicht verhängen.

§ 433.

Wird im Wiederaufnahmeverfahren auf Freisprechung erkannt, so ist auf Verlangen des Freigesprochenen, in den Fällen des § 431 auf Verlangen des Antragstellers, die Aufhebung des früheren Urtheils durch den „Deutschen Reichs-Anzeiger" bekannt zu machen. Das Gericht kann anordnen, daß die Bekanntmachung auch durch andere öffentliche Blätter erfolgen soll.

## Siebenter Titel.

## Strafvollstreckung.

§ 434.

Militärgerichtliche Strafurtheile sind nach Maßgabe der Bestätigungsordre, Strafverfügungen (§ 334) nach Maßgabe ihres Inhalts zu vollstrecken.

§ 435.

Die Strafvollstreckung wird durch den Gerichtsherrn angeordnet, welcher die Erhebung der Anklage verfügt hat.

§ 436.

An geisteskranken oder schwangeren Personen darf ein Todesurtheil nicht vollstreckt werden.

§ 437.

Die Vollstreckung einer durch Erschießen zu vollziehenden Todesstrafe erfolgt durch die Militärbehörde.

§ 438.

Die Vollstreckung einer durch Enthauptung zu vollziehenden Todesstrafe erfolgt durch die bürgerlichen Behörden auf Grund einer mit der Bescheinigung der Rechtskraft versehenen beglaubigten Abschrift des Urtheils, welcher eine beglaubigte Abschrift der Bestätigungsordre beizufügen ist. Die Bescheinigung und die Beglaubigungen geschehen durch den Gerichtsherrn (§ 435).

§ 439.

Die Vollstreckung einer Freiheitsstrafe ist aufzuschieben, wenn der Verurtheilte in Geisteskrankheit verfällt.

Dasselbe gilt bei anderen Krankheiten, wenn von der Vollstreckung eine nahe Lebensgefahr für den Verurtheilten zu besorgen steht.

§ 440.

Die Vollstreckung von Arreststrafen kann im Interesse des Dienstes auf Anordnung des kommandierenden Generals (Admirals) aufgeschoben werden.

§ 441.

Für den in Untersuchungshaft befindlichen Angeklagten, welcher zu einer Freiheitsstrafe verurtheilt wird, ist die zu verbüßende Strafe vom Tage der Rechtskraft des Urtheils zu berechnen.

Hat der Angeklagte auf Einlegung eines Rechtsmittels verzichtet, so wird die Strafe bereits vom Tage des Verzichts berechnet. Eine entsprechende Berechnung tritt ein, wenn der Angeklagte das eingelegte Rechtsmittel zurückgenommen oder, ohne eine Erklärung abzugeben, die Einlegungsfrist hat verstreichen lassen.

§ 442.

Erfolgt in den Fällen des § 441 die Verhaftung des Angeklagten erst nach den dort bezeichneten Zeitpunkten, so wird die Strafe vom Tage der Verhaftung berechnet.

§ 443.

Ist der Verurtheilte nach Beginn der Strafvollstreckung, ohne daß eine Unterbrechung derselben angeordnet wird, wegen Krankheit in eine von der Strafanstalt getrennte Krankenanstalt gebracht worden, so ist die Dauer des Aufenthalts in der Krankenanstalt in die Strafzeit einzurechnen, sofern er nicht mit der Absicht, die Strafvollstreckung zu unterbrechen, die Krankheit herbeigeführt oder verlängert hat.

§ 444.

Ist jemand durch verschiedene rechtskräftige Urtheile zu Strafen verurtheilt worden, und sind dabei die Vorschriften über die Zuerkennung einer Gesammtstrafe (§ 79 des bürgerlichen Strafgesetzbuchs) außer Betracht geblieben, so sind die erkannten Strafen durch Beschluß des Reichs-Militärgerichts nach Anhörung der Militäranwaltschaft auf eine Gesammtstrafe zurückzuführen.

§ 445.

Die Vollstreckung der auf Geldstrafe lautenden Urtheile und der über eine Vermögensstrafe ergangenen Entscheidungen erfolgt im Wege des Verwaltungszwangsverfahrens nach Maßgabe der dafür geltenden landesrechtlichen Bestimmungen.

Die Intendanturen bilden die zur Anordnung und Leitung des Zwangsverfahrens zuständigen Vollstreckungsbehörden.

§ 446.

Kann eine verhängte Geldstrafe nicht beigetrieben werden, und ist die Festsetzung der für diesen Fall eintretenden Freiheitsstrafe unterlassen worden, so ist die Geldstrafe durch Verfügung des Gerichtsherrn der höheren Gerichtsbarkeit in die entsprechende Freiheitsstrafe umzuwandeln. Die Verfügung ist von einem richterlichen Militär-Justizbeamten mit zu unterzeichnen.

§ 447.

Bestehen über die Auslegung eines Strafurtheils oder über die Berechnung der erkannten Strafe Zweifel, oder sind Einwendungen gegen die Zulässigkeit der Strafvollstreckung erhoben, so ist die Entscheidung des Reichs-Militärgerichts einzuholen.

Der Fortgang der Vollstreckung wird hierdurch nicht gehemmt; der Gerichtsherr sowie das Reichs-Militärgericht können jedoch die Unterbrechung der Vollstreckung anordnen.

Die Entscheidung des Reichs-Militärgerichts erfolgt ohne mündliche Verhandlung nach Anhörung der Militäranwaltschaft.

## Achter Titel.

## Kosten des Verfahrens.

§ 448.

Die Kosten des militärgerichtlichen Verfahrens und der durch die Militärbehörden bewirkten Strafvollstreckung fallen der Militär-Justizverwaltung zur Last.

Diese Bestimmung findet hinsichtlich der durch die Wahl eines Vertheidigers entstandenen Kosten keine Anwendung.

Die Kosten der durch die bürgerlichen Behörden bewirkten Strafvollstreckung hat der Verurtheilte zu tragen.

§ 449.

Sind Strafverfolgungsmaßregeln durch eine wider besseres Wissen gemachte oder auf grober Fahrlässigkeit beruhende Anzeige veranlaßt worden, so kann auf Antrag des betreffenden Gerichtsherrn das Reichs-Militärgericht dem Anzeigenden, nachdem es diesen und die Militäranwaltschaft gehört hat, durch einen ohne mündliche Verhandlung zu erlassenden Beschluß die Erstattung der der Militär-Justizverwaltung oder dem Beschuldigten erwachsenen baaren Auslagen auferlegen.

§ 450.

Erfolgt die Einstellung eines Strafverfahrens wegen Zurücknahme desjenigen Antrags, durch welchen dasselbe bedingt war, so können zugleich dem Antragsteller die der Militär-Justizverwaltung erwachsenen baaren Auslagen zur Last gelegt werden.

Gegen die eine solche Auflage aussprechende Verfügung oder Entscheidung ist binnen vier Wochen nach Bekanntmachung der Verfügung an den Betheiligten die Rechtsbeschwerde an das Reichs-Militärgericht zulässig. Der § 447 Absatz 3 findet Anwendung.

# Entwurf eines Einführungsgesetzes
zur
# Militärstrafgerichtsordnung.

§ 1.

Die Militärstrafgerichtsordnung tritt an einem durch Kaiserliche Verordnung mit Zustimmung des Bundesraths festzusetzenden Tage in Kraft.

§ 2.

Mit diesem Tage treten für die Strafsachen, deren Entscheidung nach den Bestimmungen der Militärstrafgerichtsordnung zu erfolgen hat, alle im Reichsgebiete geltenden militärstrafprozeßrechtlichen Vorschriften, insbesondere diejenigen über die Bestrafung der Fahnenflüchtigen im Wege des Ungehorsams (Kontumazial-) Verfahrens, außer Kraft.

Dasselbe gilt von der Bestimmung im § 2 Absatz 2 des Einführungsgesetzes zum Militärstrafgesetzbuch, insoweit sich dieselbe auf die Bestrafung der Fahnenflüchtigen bezieht.

Unberührt bleiben die Vorschriften, durch welche die Mitglieder der Landgendarmerie-Korps der Militärstrafgerichtsbarkeit unterstellt sind. Insoweit letztere nach diesen Vorschriften der Militärstrafgerichtsbarkeit unterstehen, gelten sie im Sinne der Militärstrafgerichtsordnung als Personen des Soldatenstandes des aktiven Heeres.

§ 3.

Hinsichtlich der Ausübung der Strafgerichtsbarkeit über Kriegsgefangene und Ausländer in Kriegszeiten und bei kriegerischen Unternehmungen können die Bestimmungen über Bildung der Militärgerichte und das Verfahren durch Kaiserliche Verordnung abgeändert werden.

§ 4.

Zuständiger Kontingentsherr im Sinne der Militärstrafgerichtsordnung und dieses Gesetzes ist, soweit nicht Militärkonventionen ein Anderes bestimmen, der Landesherr, dessen Kriegs-Ministerium die Verwaltung hinsichtlich des betreffenden militärischen Verbandes ausübt.

§ 5.

Die in der Militärstrafgerichtsordnung für das „Feld" gegebenen Vorschriften gelten:

1) für die Dauer des mobilen Zustandes des Heeres, der Marine oder einzelner Theile des Heeres oder der Marine;

2) für die Besatzung eines festen Platzes, so lange derselbe vom Feind bedroht ist. Der Eintritt, sowie die Beendigung dieses Zustandes ist vom Gouverneur oder Kommandanten dienstlich bekannt zu machen.

§ 6.

Die in der Militärstrafgerichtsordnung für das Verhältniß „an Bord" gegebenen Vorschriften finden Anwendung:

1) auf die zum Dienst in außerheimischen Gewässern bestimmten Schiffe vom Zeitpunkt des Antritts der Reise bis zur Rückkehr in die heimischen Gewässer;

außerdem

2) auf alle Schiffe, so lange sie sich im Kriegszustand befinden.

§ 7.

Anordnungen auf Grund der §§ 25, 34 der Militärstrafgerichtsordnung werden im Kriegsfall, sowie allgemein für die Marine vom Kaiser, im übrigen von den zuständigen Kontingentsherren erlassen.

Anordnungen auf Grund des § 59 Absatz 2 der Militärstrafgerichtsordnung erfolgen für die Marine durch den Kaiser, für das Heer durch die zuständigen Kontingentsherren.

§ 8.

Die näheren Anordnungen in Gemäßheit des § 108 der Militärstrafgerichtsordnung erfolgen hinsichtlich des Reichs-Militärgerichts in der Geschäftsordnung desselben, im übrigen durch die Militär-Justizverwaltungen.

§ 9.

Entscheidungen und Verfügungen, welche von dem Gerichtsherrn und einem richterlichen Militär-Justizbeamten oder einem Gerichtsoffizier gemeinsam zu unterzeichnen sind (Militärstrafgerichtsordnung § 91 Absatz 2, § 96 ꝛc.), ergehen nach außen hin, je nach dem Befehlsbereich des Gerichtsherrn, unter der Bezeichnung:

Gericht des . . . Regiments;
Gericht der . . . Division;
Kommandantur-(Gouvernements-)gericht; ꝛc.

§ 10.

Einer richterlichen Handlung im Sinne des § 68 des bürgerlichen Strafgesetzbuchs steht gleich jede Handlung, welche von dem

Gerichtsherrn, dem untersuchungsführenden und dem die Anklage vertretenden Gerichtsoffizier, Kriegsgerichts-Rath oder Ober-Kriegsgerichts-Rath, sowie in den Fällen des § 3 des Einführungsgesetzes zum Militärstrafgesetzbuch vom Disziplinarvorgesetzten wegen der begangenen That gegen den Thäter gerichtet wird.

§ 11.

Die zur Ausübung der Militärstrafgerichtsbarkeit berufenen Stellen haben sich gegenseitig Rechtshilfe zu leisten.

Beschwerden über verweigerte Rechtshilfe werden im Aufsichtsweg erledigt.

§ 12.

Die bürgerlichen Gerichte haben den zur Ausübung der Militärstrafgerichtsbarkeit berufenen Stellen und diese jenen in den zu ihrer Zuständigkeit gehörigen Strafsachen Rechtshilfe zu leisten.

Insoweit die bürgerlichen Gerichte angegangen werden müssen, ist das Gesuch an das Amtsgericht zu richten, in dessen Bezirk die Amtshandlung vorgenommen werden soll.

Das Ersuchen darf nur abgelehnt werden, wenn dem ersuchten Gericht die örtliche Zuständigkeit mangelt oder die vorzunehmende Handlung nach dem Recht des ersuchten Gerichts verboten ist. Beschwerden über die Ablehnung des Gesuchs sind an das Ober-Landesgericht, zu dessen Bezirk das ersuchte Gericht gehört, in letzter Instanz an das Reichsgericht zu richten. Die Entscheidungen erfolgen ohne vorgängige mündliche Verhandlung.

Kosten der Rechtshilfe werden von der ersuchenden Behörde nicht erstattet.

§ 13.

Die bürgerlichen Gerichtsbehörden haben Ersuchen um Rechtshilfe in den zu ihrer Zuständigkeit gehörigen Strafsachen an die im § 9 bezeichnete Stelle zu richten. Das Ersuchen darf nur abgelehnt werden, wenn die Erledigung desselben außerhalb des Zuständigkeitsbereichs des angegangenen Gerichtsherrn liegt und eine Abgabe an die zuständige Stelle unthunlich erscheint, oder die vorzunehmende Handlung nach dem Rechte der ersuchten Stelle verboten ist. Beschwerden gegen eine ablehnende Verfügung sind an den höheren Gerichtsherrn, in letzter Instanz an das Reichs-Militärgericht zu richten. Die Entscheidungen erfolgen ohne vorgängige mündliche Verhandlung.

Bei Gewährung der Rechtshilfe findet die Bestimmung des § 12 Absatz 4 entsprechende Anwendung.

§ 14.

Hat eine Aburtheilung des Angeklagten sowohl durch ein Militärgericht, wie durch ein bürgerliches Gericht in einer denselben Gegenstand betreffenden Strafsache stattgefunden, so gilt von den ergangenen Urtheilen dasjenige, welches zuerst die Rechtskraft erlangt hat.

Ist in einer bei einem Militärgericht anhängigen Untersuchung durch nicht mehr anfechtbare Entscheidung die Unzuständigkeit der

Militärgerichte ausgesprochen worden, weil die Sache zur Zuständigkeit der bürgerlichen Gerichte gehöre, so dürfen die letzteren sich in der Sache nicht mehr deshalb für unzuständig erklären, weil die Militärgerichtsbarkeit Platz greife.

Das Entsprechende gilt für die Militärgerichte, wenn seitens bürgerlicher Gerichte durch nicht mehr anfechtbare Entscheidung die Unzuständigkeit ausgesprochen ist, weil die Sache zur Zuständigkeit der Militärgerichte gehöre.

§ 15.

Geht die Vollstreckung einer Freiheitsstrafe gegen eine aktive Militärperson gemäß den gesetzlichen Bestimmungen auf die bürgerlichen Behörden über, so erfolgt die Strafvollstreckung durch die Behörden des Heimathsstaats, wenn entweder die strafbare Handlung außerhalb des Bundesgebiets verübt worden ist, oder der Verurtheilte sich im Gebiet des Heimathsstaats aufhält; in anderen Fällen erfolgt die Strafvollstreckung durch die bürgerlichen Behörden des Bundesstaats, in dessen Gebiete die strafbare Handlung verübt worden ist.

§ 16.

In den Fällen, in welchen nach § 42 des bürgerlichen Strafgesetzbuchs oder nach anderweiten gesetzlichen Bestimmungen auf Einziehung, Vernichtung oder Unbrauchbarmachung von Gegenständen selbständig erkannt werden kann, finden, wenn im Falle der Verfolgung einer bestimmten Person der Militärgerichtsstand begründet sein würde, die Bestimmungen der §§ 477 bis 479 der bürgerlichen Strafprozeßordnung mit der Maßgabe Anwendung, daß der Antrag von dem Gerichtsherrn bei demjenigen Gericht zu stellen ist, in dessen Bezirk die strafbare Handlung begangen ist oder die Gegenstände sich befinden.

§ 17.

Auf die Berufsthätigkeit der zum Auftreten vor den Militärgerichten zugelassenen Rechtsanwälte (vgl. § 326 Nr. 4 der Militärstrafgerichtsordnung) findet die Gebührenordnung für Rechtsanwälte vom 7. Juli 1879 (Reichs-Gesetzbl. Seite 176) entsprechende Anwendung.

Im Sinne des § 63 der Gebührenordnung stehen den Strafkammern die Kriegsgerichte, dem Reichsgerichte das Reichs-Militärgericht gleich.

§ 18.

Wer die nach § 273 der Militärstrafgerichtsordnung ihm auferlegte Pflicht der Geheimhaltung durch unbefugte Mittheilung verletzt, wird mit Geldstrafe bis zu eintausend Mark oder mit Haft oder mit Gefängniß bis zu sechs Monaten bestraft. Gegen Personen des Soldatenstandes des aktiven Heeres oder der aktiven Marine tritt Freiheitsstrafe (Militärstrafgesetzbuch § 16) bis zu sechs Monaten ein; die Ahndung kann in leichteren

Fällen im Disziplinarweg erfolgen (§ 3 des Einführungsgesetzes zum Militärstrafgesetzbuch).

Soweit im militärgerichtlichen Verfahren die Oeffentlichkeit der Verhandlung wegen Gefährdung der Staatssicherheit oder der militärdienstlichen Interessen (§ 270 der Militärstrafgerichtsordnung) ausgeschlossen war, dürfen Berichte über die Verhandlung durch die Presse nicht veröffentlicht werden. Das Gleiche gilt auch nach der Beendigung des Verfahrens in Betreff der Veröffentlichung der Anklageschrift oder anderer amtlicher Schriftstücke des Verfahrens. Zuwiderhandlungen unterliegen der im Absatz 1 bestimmten Strafe.

§ 19.

Die in den Fällen der §§ 345, 355, 374 der Zivilprozeßordnung und der §§ 50, 69, 77 der bürgerlichen Strafprozeßordnung den Militärgerichten zugewiesene Festsetzung der Strafe erfolgt durch den Gerichtsherrn nach Maßgabe des § 91 Absatz 2 ff. der Militärstrafgerichtsordnung; die den Militärgerichten zugewiesene Vollstreckung der Strafe erfolgt auf Anordnung des Gerichtsherrn.

§ 20.

Soweit reichs- oder landesrechtlich den Auditeuren außerhalb des Bereichs der Militärstrafrechtspflege Handlungen der streitigen oder freiwilligen Gerichtsbarkeit, Verrichtungen der Staatsanwaltschaft oder andere juristische Geschäfte zugewiesen sind, treten an die Stelle der Auditeure die Kriegsgerichts-Räthe oder Ober-Kriegsgerichts-Räthe.

§ 21.

Außerhalb des Gebiets der Militärstrafrechtspflege können im Verwaltungswege den Kriegsgerichts-Räthen oder Ober-Kriegsgerichts-Räthen dienstliche Verrichtungen insoweit übertragen werden, als es sich um Geschäfte der freiwilligen Gerichtsbarkeit oder andere juristische Geschäfte im Bereiche der Militärverwaltung handelt.

§ 22.

Das Geschäftsjahr ist das Kalenderjahr.

Tritt die Militärstrafgerichtsordnung nicht mit Beginn des Kalenderjahres in Kraft, so gilt das angefangene Kalenderjahr als erstes Geschäftsjahr.

§ 23.

Die am Tage des Inkrafttretens der Militärstrafgerichtsordnung bei den bürgerlichen Gerichten anhängigen Strafsachen, für welche nach den Vorschriften der Militärstrafgerichtsordnung in Zukunft die Militärgerichte zuständig sein würden, gehen an die letzteren nur dann über, wenn das Hauptverfahren noch nicht eröffnet worden war.

§ 24.

Für die am Tage des Inkrafttretens der Militärstrafgerichtsordnung anhängigen militärgerichtlichen Strafsachen gilt Folgendes:

1) Die Erledigung einer anhängigen Strafsache erfolgt nach den Vorschriften der Militärstrafgerichtsordnung.

2) War vor dem Tage des Inkrafttretens der Militärstrafgerichtsordnung ein Endurtheil erster Instanz ergangen, so finden auf die Erledigung der Sache bis zur rechtskräftigen Entscheidung die bisherigen Prozeßgesetze Anwendung.

3) Wird ein vor dem Tage des Inkrafttretens der Militärstrafgerichtsordnung ergangenes Endurtheil erster Instanz aufgehoben und die Sache zur nochmaligen Entscheidung verwiesen, so regelt sich das weitere Verfahren nach den Vorschriften der Militärstrafgerichtsordnung.

4) War das vor dem Tage des Inkrafttretens der Militärstrafgerichtsordnung ergangene Urtheil ein die Bestrafung eines Fahnenflüchtigen betreffendes Ungehorsams- (Kontumazial-) Urtheil, so regelt sich das nach der Rückkehr des Verurtheilten einzuleitende gewöhnliche Verfahren nach den Vorschriften der Militärstrafgerichtsordnung. In dem ergehenden neuen Urtheil ist das frühere Ungehorsams- (Kontumazial-) Urtheil aufzuheben. Hinsichtlich einer bereits eingezogenen Geldstrafe finden die bisherigen Bestimmungen Anwendung.

5) Für die Wiederaufnahme eines durch rechtskräftiges Urtheil geschlossenen Verfahrens sind die Vorschriften der Militärstrafgerichtsordnung auch dann maßgebend, wenn das Urtheil vor dem Tage des Inkrafttretens der Militärstrafgerichtsordnung erlassen oder rechtskräftig geworden war.

6) Auf die Strafvollstreckung finden die Vorschriften der Militärstrafgerichtsordnung Anwendung, auch wenn die Strafe nach den bisherigen Vorschriften über das Verfahren erkannt ist.

§ 25.

Ueber die Aufhebung der bestehenden Militärgerichte und staatsanwaltschaftlichen Behörden bei denselben, sowie darüber, ob und inwieweit solche mit Rücksicht auf die Vorschrift des § 24 Nr. 2 einstweilen fortbestehen, oder welche Beamte im Fall der Aufhebung an die Stelle der bisherigen Militär-Justizbeamten treten sollen, wird für die Marine durch Kaiserliche Verordnung, im übrigen durch Verordnung des betreffenden Kontingentsherrn Bestimmung getroffen.

Für die Fälle des § 24 Nr. 2 können die Befugnisse der obersten Militärgerichte durch Kaiserliche Verordnung auf Antrag der Kontingentsherren dem Reichs-Militärgericht übertragen werden.

§ 26.

Die bei den aufgehobenen Behörden etatsmäßig angestellten Beamten müssen sich ihre anderweite Verwendung nach Maßgabe der in den §§ 27 bis 31 enthaltenen Bestimmungen gefallen lassen.

§ 27.

Die richterlichen Militär-Justizbeamten, die Beamten der Militär-Staatsanwaltschaft und die rechtskundigen Sekretäre bei den Militärgerichten sind als Militärrichter im Sinne der Militärstrafgerichtsordnung, oder als Beamte der Militäranwaltschaft beim Reichs-Militärgericht anzustellen.

Sie dürfen in ihrem Rang und in ihrem Diensteinkommen nicht verkürzt werden. Als eine Verkürzung des Diensteinkommens ist es nicht anzusehen, wenn die Gelegenheit zur Verwaltung von Nebenämtern entzogen wird oder die Beziehung der für die Dienstunkosten besonders ausgesetzten Einnahmen mit diesen Unkosten selbst fortfällt. Servis und Wohnungsgeldzuschuß werden nach dem Ort der neuen Anstellung gewährt.

Im übrigen erfolgt die Berechnung des Diensteinkommens nach den für den Fall der Pensionierung maßgebenden Grundsätzen.

§ 28.

Sofern diese Beamten nicht anderweit angestellt oder in den Ruhestand versetzt werden, bleiben sie während eines Zeitraums von drei Jahren zur Verfügung der Militär-Justizverwaltung und werden auf einem besonderen Etat geführt.

Beamte, welche das 65. Lebensjahr vollendet haben, können ihre Versetzung in den Ruhestand beanspruchen.

§ 29.

Die zur Verfügung der Militär-Justizverwaltuug verbleibenden Beamten haben sich nach Anordnung derselben der zeitweiligen Wahrnehmung solcher Aemter zu unterziehen, zu deren dauernder Uebernahme sie verpflichtet sein würden.

Erfolgt die Beschäftigung außerhalb des Ortes ihrer letzten Anstellung, so erhalten sie die gesetzmäßigen Reisegebührnisse.

Diejenigen, welche während des dreijährigen Zeitraums eine etatsmäßige Stellung nicht erhalten, treten nach Ablauf desselben in den Ruhestand.

§ 30.

Auf Beamte, welche in Gemäßheit der Bestimmungen dieses Gesetzes in den Ruhestand treten oder zur Verfügung der Militär-Justizverwaltung verbleiben, auf letztere auch dann, wenn sie während des im § 28 bezeichneten Zeitraums dienstunfähig werden, finden die Vorschriften des § 27 mit der Maßgabe Anwendung, daß den in den Ruhestand tretenden Beamten Servis und Wohnungsgeldzuschuß nach den für den Fall der Pensionierung geltenden Durchschnittssätzen, den zur Verfügung der Militär-Justizverwaltung stehenden Beamten der Wohnungsgeldzuschuß während des dreijährigen Zeitraums in dem vollen Betrage zu gewähren ist.

§ 31.

Die nicht im höheren Militär-Justizdienst angestellten Beamten sind ihren bisherigen Verhältnissen, ihren Fähigkeiten und ihrem Dienstalter thunlichst entsprechend anzustellen.

Auf die von neuem angestellten Beamten finden die Vorschriften des § 27 entsprechende Anwendung.

Beamte, welche nicht wieder angestellt werden, treten einstweilen in den Ruhestand. Denselben ist, vorbehaltlich weitergehender wohlerworbener Rechte, ein nach § 26 des Reichs-Beamtengesetzes vom 31. März 1873 zu bemessendes Wartegeld zu gewähren. Die Berechnung des dem Wartegeld zu Grunde zu legenden Diensteinkommens erfolgt nach den für den Fall der Pensionierung maßgebenden Grundsätzen. Servis und Wohnungsgeldzuschuß werden mit dem für die Pensionierung geltenden Durchschnittssatz dem übrigen Diensteinkommen hinzugerechnet.

Diese Beamten haben sich nach Anordnung der Militär-Justizverwaltung der zeitweiligen Wahrnehmung solcher Aemter zu unterziehen, welche ihren Fähigkeiten und ihren bisherigen Verhältnissen entsprechen. Während der Dauer dieser Beschäftigung erhalten sie ihr früheres Diensteinkommen unverkürzt und, sofern die Beschäftigung außerhalb des Ortes ihrer letzten Anstellung erfolgt, die gesetzmäßigen Reisegebührnisse und eine von der Militär-Justizverwaltung nach dem erforderlichen Mehraufwand festzusetzende Entschädigung.

§ 32.

Die Bestimmungen der Militärstrafgerichtsordnung in § 74 Satz 2, § 88 Absatz 1, § 100 Absatz 2 finden auf richterliche und staatsanwaltschaftliche Militär-Justizbeamte, welche vor dem Inkrafttreten der Militärstrafgerichtsordnung bereits angestellt sind, keine Anwendung.

§ 33.

Die Militärstrafgerichtsordnung und dieses Gesetz kommen in Bayern nach näherer Bestimmung des Bündnißvertrags vom 23. November 1870, in Württemberg nach näherer Bestimmung der Militärkonvention vom 21./25. November 1870 zur Anwendung.

Die Einrichtung der obersten militärgerichtlichen Instanz mit Rücksicht auf die Verhältnisse Bayerns wird besonders geregelt.

# Entwurf eines Gesetzes,

betreffend

# die Dienstvergehen der richterlichen Militär-Justizbeamten und die unfreiwillige Versetzung derselben in eine andere Stelle oder in den Ruhestand.

## Allgemeine Bestimmungen über Dienstvergehen und deren Bestrafung.

§ 1.

Ein richterlicher Militär-Justizbeamter, welcher die Pflichten verletzt, die ihm sein Amt auferlegt, oder in oder außer dem Amte sich ein seiner amtlichen Stellung nicht würdiges Verhalten zu Schulden kommen läßt (Reichsbeamtengesetz vom 31. März 1873 § 10), macht sich eines Dienstvergehens schuldig.

§ 2.

Wegen geringer Dienstvergehen können im Aufsichtswege Mahnungen ertheilt werden. Bei dem Reichs-Militärgericht erfolgen sie durch den Präsidenten desselben im Einverständnisse mit dem Vorsitzenden des Disziplinarhofs, im übrigen durch die oberste Behörde der Militär-Justizverwaltung (vgl. Militärstrafgerichtsordnung §§ 105, 106).

Erscheint eine Mahnung nicht ausreichend, so tritt Disziplinarbestrafung nach Maßgabe der Bestimmungen dieses Gesetzes ein.

Die Vorschriften der Disziplinarstrafordnungen für das Heer und die Marine, betreffend die Disziplinarstrafgewalt der Militärbefehlshaber über Militarbeamte, bleiben unberührt.

§ 3.

Disziplinarstrafen sind:

1) Warnung,
2) Verweis,
3) Strafversetzung,
4) Dienstentlassung.

Neben einem Verweis und neben der Strafversetzung kann darauf erkannt werden, daß der Beschuldigte ein bis drei Jahre später, als nach den Bestimmungen über die Regelung der Gehälter nach Dienstaltersstufen vorgesehen ist, in die höhere Gehaltsklasse aufrückt.

Gegen Mitglieder des Reichs-Militärgerichts kann auf Strafversetzung nicht erkannt werden.

Die Strafversetzung erfolgt in ein anderes Amt von gleichem Range ohne Verminderung des Diensteinkommens und wird durch die oberste Behörde der Militär-Justizverwaltung in Ausführung gebracht.

Die Dienstentlassung hat den Verlust des Titels und des Pensionsanspruchs von Rechtswegen zur Folge.

Lassen besondere Umstände eine mildere Beurtheilung zu, so ist das Disziplinargericht berechtigt, in seiner Entscheidung zugleich festzusetzen, daß dem Beschuldigten ein Theil des gesetzlichen Pensionsbetrages auf Lebenszeit oder auf gewisse Jahre zu belassen sei.

§ 4.

Welche der im § 3 bestimmten Strafen anzuwenden sei, ist nach der größeren oder geringeren Erheblichkeit des Dienstvergehens mit besonderer Rücksicht auf die gesammte Führung des Beschuldigten zu ermessen.

§ 5.

Im Laufe einer gerichtlichen Untersuchung darf gegen den Beschuldigten ein Disziplinarverfahren wegen der nämlichen Thatsachen nicht eingeleitet werden.

Ist im Laufe eines Disziplinarverfahrens wegen der nämlichen Thatsachen eine gerichtliche Untersuchung gegen den Beschuldigten eröffnet, so ist das Disziplinarverfahren bis zur Beendigung des gerichtlichen Verfahrens auszusetzen.

§ 6.

Ist strafgerichtlich auf Freisprechung erkannt, so findet wegen derjenigen Thatsachen, welche den Gegenstand der Untersuchung gebildet haben, ein Disziplinarverfahren nur noch insofern statt, als dieselben an sich und ohne ihre Beziehung zu dem gesetzlichen Thatbestande der strafbaren Handlung, auf welche die Untersuchung sich erstreckte, ein Dienstvergehen enthalten.

Ist in einer gerichtlichen Untersuchung eine Verurtheilung erfolgt, welche den Verlust des Amtes nicht zur Folge gehabt hat, so bleibt der zuständigen Stelle (vgl. §§ 15, 21) die Entscheidung darüber vorbehalten, ob außerdem ein Disziplinarverfahren einzuleiten oder fortzusetzen sei.

## Verfassung und Zuständigkeit der Disziplinargerichte.

§ 7.

Disziplinargerichte sind:

in erster Instanz die Disziplinarkammern,
in zweiter Instanz der Disziplinarhof.

Für die juristischen Mitglieder des Reichs-Militärgerichts bildet der Disziplinarhof die erste und letzte Instanz.

§ 8.

Für den Bereich eines oder mehrerer Armee-Korps, sowie für die Marine wird je eine Disziplinarkammer gebildet, die ihren Sitz am Orte eines der betheiligten General-Kommandos, bei der Marine am Sitze des Ober-Kommandos derselben hat.

Die Disziplinarkammer besteht aus fünf Mitgliedern, und zwar aus den in ihrem Bereich angestellten Ober-Kriegsgerichts-Räthen und der erforderlichen Zahl von Kriegsgerichts-Räthen.

Sind in dem Bereiche der Disziplinarkammer mehr als fünf Ober-Kriegsgerichts-Räthe vorhanden, so bilden die fünf dienstältesten und bei gleichem Dienstalter die der Geburt nach älteren die Disziplinarkammer. Die übrigen Ober-Kriegsgerichts-Räthe treten bei Verhinderung von Mitgliedern der Disziplinarkammer in gleicher Reihenfolge als Stellvertreter ein.

Soweit die vorhandenen Ober-Kriegsgerichts-Räthe zur Bildung der Disziplinarkammer nicht ausreichen, werden von der obersten Behörde der Militär-Justizverwaltung Kriegsgerichts-Räthe für die Dauer ihres Hauptamts zu Mitgliedern der Disziplinarkammer und zu Stellvertretern ernannt.

Wird eine Disziplinarkammer durch Ausscheiden ausgeschlossener oder abgelehnter Mitglieder und deren Stellvertreter (vgl. § 14) oder aus einem anderen Grunde beschlußunfähig, so können die fehlenden Mitglieder durch Mitglieder einer anderen richterlichen Disziplinarkammer ersetzt werden. Die Anordnung erfolgt im Verwaltungswege.

Den Vorsitz in der Disziplinarkammer führt der dem Dienstalter bezw. der Geburt nach älteste Ober-Kriegsgerichts-Rath, in Ermangelung eines Ober-Kriegsgerichts-Raths der älteste Kriegsgerichts-Rath.

§ 9.

Zuständig ist diejenige Disziplinarkammer, in deren Bezirk der Beschuldigte zur Zeit der Eröffnung des Disziplinarverfahrens seinen dienstlichen Wohnsitz hat.

Die Disziplinarkammer der Marine ist zuständig für alle richterlichen Militär-Justizbeamten der Marine.

§ 10.

Der Disziplinarhof kann auf Antrag des Vertreters der Staatsanwaltschaft oder des Beschuldigten die Verweisung der Sache an eine andere Disziplinarkammer beschließen, wenn Gründe vorliegen, welche die Unbefangenheit der zuständigen Disziplinarkammer zweifelhaft erscheinen lassen.

§ 11.

Der Disziplinarhof wird bei dem Reichs-Militärgericht aus den juristischen Mitgliedern dieses Gerichts gebildet. Zur Beschlußfähigkeit gehört die Anwesenheit von mindestens sieben derselben, einschließlich des Vorsitzenden.

Den Vorsitz führt derjenige Senats-Präsident, welcher dem Dienstalter und bei gleichem Dienstalter der Geburt nach der älteste ist.

Im Behinderungsfalle gehen die Geschäfte des Vorsitzenden auf den nächstältesten Senats-Präsidenten und in Ermangelung eines solchen auf den ältesten Rath des Reichs-Militärgerichts über.

§ 12.

Der Geschäftsgang bei dem Disziplinarhofe wird durch eine Geschäftsordnung geregelt, welche von diesem auszuarbeiten und durch den Präsidenten des Reichs-Militärgerichts dem Kaiser zur Bestätigung vorzulegen ist.

Die Geschäftsordnung der Disziplinarkammern ist von der obersten Behörde der Militär-Justizverwaltung zu erlassen.

§ 13.

Die Verrichtungen der Staatsanwaltschaft werden bei den Disziplinarkammern von einem durch die oberste Behörde der Militär-Justizverwaltung für jeden einzelnen Fall besonders zu benennenden Kriegsgerichts-Rath, bei dem Disziplinarhofe von dem Ober-Militäranwalt wahrgenommen.

Den Dienst des Gerichtsschreibers versieht bei den Disziplinarkammern der Gerichtsschreiber eines der betreffenden Ober-Kriegsgerichte, bei dem Disziplinarhofe ein Gerichtsschreiber des Reichs-Militärgerichts.

§ 14.

Die Bestimmungen der Militärstrafgerichtsordnung über Ausschließung und Ablehnung der Gerichtspersonen (§§ 116 bis 127) finden auf die Mitglieder der Disziplinargerichte entsprechende Anwendung.

Im Verfahren vor dem Disziplinarhofe steht das Ablehnungsrecht auch dem Ober-Militäranwalt zu.

Ueber die Ausschließung oder Ablehnung entscheidet das Disziplinargericht, welchem der abgelehnte Richter angehört.

Ablehnungsgesuche wegen Besorgniß der Befangenheit sind bei Vermeidung des Ausschlusses spätestens vor Beginn der Hauptverhandlung bei demjenigen Disziplinargericht anzubringen, welchem die abzulehnenden Mitglieder angehören.

Die Entscheidungen sind endgültig.

## Verfahren bei den Disziplinargerichten.

§ 15.

Der Verhängung einer Disziplinarstrafe muß ein förmliches Disziplinarverfahren vorhergehen. Die Einleitung desselben wird hinsichtlich der Mitglieder des Reichs-Militärgerichts durch den Präsidenten desselben im Einverständniß mit dem Vorsitzenden des

Disziplinarhofs, hinsichtlich der übrigen richterlichen Militär-Justizbeamten durch die oberste Behörde der Militär-Justizverwaltung verfügt.

§ 16.

Das Disziplinarverfahren besteht in einem schriftlichen Ermittelungsverfahren und in einer mündlichen Verhandlung.

§ 17.

Mit der Vornahme der Ermittelungen wird von dem Vorsitzenden des Disziplinargerichts ein Mitglied des letzteren beauftragt.

Das Ermittelungsverfahren hat den Zweck, den Sachverhalt soweit aufzuklären, daß eine Entscheidung darüber getroffen werden kann, ob das Verfahren einzustellen, oder die Sache zur Hauptverhandlung zu verweisen sei.

Der Beschuldigte wird unter Mittheilung der Beschuldigungspunkte vorgeladen und der Vertreter der Staatsanwaltschaft zugezogen. Sie werden, wenn sie erscheinen, mit ihren Erklärungen und Anträgen gehört. Die Zeugen werden, nach Befinden eidlich, vernommen und die sonstigen Beweise erhoben.

Den Vernehmungen der Zeugen darf weder der Vertreter der Staatsanwaltschaft noch der Beschuldigte beiwohnen.

Die Verhaftung, vorläufige Festnahme oder Vorführung des Beschuldigten ist unzulässig.

§ 18.

Ueber jede Untersuchungshandlung ist ein Protokoll unter Beobachtung der im § 156 der Militärstrafgerichtsordnung enthaltenen Vorschriften aufzunehmen.

§ 19.

Erachtet der mit Vornahme der Ermittelungen beauftragte Richter die Untersuchung für geschlossen, so legt er die Akten dem Vertreter der Staatsanwaltschaft vor.

Beantragt dieser eine Ergänzung der Ermittelungen, so hat der Untersuchungsführer, wenn er dem Antrage nicht stattgeben will, die Entscheidung des Disziplinargerichts einzuholen.

§ 20.

Nach geschlossenem Ermittelungsverfahren ist dem Beschuldigten der Inhalt der erhobenen Beweismittel mitzutheilen. Darauf werden die Akten dem Vertreter der Staatsanwaltschaft zur Stellung seiner Anträge vorgelegt.

§ 21.

Auf Grund der Ergebnisse des Ermittelungsverfahrens hat hinsichtlich der Mitglieder des Reichs-Militärgerichts der Präsident desselben im Einverständnisse mit dem Vorsitzenden des Disziplinarhofs, im übrigen die oberste Behörde der Militär-Justizverwaltung darüber zu befinden, ob der Beschuldigte außer Verfolgung zu setzen und das

Verfahren einzustellen, oder ob die Sache zur Hauptverhandlung zu verweisen sei.

§ 22.

Einstellung des Verfahrens hat auch dann zu erfolgen, wenn der Beschuldigte seine Entlassung aus dem Dienste mit Verzicht auf Titel, Gehalt und Pensionsanspruch nachsucht, vorausgesetzt, daß er seine amtlichen Geschäfte bereits erledigt hat.

Die Kosten des eingestellten Verfahrens fallen dem Beschuldigten zur Last.

§ 23.

Wegen der nämlichen Anschuldigungspunkte ist die Wiederaufnahme eines eingestellten Disziplinarverfahrens nur auf Grund neuer Beweise und nur während eines Zeitraums von fünf Jahren, vom Tage des Einstellungsbeschlusses ab, zulässig.

§ 24.

Wird die Sache zur Hauptverhandlung verwiesen, so finden im weiteren die Bestimmungen der §§ 101 bis 118 des Reichs-Beamtengesetzes vom 31. März 1873 entsprechende Anwendung.

§ 25.

Die Bestimmungen der Militärstrafgerichtsordnung, betreffend die Berechnung der Fristen (§ 139), die Wiedereinsetzung in den vorigen Stand (§§ 140. 141, 142 Absatz 1 bis 3), die Vernehmung von Zeugen (§§ 177 ff.) und die Zuziehung von Sachverständigen (§§ 200 ff.) finden mit der Maßgabe entsprechende Anwendung, daß gegen Entscheidungen des Disziplinarhofs eine Rechtsbeschwerde nicht stattfindet, und daß über Rechtsbeschwerden gegen Entscheidungen und Verfügungen der Disziplinarkammern der Disziplinarhof entscheidet.

§ 26.

Die im Disziplinarverfahren an den Vertreter der Staatsanwaltschaft nöthig werdenden Zustellungen erfolgen durch Vorlegung der Urschrift des zuzustellenden Schriftstücks. Beginnt mit der Zustellung der Lauf einer Frist, so ist der Tag der Vorlegung auf der Urschrift zu vermerken.

Die sonstigen Zustellungen erfolgen nach Maßgabe der §§ 129 bis 138 der Militärstrafgerichtsordnung.

§ 27.

Die im Disziplinarverfahren ergehenden Entscheidungen sind mit Gründen zu versehen.

§ 28.

Für die Abstimmung finden bei den Disziplinargerichten die Vorschriften der §§ 309, 310 der Militärstrafgerichtsordnung mit der Maßgabe entsprechende Anwendung, daß im Disziplinarhofe bei Stimmengleichheit die Stimme des Vorsitzenden den Ausschlag giebt.

§ 29.

Für das Disziplinarverfahren werden weder Gebühren, noch Stempel, sondern nur baare Auslagen in Ansatz gebracht.

Wird der Beschuldigte verurtheilt, so hat er die baaren Auslagen des Verfahrens ganz oder theilweise zu erstatten. Ueber die Erstattungspflicht entscheidet das Disziplinarerkenntniß.

## Vorläufige Dienstenthebung.

§ 30.

Die Bestimmungen der §§ 125 bis 130 Absatz 1, § 131 des Reichsbeamtengesetzes vom 31. März 1873 finden mit der Maßgabe entsprechende Anwendung, daß an die Stelle der obersten Reichsbehörde diejenige Behörde tritt, welcher die Einleitung des Disziplinarverfahrens zusteht (§ 15).

§ 31.

Für die Verhältnisse im Felde und an Bord kann durch Kaiserliche Verordnung den höheren Befehlshabern die Befugniß eingeräumt werden, einen richterlichen Militär-Justizbeamten, der nach ihrer pflichtmäßigen Ueberzeugung seine Bestimmung nicht erfüllt, aus seiner Feldstelle (Bordstelle) zu entlassen.

## Unfreiwillige Versetzung in eine andere Stelle.

§ 32.

Die unfreiwillige Versetzung eines Mitgliedes des Reichs-Militärgerichts findet nicht statt

Die unfreiwillige Versetzung eines Ober-Kriegsgerichts-Raths oder Kriegsgerichts-Raths kann, abgesehen von den Fällen der §§ 89, 90 der Militärstrafgerichtsordnung und von dem Falle einer Strafversetzung, nur erfolgen, wenn sie durch das Interesse der Militärrechtspflege dringend geboten ist.

Die Versetzung darf in diesem Falle nur in eine andere Militärrichterstelle von gleichem Range ohne Verminderung des Diensteinkommens erfolgen.

§ 33.

Die Anerkennung der Nothwendigkeit der unfreiwilligen Versetzung in eine andere Stelle erfolgt auf Antrag der obersten Behörde der Militär-Justizverwaltung durch den Disziplinarhof. Die Ausführung geschieht durch die genannte Verwaltungsbehörde.

## Unfreiwillige Versetzung in den Ruhestand.

§ 34.

Die zwangsweise Versetzung eines richterlichen Militär-Justizbeamten in den Ruhestand tritt ein, wenn er durch ein körperliches Gebrechen oder wegen Schwäche seiner körperlichen oder geistigen Kräfte zur Erfüllung seiner Amtspflichten dauernd unfähig geworden ist.

§ 35.

Sucht der Beamte die Versetzung in den Ruhestand nicht nach, obgleich die Voraussetzungen derselben vorliegen, so ist unter Angabe der Gründe und unter Bezeichnung des zu gewährenden Pensionsbetrages die Aufforderung an ihn zu erlassen, binnen einer bestimmten Frist den Antrag auf Versetzung in den Ruhestand zu stellen. Die Aufforderung ergeht an einen Ober-Kriegsgerichts-Rath oder Kriegsgerichts-Rath durch die oberste Behörde der Militär-Justizverwaltung, an ein Mitglied des Reichs-Militärgerichts durch den Präsidenten dieses Gerichts. Wird der Aufforderung innerhalb der festgesetzten Frist nicht Folge geleistet, so hat der Disziplinarhof über die Zulässigkeit der Versetzung in den Ruhestand zu entscheiden.

## Schluß- und Uebergangsbestimmungen.

§ 36.

Die Gebührenordnung für die Rechtsanwalte vom 7. Juli 1879 findet auf die Berufsthätigkeit des Rechtsanwalts im Disziplinarverfahren gegen richterliche Militär-Justizbeamte mit der Maßgabe entsprechende Anwendung, daß den Strafkammern die Disziplinarkammern, dem Reichsgericht der Disziplinarhof gleichzustellen sind.

§ 37.

Dieses Gesetz tritt zugleich mit der Militärstrafgerichtsordnung in Kraft.

Mit diesem Zeitpunkt treten alle entgegenstehenden Bestimmungen, soweit sie auf die richterlichen Militär-Justizbeamten Bezug haben, außer Kraft.

Hinsichtlich der beim Inkrafttreten dieses Gesetzes anhängigen Disziplinarsachen sind für das weitere Verfahren die Vorschriften dieses Gesetzes maßgebend.

§ 38.

Dieses Gesetz kommt in Bayern nach näherer Bestimmung des Bündnißvertrags vom 23. November 1870 zur Anwendung.

Druck der Norddeutschen Buchdruckerei, Berlin SW., Wilhelmstr. 32.

# Begründungen
der Entwürfe
einer
# Militärstrafgerichtsordnung,
eines
Einführungsgesetzes zur Militärstrafgerichtsordnung,
eines
Gesetzes, betreffend die Dienstvergehen
der richterlichen Militärjustizbeamten und die unfreiwillige
Versetzung derselben in eine andere Stelle oder
in den Ruhestand.

---

**Reichstagsvorlage.**

---

Berlin SW. 48
Wilhelmstraße 119/120.
J. Guttentag, Verlagsbuchhandlung.
1897.

# Inhaltsverzeichniß.

# Begründung

des

# Entwurfs einer Militärstrafgerichtsordnung.

---

## A.

## Einleitung.

Die Einheitlichkeit des Rechts und der militärischen Einrichtungen ist für die bewaffnete Macht des Reichs — Heer und Marine —, wie in sonstigen Beziehungen, so auch auf dem Gebiete der Strafrechtspflege ein längst gefühltes Bedürfniß.

Die Verfassung des Norddeutschen Bundes hatte diese Einheitlichkeit durch die Artikel 4 und 61 von Anfang an sichergestellt.

Im Artikel 4 wurde unter Nr. 14 auch das Militärwesen des Bundes und die Kriegsmarine der Beaufsichtigung seitens des Bundes und der Gesetzgebung desselben unterstellt.

Artikel 61 bestimmte überdies, daß, mit Ausnahme der Militärkirchenordnung, die gesammte preußische Militärgesetzgebung, insbesondere das preußische Militärstrafgesetzbuch und die preußische Militärstrafgerichtsordnung vom 3. April 1845 in dem ganzen Bundesgebiet ungesäumt einzuführen seien.

Diese Einführung erfolgte durch die Verordnung vom 29. Dezember 1867 (B. G. Bl. S. 185), nachdem für das Königreich Sachsen bereits unterm 4. November desselben Jahres eine der preußischen nachgebildete Militärstrafgerichtsordnung erlassen worden war (Kgl. Sächs. Ges. und Verordn. Bl. S. 351).

Damit war für die bewaffnete Macht des Norddeutschen

Bundes auch in der in Rede stehenden Beziehung ein einheitlicher Rechtszustand geschaffen.

Dem Geltungsbereiche der preußischen und der Bundesmilitärgesetzgebung trat demnächst das Großherzogthum Hessen durch die Militärkonvention vom 7. April 1867 (vgl. Art. 2, 14) auch für sein südlich des Mains gelegenes Gebiet hinzu. Insbesondere ist die preußische Militärstrafgerichtsordnung durch Gesetz vom 19. April 1868 für das Gesammtgebiet des Großherzogthums Hessen eingeführt worden (Hess. Reg. Bl. S. 773).

Die Bestimmungen des Artikels 4 Nr. 14 und des Artikels 61 der Norddeutschen Bundesverfassung sind zwar in gleicher Gestaltung und an denselben Stellen in die Reichsverfassung übergegangen. Auch trat zufolge des Artikels 61 der Reichsverfassung demnächst für Baden das preußische Militärstrafrecht und Militärstrafverfahren durch Kaiserliche Verordnung vom 24. November 1871 (R. G. Bl. S. 401) in Kraft. Ueberdies wurde die preußische Militärstrafgerichtsordnung in Elsaß-Lothringen durch Gesetz vom 6. Dezember 1873 (G. Bl. für E. L. S. 331) und auf der Insel Helgoland durch Verordnung vom 22. März 1891 (R. G. Bl. S. 21) eingeführt. Sie gilt ebenfalls, wenn auch mit erheblichen Abänderungen, für die Kaiserlichen Schutztruppen in den afrikanischen Schutzgebieten (vgl. Kais. Verordnung v. 26. Juli 1896, R. G. Bl. S. 670).

Dagegen haben Bayern und Württemberg ihre Militärstrafgerichtsordnungen bis jetzt behalten.

Zwar gilt die Bestimmung des Artikels 4 Nr. 14 der Reichsverfassung, wonach der Beaufsichtigung seitens des Reichs und der Gesetzgebung desselben das Militärwesen des Reichs und die Kriegsmarine unterliegen, auch für diese beiden Bundesstaaten. Hinsichtlich des Artikels 61 kommt jedoch die Schlußbestimmung zum XI. Abschnitte der Reichsverfassung in Betracht, zufolge deren die in diesem Abschnitt enthaltenen Vorschriften

in Bayern nach näherer Bestimmung des Bündnißvertrags vom 23. November 1870 (B. G. Bl. 1871 S. 9) unter III § 5,

in Württemberg nach näherer Bestimmung der Militärkonvention vom 21./25. November 1870 (B. G. Bl. 1870 S. 658)

Anwendung finden.

Anlangend Bayern, so ist durch den erwähnten Bündnißvertrag, neben sonstigen Bestimmungen des XI. Abschnitts der Reichsverfassung, auch der Artikel 61 auf Bayern für unanwendbar erklärt worden. Bayern soll vielmehr „zunächst seine Militärgesetzgebung rc. bis zur verfassungsmäßigen Beschlußfassung über die der Bundesgesetzgebung anheimfallenden Materien, resp. bis zur freien Verständigung bezüglich der Einführung der bereits vor dem Eintritte Bayerns in den Bund in dieser Hinsicht erlassenen Gesetze und sonstigen Bestimmungen“ behalten.

Anlangend Württemberg, so sind im Artikel 10 der Militärkonvention gegenüber dem Artikel 61 der Reichsverfassung von der Gemeinsamkeit in den Einrichtungen des Königlich württembergischen Armeekorps mit denjenigen der Königlich preußischen Armee unter Anderem das Militärstrafgesetzbuch und die Militärstrafgerichtsordnung ausgenommen worden. In den Ausnahmebeziehungen sollen die bestehenden württembergischen Gesetze und Einrichtung vorerst und bis zur Regelung im Wege der Bundesgesetzgebung in Geltung verbleiben.

Auf dem Gebiete des materiellen Strafrechts ist seitdem ein einheitlicher Rechtszustand durch das Militärstrafgesetzbuch für das Deutsche Reich vom 20. Juni 1872 (R. G. Bl. S. 174) geschaffen.

Hinsichtlich der Verfassung der Militärgerichte und des Militärstrafprozesses hat die Reichsgesetzgebung diese Aufgabe noch zu lösen.

Auf diesem Gebiete kommen zur Zeit im Reiche vier besondere Militärstrafgerichtsordnungen zur Anwendung, nämlich:

1. für die Königlich preußischen Truppen und die unter preußischer Militärverwaltung stehenden Kontingente, sowie für die Kaiserliche Marine und die Kaiserlichen Schutztruppen in Afrika die den zweiten Theil des preußischen Militärstrafgesetzbuchs vom 3. April 1845 bildende Militärstrafgerichtsordnung;
2. für die Königlich sächsischen Truppen die Militärstrafgerichtsordnung vom 4. November 1867;
3. für die Königlich württembergischen Truppen die Militärstrafgerichtsordnung vom 20. Juli 1818 in Verbindung mit der Allgemeinen Kriegsdienstordnung

vom 7. Februar 1858 und der Allerhöchsten Ordre vom 11. Juni 1877;

4. für die Königlich bayerischen Truppen die Militärstrafgerichtsordnung vom 29. April 1869, in Verbindung mit den Gesetzen vom 28. April und 27. September 1872, sowie 18. August 1879.

Die sächsische Militärstrafgerichtsordnung stimmt, von einigen unwesentlichen Punkten abgesehen, mit der preußischen völlig überein.

Auch die württembergische beruht im Großen und Ganzen auf ähnlichen Grundlagen wie die vorgenannten.

Wesentlich verschiedene Grundsätze sowohl hinsichtlich der Organisation der Militärgerichte wie hinsichtlich des Verfahrens beherrschen die bayerische Militärstrafgerichtsordnung.

In Nachstehendem soll zunächst eine vergleichende Uebersicht über die drei von einander abweichenden Militärstrafprozeßsysteme gegeben werden.

## I. Die preußische Militärstrafgerichtsordnung.

Die preußische Militärstrafgerichtsordnung vom 3. April 1845 hat das Verfahren nicht durchweg selbständig und erschöpfend geregelt. Sie verweist vielmehr mehrfach auf die allgemeinen Landesgesetze (vgl. §§ 116, 183, 219, 227, 275), die überdies auch da aushelfen müssen, wo sie selbst Lücken enthält.

Hieraus erklärt sich, daß zu ihrer Ergänzung unter Anderem die damals geltende Kriminalordnung vom 11. Dezember 1805 auch heute noch vielfach herangezogen werden muß.

Der preußische Militärstrafprozeß beruht auf der Grundlage des schriftlichen und geheimen Untersuchungsverfahrens. Die Spruchgerichte erkennen auf Grund der Akten und sind bei Prüfung des Beweismaterials an feste Beweisregeln gebunden.

### Umfang der Militärstrafgerichtsbarkeit.

In sachlicher Beziehung umfaßt die Militärgerichtsbarkeit nicht blos die militärischen Delikte, sondern auch die gemeinen Verbrechen, Vergehen und Uebertretungen.

Eine Ausnahme besteht nur insofern, als „Kontraventionen gegen Finanz- und Polizeigesetze und gegen Jagd- und Fischerei-Verordnungen“, wenn sie lediglich mit Geldstrafe oder

Konfiskation bedroht sind und mit keinem anderen Verbrechen zusammentreffen, ausschließlich zur Zuständigkeit der bürgerlichen Gerichte gehören.

In persönlicher Beziehung haben die ursprünglichen Zuständigkeitsgrenzen durch das Militärstrafgesetzbuch vom 20. Juni 1872 und spätere Reichsgesetze einige Verschiebungen erfahren. Der gegenwärtige Rechtszustand ist folgender:

Der persönliche Militärgerichtsstand ist entweder ein auf alle strafbare Handlungen sich erstreckender, oder ein auf einzelne strafbare Handlungen beschränkter.

1. Wegen aller strafbaren Handlungen haben ihn:
   in erster Linie sämmtliche Militärpersonen (Personen des Soldatenstandes und Militärbeamte) des aktiven Heeres und der aktiven Marine, zu denen insbesondere auch die zum Dienste einberufenen Personen des Beurlaubtenstandes gehören (vgl. Reichsmilitärgesetz vom 2. Mai 1874, § 38 A. B.);

   ferner:
   die Militärlehrer und Zöglinge der militärischen Bildungsanstalten, soweit nicht durch besondere Vorschriften ein Anderes bestimmt ist;
   die zur Disposition gestellten Offiziere;
   die in militärischen Anstalten versorgten Offiziere und Mannschaften;
   die nicht zum Soldatenstande gehörenden Offiziere à la suite, während sie zu vorübergehender Dienstleistung zugelassen sind (vgl. Einführungsgesetz zum Militärstrafgesetzbuch § 2 Abs. 3);

   endlich im Kriegsfalle:
   alle Personen, welche sich in irgend einem Dienst- oder Vertragsverhältnisse bei dem kriegführenden Heere befinden, oder sonst sich bei demselben aufhalten oder ihm folgen, sowie
   die zu dem kriegführenden Heere zugelassenen ausländischen Offiziere nebst Gefolge und
   die Kriegsgefangenen (vgl. Militärstrafgesetzbuch §§ 155 bis 159).

   Die Landgendarmen gehören in Preußen und, soweit die Landgendarmerie militärisch organisirt ist, auch in einigen anderen Bundesstaaten ebenfalls in diese Kategorie.

2. Einen auf einzelne strafbare Handlungen beschränkten Militärgerichtsstand haben folgende Personen:

die Personen des Beurlaubtenstandes in den Fällen der § 42 Absatz 2, §§ 68, 113, 126 des Militärstrafgesetzbuches und § 60 Nr. 3 des Reichsmilitärgesetzes, die Offiziere des Beurlaubtenstandes außerdem noch wegen Herausforderung und Zweikampfs;

die nicht dienstleistenden Offiziere à la suite wegen der gegen die militärische Unterordnung oder in der Militäruniform begangenen Handlungen;

endlich im Kriegsfalle:

alle Personen wegen der in den §§ 160, 161 des Militärstrafgesetzbuchs bezeichneten Handlungen.

Bei den zur Erfüllung ihrer Dienstpflicht eingestellten Militärpersonen erstreckt sich die Militärgerichtsbarkeit auch auf die vor dem Eintritt in den Dienststand begangenen und erst während desselben zur Aburtheilung gelangenden Delikte. Nur wenn vor dem Diensteintritt ein Urtheil bereits ergangen und verkündigt war, bleibt ohne Weiteres die Zuständigkeit der bürgerlichen Gerichte auch für die weiteren Instanzen fortbestehen. Außerdem soll militärischerseits die Entlassung des Angeschuldigten zur Disposition der Ersatzbehörden und damit seine Ueberweisung an den bürgerlichen Strafrichter erfolgen, wenn wegen der vor der Einstellung begangenen Handlung die Verurtheilung zu einer mehr als sechswöchigen Freiheitsstrafe zu erwarten steht (vgl. Reichsmilitärgesetz § 18).

Für strafbare Handlungen, die Personen des Beurlaubtenstandes vor der Einberufung zu einer Dienstleistung begangen haben, verbleibt dagegen die Zuständigkeit allgemein den bürgerlichen Gerichten. Bei diesen soll jedoch das Untersuchungsverfahren während der Dauer der Dienstleistung ruhen, sofern nicht die Untersuchungshaft bereits verhängt oder gesetzlich geboten ist.

Für die während des Dienststandes begangenen strafbaren Handlungen bleiben auch nach dessen Beendigung in der Regel die Militärgerichte zuständig. Kommt die Handlung indeß erst nach dem gänzlichen Ausscheiden des Beschuldigten aus den Militärverhältnissen zur Sprache, so gehört sie ausschließlich vor die bürgerlichen Gerichte. Das Gleiche gilt, wenn ein gemeines, mit keinem militärischen zusammentreffendes

Delikt nach dem Uebertritte des Beschuldigten in den Beurlaubtenstand zuerst zur Sprache kommt. Eine wegen eines solchen Delikts bei den Militärgerichten vor Beendigung des Militärverhältnisses bereits anhängige Untersuchung kann, wenn der Angeschuldigte nicht verhaftet ist, an die bürgerlichen Gerichte abgegeben werden.

Die Abgabe an letztere ist regelmäßig auch dann zulässig, wenn es sich um ein Amtsverbrechen oder sonstiges Vergehen handelt, das eine im Civilstaatsdienst oder Kommunaldienst einstweilig beschäftigte und nicht dem Offizierstand angehörende Militärperson in diesem Dienste begangen hat.

Eine Behörde zur Entscheidung von Kompetenzstreitigkeiten zwischen Militärgerichten und bürgerlichen Gerichten besteht nicht.

Die Militärgerichtsbarkeit ist eingetheilt in die niedere und in die höhere.

Der niederen sind zugetheilt alle Straffälle der zur Klasse der Unteroffiziere, Gemeinen und unteren Militärbeamten gehörenden Personen, wenn die Handlung im Gesetze nur mit einer Freiheitsstrafe bis zu sechs Wochen — bei Unteroffizieren ohne Portepee und bei Gemeinen einschließlich der Degradation und Versetzung in die zweite Klasse des Soldatenstandes — bedroht ist.

Die höhere Militärgerichtsbarkeit umfaßt die schwereren Straffälle und ausnahmslos alle Straffälle der Offiziere und oberen Militärbeamten.

## Organisation der Militärgerichte.

Zu unterscheiden sind:
verwaltende Gerichte,
Untersuchungsgerichte und
erkennende Gerichte (Spruchgerichte).

Von diesen sind die erstgenannten ständiger Natur; die Untersuchungsgerichte und die Spruchgerichte werden für den einzelnen Fall bestellt.

1. Die die Militärgerichtsbarkeit verwaltenden Gerichte bestehen, abgesehen vom General-Auditoriat, aus dem betreffenden Militärbefehlshaber als Gerichtsherrn und einem oder mehreren Auditeuren, an deren Stelle bei den Gerichten der niederen Gerichtsbarkeit untersuchungsführende Offiziere treten.

Die Auditeure müssen die allgemeine Fähigkeit zum Richteramt erlangt haben. Sie werden vom Könige ernannt.

Die untersuchungsführenden Offiziere ernennt der Gerichtsherr aus der Zahl der Subalternoffiziere. Sie müssen einen besonderen Diensteid leisten und haben innerhalb ihres gerichtsdienstlichen Wirkungskreises mit den Auditeuren im Wesentlichen gleiche Befugnisse und Pflichten.

Gerichte der höheren Gerichtsbarkeit sind:

im Heere die Korps- und Divisionsgerichte, in Festungen und sonstigen Orten, die einen Gouverneur oder Kommandanten haben, die Garnisongerichte;

in der Marine das Gericht des kommandirenden Admirals, die Marinestationsgerichte und unter Umständen die Geschwadergerichte.

Gerichte der niederen Gerichtsbarkeit sind:

im Heere die Regimentsgerichte und die Gerichte der sogenannten selbständigen Bataillone (z. B. Jäger-, Pionier-, Train-Bataillone, Bezirkskommandos).

In der Marine ist insbesondere den Kommandanten aller außerhalb der heimischen Gewässer fahrenden Schiffe und Fahrzeuge die niedere Gerichtsbarkeit verliehen.

Besondere Militärgerichte bestehen überdies bei anderen Stellen, namentlich bei einzelnen militärischen Anstalten.

Die im Kriegsfalle hinsichtlich der Gerichtsorganisation oder des Verfahrens erforderlich werdenden Modifikationen sind dem Königlichen Verordnungsrechte vorbehalten.

In persönlicher Beziehung ist für die Zuständigkeit dieser Gerichte die Kommandogewalt des Gerichtsherrn maßgebend.

Die Zuständigkeit der Garnisongerichte ist beschränkt auf die Exzesse gegen die öffentliche Ruhe und Sicherheit am Orte, die Zuwiderhandlungen gegen die in Beziehung auf die Festungswerke und Vertheidigungsmittel ergangenen Anordnungen und die im Wacht- oder Garnisondienste verübten Vergehungen. Sie haben außerdem die höhere und niedere Gerichtsbarkeit über alle zum Etat des Gouvernements bezw. der Kommandantur gehörenden Militärpersonen, über die Festungsstubengefangenen, die Militärgefangenen in den Festungsgefängnissen und über die Arbeiterabtheilungen, endlich über diejenigen Militärpersonen, deren eigene mit Gerichtsbarkeit versehene Befehlshaber nicht zur Besatzung gehören, sowie über die am Orte befindlichen Militärpersonen, deren Befehlshaber nicht mit Gerichtsbarkeit versehen sind.

Kein Militärgericht darf in die Gerichtsbarkeit eines anderen eingreifen. Für die Fälle, in denen die Zuständigkeit verschiedener Gerichte in Frage kommt, sind besondere Bestimmungen gegeben.

Das General-Auditoriat besteht aus dem General-Auditeur der Armee als Präsidenten und einer Anzahl von Räthen.

Die Beschlußfassung ist in militärgerichtlichen Angelegenheiten eine kollegialische.

Das General-Auditoriat ist der oberste Militärgerichtshof und als solcher Gericht letzter Instanz in den Straffällen der Militärbeamten; außerdem in den vom Gesetze bestimmten Fällen theils Rekursinstanz, theils begutachtende Behörde. Es hat die Geschäftsführung der Militärgerichte zu beaufsichtigen, Beschwerden in militärgerichtlichen Angelegenheiten abzuhelfen, Zweifel über die Kompetenz der Militärgerichte, sowie über Anwendung oder Auslegung der Gesetze zu erledigen und nöthigenfalls zur Allerhöchsten Entscheidung zu bringen. Gegen die rechtlichen Bescheide des General-Auditoriats findet nur der Rekurs an den König statt.

Dasselbe hat überdies militärische Gnadensachen zu bearbeiten und die betreffenden Immediatberichte zu erstatten, auch auf die Anträge wegen vorläufiger Entlassung militärgerichtlich Verurtheilter aus der Strafhaft, sowie über den Widerruf einer solchen Entlassung (bürgerliches Strafgesetzbuch §§ 23 bis 26) zu beschließen. Es ist endlich die vorgesetzte Behörde der Militärjustizbeamten.

Die Mitglieder des General-Auditoriats sind richterliche Militärjustizbeamte.

2. Das Untersuchungsgericht wird für jede Untersuchung bei Beginn derselben bestellt. Es tritt bei den wichtigeren Untersuchungsakten, insbesondere bei den Vernehmungen der Angeschuldigten und Zeugen in Thätigkeit und besteht aus dem Auditeur oder untersuchungsführenden Offizier und einem oder mehreren Beisitzern des Offizierstandes, je nach dem Dienstrange der Angeschuldigten bezw. Zeugen und der Schwere der den Gegenstand der Untersuchung bildenden That. In der Untersuchung gegen untere Militärbeamte genügt die Zuziehung eines Aktuars. Die beisitzenden Offiziere sollen für die militärische Ordnung während der Verhandlungen sorgen und insbesondere dahin mitwirken, daß in Untersuchungen, in denen es bei Feststellung des That-

bestandes wesentlich auf genaue Kenntniß und richtige Würdigung militärischer Verhältnisse ankommt, der maßgebende militärische Gesichtspunkt ausreichend gewürdigt wird. Sie sind überdies für die Richtigkeit und Vollständigkeit der von ihnen mitzuunterzeichnenden Protokolle mitverantwortlich.

Aus Militär- und Civilgerichtspersonen zusammengesetzte Untersuchungsgerichte sollen gebildet werden, wenn zwischen Militär- und Civilpersonen wechselseitige Beleidigungen oder Thätlichkeiten stattgefunden oder solche Personen gemeinschaftlich eine strafbare Handlung begangen haben. Die betreffenden Bestimmungen der Militärstrafgerichtsordnung bestehen zwar an sich noch zu Recht, begegnen aber seit Einführung der bürgerlichen Strafprozeßordnung bei den bürgerlichen Gerichten vielfach den größten Schwierigkeiten.

3. Das Spruchgericht wird nach Beendigung der Untersuchung zur Urtheilsfällung vom zuständigen Befehlshaber berufen.

Die Zusammensetzung der Spruchgerichte ist eine verschiedene, je nach dem Gegenstande der Anklage und der militärischen Stellung des Angeschuldigten.

a. Ueber Personen des Soldatenstandes erkennen Kriegsgerichte und Standgerichte, und zwar erstere in Sachen der höheren, letztere in Sachen der niederen Gerichtsbarkeit.

Zu jedem dieser Gerichte gehört bei Kriegsgerichten ein Auditeur, bei Standgerichten ein Auditeur oder untersuchungsführender Offizier als Referent, aber ohne Stimmrecht, und außerdem das erkennende Richterpersonal.

Letzteres besteht, abgesehen von dem Kriegsgericht über einen General, das abweichend zusammengesetzt sein kann (vgl. § 65), regelmäßig aus fünf Richterklassen. Die erste bildet der Präses des Gerichts, der stets ein Offizier ist. Bei Angeschuldigten, die dem Offizierstand angehören, werden auch die übrigen Richterklassen nur mit Offizieren besetzt. Bei Angeschuldigten, die nicht dem Offizierstand angehören, wird die zweite und dritte Richterklasse mit Offizieren, dagegen, wenn der Angeschuldigte dem Unteroffizierstand angehört, die vierte Richterklasse mit Sergeanten, die fünfte mit Unteroffizieren, und wenn er zum Stande der Gemeinen gehört, die vierte mit Unteroffizieren und die fünfte mit Gemeinen besetzt.

Die Zahl der zu berufenden Richter beträgt:

bei den Standgerichten neun (Präses und vier Richterklassen zu je zwei Personen);

bei den Kriegsgerichten,

wenn ein mit dem Tode oder mit lebenslänglicher Freiheitsstrafe bedrohtes Verbrechen zur Aburtheilung steht, dreizehn (Präses und vier Richterklassen zu je drei Personen),

in den übrigen Fällen:

bei Offizieren neun (Präses und vier Richterklassen zu je zwei Personen),

bei Unteroffizieren und Gemeinen elf (Präses, die beiden Offizier-Richterklassen zu je zwei, die beiden letzten Richterklassen zu je drei Personen).

Richtet sich die Anklage gegen mehrere Personen des Soldatenstandes, so sind die erkennenden Gerichte unter einem gemeinschaftlichen Präses nach Verschiedenheit der Dienstgrade der einzelnen Angeschuldigten zu besetzen. Es stimmen jedoch bezüglich jedes derselben nur die seinetwegen berufenen Richterklassen ab.

b. Ueber Militärbeamte erkennen Instanzengerichte.

Das Spruchgericht I. Instanz besteht aus fünf Einzelrichtern und zwar:

in Sachen der höheren Gerichtsbarkeit aus zwei Offizieren, zwei bei Führung der Untersuchung nicht betheiligt gewesenen Auditeuren, von denen einer Referent ist, und einem oberen Militärbeamten, wo möglich von dem Dienstzweige des Angeschuldigten;

in Sachen der niederen Gerichtsbarkeit aus zwei Offizieren, zwei Unterbeamten oder Unteroffizieren und dem Auditeur oder untersuchungsführenden Offizier, der zugleich Referent ist.

Spruchgericht II. und letzter Instanz ist das General-Auditoriat.

Eine gemeinsame Aburtheilung von Personen des Soldatenstandes und von Militärbeamten ist durch die durchaus verschiedene Organisation der betreffenden Spruchgerichte ausgeschlossen (vgl. § 228).

Die erkennenden Militärgerichte sind in ihrer Urtheilsfällung durchaus unabhängig. Jeder gesetzwidrige Einfluß auf sie ist im § 119 des Militärstrafgesetzbuchs mit schwerer Strafe bedroht. Ihre Mitglieder sind, bevor sie in Thätigkeit treten, von dem Präses an die Wichtigkeit des Richteramts mit der Ermahnung zu erinnern:

„Den Gesetzen gemäß Recht zu sprechen, wie sie es vor Gott und Seiner Majestät dem Könige zu verantworten gedenken, und sich weder durch Ansehen der Person, noch durch eine Nebenabsicht von einem unparteiischen Urtheilsspruch abhalten zu lassen.“

Die Richter bei den Kriegsgerichten werden außerdem durch den Auditeur mit folgendem Eide verpflichtet:

„Ich schwöre zu Gott dem Allmächtigen und Allwissenden, daß ich der mir übertragenen Richterpflicht eingedenk, in der Untersuchung wider ꝛc. dergestalt Recht sprechen will, wie es nach meiner gewissenhaften Ueberzeugung den Akten und Gesetzen gemäß ist ꝛc.“

## Strafprozeßverfahren.

In konsequenter Durchführung des Gedankens, daß die Militärgerichtsbarkeit ein Ausfluß der Kommandogewalt sei, steht im Mittelpunkte des militärgerichtlichen Verfahrens der Gerichtsherr.

Die strenge, aber gerechte Handhabung der militärischen Strafrechtspflege ist ein wesentlicher Faktor für die Aufrechterhaltung der militärischen Disziplin. Den für diese verantwortlichen höheren Befehlshabern ist deshalb, neben ihren sonstigen Disziplinarbefugnissen, als Gerichtsherren eine entsprechende Mitwirkung im preußischen Militärstrafverfahren eingeräumt.

Der Gerichtsherr ordnet die Strafverfolgung, sowie die vorläufige Untersuchung an und bestellt das Untersuchungsgericht; er entscheidet nach dem Ergebnisse der vorläufigen Untersuchung darüber, ob das Verfahren einzustellen oder fortzusetzen oder ob der Fall disziplinarisch zu erledigen sei. Ihm liegt auch die Bestellung des Spruchgerichts und die Veranlassung der Strafvollstreckung ob.

Eine Einwirkung auf die richterlichen Funktionen des Auditeurs oder untersuchungsführenden Offiziers steht jedoch dem Gerichtsherrn nur in den durch das Gesetz vorgeschriebenen Grenzen zu. Insbesondere darf er nicht an den Verhandlungen der von ihm bestellten Untersuchungs- und Spruchgerichte theilnehmen, auch nicht den in den letzteren vom

Referenten dahin zu stellenden Antrag, „wie nach seiner rechtlichen Ueberzeugung zu erkennen sei“, beeinflussen.

Im Uebrigen aber sind der Auditeur und der untersuchungsführende Offizier an die Anordnungen des Gerichtsherrn gebunden. Bei rechtlichen Meinungsverschiedenheiten ist die Sache zur Kenntniß des General-Auditoriats zu bringen, das bei einem den gesetzlichen Vorschriften nicht entsprechenden Verfahren in geeigneter Weise Abhülfe zu schaffen bezw. herbeizuführen hat.

### Untersuchungsverfahren.

Den Ausgangspunkt der Untersuchung bildet in der Regel ein möglichst erschöpfender Thatbericht (species facti) des nächsten mit Disziplinarstrafgewalt über den Angeschuldigten versehenen Vorgesetzten. Auf Grund dieses Thatberichts oder der anderweit eingegangenen Anzeige beauftragt der Gerichtsherr einen Auditeur bezw. den untersuchungsführenden Offizier mit der vorläufigen Untersuchung behufs Feststellung des Thatbestandes und bestellt zugleich das Untersuchungsgericht.

Gegen einen abwesenden Angeschuldigten findet nur wegen Fahnenflucht, und zwar in einem besonders geregelten Verfahren (Kontumazialverfahren gegen Deserteure), die Strafverfolgung statt.

In den Straffällen der niederen Gerichtsbarkeit bedarf es einer vorläufigen Untersuchung nicht, wenn die Sache im Disziplinarwege bereits hinreichend zur sofortigen Einleitung der förmlichen Untersuchung aufgeklärt ist.

Darüber, ob der Angeschuldigte in Untersuchungshaft zu nehmen oder ob eine von anderer Seite bewirkte vorläufige Inhaftnahme (vgl. Disziplinarstrafordnung für das Heer § 7 Abs. 2) aufrecht zu erhalten sei, hat allein der Gerichtsherr zu befinden. Die Untersuchungshaft ist obligatorisch bei hinreichendem Verdachte des Diebstahls, Betrugs, der Desertion oder anderer schwerer Verbrechen. Sie soll auch dann eintreten, wenn zu besorgen ist, daß der Angeschuldigte das Verbrechen fortsetzen, die Flucht ergreifen oder seine Freiheit zur Erschwerung der Untersuchung mißbrauchen werde.

Eine Befreiung von der Untersuchungshaft gegen Sicherheitsleistung findet bei Personen des Soldatenstandes nicht statt. Bei Militärbeamten ist sie nach Maßgabe der allgemeinen Landesgesetze zulässig.

Hat der Gerichtsherr auf Grund des Ergebnisses der vorläufigen Untersuchung die förmliche Untersuchung verfügt, so hat dies insofern die Wirkung der Anklageerhebung im bürgerlichen Strafprozeß, als nunmehr die Sache, abgesehen von dem Falle der Zurücknahme des zur Verfolgung erforderlichen Strafantrags, nur durch ein Erkenntniß des Spruchgerichts erledigt werden kann.

Zur Einleitung der förmlichen Untersuchung gegen einen General, Brigadekommandeur, Festungskommandanten, Regimentskommandeur oder Flügeladjutanten ist in Friedenszeiten unbedingt, im Kriege aber, sofern die Verhältnisse es gestatten, der Befehl des Königs einzuholen.

Die förmliche Untersuchung hat den Zweck, die völlige Spruchreife der Akten herbeizuführen. Die Zeugen und Sachverständigen sind daher, soweit dies noch nicht geschehen, eidlich zu vernehmen. In den Sachen der niederen Strafgerichtsbarkeit bedarf es jedoch keiner weiteren Beweisaufnahme, wenn der Thatbestand feststeht und der Angeschuldigte ein umfassendes Geständniß abgelegt hat.

In dem zum Abschlusse der Untersuchung in Sachen der höheren Strafgerichtsbarkeit abzuhaltenden Schlußtermin ist der Angeklagte mit dem Inhalte der Akten bekannt zu machen; der am Gerichtssitz anwesende Vertheidiger ist zuzuziehen. Ist die Vertheidigung durch einen Dritten unzulässig und will der Angeschuldigte nicht sich schriftlich vertheidigen, so hat der Inquirent ihn im Schlußtermine mit seinen Vertheidigungsgründen zu hören und dieselben zu Protokoll zu nehmen.

Anlangend die Vertheidigung im Verfahren gegen Personen des Soldatenstandes, so ist dem Angeschuldigten zwar in allen Fällen gestattet, sich selbst schriftlich bezw. zu gerichtlichem Protokoll zu vertheidigen. Dagegen ist der Beistand eines Vertheidigers in Fällen der niederen Gerichtsbarkeit schlechthin ausgeschlossen. Zugelassen ist der Vertheidiger in den Straffällen der höheren Gerichtsbarkeit, jedoch nur in beschränktem Maße, nämlich:

in Untersuchungen wegen gemeiner Verbrechen nur in Friedenszeiten, und auch hier nur dann, wenn die That mit einer härteren Strafe als dreijähriger Freiheitsentziehung oder mit Todesstrafe bedroht ist;

in Untersuchungen wegen militärischer Verbrechen lediglich dann, wenn die That mit mehr als zehnjähriger Freiheitsstrafe oder mit dem Tode bedroht ist.

Nur in den ersteren Fällen kann ein Rechtsverständiger die Vertheidigung führen, während bei den militärischen Delikten nur eine Militärperson als Vertheidiger zugelassen wird. Nothwendig ist die Vertheidigung nur wegen gemeiner, mit Todesstrafe bedrohter Verbrechen und auch hinsichtlich dieser nur in Friedenszeiten.

Die durch einen Anderen geführte Vertheidigung ist bei gemeinen Delikten „schriftlich oder zum gerichtlichen Protokoll", bei militärischen Verbrechen nur in der letzteren Form zulässig.

Der Vertheidiger ist befugt, im Beisein des Inquirenten an der Gerichtsstelle die Akten einzusehen. Sie können ihm ausgehändigt werden, wenn ein gemeines Delikt den Gegenstand der Untersuchung bildet.

Dem verhafteten Angeschuldigten ist nur in Gegenwart des Inquirenten mündlicher Verkehr mit dem Vertheidiger gestattet.

Nach Abhaltung des Schlußtermins hat der Inquirent dem Gerichtsherrn über den Inhalt der Akten Vortrag zu erstatten.

Werden die Akten spruchreif befunden, so ist seitens des Gerichtsherrn das Spruchgericht zu bestellen.

## Verfahren vor den Spruchgerichten.

### 1. Gegen Personen des Soldatenstandes.

In dem Spruchgerichte wird der Angeschuldigte oder der etwaige Stellvertreter zunächst befragt, ob er Einwendungen gegen die Mitglieder des Gerichts zu machen habe. Ueber die Einwendungen entscheidet in Abwesenheit des Betheiligten und des Angeschuldigten das Gericht. Wird der als Referent fungirende Auditeur oder untersuchungsführende Offizier abgelehnt, so entscheidet der Gerichtsherr, in höherer Instanz der kommandirende General. Gegen die Entscheidung des letzteren ist der Rekurs an den König zulässig.

Sind Einwendungen nicht erhoben, oder sind die erhobenen zutreffenden Falles durch sofortige Bestellung eines anderen einwandsfreien Richters erledigt, so werden die Richter an die Wichtigkeit des Richteramts erinnert und soweit erforderlich beeidigt. Der Referent verliest sodann den Akteninhalt. Der Angeschuldigte wird befragt, ob er zur Sache noch etwas anzuführen habe, und nach Protokollirung seiner Erklärung entlassen.

Der Referent hält hierauf dem Spruchgerichte Vortrag über die thatsächliche und rechtliche Lage der Sache und stellt den Antrag, wie nach seiner Ueberzeugung zu erkennen sei. Bei schwereren Straffällen im kriegsgerichtlichen Verfahren muß dieser Vortrag schriftlich abgefaßt, vorgelesen und zu den Akten gebracht werden. Der Präses kann dem Vortrage des Referenten ihm aus dienstlichen Gesichtspunkten erforderlich erscheinende Bemerkungen hinzufügen. Bei Zweifeln hinsichtlich des Akteninhalts oder des anzuwendenden Gesetzes ertheilt der Referent die erforderliche Aufklärung.

Die Richter haben über die vom Referenten ihnen vorzulegenden Fragen:

> ob der Angeschuldigte wegen nicht erwiesener Schuld oder wegen erwiesener Unschuld völlig freizusprechen, oder ob er nur „vorläufig" freizusprechen, oder ob und welche Strafe zu verhängen sei,

klassenweise zu berathen und sich schlüssig zu machen.

Die Richterklasse des niederen Dienstgrades giebt ihr Votum jedesmal vor der des höheren ab. Weicht ein Votum von dem Antrage des Referenten wesentlich ab, so müssen die Gründe der Abweichung angegeben werden. Hält der Referent das Votum einer Richterklasse „den klaren Vorschriften der Gesetze entgegen", so muß er die Ansicht der Klasse zu berichtigen suchen, eventuell jedoch die abweichende Meinung nebst den angegebenen Gründen zu Protokoll nehmen.

Werden die Akten für nicht spruchreif erachtet, so ist der bezügliche Gerichtsbeschluß dem Gerichtsherrn zur weiteren Veranlassung vorzulegen. Hat dieser gegen die Ausführungen des Beschlusses Bedenken, so ist die Sache dem General-Auditoriate zu unterbreiten.

Zu einem gültigen Urtheil ist die unbedingte Stimmenmehrheit erforderlich. Ergiebt sich eine solche nicht, so ist das härtere Votum dem nächst gelinderen so lange zuzuzählen, bis die unbedingte Stimmenmehrheit vorhanden ist. Das Gleiche gilt für die Berechnung der Stimmen in den einzelnen Richterklassen. Sind die Mitglieder einer aus zwei Personen bestehenden Richterklasse unter sich verschiedener Meinung, so gilt die gelindere als Ausspruch der Klasse. Der Referent hat die Stimmen zu berechnen und das Ergebniß der Abstimmung bekannt zu machen. Zum Schluß sind die Richter vom Präses an die Verpflichtung der Verschwiegenheit zu erinnern. Derselbe macht demnächst dem Gerichtsherrn über den Ausgang der Sache Meldung.

Ueber den Verlauf der Spruchsitzung ist ein ausführliches Protokoll aufzunehmen.

Das Erkenntniß ist vom Referenten auszufertigen und von ihm und dem Präses, im kriegsgerichtlichen Verfahren überdies von den übrigen Richtern des Offizierstandes zu vollziehen. Den verurtheilten Angeschuldigten kann das Spruchgericht durch besonderen Beschluß der Gnade des Königs empfehlen.

Die gegen Personen des Soldatenstandes ergangenen Erkenntnisse sind durch ein ordentliches Rechtsmittel nicht anfechtbar. Diese Erkenntnisse bedürfen aber zu ihrer Rechtsgültigkeit der Bestätigung.

Das Bestätigungsrecht steht hinsichtlich der standrechtlichen Erkenntnisse regelmäßig dem betreffenden Gerichtsherrn, hinsichtlich der kriegsrechtlichen Erkenntnisse dem Könige oder einem von ihm hierzu allgemein ermächtigten Befehlshaber zu. Das Aufhebungsrecht beruht ausschließlich beim Könige.

Der Allerhöchsten Bestätigung sind vorbehalten:

- alle Erkenntnisse gegen Offiziere;
- die auf Todesstrafe, lebenslängliche Freiheitsstrafe oder wegen eines militärischen Verbrechens auf mehr als zehnjährige Festungsstrafe lautenden Urtheile;
- die Erkenntnisse, in denen gegen einen Portepeefähnrich auf Degradation erkannt ist.

In diesen Fällen sind die Erkenntnisse vom General-Auditoriate zu begutachten und an Allerhöchster Stelle zur Entscheidung vorzulegen.

Die Begutachtung der vom Kriegsminister zu bestätigenden Erkenntnisse ist ebenfalls Sache des General-Auditoriats.

Im Uebrigen sind die kriegsrechtlichen Erkenntnisse vor der Bestätigung an der Hand der Akten durch einen Auditeur, der nicht Referent im Kriegsgerichte war, darauf hin zu prüfen, ob im Verfahren die unter Strafe der Nichtigkeit vorgeschriebenen Förmlichkeiten beobachtet worden und ob den Akten und den Gesetzen gemäß erkannt ist. Das Rechtsgutachten des Auditeurs ist schriftlich abzufassen. Erachtet derselbe das Erkenntniß für gesetzlich, so hat er die Bestätigung desselben zu beantragen. Die Bestätigung darf nicht erfolgen, wenn das Erkenntniß in dem Gutachten des Auditeurs oder von dem bestätigungsberechtigten Befehlshaber für gesetzwidrig erachtet wird. In einem solchen Falle ist dasselbe vielmehr mit den Akten dem General-Auditoriate vorzulegen. Hält dieses das Erkenntniß zur Bestätigung geeignet, so sendet es dasselbe zu diesem Zwecke an den zuständigen Befehlshaber zurück, dem der Rekurs an den König zusteht. Anderenfalls beantragt das General-Auditoriat an Allerhöchster Stelle die Aufhebung des Erkenntnisses.

Im standgerichtlichen Verfahren bedarf es der Begutachtung des Erkenntnisses durch einen Auditeur nicht. Die Prüfung der Rechtsgültigkeit und die Bestätigung ist der gewissenhaften Ueberzeugung des Gerichtsherrn überlassen. Glaubt dieser die Bestätigung versagen zu müssen, so ist wie bei den kriegsrechtlichen Erkenntnissen zu verfahren.

In allen Fällen kann vor der Entscheidung über die Bestätigung eine Vervollständigung der Akten stattfinden.

Der bestätigende Befehlshaber darf die erkannte Strafe, jedoch nicht unter das gesetzlich zulässige Mindestmaß, mildern. Eine Verschärfung der Strafe ist unzulässig.

Erfolgt die Aufhebung des Erkenntnisses, so ist in der Sache anderweit zu erkennen, jedoch dürfen zu dem neuen Spruchgerichte Personen, welche in dem früheren mitgewirkt haben, nicht zugezogen werden.

Die Bestimmungen über Bestätigung und Aufhebung gelten auch für das neu ergehende Erkenntniß.

Die Rechtskraft eines kriegs- oder standrechtlichen Erkenntnisses tritt mit dessen Publikation an den Angeschuldigten ein, die vor besetztem Untersuchungsgerichte zu erfolgen hat, und wie die Bestätigungsordre unter dem Erkenntnisse zu vermerken ist.

Alle im Verfahren gegen Personen des Soldatenstandes ergangenen rechtskräftigen Erkenntnisse unterliegen nachträglich einer von Amtswegen vorzunehmenden Revision. Dieselbe erfolgt hinsichtlich der Erkenntnisse der Standgerichte bei dem Gerichte der höheren Gerichtsbarkeit, durch einen Auditeur, hinsichtlich der kriegsrechtlichen Erkenntnisse durch das General-Auditoriat. Letzteres unterzieht überdies die Revisionsbemerkungen der Auditeure zu den standrechtlichen Erkenntnissen einer Nachprüfung.

Der Zweck dieser Revisionen besteht theils darin, der Wiederholung von Verstößen und Gesetzwidrigkeiten vorzubeugen, theils darin, etwa vorgekommene Benachtheiligungen von Angeschuldigten im Gnadenwege thunlichst ausgleichen zu können.

2. Gegen Militärbeamte.

Das Strafverfahren gegen Militärbeamte weicht von dem Verfahren gegen die Personen des Soldatenstandes nur in einzelnen Beziehungen ab. So gelten hinsichtlich der Vertheidigung die Vorschriften „der allgemeinen Landesgesetze".

In dem Spruchgerichte findet eine gemeinsame Berathung der Richter und eine Abstimmung nach Köpfen statt. Das Erkenntniß wird jedesmal nur durch den Präses und den Referenten vollzogen.

Eine Bestätigung der instanzgerichtlichen Erkenntnisse findet nicht statt. Gegen das Erkenntniß erster Instanz hat, nach Maßgabe der Kriminalordnung vom 11. Dezember 1805, bezw. der allgemeinen Gerichtsordnung vom 6. Juli 1793 und der Kabinetsordres vom 25. März 1834 und 29. April 1838 der Angeschuldigte innerhalb zehn Tagen nach der Publikation das Rechtsmittel der weiteren Vertheidigung, der Verwaltungschef binnen drei Monaten von dem Tage der Mittheilung des Erkenntnisses ab das Rechtsmittel der Aggravation.

Ueber diese Rechtsmittel entscheidet endgültig das General-Auditoriat als oberster Militärgerichtshof.

**Rechtsmittel.**

Abgesehen von dem vorhin erwähnten Rechtsmittel der weiteren Vertheidigung bezw. Aggravation im Verfahren gegen Militärbeamte, kennt die preußische Militärstrafgerichtsordnung ordentliche Rechtsmittel nicht. Sie läßt eine Berufung nicht zu. Auch ist ihr eine an Form und Frist gebundene Beschwerde unbekannt. Dagegen ist dem Angeschuldigten das Beschwerderecht im Militärstrafverfahren an sich nicht abgeschnitten. Den Beschwerden ist, soweit sie begründet sind, gemäß § 87 erforderlichen Falles durch das General-Auditoriat abzuhelfen, gegen dessen Entscheidungen dem Beschwerdeführer stets der Rekurs an den König offen steht.

Außerordentliche Rechtsmittel gegen rechtskräftige Erkenntnisse sind die Restitution und die Nichtigkeitsbeschwerde.

Die Restitution kann der Verurtheilte oder nur vorläufig Freigesprochene beantragen:

wenn er seine Unschuld durch neue Beweismittel darthun, oder

wenn er nachweisen will, daß das Erkenntniß auf einem zu seinem Nachtheile verfälschten Dokument oder auf falschen Aussagen bestochener Zeugen beruhe.

Das Restitutionsgesuch ist bei demjenigen Militärgericht anzubringen, bei dem das Erkenntniß ergangen ist. Das Gericht hat den Antragsteller zu vernehmen und geeigneten Falles Beweis zu erheben, demnächst aber die Akten dem General-Auditoriat einzureichen, welches entweder das Gesuch nach Prüfung als unbegründet zurückweist, oder falls es begründet erscheint, beim Könige mittels gutachtlichen Berichts die Aufhebung des Erkenntnisses beantragt. Erfolgt diese, so ist bei dem Gerichte, bei welchem die Untersuchung geschwebt hat, von Neuem zu erkennen, jedoch unter Ausschluß derjenigen Personen, welche bei Abfassung des aufgehobenen Erkenntnisses mitgewirkt haben.

Die Nichtigkeitsbeschwerde steht dem Angeschuldigten dann zu, wenn entweder das Untersuchungsgericht, und zwar bei einer Verhandlung, aus der ein Grund zur Entscheidung hergenommen ist, oder das Spruchgericht nicht vorschriftsmäßig besetzt war. Das Verfahren ist dasselbe wie bei der Einlegung eines Restitutionsgesuchs.

## Strafvollstreckung.

Die Vollstreckung der rechtskräftigen Strafurtheile veranlaßt der Gerichtsherr.

Die Abführung zum vorläufigen Strafantritte soll gleich nach abgehaltenem Spruchgericht erfolgen, wenn Unteroffiziere oder Gemeine zu Gefängniß oder Festungshaft von mehr als sechswöchiger Dauer verurtheilt sind, sofern nicht gegen erstere zugleich auf Degradation, gegen letztere auf Entfernung aus dem Heere erkannt ist.

## Kosten.

Kostenfreiheit genießen alle Militärpersonen des Soldatenstandes von den Portepeeunteroffizieren abwärts sowie die unteren Militärbeamten; ferner alle aktiven Offiziere, mit Ausnahme jedoch der Injuriensachen; endlich pensionirte Offiziere, wenn sie ausschließlich auf eine Pension bis zu 450 Mark jährlich angewiesen sind.

Die übrigen der Militärstrafgerichtsbarkeit unterworfenen Personen, namentlich also die oberen Militärbeamten, haben nach Maßgabe der allgemeinen Landesgesetze Kosten zu tragen.

## II. Die württembergische Militärstrafgerichtsordnung.

Für den württembergischen Militärstrafprozeß sind maßgebend die Titel III und V der militärischen Strafgesetze für die Königlich württembergischen Truppen vom 20. Juli 1818, sowie die Kapitel 47, 49, 50 des Abschnitts VII des Ersten Bandes der Allgemeinen Kriegsdienstordnung für diese Truppen vom 7. Februar 1858.

Das erstere Gesetz regelt die Militärstrafgerichtsverfassung, ist aber theilweise durch spätere Bestimmungen, namentlich die Allgemeine Kriegsdienstordnung, sowie die Allerhöchste Ordre vom 11. Juni 1877 abgeändert.

Das Strafverfahren ist in der Allgemeinen Kriegsdienstordnung geregelt. Soweit indeß „die militärischen Strafgesetze keine besonderen Vorschriften enthalten", kommen die Bestimmungen der württembergischen Strafprozeßordnung vom 22. Juni 1843 nebst den diese abändernden Gesetzen, namentlich dem Gesetze vom 13. August 1849, ergänzend zur Anwendung.

Der württembergische Militärstrafprozeß beruht im Wesentlichen auf denselben Grundlagen, wie der preußische. Auch ihm liegt das auf schriftlichem Verfahren und fester Beweistheorie beruhende Untersuchungsprinzip zu Grunde. Die spätere Gesetzgebung hat dasselbe insofern theilweise durchbrochen, als namentlich nach Artikel 46 des Gesetzes vom 13. August 1849 auf Entbindung von der Instanz nicht mehr erkannt werden darf, und nach § 752 der Allgemeinen Kriegsdienstordnung I im abgekürzten Verfahren vor der kriegsrechtlichen Kommission nur mündlich verhandelt wird.

### Umfang der Militärstrafgerichtsbarkeit.

Gegenüber der preußischen Militärstrafgerichtsordnung ist der Umfang der Militärstrafgerichtsbarkeit einerseits ausgedehnter, andererseits eingeschränkter. Ausgedehnter ist er insofern, als auch die Civilbeamten der Militärverwaltung wegen aller strafbaren Handlungen der Militärgerichtsbarkeit unterworfen sind.

Andererseits haben den Militärgerichtsstand nicht die zur Disposition gestellten Offiziere; ebensowenig die Offiziere des Beurlaubtenstandes wegen Herausforderung und Zweikampfs.

Den Civilgerichten sind ferner überlassen, und zwar außer den nur mit Geldstrafe bedrohten Zuwiderhandlungen gegen Finanz- und Polizeigesetze ꝛc.:

1. nach zuvoriger „Abtretung des Schuldigen an die Civilbehörden" die gemeinen Kapitalverbrechen, mit denen kein militärisches Kapitalverbrechen zusammentrifft;
2. die vor dem Eintritt in den Militärstand begangenen und erst nachher zur Sprache kommenden Verbrechen und Vergehen;
3. die gemeinschaftlich von Civil- und Militärpersonen begangenen gemeinen strafbaren Handlungen.

Ueberdies soll die Zuständigkeit der bürgerlichen Gerichte auch bezüglich der gemeinen strafbaren Handlungen der Militärbeamten und der Civilbeamten der Militärverwaltung platzgreifen, sofern nicht „wegen Konkurrenz eines Dienstvergehens oder aus sonstigen dringenden Gründen" die Militärjurisdiktion aufrecht erhalten wird.

Bei Streitigkeiten zwischen Civilgerichten und Militärgerichten über die Zuständigkeit in einer Strafsache entscheidet der Strafsenat des Oberlandesgerichts in Stuttgart.

## Militärgerichte.

Die württembergische Gesetzgebung unterscheidet ebenfalls Untersuchungsgerichte und Spruchgerichte.

Die letzteren sind theils ordentliche Gerichte, nämlich:

Kriegsrechtliche Kommissionen,
Kriegsrechte und
das Revisionsgericht,

theils Ausnahmegerichte, nämlich:

Standrechte und
Außerordentliche Militärgerichte.

Mit Ausnahme des ständigen Revisionsgerichts werden alle übrigen Militärgerichte für den einzelnen Fall bestellt.

### Untersuchungsgerichte.

Zu einem förmlich besetzten, vom zuständigen Befehlshaber anzuordnenden Untersuchungsgerichte gehören:

der untersuchungsführende Auditeur und zwei Offiziere als Gerichtszeugen.

Die Charge der nach einer bestimmten Reihenfolge beizuziehenden Offiziere bestimmt sich nach dem Dienstrange des Beschuldigten, bei mehreren Beschuldigten nach dem Range des Höchsten unter ihnen. Der Dienstgrad eines zu vernehmenden Zeugen kommt nicht in Betracht.

### Kriegsrechtliche Kommissionen.

Eine kriegsrechtliche Kommission wird besetzt mit fünf Richtern, nämlich:

einem Hauptmann (im Nothfall einem Premierlieutenant) als Vorstand und zwei Lieutenants, sowie zwei Personen des Soldatenstandes ohne Offizierrang als Beisitzern.

Als Aktuar und Referent fungirt ein Auditeur, in dessen Ermangelung ein Offizier.

Der Vorstand hat mit Unterstützung des Auditeurs die Leitung der Verhandlung; dem Auditeur steht die Vernehmung des Angeschuldigten und der Zeugen zu.

Angeordnet wird die Kommission durch den Befehlshaber eines Regiments oder selbständigen Truppentheils. Derselbe Befehlshaber beruft auch das Richterpersonal, und zwar *nach der Reihenordnung*.

In *persönlicher* Beziehung ist die Zuständigkeit einer kriegsrechtlichen Kommission beschränkt auf Unteroffiziere und Gemeine.

In *sachlicher* Beziehung darf sie nur auf Arrest, Haft oder Geldstrafe bis zu 150 Mark oder auf Gefängniß oder Festungshaft bis zu 3 Monaten, jedes für sich oder in Verbindung mit Verlust der bürgerlichen Ehrenrechte bis zu drei Jahren, oder mit Versetzung in die zweite Klasse des Soldatenstandes, oder mit Degradation (letztere jedoch nicht gegen Feldwebel und Sergeanten) erkennen.

Im Falle des Zusammentreffens mehrerer Einzelstrafen darf ebenfalls die Grenze von drei Monaten nicht überschritten werden.

### Kriegsrechte.

Ein über *Personen des Soldatenstandes* abzuhaltendes Kriegsrecht wird besetzt mit sieben Richtern, nämlich:

einem General oder Stabsoffizier (im Nothfall einem Hauptmann) als Vorstand und sechs Beisitzern, von denen drei nicht dem Offizierstande zu entnehmen sind, wenn der Angeschuldigte zur Klasse der Unteroffiziere oder Gemeinen gehört.

Als Referent und Aktuar fungirt ein Auditeur.

Der Rang der Richter bestimmt sich auch hier nach dem Range des Angeklagten, bei mehreren Angeklagten nach dem Range des Höchsten unter ihnen.

Ein über eine nicht zum Soldatenstande gehörige Person abzuhaltendes Kriegsrecht wird gleichfalls mit sieben Richtern besetzt, von denen vier einschließlich des Vorstandes Offiziere, die drei anderen Militärbeamte sind. Ist der Angeschuldigte selbst ein Militärbeamter, so ist bei der Auswahl des Richterpersonals auf seinen Dienstzweig und seinen Rang thunlichst Rücksicht zu nehmen.

Das Kriegsrecht über Unteroffiziere und Gemeine ordnet der Befehlshaber eines Regiments oder selbständigen Truppentheils, nach Befinden ein höherer Befehlshaber an; die Berufung der Richter erfolgt nach der Reihenfolge.

Das Kriegsrecht über Offiziere ordnet der Kriegsminister an, sofern nicht der König selbst den Befehl ertheilt. Die Berufung der Richter ist an die Reihenfolge nicht gebunden.

Zuständig ist ein Kriegsrecht:

als Gericht zweiter Instanz zur Verhandlung und Entscheidung über die gegen die Entscheidungen der kriegsrechtlichen Kommissionen eingelegten Rechtsmittel;

als Gericht erster Instanz in allen die Zuständigkeit der kriegsrechtlichen Kommissionen übersteigenden Strafsachen.

Die Abgrenzung der Zuständigkeit der Kriegsrechte und der kriegsrechtlichen Kommissionen beruht hiernach, ähnlich wie im preußischen Militärstrafprozeß, auf der thatsächlichen Unterscheidung zwischen höherer und niederer Gerichtsbarkeit.

### Revisionsgericht.

Das Revisionsgericht, welches seinen Sitz in Stuttgart hat, besteht aus sieben Mitgliedern, nämlich: einem Generalmajor als Vorstand, sowie drei Stabsoffizieren und drei Rechtsgelehrten, von denen einer durch einen vierten Stabsoffizier ersetzt werden kann, als Beisitzern. Ein Auditeur führt das Protokoll.

Die bei Uebernahme ihres Richteramts zu beeidigenden

Offiziere werden je für die Dauer von drei Monaten, der Vorstand nach Ermessen auch für längere Zeit, durch den Kriegsminister zu Mitgliedern des Revisionsgerichts ernannt. Eine Ernennung höherer Offiziere als Richter für den Einzelfall tritt ein, wenn der Angeklagte ein General oder Stabsoffizier ist.

Die rechtsgelehrten Mitglieder werden im Frieden der Justizabtheilung des Kriegsministeriums entnommen. Sie können im Nothfalle durch Auditeure ersetzt werden.

Die Leitung der Verhandlungen hat in Gemeinschaft mit dem Vorstande der Vorsitzende unter den rechtsgelehrten Richtern, nämlich der General-Auditeur als Vorsitzender der Justizabtheilung des Kriegsministeriums.

Die Zuständigkeit des Revisionsgerichts erstreckt und beschränkt sich auf die Prüfung und Entscheidung bezüglich der Urtheile der Kriegsrechte, soweit diese zur Revision einzureichen sind.

Ausnahmsweise liegt dem Revisionsgericht auch die Erstattung von Gutachten an den kommandirenden General über die von den außerordentlichen Militärgerichten gesprochenen Erkenntnisse ob.

### Standrechte.

Das Standrecht ist ein außerordentliches Militärgericht über Militärpersonen, das im Frieden im Falle gefährlichen Aufruhrs nach vorheriger vorschriftsmäßiger Verkündigung des Standrechts, im Kriege wegen bestimmter schwerer, die Disziplin bedrohender Verbrechen auch ohne vorherige Verkündigung niedergesetzt werden kann. Die Besetzung eines Standrechts ist die nämliche wie die eines Kriegsrechts. Die Befugnisse eines wegen Aufruhrs niedergesetzten Standrechts erlöschen nach vierundzwanzig Stunden. Die Standrechte können nur auf Todesstrafe erkennen, anderenfalls muß das ordentliche Verfahren eintreten.

### Außerordentliche Militärgerichte.

Wie über Militärpersonen Standrechte, so können im Kriege auch über der Militärgerichtsbarkeit unterworfene Civilpersonen außerordentliche Militärgerichte niedergesetzt werden. Sie bestehen aus sieben Offizieren als Richtern (einem Stabsoffizier als Vorstand und sechs Hauptleuten und Premierlieutenants als Beisitzern), sowie einem Auditeur als Aktuar und Referenten. Die sachliche Zuständigkeit dieser außerordentlichen Gerichte ist unbeschränkt. Ein außerordentliches Militärgericht kann im Falle eines Aufstandes von Kriegsgefangenen oder Bewohnern okkupirter feindlicher Länder nach Maßgabe der zu besorgenden Gefahr „auch als Standrecht", dann aber nur mit der beschränkten sachlichen Zuständigkeit der Standrechte erkennen.

Die Stellung des preußischen General-Auditoriats nimmt in Württemberg nach verschiedenen Richtungen die Justizabtheilung des Kriegsministeriums ein.

Diese Abtheilung des Kriegsministeriums, deren Mitglieder, wie erwähnt, auch die juristischen Beisitzer im Revisionsgerichte sind, fungirt nämlich als Oberstes Militärgericht, insoweit es sich nicht um die Fällung von Endurtheilen handelt. Insbesondere liegt ihr ob: die Prüfung der Spruchreife der Untersuchungsakten in wichtigeren und zweifelhaften Fällen; die Entscheidung über die Ablehnung des Auditeurs als Mitgliedes des Untersuchungsgerichts; die Entscheidung bei Meinungsverschiedenheiten zwischen dem Auditeur und dem Befehlshaber über einen die Rechtspflege betreffenden Gegenstand; die Prüfung des vom Befehlshaber gefaßten Beschlusses über die Einstellung der Untersuchung in Sachen, die der Revision unterworfen sein würden; endlich die Versetzung einer Militärperson mit Offizierrang in den Anschuldigungszustand.

Im Felde übt diese Befugnisse zum größten Theil der Feldoberauditeur des württembergischen Armeekorps aus.

## Strafprozeßverfahren.

### Untersuchungsverfahren.

Erhält die zuständige Kommandobehörde von einer strafbaren Handlung einer ihrer Gerichtsbarkeit unterworfenen Person Kenntniß, so beauftragt sie — falls nicht im Disziplinarwege eingeschritten wird — den Auditeur mit der „Einleitung des geeigneten Verfahrens". Dieser hat alsdann im Wege der Voruntersuchung die Sachlage soweit aufzuklären, daß über die „Einstellung der Untersuchung" oder die „Versetzung in den Anschuldigungszustand" Beschluß gefaßt werden kann.

Die vorläufige Haft verfügt der Gerichtsherr aus eigenem Ermessen oder auf Antrag des Auditeurs.

Ueber die Einstellung der Untersuchung befindet auf Antrag des Auditeurs die Kommandobehörde. Der Beschluß ist in Sachen der höheren Gerichtsbarkeit der Justizabtheilung des Kriegsministeriums zur Prüfung vorzulegen.

Ueber die Versetzung in den Anschuldigungszustand beschließt: bei Beschuldigten ohne Offizierrang ebenfalls die Kommandobehörde, bei Beschuldigten des Offizierstandes dagegen die Justizabtheilung des Kriegsministeriums.

Die gerichtliche Haft wird vom Gerichtsherrn oder dem zur Entscheidung in der Hauptsache berufenen Gerichte verhängt.

Die Versetzung in den Anschuldigungszustand hat dieselbe rechtliche Wirkung, wie die Einleitung der förmlichen Untersuchung im preußischen Militärstrafprozeß. Der in Folge derselben stets gebotenen Aburtheilung durch das zuständige Spruchgericht geht zunächst noch die Hauptuntersuchung voraus. Durch sie sollen der objektive und subjektive Thatbestand mit allen für die Entscheidung wesentlichen Umständen, soweit dies noch erforderlich, erschöpfend festgestellt, insbesondere auch die für die Unschuld des Angeschuldigten sprechenden Beweise aufgenommen werden.

Beendigt wird die Hauptuntersuchung durch das sogenannte Schlußverfahren, das zutreffenden Falles mit dem Vertheidigungsverfahren zu verbinden ist.

Die Zuziehung eines Vertheidigers ist in allen Sachen gestattet. Eine nothwendige Vertheidigung ist dem Verfahren unbekannt. Der Vertheidiger kann aus der Zahl der öffentlichen Rechtsanwälte gewählt werden, aber auch ein „anderer geprüfter Rechtsgelehrter“ sein, wofern der Angeschuldigte zu demselben in verwandtschaftlichen oder freundschaftlichen Beziehungen steht und das Gericht, bezw. bei Staatsbeamten auch die vorgesetzte Dienstbehörde, die Genehmigung ertheilt. Die Zuziehung eines Vertheidigers findet nur in dem Schlußverfahren statt. In demselben kann die Vertheidigung mündlich oder schriftlich zu Protokoll gegeben werden.

In der Schlußverhandlung hat der Auditeur „eine schriftliche, sowohl die Belastungs- wie die Entlastungsmomente umfassende Darstellung“ dem Angeschuldigten mit der Aufforderung vorzulesen, Alles anzugeben, was er zu seiner Vertheidigung noch anzuführen habe. Diese Angabe kann mündlich oder schriftlich zu Protokoll erfolgen.

## Verfahren vor den Spruchgerichten.

Das Verfahren vor dem Spruchgerichte beginnt auch im württembergischen Strafprozeß mit der Feststellung, ob und welche Einwendungen der Angeschuldigte gegen die Richter vorzubringen habe. Nach Erledigung dieses Punktes trägt der Auditeur die für die Schlußverhandlung entworfene schriftliche Darstellung nebst den auf Antrag des Angeschuldigten etwa vorgenommenen Ergänzungen vor, verliest die Akten, soweit sie von Erheblichkeit sind, und befragt demnächst den Angeschuldigten, ob er noch etwas zu seiner Vertheidigung beizufügen habe. Die Erklärung des Angeschuldigten ist zu Protokoll zu nehmen. Demnächst läßt der Vorstand den Angeschuldigten abtreten. Auf mündlichen Vortrag wird nunmehr das Urtheil gefällt, sofern nicht eine Ergänzung der Untersuchung beschlossen wird. Das Urtheil darf (abgesehen von der Einstellung wegen Mangels oder wegen Zurücknahme des erforderlichen Strafantrags) nur auf Verurtheilung oder auf Freisprechung lauten.

In den zur Zuständigkeit einer kriegsrechtlichen Kommission gehörenden Fällen kann bei Delikten, die entweder allein oder in ihrer Gesammtheit nur mit Geldstrafe oder Arrest oder Gefängniß bis zu drei Monaten bedroht sind, sowie bei Beleidigungen und Körperverletzungen ein kürzeres, und zwar mündliches Untersuchungs- und Hauptverfahren stattfinden. Dieses abgekürzte Verfahren ist im Wesentlichen so gestaltet, daß vor der Kommission selbst die Feststellung des Thatbestandes, insbesondere die Vernehmung des Angeschuldigten und der Zeugen erfolgt. Demnächst hält der Auditeur dem Angeschuldigten das Ergebniß der Untersuchung mündlich vor und fordert ihn zur Angabe dessen, was er zur Vertheidigung noch anzuführen habe, auf. Nachdem der Vorstand den Angeschuldigten hat abtreten lassen, beschließt die Kommission auf mündlichen Vortrag des Auditeurs über die Versetzung in den Anschuldigungszustand. Erfolgt dieselbe, so schließt sich ohne Unterbrechung die mündliche Hauptverhandlung an. Ein Urtheil darf nicht gefällt werden, wenn sich im Laufe der Verhandlung ergiebt, daß die Voraussetzungen des abgekürzten Verfahrens fehlen.

Das Urtheil einer kriegsrechtlichen Kommission ist dem dieselbe anordnenden Befehlshaber vorzulegen, der es bestätigen, mildern, oder, falls er die Strafe für nicht ausreichend hält, einem Kriegsrechte zur Entscheidung übergeben kann.

Dagegen sind von Amtswegen alle kriegsrechtlichen Urtheile, soweit dieselben nicht als Urtheile zweiter Instanz auf Freisprechung oder auf eine innerhalb der Zuständigkeit der kriegsrechtlichen Kommission liegende Strafe lauten, zunächst dem Revisionsgerichte zur Prüfung und Entscheidung zu unterbreiten. Das Verfahren vor dem Revisionsgericht ist im Wesentlichen dem kriegsrechtlichen gleich, findet jedoch in Abwesenheit des Angeschuldigten statt.

Das Revisionsgericht kann bei völlig freier Prüfung der Sache

entweder das kriegsrechtliche Erkenntniß aus formellen, thatsächlichen oder rechtlichen Gründen aufheben und unter Umständen die anderweite Entscheidung einem anderen Kriegsrecht übertragen,

oder falls das Urtheil gültig ist, dasselbe unverändert bestätigen oder auch zum Vortheil oder Nachtheile des Angeschuldigten abändern.

Jedes Erkenntniß des Revisionsgerichts, mit alleiniger Ausnahme der im Ungehorsamsverfahren gegen Abwesende ergangenen, unterliegt der Bestätigung des Königs oder der von diesem dazu ermächtigten Stelle.

### Verfahren vor einem Standrecht und vor einem außerordentlichen Militärgericht.

Das Verfahren vor einem Standrecht ist ein mündliches. Die Richter haben nach ihrer freien, auf Grund der vor ihnen geführten Verhandlung geschöpften Ueberzeugung zu urtheilen. Der kommandirende General kann eine Bestätigung des Urtheils sich vorbehalten.

Das Verfahren vor einem außerordentlichen Militärgericht ist das kriegsrechtliche, doch kann der Angeschuldigte die Bestellung eines Vertheidigers verlangen. Das Urtheil, welches der Nachprüfung des Revisionsgerichts nicht unterliegt, ist vor der Vollziehung dem kommandirenden General einzusenden, welcher dasselbe, geeigneten Falles nach Einholung eines Rechtsgutachtens, bestätigen oder mildern kann.

Gegen Abwesende hat der württembergische Militärstrafprozeß ein besonderes

### Ungehorsamsverfahren.

Dasselbe ist nicht auf Fahnenflüchtige beschränkt, wie in der preußischen Militärstrafgerichtsordnung. Es dient wesentlich zur Feststellung des Thatbestandes. Ein auf Strafe lautendes Urtheil ergeht nicht; dagegen wird durch das im kriegsrechtlichen Verfahren zu fällende, der Revision von Amtswegen unterliegende Urtheil die Bestätigung der vorläufig angeordneten Vermögensbeschlagnahme ausgesprochen. Kehrt der

Angeschuldigte nach Fällung des Urtheils zurück, so wird je nach dem Ergebniß der weiteren Ermittelungen im regelmäßigen Verfahren gegen ihn erkannt. Gegen Personen mit Offizierrang darf im Ungehorsamsverfahren nur auf Befehl des Kriegsministers eingeschritten werden.

## Rechtsmittel.

### Beschwerde.

Während Beschwerden über Verzögerung und Verweigerung der Strafrechtspflege im Justizverwaltungsweg — event. bis zum Könige hinauf — zu verfolgen sind, ist gegen prozessualische richterliche Verfügungen, die weder dem Rekurse noch der Revision unterliegen, eine form- und fristlose Beschwerde an den zunächst höheren Richter zugelassen.

Demnach geht insbesondere die Beschwerde gegen Verfügungen des Befehlshabers an die Justizabtheilung des Kriegsministeriums.

### Rekurs.

Dem Angeschuldigten ist die Einlegung des Rekurses gegen das Urtheil der kriegsrechtlichen Kommission gestattet, wenn das Maß einer Disziplinarstrafe überschritten ist. Auch der Befehlshaber kann, wie erwähnt, die Entscheidung eines Kriegsrechts herbeiführen, wenn ihm die Strafe zu gelinde erscheint. Das Kriegsrecht, als zweite Instanz, hat in der Sache freie Hand; es kann das Erkenntniß der Kommission bestätigen, oder zum Vortheil oder zum Nachtheile des Angeschuldigten abändern. Liegt die vom Kriegsrecht ausgesprochene Strafe innerhalb der Zuständigkeit der Kommission, so ist die Sache erledigt, vorbehaltlich des dem Befehlshaber zustehenden Milderungsrechts. Anderenfalls findet die Revision desselben wie bei allen anderen kriegsrechtlichen Urtheilen von Amtswegen statt.

## Wiederaufnahme der Untersuchung.

Ein durch rechtskräftiges Erkenntniß abgeschlossenes Verfahren kann aus bestimmten Gründen zum Vortheile des Angeschuldigten jederzeit, zum Nachtheile desselben nur innerhalb der Verjährungszeit wieder aufgenommen werden. Zur Wiederaufnahme der Untersuchung wird der Untersuchungsrichter (Auditeur) durch Beschluß desjenigen Gerichts ermächtigt, welches in erster oder abändernd in höherer Instanz erkannt hat. Das neue Erkenntniß unterliegt den gewöhnlichen Rechtsmitteln.

### Strafvollstreckung.

Das Urtheil soll nach der Verkündung in der Regel sofort vollstreckt werden.

Ein Aufschub des Strafvollzugs ist unter Anderem auch dann vorgeschrieben, wenn ein substantiirtes Gesuch um Wiederaufnahme der Untersuchung eingereicht oder diese Wiederaufnahme von Amtswegen beantragt wird, sowie dann, wenn ein mit Gründen versehener Widerruf des die Unterlage des Urtheils bildenden Geständnisses des Angeschuldigten erfolgt.

### Kosten.

Eine Verurtheilung in die Kosten wird nur bei Verurtheilungen von Offizieren und von Beamten der Militärverwaltung ausgesprochen; gegen Unteroffiziere und Gemeine ausnahmsweise dann, wenn die Strafvollstreckung auf die bürgerliche Behörde übergeht und damit die Bestimmungen des bürgerlichen Rechts über die Verpflichtung zur Tragung der Strafvollzugskosten zur Anwendung kommen.

## III. Die bayerische Militärstrafgerichtsordnung.

Die bayerische Militärstrafgerichtsordnung vom 29. April 1869 gilt in der veränderten Fassung, welche ihr durch die Gesetze vom 28. April und 27. September 1872 und durch das Gesetz vom 18. August 1879 gegeben ist.

Soweit indeß in der Militärstrafgerichtsordnung nicht ausdrücklich ein Anderes verordnet ist, kommen für das Militärstrafverfahren die für das bürgerliche Strafverfahren in den Landestheilen rechts des Rheins geltenden Bestimmungen zur Anwendung.

Auf den vorstehend bezeichneten Grundlagen charakterisirt sich der bayerische Militärstrafprozeß als Anklageprozeß mit öffentlichem, mündlichem und kontradiktorischem Verfahren und mit freier Beweiswürdigung.

### Umfang der Militärstrafgerichtsbarkeit.

Die Bestimmung der Personen, die wegen aller, sowie derjenigen, die nur wegen einzelner strafbarer Handlungen der

Militärgerichtsbarkeit unterworfen sind, entspricht im Allgemeinen dem preußischen Rechte.

Auch die bayerische Militärstrafgerichtsordnung hat die Civilbeamten der Militärverwaltung der Militärgerichtsbarkeit nicht unterstellt, letztere dagegen ausgedehnt auf die Bewohner eines in Belagerungsstand erklärten Platzes oder Bezirks nach Maßgabe der Bestimmungen über den Belagerungsstand.

Dem preußischen Rechte gegenüber sind folgende, zum größten Theil in einschränkender Richtung sich bewegende Bestimmungen hervorzuheben.

Von der Regel, daß die Militärpersonen des aktiven Heeres allgemein den Militärgerichtsstand haben, sind ausgenommen:

die von Unteroffizieren und Gemeinen während eines zeitweiligen Urlaubs begangenen Uebertretungen, sofern der Strafbefehl oder die Vorladung noch vor der Rückkehr aus dem Urlaub erfolgt ist; ferner

die von Reservisten und Landwehrmännern, welche zu einer militärischen Uebung eingezogen sind, während der Dienstleistung verübten gemeinen Verbrechen, Vergehen und Uebertretungen.

Trifft bei einer Militärperson, die in gemeinen Strafsachen den bürgerlichen Gerichten untersteht, ein gemeines Verbrechen mit einem militärischen Vergehen zusammen, so erstreckt sich kraft Gesetzes die Civilgerichtsbarkeit auch auf dieses militärische Vergehen. Dagegen sind in allen anderen Fällen des Zusammenhanges von Strafsachen, sei es, daß eine Militärperson mehrere strafbare Handlungen begangen hat, sei es, daß bei einer strafbaren Handlung mehrere Militärpersonen betheiligt sind, von denen die einen der Civilgerichtsbarkeit, die anderen der Militärgerichtsbarkeit unterstehen, ausschließlich die Militärgerichte zuständig.

Sind bei einer strafbaren Handlung Civilpersonen mit Militärpersonen betheiligt, so können die Militärbehörden auch hinsichtlich der letzteren die Sache entweder zur völligen Erledigung oder nur zum Zwecke der Voruntersuchung an das Civilgericht abgeben.

Für strafbare Handlungen, die vor dem Eintritt in den Dienststand begangen sind, bleibt die Zuständigkeit der Civilgerichte bestehen, wenn vor der Einberufung der Beschuldigte zur Aburtheilung bereits verwiesen war. Umgekehrt verbleibt die Aburtheilung der während des Dienststandes begangenen strafbaren Handlungen den Militärgerichten, wenn vor der Beendigung des Militärverhältnisses die Verweisung zur Hauptverhandlung erfolgt war.

Besteht zwischen Civil- und Militärgerichten Streit über die Zuständigkeit oder haben sowohl Civil- als Militärgerichte, von denen eines das zuständige ist, durch nicht mehr anfechtbare Entscheidungen ihre Unzuständigkeit ausgesprochen, so bestimmt ein aus dem Präsidenten und drei Räthen des Oberlandesgerichts in München, sowie drei Richtern des Militärobergerichts zusammengesetzter Senat das zuständige Gericht.

## Militärgerichte.

Die Militärstrafgerichtsbarkeit wird ausgeübt durch:

Militäruntergerichte;
Militärbezirksgerichte und Feldgerichte;
das Militärobergericht;
Militärstandgerichte.

Die Voruntersuchungen führen als Militäruntersuchungsrichter die Auditeure bei den Heeresabtheilungen und Kommandantschaften unter Zuziehung eines Aktuars als Protokollführers.

Hat die Militärbehörde in den Fällen der sogenannten gemischt-gerichtlichen Untersuchungen darauf verzichtet, in eigener Zuständigkeit einzuschreiten, so kann sie einen Militärrichter abordnen, der befugt ist, jederzeit die Akten einzusehen und den während der Vorbereitung der öffentlichen Klage oder während der Voruntersuchung vorzunehmenden Untersuchungshandlungen beizuwohnen.

### Militäruntergerichte.

Die Militäruntergerichte bestehen nach Maßgabe des von der Militärjustizverwaltung zu beurtheilenden Bedürfnisses bei den Kommandantschaften und selbständigen Abtheilungen.

Zusammengesetzt ist das Militäruntergericht aus dem Kommandanten als Vorstand, einem Offizier und dem Auditeur als Beisitzern und einem Aktuar.

Der Vorstand ordnet die Verhandlungen an, führt bei denselben den Vorsitz, falls er sich nicht durch einen anderen Offizier — womöglich seinen Stellvertreter in der Kommandoführung — vertreten läßt, handhabt die Disziplin und ordnet die Vollstreckung der rechtskräftigen Urtheile an.

Die Ausfertigungen des Gerichts werden von ihm und dem Auditeur unterzeichnet.

Dem Auditeur, der für den Behinderungsfall einen ständigen Vertreter hat, liegt die Geschäftsführung des Gerichts und die Leitung der Verhandlungen ob.

Der beisitzende Offizier und dessen Ersatzmann werden durch den Kommandanten auf Jahresdauer bestimmt; im Felde kann die Bestimmung auch für den Einzelfall geschehen.

Die Zuständigkeit der Militäruntergerichte erstreckt sich in persönlicher Beziehung auf alle Personen, über welche der Kommandant die Disziplinarstrafgewalt ausübt. Für Heeresabtheilungen ohne eigenes Untergericht ist das Untergericht derjenigen Kommandantschaft zuständig, in deren Bezirke die Abtheilung sich befindet.

Sind mehrere Mitschuldige vorhanden, welche der Disziplin verschiedener Kommandanten unterstehen, so entscheidet der Gerichtsstand des Thäters, bei mehreren Mitthätern die Prävention.

Anlangend die sachliche Zuständigkeit, so hatte die Militärstrafgerichtsordnung vom 29. April 1869 den Militäruntergerichten nur „die Aburtheilung der zur militärstrafgerichtlichen Zuständigkeit gehörigen Uebertretungen, mit Ausnahme jener, welche gleich den Vergehen zu behandeln sind“, zugewiesen.

Durch die späteren Gesetze ist die Zuständigkeit dieser Gerichte indeß ganz erheblich, und zwar auf eine große Zahl militärischer und gemeiner Vergehen ausgedehnt worden.

Zuständig sind die Militäruntergerichte an sich auch hinsichtlich der Angeschuldigten des Offizierstandes. In einzelnen schwereren Straffällen dürfen sie jedoch nur über Unteroffiziere und Gemeine, in anderen nur über letztere erkennen.

Das Militäruntergericht hat sich für unzuständig zu erklären, wenn es, wo solches gesetzlich zulässig ist, die Aberkennung der bürgerlichen Ehrenrechte, Dienstentlassung oder Degradation, oder bei militärischen Vergehen eine die Dauer von sechs Monaten übersteigende Freiheitsstrafe für angemessen erachtet.

### Militärbezirksgerichte und Feldgerichte.

Die Militärbezirksgerichte bestehen bei höheren Kommandostellen. Die Bestimmung über deren Zahl, Sitz und Sprengel ist dem Verordnungswege überlassen.

Zur Zeit bestehen nur zwei Militärbezirksgerichte, das eine in München, das andere in Würzburg.

Im Falle der Mobilmachung werden für die mobilen Truppen an Stelle der Militärbezirksgerichte Feldgerichte gebildet.

Die Militärbezirksgerichte wie die Feldgerichte sind zusammengesetzt aus: dem Kommandanten als Vorstand, einem Auditeur als Direktor, der erforderlichen Anzahl von Offizieren und Auditeuren als Richtern und einem Sekretär.

Zu den Hauptverhandlungen sind, von wenigen Ausnahmefällen abgesehen, regelmäßig Geschworene hinzuzuziehen, welche die Thatfrage zu entscheiden haben, während der Gerichtshof das Gesetz anzuwenden und die Strafe zu verhängen hat.

Der Vorstand des Gerichts repräsentirt dasselbe gegenüber den Abtheilungen und Behörden. Er überwacht die Einhaltung der Dienstesordnung, unterzeichnet die Ausfertigungen des Gerichts, ordnet die Sitzungen an, bestimmt event. den an seiner Stelle den Vorsitz Führenden, sowie die Richter, beordert die Geschworenen und verfügt den Vollzug der Urtheile.

Der Vorsitzende soll mit Rücksicht auf das Rangverhältniß des Direktors und der Geschworenen ein General oder Stabsoffizier sein. Derselbe hat bei der Hauptverhandlung die Disziplin zu handhaben, auch die Sitzungsprotokolle zu vollziehen. Er hat dagegen kein Stimmrecht uud überhaupt keinen Einfluß auf den Gang des Verfahrens.

Der Direktor leitet den inneren Dienst, vertheilt die Geschäfte unter die Gerichtsmitglieder, unterzeichnet die Ausfertigungen zusammen mit dem Vorstande, leitet die Hauptverhandlungen und Berathungen, verkündet die Urtheile und unterzeichnet die Sitzungsprotokolle zusammen mit dem Vorsitzenden und dem Protokollführer.

Hinsichtlich der Berufung der beisitzenden Offiziere und deren Ersatzmänner gilt dasselbe, wie beim Militäruntergerichte.

Die Militärbezirksgerichte sind innerhalb ihres räumlichen Sprengels, die Feldgerichte bezüglich der ihnen überwiesenen Truppen zuständig für alle zur Zuständigkeit der Militärgerichte gehörigen Strafsachen, soweit solche nicht einerseits den Militäruntersuchungsrichtern und Militäruntergerichten, andererseits dem General-Auditoriate zugewiesen sind.

Hiernach liegt ihnen insbesondere ob:

die Beschlußfassung über die Voruntersuchungen, über die gegen Amtshandlungen der Untersuchungsrichter erhobenen Beschwerden, sowie die gegen letztere angebrachten Ablehnungen, und über die zwischen diesen oder den Militäruntergerichten ihres Sprengels entstandenen Kompetenzkonflikte;

außerdem die Urtheilsfällung erster Instanz in allen nicht den Militäruntergerichten zugewiesenen Sachen, und zwar in den meisten Sachen unter Zuziehung von Geschworenen.

Die Beschlußfassung in den vorhin erwähnten Fällen erfolgt durch einen Senat, bestehend:

aus zwei Auditeuren und einem Offizier, wenn über militärische Verbrechen und Vergehen,

aus drei Auditeuren, wenn über gemeine Verbrechen und Vergehen,

aus zwei Auditeuren und einem Offizier bezw. aus drei Auditeuren je nachdem bei zusammenhängenden Strafsachen das militärische oder das gemeine Reat das schwerere ist, endlich

aus dem Gerichtsvorstand, einem Offizier und einem Auditeur, wenn über die Beanstandung des Vollzugs einer Verfügung des Untersuchungsrichters durch den Kommandanten zu beschließen ist.

Erforderlichen Falles können dazu die Auditeure der Untergerichte beigezogen werden, sofern sie nicht die Voruntersuchung geführt haben.

Die Urtheilsfällung erfolgt in allen Fällen, und zwar ohne Rücksicht auf die abzuurtheilenden Delikte, durch den aus dem Vorsitzenden, dem Richterpersonal und dem Sekretär bestehenden Gerichtshof.

Das Richterpersonal desselben besteht:

bei gemeinen Verbrechen und Vergehen: aus dem Direktor und zwei Auditeuren;

bei militärischen Verbrechen: aus demselben, jedoch durch zwei Offiziere verstärkten Personal;

bei militärischen Vergehen: aus dem Direktor, einem Offizier und einem Auditeur.

Im Falle des Zusammentreffens militärischer und gemeiner Delikte richtet sich die Besetzung des Gerichtshofs nach dem schwereren Reate.

Zu Verhandlungen von längerer Dauer kann nach Ermessen je ein Ergänzungsrichter von jeder Kategorie zugezogen werden.

In den Verbrechens- und Vergehenssachen, mit Ausnahme der Ungehorsamsfälle und der Prozedur auf Grund des § 42 Absatz 2 des Militärstrafgesetzbuchs, bedarf es, wie erwähnt, zur Urtheilsfällung der Mitwirkung von Geschworenen.

Die Zahl derselben beträgt bei Verbrechen, die mit Todesstrafe, lebenslänglicher Zuchthaus-, Gefängniß- oder Festungshaftstrafe oder mit Zuchthaus-, Gefängniß- oder Festungshaftstrafe von mehr als fünf Jahren bedroht sind, zwölf, in den übrigen Fällen sechs.

Die Geschworenen werden entnommen aus den Offizieren und Unteroffizieren des aktiven Heeres, der Reserve und der Landwehr, sowie aus den pensionirten Offizieren, sofern diese noch körperlich und geistig zum Geschworenendienste tauglich sind.

Ueber die zum Geschworenendienste befähigten Personen werden Urlisten angefertigt, die das Militärbezirksgericht in zwei Hauptlisten zusammenstellt, von denen die eine die am Sitze des Gerichts befindlichen Offiziere und Unteroffiziere, die andere die auswärts wohnenden Offiziere enthält. Aus diesen Hauptlisten werden nach der Reihenfolge zu jeder Hauptverhandlung in den schwereren Fällen achtzehn, in den anderen neun Geschworene in die Dienstliste aufgenommen, die dem Angeklagten vor dem zur Hauptverhandlung bestimmten Tage zuzustellen ist. Der Angeschuldigte kann binnen vierundzwanzig Stunden vier bezw. zwei Geschworene, die Staatsanwaltschaft nur die Hälfte hiervon ablehnen.

## Militärobergericht.

Das Militärobergericht hat seinen Sitz in München und führt die Benennung General-Auditoriat. Dasselbe besteht aus: einem Generallieutenant als Präsidenten, dem General-Auditeur als Direktor, mehreren Ober-Auditeuren als Richtern, sowie einem Regiments-Auditeur als Sekretär.

Bezüglich des geschäftlichen Wirkungskreises des Präsidenten und des Direktors gilt das in Betreff des Vorsitzenden und des Direktors bei den Bezirksgerichten Bemerkte.

Zuständig ist das General-Auditoriat:

für die Entscheidung der gegen die Beschlüsse und

Urtheile der Militärgerichte eingelegten Nichtigkeitsbeschwerden;

für den Ausspruch über die zur Wahrung des Gesetzes erhobenen Beschwerden;

für die Bescheidung der Gesuche um Wiederaufnahme des Strafverfahrens;

für die Offizialprüfung der Todesurtheile;

für die Entscheidung von Kompetenzkonflikten der mit der Militärstrafrechtspflege befaßten Militärbehörden; soweit nicht die Militärbezirksgerichte zuständig sind;

für die ausnahmsweise Bestimmung eines Gerichts an Stelle des zuständigen.

Diese letztere Bestimmung erfolgt durch Plenarbeschluß, während in den übrigen Fällen ein Senat des General-Auditoriats entscheidet.

Militärstandgerichte.

Das Militärstandgericht ist ein außerordentliches Strafgericht für bestimmte Verbrechen. Es wird für den einzelnen Fall nach vorgängiger Verkündigung des Standrechts durch denjenigen Kommandanten niedergesetzt, dem entweder kraft Gesetzes oder kraft besonderer Vollmacht die Ausübung des Standrechts übertragen ist. Für die Verkündigung des Standrechts gelten bestimmte Vorschriften.

Zusammengesetzt wird das Militärstandgericht aus einem Vorstand und weiteren zwölf Richtern, die wie die Geschworenen bei den ordentlichen Gerichten berufen werden. Steht ein Auditeur zur Verfügung, so tritt dieser nach Maßgabe seines Dienstranges als Richter ein.

Zuständig ist das Militärstandgericht von der Verkündung des Standrechts bis zu dessen Aufhebung für diejenigen Verbrechen, für welche es verkündet ist, sofern sie von einer nach dem Gesetze vom Standrechte betroffenen Person begangen worden sind.

Im bayerischen Militärstrafprozeß besteht als besondere Strafverfolgungs- und Anklagebehörde die

**Militärstaatsanwaltschaft.**

Die amtlichen Verrichtungen der Militärstaatsanwaltschaft werden ausgeübt:

bei den Militäruntergerichten durch Offiziere oder Militärgerichtspraktikanten;

bei den Militärbezirksgerichten durch Staatsanwälte bezw. deren Substitute;

bei dem General-Auditoriate durch einen Oberstaatsanwalt.

Bezüglich des staatsanwaltschaftlichen Dienstes ist das Subordinationsverhältniß dahin geordnet, daß der Oberstaatsanwalt unmittelbar unter dem Kriegsministerium steht, die Staatsanwälte unter dem Oberstaatsanwalt und die für den staatsanwaltschaftlichen Dienst bei den Militärgerichten „Aufgestellten" unter dem Staatsanwalte stehen.

Abgesehen von dem eigentlich staatsanwaltschaftlichen Dienste stehen die Staatsanwälte an den Militärbezirksgerichten unter dem Gerichtsvorstande.

## Strafprozeßverfahren.

Alle, die Verübung einer strafbaren Handlung durch eine Militärperson betreffenden Anzeigen sind unmittelbar an denjenigen Kommandanten zu richten, welchem die Anordnung des strafrechtlichen Verfahrens zusteht.

Die bei den Abtheilungen und Dienstesbehörden schriftlich zu fertigenden Anzeigen sind auf Diensteseid zu erstatten und haben, neben Angabe der Verdachtsgründe und Beweismittel, eine erschöpfende Darstellung der strafbaren That (sog. species facti) zu enthalten.

Der Kommandant kann, nach Anhörung des Auditeurs, die Vervollständigung der Anzeige anordnen, derselben als unbegründet keine weitere Folge geben, geeigneten Falles die Disziplinarbestrafung veranlassen oder die Einleitung einer Voruntersuchung anordnen.

Handelt es sich um ein Vergehen und ist die Anzeige erschöpfend, so kann sie unmittelbar der Militärstaatsanwaltschaft am Bezirksgericht übermittelt werden.

Gegen die Entschließung des Kommandanten ist der Antrag auf Entscheidung des Militärbezirksgerichts zulässig, und zwar:

seitens des Untersuchungsrichters, wenn er in Betreff der Einleitung oder Unterlassung der Voruntersuchung rechtliche Bedenken hegt,

seitens des angeblich Beschädigten, wenn die von ihm ausgegangene Anzeige zur Einleitung einer Voruntersuchung für nicht geeignet befunden wurde.

Eine provisorische Festnahme ist stets gestattet, wenn der

Beschuldigte auf frischer That betroffen worden ist und sich über seine Person nicht befriedigend auszuweisen vermag. Die Festnahme ist auch dann statthaft, wenn sie nothwendig ist, um die Fortsetzung der strafbaren Handlung zu hindern.

Der Militärrichter darf Amtshandlungen außerhalb bestimmter militärischer Räumlichkeiten und in Privatwohnungen der Militärpersonen nur bei Gefahr im Verzug unter Zuziehung der Ortspolizeibehörde vornehmen.

## Voruntersuchung.

Abgesehen von dem vorhin erwähnten Ausnahmefall einer der Militärstaatsanwaltschaft unmittelbar übermittelten Strafanzeige muß in allen zur Zuständigkeit des Militärbezirksgerichts gehörigen Strafsachen der Hauptverhandlung eine Voruntersuchung vorausgehen.

In den zur Zuständigkeit der Militäruntergerichte gehörenden Sachen findet eine Voruntersuchung nicht statt; die erforderlichen Ermittelungen und Feststellungen erfolgen hier durch den Vertreter der Staatsanwaltschaft.

Hinsichtlich der Untersuchungshandlungen, sowie hinsichtlich des Prozeßganges ist der Untersuchungsrichter selbständig und allein verantwortlich. Dem Kommandanten steht indeß das Recht zu, über den jeweiligen Stand der Voruntersuchung durch Einsichtnahme der Akten sich Kenntniß zu verschaffen, auch den Vollzug einer Verfügung des Untersuchungsrichters (außer bei Gefahr im Verzug) unter Provokation auf die Entscheidung des Militärbezirksgerichts zu beanstanden. Entsprechende Befugnisse stehen auch dem Militärstaatsanwalte zu.

Während der Voruntersuchung muß die Untersuchungshaft — gleichgültig, wer Beschuldigter ist — verfügt werden:

wenn sich der dringende Verdacht eines mit Todesstrafe oder mehr als zehnjähriger Zuchthaus- oder Gefängnißstrafe oder Festungshaft bedrohten Verbrechens ergiebt; ferner gegen aufgegriffene Fahnenflüchtige.

Sie kann außerdem gegen eine Militärperson verfügt werden:

wenn diese flüchtig oder der Flucht verdächtig ist;

auf Vorladung ohne genügende Entschuldigung ausbleibt;

auf Zeugen oder Mitschuldige in einer die Ermittelung der Wahrheit hindernden Art eingewirkt hat; oder gewisse Vorstrafen erlitten hat und seitdem noch nicht zehn bezw. fünf Jahre abgelaufen sind;

ferner, wenn sie sich in der zweiten Klasse des Soldatenstandes befindet, oder wenn ihre Belassung auf freiem Fuße nach Beschaffenheit der fraglichen Handlung mit dem Dienste sich nicht vereinigen läßt.

Die Verfügung der Untersuchungshaft erfolgt in der Voruntersuchung durch den Untersuchungsrichter. Der Kommandant kann zwar dagegen die Entscheidung des Militärbezirksgerichts anrufen, jedoch den Vollzug der Verhaftung nicht aufschieben.

Nach Beendigung der Voruntersuchung legt der Untersuchungsrichter die Akten dem Militärstaatsanwalte vor, der hierauf schriftlichen Antrag an das Militärbezirksgericht stellt, insofern er nicht vorher noch eine Vervollständigung der Untersuchung für nöthig erachtet. In gleicher Weise hat der Militärstaatsanwalt hinsichtlich derjenigen Anzeigen zu verfahren, die der Kommandant an ihn unmittelbar abgegeben hat.

Das Militärbezirksgericht beschließt entweder:

Ergänzung der mit oder ohne Voruntersuchung stattgefundenen Erhebungen, bezw. in Fällen der letzteren Art die Durchführung der förmlichen Voruntersuchung, oder Verweisung der Sache zur Hauptverhandlung des Militärbezirksgerichts, oder

Verweisung der Sache an ein anderes Gericht oder eine andere zuständige Behörde, oder

Einstellung des Strafverfahrens, event. mit Verweisung der Sache zur ehrengerichtlichen Behandlung.

Gegen diese Beschlüsse ist das Rechtsmittel der Nichtigkeitsbeschwerde unter gewissen Beschränkungen zulässig.

Der Beschluß, durch den eine zur Zuständigkeit des Militärbezirksgerichts gehörige Sache zur Hauptverhandlung verwiesen wird, muß enthalten: Namen, Charge und Truppentheil des Beschuldigten; eine vorläufige thatsächliche Feststellung; die rechtliche Qualifikation der That und die Verfügung über die Haft, wenn deren Bedingungen vorliegen, der Angeschuldigte sich aber noch auf freiem Fuße befindet.

Der in Rechtskraft übergegangene Verweisungsbeschluß

bildet die Grundlage für die mündliche Verhandlung. Der Anfertigung einer besonderen Anklageschrift bedarf es nicht.

Der Beschuldigte hat das Recht, sich in allen Sachen eines Vertheidigers zu bedienen. Diesem erwächst aber erst nach Rechtskraft des Verweisungsbeschlusses die Befugniß, die Akten einzusehen, die im Interesse des Angeklagten liegenden und zulässigen Anträge zu stellen, die betreffenden Rechtsmittel mit Spezialvollmacht anzumelden und demnächst durchzuführen, endlich den Angeklagten in allen militärgerichtlichen Sitzungen zu „verbeistanden". Dem verhafteten Beschuldigten ist hiernach vor der Rechtskraft des Verweisungsbeschlusses ein **Verkehr mit dem Vertheidiger nicht gestattet.**

Die Bestellung eines Vertheidigers ist nothwendig, wenn ein Verbrechen den Gegenstand der Anklage bildet. Sie kann von dem Angeklagten aber auch in den vor den Militärbezirksgerichten zu verhandelnden Vergehenssachen beansprucht werden.

Als Vertheidiger werden bei gemeinen Verbrechen und Vergehen nur Rechtsverständige, bei militärischen auch Offiziere und Militärbeamte bestellt. Erachtet jedoch das die Verweisung beschließende Gericht bei einer auf ein militärisches Delikt gerichteten Anklage die Zulassung eines Vertheidigers aus dem Civilstande dem militärdienstlichen Interesse für nachtheilig, so kann es die Wahl eines solchen Vertheidigers im Verweisungsbeschluß untersagen.

Während Staatsanwälte und deren Vertreter niemals Vertheidigungen übernehmen dürfen, können Militärrichter und andere Militärgerichtsbeamte mit Bewilligung des Gerichtsvorstandes als Vertheidiger auftreten.

Zur Uebernahme einer von Amtswegen übertragenen Vertheidigung sind verpflichtet:

Advokaten und geprüfte Rechtskandidaten am Sitze des Miltärgerichts, einschließlich der Militärgerichtspraktikanten;

ferner bei militärischen Delikten die am Gerichtssitze befindlichen aktiven Offiziere und Militärbeamten.

## Hauptverhandlung.

Das Verfahren vor den bayerischen Militärgerichten entspricht im Großen und Ganzen dem Verfahren vor den entsprechenden bürgerlichen Strafgerichten. Insbesondere gilt dies auch dann, wenn Geschworene mitwirken. So erfolgt die Beweisaufnahme regelmäßig durch Vernehmung des Angeklagten, der Zeugen und Sachverständigen vor dem erkennenden Gerichte. Nur ausnahmsweise ist die Verlesung schriftlicher Aussagen gestattet. Das Urtheil selbst ergeht auf Grund freier Beweiswürdigung.

Die Stellvertretung des Angeklagten durch einen Vertheidiger ist nicht zulässig.

Das Verfahren in der Hauptverhandlung ist öffentlich. Der Gerichtshof kann jedoch die Oeffentlichkeit ausschließen:

wenn nach Beschaffenheit des Falles zu besorgen ist, daß durch die Oeffentlichkeit Aergerniß oder Verletzung des Schamgefühls entstehen werde, oder

wenn besondere militärdienstliche Interessen den Ausschluß der Oeffentlichkeit nothwendig erscheinen lassen.

In Fällen des Ausschlusses der Oeffentlichkeit aus den allgemeinen Gründen haben die Stadtkommandanten und die direkten militärischen Vorgesetzten des Beschuldigten das Recht, der Verhandlung beizuwohnen.

Im Falle des Ausschlusses im militärdienstlichen Interesse sollen außer den Genannten der Verhandlung nur beiwohnen dürfen:

der Beschädigte, die Mitglieder der Militärgerichte und drei Verwandte, Verschwägerte oder Freunde des Angeklagten, wenn dieser deren Anwesenheit wünscht.

Der Vorsitzende kann indeß auch noch anderen Personen den Zutritt gestatten.

Zu den öffentlichen Verhandlungen haben nur erwachsene männliche Personen Zutritt. Eine Ausnahme besteht zu Gunsten der Verwandten, Verschwägerten und Freunde des Angeklagten.

Ueber die Verhängung von Strafen gegen Zuhörer, Zeugen und Angeklagte wegen ungeziemenden Betragens, gegen Zeugen wegen Ungehorsams, sowie gegen Vertheidiger wegen Ausschreitungen sind eingehende Bestimmungen getroffen.

Zuhörer, Zeugen und Vertheidiger des Civilstandes unterstehen in diesen Beziehungen den Civilbehörden.

Hinsichtlich des unter Zuziehung von Geschworenen stattfindenden Verfahrens ist noch Folgendes hervorzuheben:

Die Funktionen eines Obmanns der Geschworenen übt der Höchste im Dienstrange, bei gleichem Range der Dienstälteste aus. Bei der Abstimmung giebt die niedere Charge vor der höheren und in dieser der im Dienstalter Jüngere vor dem Aelteren seine Stimme ab.

Ist der Wahrspruch von zwölf Geschworenen abzugeben, so bedarf der Schuldausspruch sowie die Bejahung der Frage nach erschwerenden Umständen einer Mehrheit von acht Stimmen, die Verneinung von Strafmilderungsgründen oder mildernden Umständen einer Mehrheit von sieben Stimmen.

Bei sechs Geschworenen erfordert sowohl die Bejahung der Schuld oder eines erschwerenden Umstandes, als auch die Verneinung eines Strafmilderungsgrundes oder eines mildernden Umstandes eine Mehrheit von vier Stimmen.

Gegen Angeklagte, die sich zur Hauptverhandlung nicht stellen, findet in allen vor die Militärbezirksgerichte gehörigen Sachen das

Ungehorsamsverfahren

statt.

In den vor die Militäruntergerichte gehörigen Strafsachen wird, obgleich der Angeklagte zum Erscheinen verpflichtet und eine Stellvertretung ausgeschlossen ist, durch sein ungehorsames Ausbleiben die Hauptverhandlung nicht aufgehalten.

In Verbrechenssachen erfolgt zunächst eine Ediktalladung; dem Ausbleibenden wird ein Vertheidiger bestellt. Das ohne Mitwirkung von Geschworenen ergehende Urtheil hat auf Freisprechung oder Verurtheilung zu lauten; die erkannte Strafe ist, soweit möglich, zu vollstrecken. Kehrt der verurtheilte Angeklagte zurück, so findet ein neues ordentliches Verfahren statt, falls sich der Angeklagte dem Ungehorsamsurtheile nicht freiwillig unterwirft.

In Vergehenssachen wird gegen den ausgebliebenen und richtig geladenen Angeklagten zunächst ein Haftbefehl erlassen; bleibt dieser erfolglos, so findet ein Ungehorsamsverfahren wie in Verbrechenssachen statt, jedoch ohne Ediktalladung und ohne Zulassung eines Vertheidigers.

Das

Ungehorsamsverfahren für Desertionsfälle

ist zu eröffnen, wenn „nicht die Absicht der Desertion sofort aus den Umständen erhellt".

Im Urtheil ist nur über die Schuld und, im Falle deren Annahme, über die Ersatzpflicht für Aerarialbeschädigung und über den Kostenpunkt zu erkennen. Die Entscheidung über die

Strafe bleibt in der Regel ausgesetzt. Ausnahmsweise erfolgt sie, wenn mit der Fahnenflucht eine andere Strafthat konkurrirte; in diesem Falle ist auf eine Gesammtstrafe zu erkennen. Ein freisprechendes Urtheil wird mit der Verkündung rechtskräftig. Kehrt der verurtheilte Angeklagte zurück, so ist von Amtswegen im ordentlichen Verfahren von neuem zu verhandeln und zu erkennen. Durch das neue Urtheil tritt das frühere von Rechtswegen außer Kraft. War auf eine Gesammtstrafe erkannt worden, so hat das neue Verfahren sich auf alle Strafthaten zu erstrecken.

Ganz abweichend von dem ordentlichen Verfahren ist das

Verfahren vor den Standgerichten

geregelt.

Sobald der standrechtlich zu behandelnde Beschuldigte ergriffen ist, setzt auf erhaltene Meldung der zuständige Kommandant das Standgericht nieder, das mit militärischer Bedeckung, wo möglich unter freiem Himmel abzuhalten ist.

Das Verfahren ist ein mündliches, muß indeß mit Einschluß der Exekution binnen 24 Stunden seit dem Zeitpunkte der Vorführung des Verbrechers vor das Standgericht beendigt sein, widrigenfalls das ordentliche Verfahren Platz greift. Es darf auf keine andere Strafe als auf Todesstrafe erkannt werden.

Die Abstimmung hat folgende Fragen zu umfassen:

a) ob das dem Angeklagten zur Schuld gelegte Verbrechen nach Maßgabe der Verkündung des Standrechts und der gesetzlichen Bestimmungen zur standrechtlichen Zuständigkeit gehöre;
b) ob der Angeklagte des Verbrechens schuldig sei.

Der einzelne Richter hat zu erkennen:

„schuldig“, wenn er den Angeklagten der That für vollkommen überwiesen erachtet;

„unschuldig“, wenn er überzeugt ist, daß derselbe sich von jedem Verdachte gereinigt habe;

„zweifelhaft“, wenn er weder die Schuld noch die Unschuld für völlig erwiesen hält.

Wird die Schuldfrage mit mindestens zehn Stimmen bejaht, so ist das Todesurtheil zu fällen. Wird die Unschuld mit mindestens sieben Stimmen bejaht, so erfolgt Freisprechung. Außer diesen Fällen ist die Verweisung der Sache zum ordentlichen Untersuchungsverfahren auszusprechen.

Das ohne Gründe abzufassende und von sämmtlichen Richtern zu unterzeichnende Urtheil ist dem Kommandanten, falls derselbe nicht schon vorher zum sofortigen Vollzug ermächtigt hat, zu überbringen. Der Kommandant ordnet entweder den Vollzug der Todesstrafe an oder läßt Begnadigung eintreten.

Die Publikation des Urtheils nebst der Verfügung des Kommandanten wird dem Angeklagten vor wiederum formirtem Standgerichte verkündet. In Gegenwart des letzteren erfolgt die sofortige Vollstreckung der Todesstrafe durch die aus der militärischen Bedeckung des Standgerichts zu entnehmende Exekutionsmannschaft.

## Rechtsmittel.

Abgesehen von den Provokationen auf militärbezirksgerichtliche Entscheidung, die einerseits dem Untersuchungsrichter gegen gewisse Beschlüsse des Kommandanten, sowie gegen staatsanwaltschaftliche Anträge, andererseits dem Kommandanten gegen Maßregeln des Untersuchungsrichters eingeräumt sind, erwähnt die Militärstrafgerichtsordnung im Artikel 36, als zur Zuständigkeit der Militärbezirksgerichte gehörig, die Entscheidung über die „gegen die Beschlüsse und sonstigen Amtshandlungen der Untersuchungsrichter erhobenen Anstände und Beschwerden". Für diese Beschwerden sind Formen und Fristen nicht vorgeschrieben.

Eine formelle und an eine Frist gebundene Beschwerde ist dagegen die zur Zuständigkeit des Militärobergerichts gehörige Nichtigkeitsbeschwerde gegen die von den Militärbezirksgerichten hinsichtlich der Voruntersuchung oder Strafanzeige gefaßten Beschlüsse. Das Rechtsmittel kann sowohl vom Staatsanwalt als auch vom Angeklagten, jedoch nur aus bestimmten Gründen eingelegt werden. Die Anmeldungsfrist beträgt für die Staatsanwaltschaft 24 Stunden, für den Angeklagten 3 Tage, im Felde 24 Stunden. Die Beschwerdepunkte müssen innerhalb der Anmeldungsfrist genau bezeichnet werden.

Gegen Urtheile gewährt auch die bayerische Militärstrafgerichtsordnung das Rechtsmittel der Berufung nicht.

Dagegen läßt sie gegen diese als ordentliches Rechtsmittel die

Nichtigkeitsbeschwerde

zu.

Ueber dieselbe entscheidet das General-Auditoriat als Militärobergericht.

Zur Anmeldung dieser Nichtigkeitsbeschwerde hat die Staatsanwaltschaft bei Verurtheilungen eine dreitägige, bei Freisprechungen eine eintägige, der Angeklagte stets eine dreitägige Frist. Im Felde beträgt die Anmeldungsfrist allgemein nur einen Tag; überdies ist hier gegen Urtheile der Militäruntergerichte die Beschwerde ausgeschlossen.

Innerhalb der Frist sind die Beschwerdepunkte genau zu bezeichnen; Denkschriften und Gegenerinnerungen können indeß noch bis znm Tage der Verhandlung beim Militärobergericht eingereicht werden. Unzulässige oder unbegründete Nichtigkeitsbeschwerden sind abzuweisen. Der Beschuldigte kann dabei zu einer sogenannten Frivolitätsstrafe — Haft bis zu 30 Tagen — verurtheilt werden, wenn seine Beschwerde sich gegen die Verurtheilung zu einer Vergehens-, Uebertretungs- oder Disziplinarstrafe richtete.

Wird die Beschwerde für zulässig und begründet erachtet, so ist das angegriffene Urtheil entweder seinem ganzen Inhalte nach, oder, sofern sich die Nichtigkeit nur auf die eine oder die andere der darin enthaltenen Verfügungen beschränkt, theilweise für nichtig zu erklären. Je nach Lage der Sache erfolgt entweder die Nichtigkeitserklärung der ganzen Verhandlung und die Verweisung der Sache zur nochmaligen Verhandlung und Aburtheilung an das nämliche oder an ein anderes Militärbezirksgericht, oder eine solche Verweisung unter Aufrechterhaltung der früheren Verhandlung mit Einschluß des Wahrspruchs der Geschworenen, oder endlich, unter Zugrundelegung des Wahrspruchs, die Urtheilsfällung durch das General-Auditoriat selbst.

Ist der Angeklagte, vom standgerichtlichen Verfahren abgesehen, zur Todesstrafe verurtheilt worden, so muß das Urtheil dem General-Auditoriate zur Prüfung und Entscheidung, ob keine Nichtigkeitsgründe vorliegen, von Amtswegen eingesandt und, wenn ein Nichtigkeitsgrund nicht vorliegt, nebst den Akten und einem Gutachten des Oberstaatsanwalts dem Kriegsministerium und von diesem mit gutachtlichem Berichte dem Könige zur Entschließung wegen etwaiger Begnadigung vorgelegt werden. Im Felde erfolgt die Vorlage an den mit dem Begnadigungsrecht ausgestatteten Kommandanten.

Die bayerische Militärstrafgerichtsordnung kennt überdies eine

Beschwerde zur Wahrung des Gesetzes gegen die Urtheile der Militärbezirksgerichte.

Bezüglich dieser gelten lediglich die allgemeinen Bestimmungen der Artikel 254 bis 261, 262 des Strafprozeßgesetzes vom 10. November 1848. Eine praktische Wirkung für den Angeklagten hat das Rechtsmittel nur insofern, als dem Gerichtshofe dadurch Veranlassung zur Stellung eines Begnadigungsantrages gegeben werden kann.

Als außerordentliches Rechtsmittel gegen rechtskräftige Urtheile besteht die

Wiederaufnahme des Verfahrens.

Maßgebend in dieser Beziehung sind ebenfalls die allgemeinen gesetzlichen Bestimmungen.

Danach ist eine Wiederaufnahme des Verfahrens nur zu Gunsten des Verurtheilten, nicht auch zu Ungunsten des Nichtverurtheilten oder Freigesprochenen zulässig.

Der bezügliche Antrag kann nur auf bestimmte Gründe gestützt, nach dem Tode des Verurtheilten aber auch von dessen Angehörigen und selbst von Dritten gestellt werden. Das Gesuch ist schriftlich bei dem Gerichte, bei welchem die frühere Aburtheilung stattgefunden hat, einzureichen. Ein Verhafteter kann es bei dem Anstaltsvorsteher zu Protokoll geben. Dasselbe muß die Thatsachen, worauf es gegründet wird, sowie die Beweise dafür enthalten. Nach Mittheilung des Gesuchs an die Staatsanwaltschaft, die ihre Einwendungen binnen 8 Tagen zu machen hat, ist das Gesuch der Entscheidung des General-Auditoriats zu unterbreiten. Dieses kann unter Umständen eine thatsächliche Vorentscheidung durch ein Militärbezirks- oder Militäruntergericht herbeiführen. Die Entscheidung des General-Auditoriats lautet, je nach Lage des Falles, auf Abweisung des Gesuchs oder auf Vernichtung des früheren Urtheils und Verweisung der Sache zur nochmaligen Verhandlung und Entscheidung an dasselbe oder an ein anderes Militärbezirksgericht.

Erfolgt die Verweisung an das nämliche Gericht, so dürfen bei der neuen Aburtheilung zwar dieselben Richter, nicht aber dieselben Geschworenen theilnehmen.

## Strafvollstreckung.

Ein rechtskräftiges Urtheil muß, abgesehen von Todesurtheilen und den durch den körperlichen oder geistigen Zustand des Verurtheilten begründeten Ausnahmefällen, sofort vollstreckt werden. Die Staatsanwaltschaft hat den Vollzug zu beantragen; die Anordnung der Vollstreckung steht dem Gerichtsvorstande zu.

Der Vollzug einer von bürgerlichen Behörden gegen Militärpersonen an Stelle einer nicht beizutreibenden Geldstrafe erkannten Freiheitsstrafe erfolgt durch die Militärbehörde.

### Kosten.

Hinsichtlich der Verpflichtung zur Tragung der Kosten im Militärstrafverfahren gelten im Wesentlichen die Grundsätze des bürgerlichen Strafverfahrens.

---

Im Deutschen Reiche stehen sich hiernach hauptsächlich zwei Militärstrafprozeßsysteme gegenüber.

Auf der einen Seite enge Anlehnung der Gerichtsbarkeit an die Kommandogewalt und folgeweise Hervortreten des militärischen Elements; dabei schriftlicher und geheimer Untersuchungsprozeß und das Gebundensein der Richter an bestimmte Beweisregeln.

Auf der anderen Seite möglichst enger Anschluß an den bürgerlichen Strafprozeß unter Zurückdrängung des militärischen Elements, mündlicher und öffentlicher Anklageprozeß mit freier Beweiswürdigung.

Auf jener Seite der oberste Kriegsherr zugleich die oberste richterliche Instanz; auf dieser endgültige Entscheidung durch einen obersten Militärgerichtshof.

Bei der Vielgestaltetheit der Militärgerichte und des Verfahrens fehlt überdies eine gemeinsame Spitze, die wenigstens eine übereinstimmende Auslegung und Anwendung des materiellen Reichsstrafrechts durch die Militärgerichte sicherte. Nicht einmal für die Handhabung der preußischen und der sächsischen Militärstrafgerichtsordnung ist eine solche Gewähr geboten.

Die Beseitigung eines derartigen Rechtszustandes ist Bedürfniß. Der Umstand, daß die Angehörigen des deutschen Heeres, je nachdem sie dem einen oder anderen Kontingent angehören, nicht nur durch verschieden zusammengesetzte Militärgerichte, sondern auch in einem wesentlich verschiedenen Prozeßverfahren abgeurtheilt werden, birgt die Gefahr in sich, in der Armee die Begriffe von militärischer Strafrechtspflege zu verwirren und das Gefühl der Zusammengehörigkeit in Frage zu stellen. Besonders lähmend und störend wirken diese Uebelstände in den Orten mit gemischter Besatzung und bei den zahlreichen gemeinschaftlichen Heereseinrichtungen, vor Allem aber im Felde, wo die verschiedenen Kontingente in den Heeresverbänden, auf den Etappenstraßen, in den Lazarethen u. dgl. in viel größerem Maße als in Friedenszeiten vermischt sind.

Auf der Anerkennung, daß auf dem hier in Rede stehenden Gebiet eine einheitliche Gestaltung nothwendig sei, beruht die Bestimmung des § 39 des Reichsmilitärgesetzes vom 2. Mai 1874, dahin lautend:

„Die besondere Gerichtsbarkeit über Militärpersonen beschränkt sich auf Strafsachen und wird durch Reichsgesetz geregelt."

Der Reichstag hat seitdem dem Verlangen nach dieser reichsgesetzlichen Regelung unablässig Ausdruck gegeben.

Aber auch regierungsseitig hat die Angelegenheit nicht geruht. Sie ist vielmehr von Anfang an der Gegenstand eingehender Erörterungen und wiederholter Berathungen von aus höheren Offizieren und Rechtsverständigen zusammengesetzten Immediatkommissionen gewesen. Wenn diese Erörterungen und Berathungen erst jetzt zur Vorlage einer einheitlichen Militärstrafgerichtsordnung für das Reich geführt haben, so ist die Erklärung dafür einerseits in der Anhänglichkeit der verschiedenen Heerestheile an die bestehenden und in schweren Zeiten erprobten Einrichtungen, andererseits aber auch in der nicht zu unterschätzenden Schwierigkeit zu finden, mit dem Verlangen nach möglichster Anlehnung des Militärstrafverfahrens an den bürgerlichen Strafprozeß die im Interesse der militärischen Disziplin an die militärische Strafrechtspflege unabweisbar zu stellenden Anforderungen zu vereinigen. Eine den modernen Rechtsanschauungen nicht mehr entsprechende Militärstrafgerichtsordnung ist vom Uebel. Ein weit größeres Uebel für die Armee würde aber eine solche sein, die geeignet wäre, die militärische Disziplin zu gefährden.

---

Ein einheitlicher Strafprozeß setzt nothwendig eine einheitliche Gerichtsverfassung voraus. Der Entwurf durfte daher nicht auf die Regelung des Verfahrens sich beschränken, sondern mußte eine übereinstimmende Gestaltung der Militärgerichte mit ins Auge fassen.

Für den Ausbau der Militärgerichtsverfassung empfahl sich, zumal das preußische Heer und die Flotte den wesentlichsten Bestandtheil der bewaffneten Macht des Reichs bilden und die preußischen Einrichtungen der Regelung des Reichsmilitärwesens hauptsächlich zu Grunde liegen, die Anlehnung an die bewährte, mit der Entwickelung und Gestaltung der Land- und Seemacht auf das Engste verknüpfte preußische Militärgerichtsverfassung.

Bezüglich des Verfahrens dagegen ist an dem schon in der Sitzung des Reichstags vom 30. März 1870 regierungsseitig anerkannten Standpunkte, „daß sich die Militärstrafgesetzgebung der allgemeinen Landesgesetzgebung anzuschließen habe", soweit festgehalten worden, als nicht zwingende militärische Interessen dem entgegenstanden.

Sonach ist der Entwurf hinsichtlich der Gerichtsverfassung auf der Grundlage der preußischen Militärstrafgerichtsordnung vom 3. April 1845, hinsichtlich des Verfahrens auf der Grundlage der bürgerlichen Strafprozeßordnung vom 1. Februar 1877 aufgebaut.

Dabei sind, um ein für die praktische Handhabung in sich abgeschlossenes Gesetz herzustellen, Verweisungen auf andere Gesetze grundsätzlich vermieden worden. Nur an wenigen Stellen sind ausnahmsweise einzelne gesetzliche Bestimmungen in Bezug genommen, die entweder in der Armee und Marine als bekannt vorauszusetzen sind (vgl. § 150), oder einer Anwendung seitens der mit der Handhabung der Militärstrafgerichtsordnung befaßten Personen des Soldatenstandes nicht unterliegen (vgl. §§ 74, 75, 88, 137).

# B.

# Grundlagen des Entwurfs.

Für die Gestaltung des Entwurfs sind die in Nachstehendem entwickelten Grundsätze maßgebend gewesen.

## I. Umfang der Militärstrafgerichtsbarkeit.

Die Militärstrafgerichtsbarkeit war abzugrenzen einerseits hinsichtlich der ihr zu unterstellenden Personen, andererseits hinsichtlich der von ihr zu umfassenden strafbaren Handlungen.

Dabei waren für die Feststellung der Grenzen nach der einen wie nach der anderen Seite die Aufrechterhaltung der Disziplin und die Wahrung der militärischen Interessen als leitende Gesichtspunkte festzuhalten.

Aus diesen Rücksichten hat der Entwurf im Großen und Ganzen die Bestimmungen der preußischen Militärstrafgerichtsordnung beibehalten.

Einer besonderen Prüfung bedurfte die Frage, ob die Militärstrafgerichtsbarkeit auf die militärischen Reate zu beschränken sei, oder ob sie die bürgerlichen Verbrechen, Vergehen und Uebertretungen mitzuumfassen habe. Diese Frage ist seit längerer Zeit in der Literatur wie in der Presse und den politischen Versammlungen erörtert worden, ohne daß sich hier eine Uebereinstimmung der Meinungen herausgebildet hätte. Wiederholte Versuche, den Reichstag zu einer Stellungnahme dafür zu bewegen, daß in dem neuen Militärstrafprozesse die Zuständigkeit der Militärgerichte im Frieden auf Dienstvergehen beschränkt werde, haben mit Ablehnung der beantragten Resolutionen im Plenum des Reichstags geendet (Sten. Ber. vom 21. Dezember 1876 S. 994ff. und vom 11. November 1889 S. 220ff.).

Militärischerseits herrscht Einstimmigkeit darüber, daß eine Beschränkung der Militärstrafgerichtsbarkeit auf die militärischen Delikte unannehmbar sei. Auf diesem Standpunkte steht der Entwurf.

Für jene Beschränkung läßt sich nicht geltend machen, daß die Militärstrafgerichtsbarkeit in ihrem gegenwärtigen Umfange das Prinzip der Gleichheit Aller vor dem Gesetze durchbreche. Denn diese verfassungsmäßig allerdings gewährleistete Gleichheit steht einer so ausgedehnten Militärgerichtsbarkeit ebensowenig entgegen, wie sie anderweit kein Hinderniß für eine durch besondere Verhältnisse gebotene Sondergerichtsbarkeit ist (vgl. Gerichtsverfassungsgesetz §§ 14, 16). Für den Soldaten ist eben der Militärgerichtsstand — das liegt in den militärischen Verhältnissen — der ordentliche Gerichtsstand in Strafsachen. Die Reichsgesetzgebung hat dies anerkannt, indem sie die Militärgerichtsbarkeit unbeschränkt aufrecht erhielt (Einführungsgesetz zum Gerichts-Verf.-Ges. § 7).

Mehr praktischer Natur ist der fernere Einwand, daß im Falle einer Betheiligung von Civilpersonen und Militärpersonen an einer Strafthat die Aburtheilung der Betheiligten durch verschiedenartige Gerichte — Civilgerichte und Militärgerichte — zu Widersprüchen führen könne. Die Möglichkeit eines solchen Uebelstandes muß anerkannt werden. Allein ähnliche Mißstände können sich auch im bürgerlichen Strafverfahren ergeben, wenn — was nicht selten der Fall — die gleichzeitige Aburtheilung mehrerer Mitbeschuldigter nicht möglich ist.

Für die Stellungnahme des Entwurfs waren zwingende Gründe des militärischen Interesses maßgebend.

Die militärische Disziplin steht und fällt mit der unbedingten, jede fremde Einwirkung ausschließenden Autorität der Kommandogewalt. In der Anerkennung nur einer, in der Person des obersten Kriegsherrn gipfelnden und in Allem auf diesen zurückzuführenden Autorität beruht das Geheimniß des militärischen Gehorsams und der militärischen Disziplin. Es widerstreitet daher dem innersten Wesen des militärischen Organismus, daß neben der Kommandogewalt von Außen her eine andere, selbständig für sich bestehende Gewalt im Gefüge des Heeres oder der Marine sich geltend mache. Jede solche sich einschiebende Nebengewalt würde den jetzt festgeschlossenen Gliederbau lockern, die Autorität der Kommandogewalt schwächen, die Disziplin gefährden. Der aktive Soldat muß in dem Gefühle, daß er mit seiner ganzen Person dem Heere (der Marine) angehört, irre werden, wenn er in Angelegenheiten, die die militärische Disziplin betreffen, und dahin gehört das gesammte Strafgebiet, noch eine andere Gerichtsbarkeit als die militärische anzuerkennen hätte, wenn einer außerhalb des militärischen Verbandes stehenden Gewalt es zukommen sollte, sich seiner Person zu bemächtigen, ihn seinen dienstlichen Obliegenheiten zu entziehen, Strafen gegen ihn zu verhängen und zu vollstrecken.

Dieser Gesichtspunkt vor Allem ist es, der in Deutschland nicht nur, sondern auch in Frankreich, in Oesterreich-Ungarn und in Belgien dahin geführt hat, die Ausdehnung der Militärstrafgerichtsbarkeit auf die gemeinen Delikte aufrecht zu erhalten. In Frankreich hatte zwar die erste französische Revolution im Jahre 1790 den Versuch gemacht, die Militärstrafgerichtsbarkeit auf die militärischen Delikte einzuschränken. Man beeilte sich indeß, sie bereits durch Gesetz vom 22. September 1792 auf die gemeinen Delikte wieder auszudehnen.

Dem hervorgehobenen, für sich allein schon entscheidenden

Gesichtspunkte tritt nun aber noch eine Reihe von schwerwiegenden Gründen hinzu.

Zunächst kommt in Betracht die Schwierigkeit einer Abgrenzung der militärischen Delikte von den nichtmilitärischen. Die im § 1 des Militärstrafgesetzbuchs gegebene Definition der militärischen Verbrechen und Vergehen würde in demselben Maße, wie sie in Fragen des materiellen Strafrechts zahlreiche Kontroversen hervorgerufen hat, zu endlosen Kompetenzstreitigkeiten zwischen den Militärgerichten und den Civilgerichten und damit zu Verzögerungen führen, die mit einer prompten Militärjustiz sich nicht vertragen. Aber auch abgesehen hiervon würde die von der Gegenseite angestrebte Einschränkung der Militärgerichtsbarkeit nur zu einem Theile sich durchführen lassen. Denn da eine Aburtheilung militärischer Delikte durch die Civilstrafgerichte unbedingt auszuschließen ist, andererseits aber auch die Aburtheilung mehrerer von derselben Person begangener strafbaren Handlungen nicht füglich verschiedenen Gerichten überlassen werden kann, so müßten für alle Fälle des ideellen oder realen Zusammentreffens militärischer und nichtmilitärischer Reate die Militärgerichte zuständig bleiben. Derartige Konkurrenzfälle kommen aber verhältnißmäßig häufig vor, und es würden daher die gemeinen Delikte aktiver Militärpersonen immerhin nur zu einem geringen Bruchtheil in die Zuständigkeit der Civilgerichte fallen können.

Ferner ist in Betracht zu ziehen die ungleich schnellere Erledigung der Strafsachen durch die Militärgerichte. Eine schnelle Strafjustiz ist aber grade für die militärischen Verhältnisse nicht hoch genug anzuschlagen, und unbedingt Bedürfniß.

Ueberdies würde der militärische Dienst wesentlich beeinträchtigt werden, wenn auch nur ein Theil der Untersuchungen gegen aktive Militärpersonen auf die Civilgerichte überginge. Alle jene dienstlichen Rücksichten, die darin sich äußern, daß die militärischen Spruchgerichte unter Umständen in den Kasernen oder doch in deren unmittelbarer Nähe, womöglich in dienstfreien Stunden und jedenfalls pünktlich zur festgesetzten Zeit abgehalten werden müssen, würden vor dem Forum der Civilgerichte fortfallen, und je mehr die Anforderungen an die Leistungen der Truppe fortdauernd sich steigern, desto mehr würde durch eine den Truppendienst nicht berücksichtigende Inanspruchnahme der Mannschaften zu gerichtlichen Zwecken das dienstliche Interesse geschädigt werden.

Für die Militärrechtspflege würde übrigens ein Nachtheil auch daraus erwachsen, daß die Bedeutung des juristischen Elements in den Militärgerichten wesentlich herabgedrückt werden würde, wenn die gemeinen Reate von der Zuständigkeit der Militärgerichte ausgeschlossen werden sollten. Die Militärjustizbeamten leiden ohnedies schon unter einer gewissen Einseitigkeit ihrer Berufsgeschäfte. Bei einer Beschränkung der letzteren auf die militärischen Delikte würde dieser Uebelstand noch schärfer hervortreten und nicht nur eine Herabminderung des dienstlichen Ansehens der Militärjustizbeamten, sondern auch eine bedenkliche Steigerung der jetzt schon vorhandenen Schwierigkeiten in der Beschaffung des Bedarfs an solchen Beamten befürchten lassen.

Der Standpunkt der Unzulässigkeit einer Jurisdiktion der bürgerlichen Strafgerichte über aktive Militärpersonen ist auch in den Motiven zum Entwurf der bayerischen Militärstrafgerichtsordnung vertreten, und durchaus zutreffend hat bei der Berathung jenes Entwurfs der damalige bayerische Kriegsminister hervorgehoben, daß der den Umfang der Militärstrafgerichtsbarkeit im Sinne der heutigen Vorlage bestimmende Artikel 4 als der Schwerpunkt des ganzen Gesetzentwurfs anzusehen sei, weil er am tiefsten in die militärischen Einrichtungen und das ganze Gefüge der Armee eingreife.

Auch der gegenwärtige Entwurf betrachtet die Frage der Ausdehnung der Militärstrafgerichtsbarkeit auf alle gemeinen Reate als eine Kardinalfrage und mißt ihr eine durchaus grundsätzliche Bedeutung bei. Er läßt deshalb die in dieser Beziehung nach bayerischem und württembergischem Rechte bestehenden Beschränkungen der Militärstrafgerichtsbarkeit und selbst die geringfügige Ausnahme des preußischen Rechts in Beziehung auf die nur mit Geldstrafe bedrohten Zuwiderhandlungen gegen Finanz- und Polizei-Gesetze, sowie gegen Jagd- und Fischerei-Verordnungen nicht ferner gelten. Die Beseitigung auch der letztgedachten Ausnahme erscheint um so unbedenklicher, als sie wesentlich auf dem längst hinfällig gewordenen Gedanken beruht, daß die Militärgerichte nicht auf Geldstrafen erkennen dürften. Es wird dabei nicht verkannt, daß bei Zuwiderhandlungen gegen die Vorschriften über die Erhebung öffentlicher Abgaben und Gefälle den Verwaltungsbehörden ein gewisser Einfluß auf das Verfahren gewahrt bleiben muß. Wenn auch freilich die ganze Anlage des Entwurfs es ausschließt, den Verwaltungsbehörden ein selbständiges

Anklagerecht oder die Rechte eines Nebenklägers einzuräumen, wie dies in den §§ 464 bis 469 der bürgerlichen Strafprozeßordnung vorgesehen ist, so wird doch im Verwaltungswege Vorsorge getroffen werden, daß ihre rechtliche Auffassung stets zur Kenntniß des mit der Sache befaßten Militärgerichts gebracht und daß insbesondere ihren Bedenken gegen ergangene Urtheile durch Einlegung der zulässigen Rechtsmittel thunlichst Rechnung getragen werden wird.

Inwieweit hinsichtlich der vor dem Diensteintritte begangenen strafbaren Handlungen auf die Militärstrafgerichtsbarkeit verzichtet werden kann, ist in den §§ 3 bis 6 näher geregelt.

## II. Ausübung der Militärstrafgerichtsbarkeit.

Der Entwurf überträgt die Ausübung der Militärstrafgerichtsbarkeit theils den Gerichtsherren, theils den erkennenden Gerichten.

### 1. Der Gerichtsherr und seine Organe.

a. Die Stellung des Gerichtsherrn entspricht im Wesentlichen der ihm in der preußischen Militärstrafgerichtsordnung zugewiesenen, die er, von Bayern abgesehen, gegenwärtig im gesammten deutschen Heere und in der Kaiserlichen Marine einnimmt. Auf die Verbindung der Gerichtsbarkeit mit der militärischen Kommandogewalt muß ein entscheidendes Gewicht gelegt werden. Denn sie steht im engsten Zusammenhange mit der Verantwortlichkeit für die Disziplin. Diese Verantwortlichkeit läßt sich nicht theilen, und die Untheilbarkeit führt mit zwingender Nothwendigkeit dahin, daß nicht nur die Anklageerhebung, sondern auch die Leitung des gesammten, der Urtheilsfällung vorausgehenden Verfahrens in der Hand des Gerichtsherrn ruhen muß. Allerdings werden die erforderlichen Untersuchungshandlungen, soweit sie nicht, wie die einstweilige Enthebung vom Dienste, die Verhaftung, die Einleitung oder Einstellung des Verfahrens und die Verfügung der Anklageerhebung, unmittelbarer Ausfluß der Kommandogewalt sind, durch die den Gerichtsherren zur Seite stehenden Gerichtsoffiziere oder richterlichen Militärjustizbeamten vorgenommen. Der Gerichtsherr ist nicht befugt, an den Untersuchungshandlungen theilzunehmen (§ 160 Abs. 1), d. h. der Untersuchungsführer soll in seiner richterlichen Thätigkeit von jeder persönlichen Beeinflussung frei bleiben. Auch übernehmen diese

Offiziere und Beamten durch Mitzeichnung der im Laufe des Untersuchungsverfahrens ergehenden Entscheidungen und Verfügungen die Mitverantwortlichkeit für deren Gesetzlichkeit. Immerhin aber sind sie nur die Organe des Gerichtsherrn und verpflichtet, dessen Anordnungen auch bei abweichender Ansicht zu entsprechen, wenn etwaige Vorstellungen erfolglos geblieben sind (§ 91 Abs. 1, 2. § 96). Es erscheint nicht angängig, dem Gerichtsherrn lediglich die Befugnisse einer Strafverfolgungsbehörde zu überweisen, die Führung der Untersuchung aber einem von ihm unabhängigen Untersuchungsrichter zu übertragen und damit seinem bestimmenden Einflusse zu entziehen. Ein derartiges Zurückdrängen der militärischen Autorität zu Gunsten des juristischen Elements entspricht nicht den militärischen Verhältnissen. Der für die Disziplin verantwortliche Militärbefehlshaber muß vielmehr auch während des Ermittelungsverfahrens stets in der Lage sein, für die Wahrung der militärischen Interessen wirksam Sorge tragen zu können.

Bei einer solchen Stellung des Gerichtsherrn bleibt, von den besonderen Verhältnissen des Reichsmilitärgerichts abgesehen, für eine selbständige Staatsanwaltschaft bei den Militärgerichten kein Raum.

Die vielfach gegen die „Gerichtsherrlichkeit" erhobenen Einwendungen konnten für zutreffend nicht erachtet werden.

Man hat insbesondere betont, daß der Gerichtsherr kein unabhängiger und objektiver Richter sein könne, weil er für die Disziplin und Mannszucht seiner Truppe verantwortlich und somit selbst interessirt sei. Kein Einwand ist weniger begründet als dieser. Zunächst ist zu bemerken, daß der Gerichtsherr niemals erkennender Richter ist, vielmehr im Wesentlichen nur solche Funktionen ausübt, welche die bürgerliche Strafprozeßordnung der Staatsanwaltschaft überwiesen hat. Was aber seine Verantwortlichkeit für die Disziplin betrifft, so ist gerade sie die beste Gewähr für die gewissenhafteste Wahrung der Rechtsordnung und die strengste Unparteilichkeit. Denn nichts ist so sehr geeignet, die Disziplin zu untergraben, als Willkür und Ungerechtigkeit des Vorgesetzten.

Nicht minder unbegründet ist die Befürchtung, daß neben der Gerichtsherrlichkeit die nothwendige Selbständigkeit der Gerichte nicht bestehen könne. Das Gegentheil haben die innerhalb des Bereichs der preußischen Militärstrafgerichtsordnung gemachten Erfahrungen deutlich erwiesen. Abgesehen von den im Entwurfe zur Sicherung der unabhängigen Stellung der Gerichte getroffenen Bestimmungen sollte die als Richter berufenen Offiziere schon das ihnen nicht zu bestreitende Pflicht- und Ehrgefühl vor dem Verdacht einer ungerechten und parteiischen Ausübung des Richteramts schützen, wie man denn auch andererseits keinem Gerichtsherrn die in hohem Grade pflichtwidrige Absicht würde unterlegen dürfen, nach dieser Richtung hin die erkennenden Richter in strafbarer Weise zu beeinflussen.

Dagegen entspricht die in dem Entwurfe dem Gerichtsherrn eingeräumte Stellung durchaus dem eigenartigen Verhältnisse, wie es zwischen dem höheren Vorgesetzten und seinen Untergebenen im deutschen Heere und in der deutschen Marine besteht. Der Untergebene ist gewöhnt, jenen nicht nur als den Träger der strengen Disziplin, dem er unbedingten Gehorsam zu erweisen hat, sondern auch als den Fürsorger und Förderer seiner Interessen, dem er volles Vertrauen entgegenbringen kann, zu betrachten. Andererseits sieht es der Vorgesetzte als eine selbstverständliche Pflicht an, für den Untergebenen einzutreten, wo dieser des Beistandes bedarf. Deshalb wird auch der Gerichtsherr stets auf die volle Wahrung der Rechte des Beschuldigten bedacht sein und Strafverfolgungen vermeiden, die der genügenden Grundlage entbehren.

Wenn in dem Bereiche der preußischen Militärstrafgerichtsordnung, trotz der Mängel und der veralteten Formen des Verfahrens, die Handhabung der Strafrechtspflege und die militärgerichtlichen Erkenntnisse die öffentliche Kritik nach keiner Richtung hin zu scheuen haben, so ist dies in erster Linie auf die den Gerichtsherren eingeräumte Stellung und die strenge Gewissenhaftigkeit zurückzuführen, mit der diese ihrer verantwortungsvollen Stellung gerecht werden, und mit der die ihnen beigegebenen Organe die militärgerichtlichen Untersuchungen führen.

Bei dieser Stellung des Gerichtsherrn gehört derselbe mit den ihm zugeordneten untersuchungsführenden Offizieren und richterlichen Militärjustizbeamten zwar zu den „Gerichtspersonen", er bildet aber mit ihnen nicht eigentlich ein Gericht. Seine Wirksamkeit liegt vielmehr, wie bereits hervorgehoben, wesentlich auf dem Gebiete der Strafverfolgung, des Ermittelungsverfahrens und der Strafvollstreckung.

Der Entwurf hat deshalb, um die Stellung des Gerichtsherrn klar hervortreten zu lassen, die Bezeichnungen: „Korps-, Divisions-, Regiments-Gericht zc.", wie sie die preußische Militärstrafgerichtsordnung enthält, vermieden. Nur für den äußeren Geschäftsverkehr erscheint die Beibehaltung entsprechender Bezeichnungen aus praktischen Rücksichten zweckmäßig (vgl. § 9 des Einführungsgesetzes).

b. Aus der Verbindung der Gerichtsbarkeit mit der Kommandogewalt ergiebt sich mit Nothwendigkeit, daß die Zuständigkeit sich grundsätzlich nach dem Umfange der Kommandogewalt des Gerichtsherrn richtet und nicht, wie bei den bayerischen Militärbezirksgerichten, territorial begrenzt wird. Es erwächst daraus der nicht zu unterschätzende Vortheil, daß im Falle der Mobilmachung der Uebergang aus der Friedens- in die Kriegsformation sich ohne Schwierigkeiten und ohne grundsätzliche Aenderung in der Formation der Militärgerichte und ihrer Zuständigkeit vollzieht.

c. Der Entwurf hat die Eintheilung der Gerichtsbarkeit in höhere und niedere, wie sie die preußische Militärstrafgerichtsordnung kennt und wie sie, wenigstens der Sache nach, auch in Bayern und Württemberg besteht, beibehalten.

Die Organe der Gerichtsherren für die niedere Gerichtsbarkeit sind die Gerichtsoffiziere, für die höhere Gerichtsbarkeit die Kriegsgerichtsräthe und Oberkriegsgerichtsräthe.

Ueber die Vertheilung der Geschäfte unter mehrere ihm zugeordnete richterliche Militärjustizbeamte bestimmt der Gerichtsherr. Diese Vertheilung wird nach dem Vorgang in Preußen regelmäßig truppenweise erfolgen.

Der Entwurf geht dabei von der Annahme aus, daß der Regel nach Untersuchungsführung und Vertretung der Anklage in verschiedene Hände gelegt werden, damit die Wahrnehmung richterlicher und staatsanwaltschaftlicher Funktionen in derselben Sache nach Möglichkeit getrennt bleibt. Immerhin aber wird der Fall eintreten können, daß der Gerichtsherr wegen Erkrankung oder sonstiger Verhinderung des einen oder anderen der ihm zugeordneten Militärjustizbeamten in dieser Weise nicht verfahren kann. Alsdann würde es nicht für unzulässig zu erachten sein, daß ein und derselbe Militärjustizbeamte mit der Untersuchungsführung und mit der Vertretung der Anklage betraut wird. Die Zulässigkeit eines solchen Verfahrens ergiebt sich daraus, daß der Entwurf eine von einem selbständigen

Untersuchungsrichter geführte Voruntersuchung im Sinne der bürgerlichen Strafprozeßordnung und der bayerischen Militärstrafgerichtsordnung nicht stattfinden läßt, sondern nur ein Ermittelungsverfahren (§§ 144 ff.), das die Entscheidung darüber ermöglichen soll, ob der Gerichtsherr Anklage zu erheben oder die strafgerichtliche Verfolgung einzustellen hat (§ 161). Unter diesen Umständen schließen sich Untersuchungsführung und Vertretung der Anklage in keiner Weise aus. Als selbverständlich wird übrigens angesehen, daß ein Militärjustizbeamter, der in der einen Sache als Untersuchungsführer oder Vertreter der Anklage thätig ist, sehr wohl in einer anderen Sache als erkennender Richter mitwirken kann, ohne daß deshalb seine Unbefangenheit in Zweifel zu ziehen wäre. Denn seine Selbständigkeit und Unabhängigkeit als erkennender Richter ist in demselben Maße geschützt, wie dies nach Reichsrecht bei allen anderen Richtern der Fall ist (§§ 88, 90). Auch wäre es nicht zweckmäßig, die Geschäftsvertheilung unter mehrere einem Gerichtsherrn zugeordnete Militärjustizbeamte gesetzlich dergestalt festzulegen, daß einer von ihnen nur als erkennender Richter in Thätigkeit treten darf. Denn erfahrungsgemäß nimmt die Untersuchungsführung und die Vertretung der Anklage ein viel größeres Maß von Zeit und Arbeitskraft in Anspruch, als die Thätigkeit des erkennenden Richters, und es wird dies insbesondere auch bei dem durch das militärische Interesse gebotenen eingehenden Ermittelungsverfahren des Entwurfs zutreffen (vgl. §§ 155, 156). Bei einer solchen Festlegung der Geschäftsvertheilung würde daher auf der einen Seite Ueberlastung, auf der anderen Seite dagegen Mangel an ausreichender Beschäftigung eintreten. Diesem Uebelstande sollen die Bestimmungen des Entwurfs vorbeugen.

Hinsichtlich der Oberkriegsgerichte geht der Entwurf von der Annahme aus, daß, sofern dem kommandirenden General (Admiral) etwa zwei Oberkriegsgerichtsräthe und daneben nach Bedarf noch ein Kriegsgerichtsrath zugeordnet werden, erstere in der Regel Mitglieder des erkennenden Gerichts sein sollen (§ 60). Denn für die Berufungsinstanz, die hier allein in Frage kommt, ist es von besonderer Wichtigkeit, daß ältere erfahrene Beamte von erprobter Tüchtigkeit ständig als Richter mitwirken. Auch wird den Oberkriegsgerichtsräthen als den juristischen Berathern des kommandirenden Generals (Admirals), sowie auf Grund des § 107 des Entwurfs ein ausreichendes Maß von Beschäftigung zufallen.

### 2. Die erkennenden Gerichte.

Als erkennende Gerichte erster Instanz sind für die niedere Gerichtsbarkeit Standgerichte (Feld- und Bordstandgerichte), für die höhere Gerichtsbarkeit Kriegsgerichte (Feld- und Bordkriegsgerichte) in Aussicht genommen.

Erkennende Gerichte zweiter Instanz sollen die Kriegsgerichte für die Entscheidung über die Berufung gegen die Urtheile der Standgerichte, die Oberkriegsgerichte für die Entscheidung über die Berufung gegen die Urtheile der Kriegsgerichte in erster Instanz sein.

Oberster Gerichtshof für die gesammte bewaffnete Macht des Reichs soll ein Reichsmilitärgericht als Revisionsinstanz bezüglich der Urtheile der Oberkriegsgerichte sein.

a. Von besonderer Bedeutung war die Frage, inwieweit bei der Bildung der erkennenden Gerichte das juristische Element zu berücksichtigen sei. Bei den in Deutschland herrschenden Rechtsanschauungen, bei dem Entwickelungsgange des deutschen Militärstrafverfahrens und dem Umfange der Militärgerichtsbarkeit in sachlicher Beziehung erschien es von vornherein ausgeschlossen, etwa nach französischem oder russischem Vorbild, eine Mitwirkung des berufsmäßigen, juristischen Elements bei der Untersuchungsführung und Rechtsprechung gänzlich auszuschließen. Andererseits kam in Betracht, daß bei der Bildung von besonderen Militärgerichten dem militärischen Elemente der ausschlaggebende Einfluß zu wahren sei. Der Entwurf steht in dieser Beziehung auf dem Standpunkte, daß im Militärstrafverfahren hauptsächlich die Standesgenossen die berufenen Richter sind, und dies deshalb, weil sie einerseits die unentbehrliche Vertrautheit mit den militärischen Verhältnissen besitzen, und weil sie andererseits eine sichere Gewähr dafür bieten, daß die gefällten Urtheile von echt militärischem Geiste getragen sein werden. Das Eine wie das Andere ist die nothwendige Unterlage einer ersprießlichen Militärstrafrechtspflege. Diese Gesichtspunkte sind besonders für die Bildung derjenigen Gerichte maßgebend gewesen, die nicht blos, wie das Reichsmilitärgericht über Gesetzesverletzungen, sondern vor Allem über die Thatfrage, über das Schuldig oder Nichtschuldig zu entscheiden haben. Deshalb befinden sich bei den Kriegs- und Oberkriegsgerichten die militärischen Richter in überwiegender Zahl, wobei angenommen wird, daß die betheiligten richterlichen Militärjustizbeamten, abgesehen von der ihnen zufallenden Leitung der Verhandlungen, auch zur Aufklärung des nicht juristischen Richterpersonals über die im einzelnen Falle maßgebenden rechtlichen Gesichtspunkte ausreichen.

Bei den Standgerichten hat dagegen der Entwurf von der Mitwirkung eines richterlichen Militärjustizbeamten abgesehen. Nach den Erfahrungen, die in Preußen mit den ähnlich organisirten Standgerichten gemacht worden sind, erschien dies um so unbedenklicher, als der Entwurf ihnen nur die in sachlicher wie rechtlicher Beziehung einfachen Sachen zuweist, die erfahrungsgemäß vorwiegend militärischer Natur sind (§ 12).

Es würde überdies eine nicht zu rechtfertigende Stellenvermehrung erfordern, wenn jedem Gerichtsherrn der niederen Gerichtsbarkeit für die verhältnißmäßig wenigen und überdies keine Schwierigkeiten bietenden Strafsachen ein richterlicher Militärjustizbeamter zugeordnet werden sollte, für den sich schon im Frieden eine auch nur annähernd ausreichende Beschäftigung nicht finden ließe, und der im Kriegsfalle ganz ins Freie fallen müßte, da diese kleinen Truppenverbände nicht in der Lage sind, auch noch einen Justizbeamten mit ins Feld zu führen. In Frage könnte kommen, ob nicht etwa durch Entsendung eines Kriegsgerichtsraths seitens des Gerichtsherrn der höheren Gerichtsbarkeit, oder dadurch, daß ein richterlicher Militärjustizbeamter mehreren Gerichtsherren der niederen Gerichtsbarkeit zur gemeinsamen Verwendung überwiesen würde, die Mitwirkung eines solchen Beamten auch im standgerichtlichen Verfahren zu ermöglichen sei. Weder der eine noch der andere Ausweg ist indeß empfehlenswerth. Beide würden bei den oft weit zerstreuten Standorten der betreffenden Gerichte derartige Unzuträglichkeiten und eine solche Schwerfälligkeit der ganzen Einrichtung zur Folge haben, daß, von Anderem abgesehen, die dringend gebotene rasche Erledigung der Sachen vielfach nicht zu erreichen wäre. Im Felde und an Bord der Schiffe würden solche Auskunftsmittel aber ganz versagen.

Die Beibehaltung des in dem größten Theile des Reichsheeres, sowie in der Marine bereits bestehenden Zustandes ist deshalb vorzuziehen.

Das gegen die standgerichtlichen Urtheile, mit Ausnahme der im Felde und an Bord ergangenen, zulässige Rechtsmittel der Berufung gewährt überdies die Möglichkeit der Beseitigung rechtswidriger Urtheile in ausreichendem Maße.

b. Eine weitere Frage war die, ob bezw. inwieweit zu den Spruchgerichten auch Unteroffiziere und Gemeine heranzuziehen seien.

Von dem bestehenden Rechte weicht der Entwurf in der Zusammensetzung des Richterpersonals insofern ab, als er Personen des Unteroffizierstandes oder des Standes der Gemeinen davon ausschließt. Wenngleich die Theilnahme von Mannschaften an der Aburtheilung eines Kameraden eines idealen Zuges nicht entbehrt und man sich militärischerseits nur ungern von einer altüberlieferten Einrichtung zu trennen vermochte, so mußten doch die für die Ausschließung sprechenden Gründe für durchgreifend erachtet werden. Entscheidend war hierbei die Erwägung, daß die Mehrzahl der zumeist in jugendlichem Lebensalter und auf einer mehr oder minder niedrigen Bildungsstufe stehenden Gemeinen dem Gange einer mündlichen gerichtlichen Verhandlung mit dem nöthigen Verständniß schwer zu folgen vermag, auch nicht die zur Erfüllung richterlicher Pflichten erforderliche Reife und Selbständigkeit des Urtheils besitzt. Hinsichtlich der Unteroffiziere sind derartige Bedenken zwar in weit geringerem Grade vorhanden; aber auch bei ihnen ist zu befürchten, daß sie bei den gemeinsamen Berathungen und demnächstigen Einzelabstimmungen gegenüber den als Richter mitwirkenden Offizieren und richterlichen Justizbeamten die für einen Richter unentbehrliche Selbständigkeit und Unbefangenheit des Urtheils in der Mehrzahl nicht besitzen würden. Gegen die zur Zeit nach preußischem und wüttembergischem Rechte stattfindende Mitwirkung von Unteroffizieren und Gemeinen bei der Urtheilsfällung sind denn auch von den verschiedensten Seiten Einwendungen erhoben worden, die sich hauptsächlich in der hervorgehobenen Richtung bewegen und nach den gemachten Erfahrungen nicht als grundlose bezeichnen lassen. Wenn derartige Bedenken für den Bereich der bayerischen Militärstrafgerichtsordnung weniger laut geworden sind, so hat dies darin seinen Grund, daß hier das eigentliche Richterpersonal nur aus Offizieren und Auditeuren besteht und Unteroffiziere nur als Geschworene in Verbrechens- und Vergehenssachen zugelassen sind.

Daß ein Geschworenengericht, wie es die bayerische Militärstrafgerichtsordnung kennt, in dem Entwurfe keine

Aufnahme finden konnte, wurde für nicht zweifelhaft erachtet. Abgesehen davon, daß eine solche Einrichtung dem weit überwiegenden Theile des deutschen Heeres fremd ist, hat schon die geltende bürgerliche Strafprozeßordnung die Zuziehung von Geschworenen ausschließlich auf die schwersten Verbrechensfälle beschränkt, und selbst in dieser Beziehung wird vielfach die Ersetzung der Geschworenengerichte durch sogenannte große Schöffengerichte verlangt. Für die Militärgerichtsbarkeit ist der Apparat der Geschworenengerichte ein zu komplizirter und schwerfälliger, der namentlich im Felde versagt. Denn hier wird nicht nur die ordnungsmäßige Aufstellung einer Geschworenenliste, sondern regelmäßig auch die Besetzung der Geschworenenbank auf meist unüberwindliche Schwierigkeiten stoßen.

Der Entwurf hat aus diesen Gründen für die Zusammensetzung des Richterpersonals lediglich die Militärpersonen im Offizierrang in Betracht gezogen.

c. Eine in der Presse und in den parlamentarischen Körperschaften mit besonderem Nachdrucke geltend gemachte Forderung ist die der Ständigkeit der Gerichte. Man erblickt darin, daß die Richter nicht für die Entscheidung von Einzelfällen berufen, sondern entweder dauernd angestellt oder doch wenigstens nach einer im Voraus festgestellten Reihenfolge thätig werden, die größtmögliche Bürgschaft für die Unparteilichkeit der Rechtspflege und für die Richtigkeit und Gleichmäßigkeit der Rechtsanwendung. Von diesem Standpunkt aus hat man die Bestimmungen der preußischen Militärstrafgerichtsordnung, wonach die Richter der Spruchgerichte für den einzelnen Fall berufen werden, sehr abfällig beurtheilt. In der Praxis freilich hat dies Verfahren zu Ausstellungen keinen Anlaß gegeben, und Nichts berechtigt zu dem Verdacht, als ob bei den preußischen Militärgerichten nicht mit der vollsten Unparteilichkeit verfahren werde. Wie wenig ein solcher Verdacht begründet wäre, erhellt schon daraus, daß die Angeschuldigten von dem ihnen nach § 59 der preußischen Militärstrafgerichtsordnung zustehenden weitgehenden Rechte der Ablehnung von Richtern nur in ganz seltenen Fällen Gebrauch machen, obgleich sie bei Beginn der Spruchsitzung gemäß § 126 das. ausdrücklich befragt werden, ob sie Einwendungen gegen die Mitglieder des Gerichts geltend zu machen haben. Auch ist zu bemerken, daß der Gerichtsherr regelmäßig nicht die einzelnen Richter, sondern nur den Truppentheil bestimmt, welcher das Richterpersonal zu gestellen hat. Der Truppentheil aber kommandirt die Richter nach einer laufenden Kommandirrolle ohne jedes Ansehen der einzelnen Persönlichkeiten.

Der Entwurf läßt übrigens eine Ständigkeit insofern eintreten, als:

der Gerichtsherr und die ihm zugeordneten richterlichen Militärjustizbeamten, sowie der Gerichtsoffizier ständige Organe der Militärrechtspflege sind;

als ferner bei den aus drei Offizieren gebildeten Standgerichten (ausgenommen die Feld- und Bordgerichte) der Vorsitzende und einer der Beisitzer, sowie deren Stellvertreter vor dem Beginne des Geschäftsjahres für die Dauer desselben bestellt werden;

als weiterhin die zur Bildung der Oberkriegsgerichte erforderlichen Offiziere und deren Stellvertreter, sofern nicht der Angeklagte ein General ist (vgl. § 15 Abs. 4), durch den Gerichtsherrn alljährlich vor dem Beginne des Geschäftsjahres für die Dauer desselben bestellt werden;

und als endlich das Reichsmilitärgericht als ständiger Gerichtshof eingerichtet ist, dessen juristische Mitglieder auf Lebenszeit ernannt und dessen militärische Mitglieder auf die Dauer von mindestens zwei Jahren berufen werden.

Eine weitere Ausdehnung der Ständigkeit der Gerichte erscheint unthunlich.

Eine besondere Schwierigkeit liegt darin, daß die Zusammensetzung der Kriegsgerichte und Oberkriegsgerichte je nach dem militärischen Charakter des Angeklagten wechselt (vgl. §§ 47 bis 52, 61, 62) und füglich sich ändern muß. Es kommt hinzu, daß stets, im Frieden wie im Kriege, die Möglichkeit bestehen muß, die Hauptverhandlung bald hier, bald dort stattfinden zu lassen, was vielfach praktisch nicht ausführbar sein würde, wenn die bei der Hauptverhandlung mitwirkenden Offiziere ein für alle Mal fest bestimmt wären. Sehr erheblich fällt überdies ins Gewicht, daß eine ständige Berufung für die mitten im praktischen Dienste stehenden Offiziere eine unter Umständen den militärischen Ausbildungsdienst beeinträchtigende Belastung Einzelner enthalten würde.

Eine größere Zahl von zum Theil jüngeren Offizieren aber etwa als ständige Richter dem Ausbildungsdienste ganz zu entziehen, erscheint aus militärischen Rücksichten unthunlich.

Diese Schwierigkeit erschienen zwar hinsichtlich der Oberkriegsgerichte, sofern nicht der Angeklagte ein General ist, nicht unüberwindlich. Denn da diese Gerichte der Regel nach am Sitze des Generalkommandos zusammentreten werden, so wird im Allgemeinen auch am Orte selbst die genügende Zahl von Richtern und Stellvertretern derselben vorhanden sein. Auch darf, da die Oberkriegsgerichte nur in der Berufungsinstanz erkennen, erwartet werden, daß die durch den Gerichtsdienst erfolgende Belastung sich in erträglichen Grenzen halten wird.

Hinsichtlich der Kriegsgerichte mußten dagegen die vorgedachten Bedenken für durchgreifend erachtet werden. Es bleibt hier nur übrig, daß die Berufung der als Richter fungirenden Offiziere für den Einzelfall, und zwar nach den bei den Truppentheilen zu führenden Kommandirrollen erfolgt.

Hinsichtlich der Standgerichte ist die Ständigkeit nur in den vom Entwurfe vorgesehenen Grenzen möglich. Hiernach sollen wenigstens zwei von den drei Richtern, unter diesen der Vorsitzende und dessen Stellvertreter, auf die Dauer eines Jahres bestellt werden (§ 38). Die schon oben angeführten militärischen Rücksichten mußten davon abhalten, für diese Dauer auch den aus der Klasse der Hauptleute oder Rittmeister 2c. zu berufenden Richter als ständigen zu bestellen.

Eine wohlbegründete Forderung an eine geordnete Rechtspflege ist zweifellos die der Selbständigkeit der Gerichte. Darunter ist zu verstehen einmal die Unabhängigkeit der an der Rechtsprechung betheiligten Personen von Weisungen, Beeinflussungen und Eingriffen Anderer und sodann die endgültige Entscheidung in Strafsachen durch den Richterspruch des zuständigen Gerichts. Beiden Rücksichten ist in dem Entwurf entsprochen. Eine Bestätigung im Sinne des preußischen Strafprozesses kennt der Entwurf nur für das Verfahren im Felde und an Bord, wo sich das Rechtsmittelverfahren nicht durchführen läßt. Im Uebrigen aber steht der Entwurf durchaus auf dem Boden des § 1 des deutschen Gerichtsverfassungsgesetzes. Nach § 15 Abs. 1 sind die erkennenden Gerichte unabhängig und nur dem Gesetz unterworfen. Für die richterlichen Militärjustizbeamten bestehen dieselben Rechtsgarantien wie für die Civilrichter (§§ 75, 88). Die Oberkriegs- und die Kriegsgerichtsräthe sind, soweit sie als erkennende Richter mitwirken, ausdrücklich dem Einflusse des Gerichtsherrn entzogen (§ 91 Abs. 1). Die Richter haben, soweit sie nicht als richterliche Militärjustizbeamte ein für allemal vereidigt sind, die getreuliche Erfüllung ihrer Pflichten eidlich zu geloben (§§ 39, 76, 283) und sie entscheiden nach ihrer freien Ueberzeugung (§ 302). Der Gerichtsherr, der Untersuchungsführer, wer als Vertreter der Anklage oder als Vertheidiger thätig gewesen ist, oder wer als Vorgesetzter den Thatbericht eingereicht hat, ist kraft Gesetzes von der Ausübung des Richteramts im gegebenen Falle ausgeschlossen (§ 116 Ziff. 4). Außerdem aber steht dem Angeklagten das Recht der Ablehnung eines Richters auch wegen Besorgniß der Befangenheit zu (§ 118).

## III. Das Verfahren.

Das Verfahren lehnt sich im Wesentlichen an die Vorschriften der bürgerlichen Strafprozeßordnung an. Insbesondere haben die Grundprinzipien des modernen Strafprozesses: Anklageform, Mündlichkeit, Oeffentlichkeit und freie Beweiswürdigung dem Entwurfe zur Richtschnur gedient. Auch auf diesen Gebieten mußte indeß den militärischen Interessen und Einrichtungen Rechnung getragen werden.

Die für nöthig befundenen Abweichungen werden bei den betreffenden Bestimmungen näher begründet werden. Hier mögen indeß noch folgende Bemerkungen Platz greifen.

### 1. Ermittelungsverfahren.

Die in der bürgerlichen Strafprozeßordnung vorgesehene Unterscheidnng zwischen „Ermitelungsverfahren“ und „Voruntersuchung“ hat der vorliegende Entwurf nicht beibehalten. Derselbe kennt nur ein Ermittelungsverfahren, dessen Zweck es ist, den objektiven und subjektiven Thatbestand soweit festzustellen, daß darüber befunden werden kann, ob wegen einer strafbaren Handlung ein bestimmter Beschuldigter vor Gericht zu stellen oder ob die strafrechtliche Verfolgung einzustellen sei (§ 161). Die gedachte Unterscheidung der Strafprozeßordnung ist unvereinbar mit dem Systeme des Entwurfs. Sie hat zur Voraussetzung das Nebeneinanderbestehen einer Strafverfolgungsbehörde (Staatsanwaltschaft), welche Trägerin und Leiterin des Ermittelungsverfahrens ist und eines

Richters (Untersuchungsrichters), der die Voruntersuchung nach eigener selbständiger Entschließung über den Umfang und die Richtung derselben führt, während der Strafverfolgungsbehörde hier nur das Recht zusteht, die Vornahme einzelner richterlicher Handlungen zu beantragen und hierdurch auf den Gang und die Richtung der Untersuchung einzuwirken.

Wie bereits hervorgehoben, widerstreitet es den militärischen Anschauungen und den militärischen Verhältnissen, neben den Gerichtsherrn, dem unter allen Umständen die Strafverfolgung zustehen muß, einen selbständigen Untersuchungsrichter zu stellen, bei dem er die von ihm im Laufe der Voruntersuchung für erforderlich erachteten Maßnahmen zu beantragen hätte und der befugt wäre, die Anträge des Gerichtsherrn abzulehnen. Es würde dies vielfach zu Konflikten führen und den Gerichtsherrn in eine mit seiner Verantwortlichkeit und seinem Dienstansehen nicht vereinbare Lage bringen.

Im bayerischen Militärstrafverfahren hat sich der Umstand, daß in der weitaus überwiegenden Zahl der Fälle eine förmliche Voruntersuchung nöthig ist, nach der Erklärung des bayerischen Kriegsministers in der Sitzung der Kammer der Abgeordneten vom 30. Oktober 1893 (Sten. Ber. S. 336) insbesondere insofern als nachtheilig erwiesen, als eine Verzögerung der Aburtheilungen die Folge war.

Der Entwurf legt übrigens für alle Sachen ein großes Gewicht auf eine gründliche Vorbereitung der Hauptverhandlung durch möglichst sorgfältige Durchführung des Ermittelungsverfahrens (vgl. § 149 Abs. 2, §§ 155, 156).

### 2. Erhebung der Anklage.

Darüber, ob nach dem Ergebnisse des Ermittelungsverfahrens der Beschuldigte außer Verfolgung zu setzen, oder ob gegen ihn einzuschreiten sei, soll, wie im preußischen Militärstrafprozeß, der Gerichtsherr befinden (§ 234).

Das Anklagerecht des Gerichtsherrn ist aber mit gewissen Einschränkungen umgeben. Zunächst muß, wenn die Anklage erhoben ist, die Sache auch zur Aburtheilung gebracht werden (§ 247 Abs. 1), sofern nicht die Voraussetzungen des § 260 vorliegen. Dieser enthält eine Ausnahmebestimmung zu Gunsten des Angeklagten, indem er den Gerichtsherrn ermächtigt, auf Grund neu hervorgetretener Umstände vor der Hauptverhandlung die Anklage zurückzunehmen oder einzuschränken. Ferner ist dem Verletzten, der den Strafantrag gestellt und an der

Durchführung des Verfahrens ein rechtlich begründetes Interesse hat, insofern ein wirksamer Schutz gewährt, als er gegen die Einstellung des Verfahrens die Rechtsbeschwerde an den höheren Gerichtsherrn hat (§ 236 Abs. 2), der seinerseits bei nicht gerechtfertigter Einstellung die Einleitung der Untersuchung herbeiführen muß (§ 21).

## IV. Vertheidigung.

Der Entwurf hat den Vertheidiger in erheblich weiterem Umfange zugelassen, wie die preußische Militärstrafgerichtsordnung, ohne indeß soweit zu gehen, wie die bürgerliche Strafprozeßordnung. Der letzteren gegenüber hat die Vertheidigung im Entwurf Einschränkungen erfahren, die im Wesentlichen darin bestehen,

daß nicht in allen, sondern nur in den vor die höhere Gerichtsbarkeit gehörigen Untersuchungen der Beschuldigte sich des Beistandes eines Vertheidigers bedienen darf,

daß der Beschuldigte nicht in jeder Lage des Verfahrens, sondern erst nachdem die Anklage erhoben ist, sich des Beistandes eines Vertheidigers bedienen kann und

daß Rechtsanwälte grundsätzlich nur bei bürgerlichen Verbrechen und Vergehen, allgemein als Vertheidiger dagegen nur aktive Offiziere, Sanitätsoffiziere und obere Militärbeamte, einschließlich der bei den Militärgerichten beschäftigten Assessoren und Referendare (Praktikanten), zugelassen sind.

Maßgebend in dieser Beziehung waren theils zwingende militärische Rücksichten, theils der Umstand, daß der Entwurf das Rechtsmittel der Berufung gegen alle Urtheile erster Instanz gewährt. Im Uebrigen hat der Entwurf es sich angelegen sein lassen, soweit dies mit den militärischen Verhältnissen verträglich erschien, die Vertheidigung möglichst ausgiebig zu gestalten. Insbesondere kann der Angeklagte innerhalb der hervorgehobenen Grenzen in allen Sachen des Beistandes eines Vertheidigers sich bedienen, und es muß ihm ein solcher in Ermangelung eines Wahlvertheidigers in allen Verbrechenssachen, mit Ausnahme der im § 323 Absatz 2 bezeichneten, bestellt werden. Ueberdies ist Vorsorge getroffen, daß auch über die Fälle der nothwendigen Vertheidigung hinaus die Bestellung eines Vertheidigers dann erfolge, wenn eine solche für sachgemäß zu erachten ist.

## V. Strafverfügungen.

Der Entwurf kennt außer den im § 267 Absatz 2, § 268 vorgesehenen Fällen keine Hauptverhandlung in Abwesenheit des Angeklagten (§§ 266, 342). An sich würden daher, von jenen Ausnahmsfällen abgesehen, alle Angeklagte regelmäßig auch dann persönlich in der Hauptverhandlung zu erscheinen haben, wenn lediglich eine geringfügige Uebertretung den Gegenstand der Anklage bildet. Die militärischen Rücksichten erfordern aber in solchen Fällen nicht unbedingt eine mündliche Verhandlung und ein persönliches Erscheinen des Angeklagten; im Gegentheil entspricht es dem Interesse des militärischen Dienstes, daß wegen bloßer Uebertretungen oder Zuwiderhandlungen gegen die Vorschriften über die Erhebung öffentlicher Abgaben und Gefälle, soweit thunlich, die immerhin weitläufige und oft kostspielige Hauptverhandlung erspart werde. Zu diesem Zwecke schlägt der Entwurf ein dem in der bürgerlichen Strafprozeßordnung (§§ 447 ff.) vorgesehenen Verfahren bei amtsgerichtlichen Strafbefehlen nachgebildetes Verfahren vor, wonach unter bestimmten Voraussetzungen und unter Offenhaltung des ordentlichen Rechtswegs eine Festsetzung der Strafe durch schriftliche Strafverfügung des Gerichtsherrn zulässig ist.

## VI. Ordentliche Rechtsmittel.

Unter ordentlichen Rechtsmitteln versteht der Entwurf, im Einklange mit dem herrschenden Sprachgebrauche, diejenigen Rechtsbehelfe, durch welche gegen noch nicht rechtskräftige Entscheidungen ein Gericht höherer Instanz angerufen werden kann. Als solche Rechtsmittel kennt die bürgerliche Strafprozeßordnung die Beschwerde, die Berufung und die Revision. Während die letzteren beiden die Anfechtung von Urtheilen zum Gegenstande haben, dient die Beschwerde zur Anfechtung von Entscheidungen, welche nicht Urtheile sind, insbesondere also von gerichtlichen Beschlüssen und Verfügungen.

Der Entwurf schließt sich dem in der Hauptsache an, nur glaubte er aus militärischen Rücksichten die Fälle einer zulässigen Beschwerde gegenüber der bürgerlichen Strafprozeßordnung erheblich einschränken zu müssen (§ 358).

Zur Vermeidung von Verwechselungen mit anderen militärischen Beschwerden bezeichnet er überdies die Beschwerde im Militärstrafverfahren als „Rechtsbeschwerde“.

Auch darin befindet sich der Entwurf mit der bürgerlichen Strafprozeßordnung im Einklange, daß die Berufung das angefochtene Urtheil in jeder Beziehung, und zwar sowohl die thatsächlichen Feststellungen, wie die rechtliche Beurtheilung und die Strafzumessung, der Prüfung des höheren Gerichts unterbreitet (§ 363 Abs. 2), während mit der Revision ein Urtheil nur wegen Gesetzesverletzung angegriffen werden kann.

Hinsichtlich der Berufung weicht der Entwurf indeß in Folgendem von der bürgerlichen Strafprozeßordnung ab:

Während nach dieser die Berufung zur Zeit nur gegen schöffengerichtliche Urtheile stattfindet, läßt der Entwurf sie grundsätzlich gegen alle Urtheile erster Instanz, sowohl gegen die standgerichtlichen, wie gegen die kriegsgerichtlichen zu (§ 363). Er erachtet mit Rücksicht auf die Zusammensetzung der Militärgerichte und die Besonderheiten des militärgerichtlichen Verfahrens die Zulassung der Berufung gegen alle militärgerichtlichen Urtheile erster Instanz für nothwendig.

Die preußische Militärstrafgerichtsordnung bietet in dem Aufhebungsrechte des Allerhöchsten Kriegsherrn einen Weg, die Fehlgriffe des ersten Richters sowohl in thatsächlicher wie in rechtlicher Beziehung zu verbessern. Die bayerische Militärstrafgerichtsordnung gewährt in der Nichtigkeitsbeschwerde nur eine Abhülfe gegen Gesetzesverletzungen. Der Entwurf dagegen eröffnet den Weg der Abhülfe nicht nur gegen Rechtsirrthümer, sondern auch gegen die auf thatsächlichem Gebiete liegenden Fehlgriffe des Gerichts erster Instanz allgemein in dem Rechtsmittel der Berufung.

Daß die Berufung als Rechtsmittel gegen die Urtheile der Standgerichte nicht entbehrt werden kann, liegt auf der Hand. Es sprechen dafür nicht nur alle die Gründe, welche den Gesetzgeber bewogen haben, die Berufung gegen die schöffengerichtlichen Urtheile trotz der hierin liegenden Abweichung vom Systeme der bürgerlichen Strafprozeßordnung zuzulassen, sondern es kommt weiter noch entscheidend in Betracht, daß die Standgerichte eines eigentlich rechtskundigen Beiraths entbehren. Eine solche Organisation läßt sich nur rechtfertigen, wenn zugleich die Möglichkeit geboten wird, für den Rechtsfall in seinem gesammten Umfange die erneute Prüfung einer höheren Instanz herbeizuführen.

Was die kriegsgerichtlichen Urtheile anlangt, so liegt zwar

hier die Vorbereitung und Leitung der mündlichen Verhandlung in den Händen rechtsgelehrter Beamten. Immerhin wird sich aber — wie die Erfahrungen bei der Rechtspflege aller Länder lehren — nicht vermeiden lassen, daß erst nach dem Urtheilsspruch erster Instanz sich thatsächliche oder rechtliche Gesichtspunkte ergeben, die bei der Behandlung der Sache gar nicht oder doch nicht entsprechend gewürdigt worden sind und die vom ersten Richter gefällte Entscheidung anfechtbar erscheinen lassen. Nicht nur zum Schutze des Angeklagten, sondern nicht minder zur Wahrung der vom Gerichtsherrn zu vertretenden Interessen wird unter Umständen ein zu freier Beurtheilung der Sache berufener höherer Richter angerufen werden müssen. Das Bestehen einer derartigen höheren Instanz verbürgt außerdem eine eingehende Behandlung der Sache in erster Instanz und wirkt auf die Vollständigkeit und Sorgfältigkeit der Beweiserhebung, der aktenmäßigen Aufzeichnungen und der Urtheilsbegründung in wünschenswerther Weise ein. Wenn die bürgerliche Strafprozeßordnung als Ausgleich für die Nichtgewährung der Berufung gegen die Urtheile der Strafkammern gewisse Vorschriften zu Gunsten des Angeklagten gegeben hat, wie insbesondere das unbeschränkte Recht zur Ladung von Zeugen zur Hauptverhandlung mit der Wirkung, daß die Beweisaufnahme sich auf letztere zu erstrecken hat (bürgerliche Strafprozeßordnung §§ 219, 244), so konnte ihr in dieser Beziehung der Entwurf aus militärischen Rücksichten nicht folgen (vgl. § 286), er mußte vielmehr der Einführung der Berufung den Vorzug einräumen. Ein nicht hoch genug anzuschlagender Vortheil liegt endlich in der bei Einführung der Berufung möglichen Einschränkung des Wiederaufnahmeverfahrens, das, wenn es als Ersatz für die Berufung dienen sollte, in dem Umfange der bürgerlichen Strafprozeßordnung zu unleugbaren Mißständen führen und in der Militärstrafrechtspflege unerträglich sein würde.

Es darf allerdings nicht verhehlt werden, daß von militärischen Seiten gegenüber der Einführung der Berufung die Besorgniß gehegt wurde, es könnten durch mißbräuchliche oder auch nur zu häufige Anwendung der Berufung Verschleppungen herbeigeführt werden. Diesen Bedenken hat der Entwurf durch Bemessung der Einlegungsfrist und in anderer Weise Rechnung getragen. Auch darf betont werden, daß erfahrungsgemäß von der Berufung gegen die Urtheile der Schöffengerichte nur ein sehr mäßiger Gebrauch gemacht worden ist, während sie andererseits sich in verhältnißmäßig vielen Fällen als sachlich begründet herausgestellt hat. Jene Bedenken traten aber auch insbesondere zurück vor der Erwägung, daß auf dem Wege der Berufung die thatsächlichen Fragen innerhalb der Armeekorps und damit innerhalb der Kontingentsverbände ihre endgültige Erledigung finden.

Der Entwurf läßt gegen standgerichtliche Urtheile nur die Berufung zu und versagt die Revision gegen die Urtheile der Kriegsgerichte in der Berufungsinstanz. Hierfür war die Erwägung maßgebend, daß es sich hier meist um geringfügige und einfach liegende Sachen von vorwiegend militärischem Charakter handelt, für die die Nachprüfung in der Berufungsinstanz ausreichend erscheint und bei denen andererseits in der Regel ein dringendes militärisches Interesse an möglichst beschleunigter Erledigung besteht.

Gegen die im Felde und an Bord eines Schiffes ergangenen Urtheile können die Rechtsmittel der Berufung und der Revision nicht gewährt werden. Denn die dort herrschenden Verhältnisse bedingen die denkbar einfachsten Formen des Verfahrens und die rascheste Herbeiführung einer rechtskräftigen Entscheidung. Sie schließen daher einen zeitraubenden und sowohl im Felde wie an Bord meist geradezu unausführbaren Instanzenzug naturgemäß aus. Das bestätigen auch die im letzten Kriege mit der bayerischen Militärstrafgerichtsordnung gemachten Erfahrungen. In dieser Beziehung erklärte der bayerische Kriegsminister am 30. Oktober 1893 in der bayerischen Kammer der Abgeordneten Folgendes:

> „Gerade da, wo die Mannszucht am schärfsten gehandhabt, wo die Zügel der Disziplin am straffesten angezogen werden müssen, gerade da versagt der Apparat. Die Erfahrung des Jahres 1870 hat gezeigt, daß in einem unter den günstigsten Verhältnissen durchgeführten Bewegungskriege die Thätigkeit des Feldgerichts auf Schwierigkeiten gestoßen ist. Aber selbst da, wo wir längere Zeit in den Quartieren lagen, traten Störungen ein insofern, als während der Tagung des Feldgerichts alarmirt wurde und die Verhandlungen wieder unterbrochen werden mußten. Wenn nun aber in einer Festung der Fall der Cernirung eintritt, dann hört die Rechtsprechung vollständig auf. Es darf ein Mann nur gegen das Urtheil des Untergerichts die Nichtigkeitsbeschwerde ergreifen, so ist es absolut unmöglich, daß das Urtheil

rechtskräftig wird, da die Nichtigkeitsbeschwerde aus der eingeschlossenen Festung nicht an das Militärobergericht gebracht werden kann" (Sten. Ber. S. 336).

Einen Ersatz für die ordentlichen Rechtsmittel bietet in den gedachten Fällen der Entwurf in dem der preußischen Militärstrafgerichtsordnung entnommenen Bestätigungs- und Aufhebungsrechte höherer Befehlshaber (§§ 403 ff.), das sich in den letzten Kriegen durchaus bewährt hat.

# C.

# Begründung des Entwurfs im Einzelnen.

## Erster Theil.

## Gerichtsverfassung.

### Erster Titel.

### Umfang der Militärstrafgerichtsbarkeit.

§§ 1 bis 8.

Der

§ 1

bezeichnet die Personen, welche wegen aller strafbaren Handlungen der Militärstrafgerichtsbarkeit unterworfen sind.

Von denjenigen Personen, welche die preußische Militärstrafgerichtsordnung dahin rechnet, sind ausgeschieden

die Militärlehrer, als solche, und die Zöglinge der militärischen Bildungsanstalten, soweit sie nicht Studirende der Kaiser Wilhelms-Akademie für das militärärztliche Bildungswesen sind.

Eine ausdrückliche Erwähnung der „Militärlehrer" erschien um deshalb entbehrlich, weil dieselben regelmäßig zu den aktiven oder zur Disposition gestellten Offizieren gehören und aus diesem Grunde ohnehin der Militärstrafgerichtsbarkeit unterworfen sind.

Zu einer Unterstellung der nicht zu den Militärpersonen gehörenden Zöglinge militärischer Bildungsanstalten unter die Militärstrafgerichtsbarkeit liegt im Allgemeinen ein Bedürfniß nicht vor, weil es den Anstalten jederzeit freisteht, einen Zögling, der gegen das Strafgesetz verstößt, zu entlassen. Eine Ausnahme erschien jedoch hinsichtlich der Studirenden der Kaiser Wilhelms-Akademie für das militärärztliche Bildungswesen erforderlich, und zwar wegen der besonderen militärischen Verhältnisse und Einrichtungen dieser Akademie und wegen der nahen Beziehungen, in denen die hier Studirenden zum aktiven Heere und zur aktiven Marine durch Ableistung eines Theiles ihrer Dienstpflicht mit der Waffe stehen.

Zu Nr. 1. Unter Militärpersonen des aktiven Heeres und der aktiven Marine sind die Personen des Soldatenstandes und die Militärbeamten zu verstehen, welche zum Heere oder zur Marine gehören.

Militärstrafgesetzbuch § 4.

Die zum aktiven Heere gehörenden Militärpersonen sind:

A. die Militärpersonen des Friedensstandes und zwar:

1. die Offiziere, Aerzte und Militärbeamten des Friedensstandes vom Tage ihrer Anstellung bis zum Zeitpunkt ihrer Entlassung aus dem Dienste;
2. die Kapitulanten vom Beginne bis zum Ablauf oder bis zur Aufhebung der abgeschlossenen Kapitulation;
3. die Freiwilligen und die ausgehobenen Rekruten von dem Tage, mit welchem ihre Verpflegung durch die Militärverwaltung beginnt, Einjährig-Freiwillige von dem Zeitpunkt ihrer definitiven Einstellung in einen Truppenteil an, sämmtlich bis zum Ablaufe des Tages ihrer Entlassung aus dem aktiven Dienste.

Reichsmilitärgesetz § 38 A.

B. Die aus dem Beurlaubtenstande zum Dienste einberufenen Offiziere, Aerzte, Militärbeamten und Mannschaften von dem Tage, zu welchem sie einberufen sind, bis zum Ablaufe des Tages der Wiederentlassung.

Reichsmilitärgesetz § 38 B 1.

C. Alle in Kriegszeiten zum Heeresdienst aufgebotenen oder freiwillig eingetretenen Offiziere, Aerzte, Militärbeamten und Mannschaften, welche zu keiner der vorgenannten Kategorie gehören, von dem Tage, zu welchem sie einberufen sind oder vom Zeitpunkte des freiwilligen Eintritts an, bis zum Ablaufe des Tages der Entlassung, also insbesondere nach ergangenem Aufrufe des Landsturms die von demselben betroffenen Landsturmpflichtigen, sowie die in Folge freiwilliger Meldung in die Listen des Landsturms Eingetragenen.

Reichsmilitärgesetz § 38 B. 2.

Gesetz, betr. Aenderungen der Wehrpflicht vom 11. Februar 1888 §§ 26, 30.

Zu Nr. 2. Die zur Disposition gestellten Offiziere, Sanitätsoffiziere und Ingenieure des Soldatenstandes stehen, da sie fortdauernd für eine erneute Verwendung in der Armee bereit gehalten werden, mit letzterer in so engem Zusammenhange, daß ihre Unterstellung unter die Militärstrafgerichtsbarkeit durch die Interessen der Armee geboten ist. Demgemäß hat auch das Reichsgesetz vom 3. Mai 1890 (R. G. Bl. S. 63), durch welches der Militärgerichtsstand der mit Pension verabschiedeten Offiziere aufgehoben worden ist, den Militärgerichtsstand der zur Disposition stehenden Offiziere unberührt gelassen.

Unter der Bezeichnung „Ingenieure des Soldatenstandes" werden nach dem Sprachgebrauche der Marine die Mitglieder des Maschinen-Ingenieurkorps und die Torpeder-Ingenieure zusammengefaßt.

Zu Nr. 3 darf auf die einleitenden Bemerkungen zu § 1 Bezug genommen werden.

Zu Nr. 4. Wenn der Entwurf die Schiffsjungen, so lange sie eingeschifft sind, obgleich dieselben nicht zu den Militärpersonen gehören und den Militärstrafgesetzen nicht unterworfen sind, doch der Militärstrafgerichtsbarkeit unterstellt, so ist dies lediglich aus praktischen Gründen und auch nur für die Dauer des vorhandenen Bedürfnisses geschehen. So lange nämlich die bezeichneten Schiffsjungen eingeschifft sind, sind sie thatsächlich der Verfügungsgewalt der bürgerlichen Gerichte entzogen, und es führt zu Unzuträglichkeiten, wenn vorkommende Straffälle nicht ihre prompte Erledigung finden können, vielmehr wegen derselben die Ausschiffung solcher Schiffsjungen und deren Ueberweisung an die bürgerlichen Gerichte erfolgen muß.

Zu Nr. 5. Während nach § 1 Nr. 1 der preußischen Militärstrafgerichtsordnung in Verbindung mit § 16 daselbst

alle in ein Invaliden-Institut eingestellten Invaliden

der Militärstrafgerichtsbarkeit unterstellt bleiben, auch wenn sie nicht in einer militärischen Anstalt verpflegt werden, sondern „dauernd beurlaubt" sind, sollen nach dem Entwurfe nur die in militärischen Anstalten versorgten invaliden Offiziere und Mannschaften der Militärstrafgerichtsbarkeit unterworfen sein. Dies entspricht der bayerischen Militärstrafgerichtsordnung (Art. 4. II Nr. 4).

Der Ausdruck „Mannschaften" umfaßt die Unteroffiziere und Gemeinen.

Zu Nr. 6. Die nicht zum Soldatenstande gehörigen Offiziere à la suite sind durch § 2 Absatz 3 des Einführungsgesetzes zum Militärstrafgesetzbuche den Militärstrafgesetzen unterstellt, wenn und insolange sie zu vorübergehender Dienstleistung zugelassen sind, sowie in Bezug auf Handlungen gegen die militärische Unterordnung, welche sie begehen, während sie die Militär-Uniform tragen. Der Entwurf zieht daraus nur die Konsequenz hinsichtlich der Gerichtsbarkeit.

Es erschien zugleich angezeigt, den Offizieren à la suite die Sanitätsoffiziere à la suite gleichzustellen, während für die Erwähnung der Ingenieure des Soldatenstandes an dieser Stelle ein praktisches Bedürfniß nicht zu erkennen war.

Dabei wird bemerkt, daß unter Offizieren und Sanitätsoffizieren à la suite diejenigen Offiziere à la suite der Armee oder eines Kontingents, sowie diejenigen Sanitätsoffiziere à la suite des Sanitätskorps verstanden werden, welche nicht als zum aktiven Heere bezw. dem Friedensstande gehörig anzusehen sind. Sie unterscheiden sich dadurch von den Offizieren à la suite von Truppentheilen, gleichviel ob diese letzteren in einer etatsmäßigen Stelle stehen oder ohne Kompetenzen auf längere Zeit beurlaubt sind.

Zu Nr. 7. Im Bereiche der Militärverwaltung finden

verabschiedete Offiziere

häufig eine vorübergehende Verwendung in einer Offiziers- oder Militärbeamtenstelle. So lange dies der Fall ist, besteht das Bedürfniß, sie in Beziehung auf die Strafgerichtsbarkeit den im § 1 Nr. 1 bezeichneten Personen gleichzustellen, wie sie denn für die gleiche Dauer in Beziehung auf die Bildung der Ehrengerichte und auf die Unterstellung unter dieselben als aktive Offiziere anzusehen sind (Allerhöchste Kabinetsordre vom 27. Juni 1890 — Armee-Verordnungsblatt S. 157 —).

Zu erwähnen ist noch, daß, wenn die bezeichneten Personen auch nicht Militärpersonen im Sinne der Nr. 1 sind, doch ihr früherer Dienstrang und der ihnen zustehende Diensttitel maßgebend bleiben müssen für die Besetzung der Kriegsgerichte (§ 47) und der Oberkriegsgerichte (§ 61), sowie für die Verfügung der Anklageerhebung und der Einstellung des Verfahrens (§ 238).

Zu Nr. 8. Die in den §§ 155, 157, 158, 166 des Militärstrafgesetzbuchs bezeichneten Personen sind folgende:

1. während eines gegen das Reich ausgebrochenen Krieges alle Personen, welche sich in irgend einem Dienst- oder Vertragsverhältnisse bei dem kriegführenden Heere befinden oder sonst sich bei demselben aufhalten oder ihm folgen;
2. ausländische Offiziere, welche zu dem kriegführenden Heere zugelassen sind, desgleichen das Gefolge solcher Offiziere, wenn der Kaiser nicht etwa besondere Bestimmungen getroffen hat;
3. die Kriegsgefangenen;
4. die Angestellten eines Schiffes und, so lange ein Schiff sich im Kriegszustande befindet, auch alle anderen an Bord dienstlich eingeschifften Personen.

Schließlich ist zu § 1 noch Folgendes zu bemerken:

Nach § 4 Absatz 2 der preußischen Militärstrafgerichtsordnung kann die Strafverfolgung von nicht dem Offizierstand angehörenden Militärpersonen, welche einstweilig im Staats- oder Kommunaldienste beschäftigt werden, den Civilbehörden überlassen werden, sofern es sich um ein Amtsdelikt handelt. Der Entwurf hat eine entsprechende Bestimmung nicht aufgenommen, da er, von den in den §§ 4 bis 6 enthaltenen und dort näher zu begründenden Ausnahmen abgesehen, an der Regel festhält, daß aktive Militärpersonen ausschließlich unter der Militärstrafgerichtsbarkeit stehen. Ueberdies werden erheblichere Amtsdelikte jedesmal zum Ausscheiden aus der einstweiligen Beschäftigung und zum Rücktritt in die militärische Dienststellung führen.

Im

§ 2.

werden diejenigen Personen bezeichnet, welche der Militärstrafgerichtsbarkeit nur in beschränkter Weise, d, h. nur wegen einzelner strafbarer Handlungen unterworfen sind. Eine Ergänzung findet § 2 in der Bestimmung des § 8.

Im Einzelnen ist Folgendes zu bemerken:

In Nr. 1 werden der Militärstrafgerichtsbarkeit unterstellt die Personen des Beurlaubtenstandes und die denselben gesetzlich gleichstehenden Personen wegen Zuwiderhandlungen gegen die auf sie Anwendung findenden Vorschriften der Militärstrafgesetze.

Zum Beurlaubtenstande gehören:

1. die Offiziere, Aerzte, Beamten und Mannschaften der Reserve, Marinereserve, Landwehr und Seewehr sowie die Mannschaften der Ersatzreserve und Marineersatzreserve;
2. die vorläufig in die Heimath beurlaubten Rekruten und Freiwilligen;
3. die bis zur Entscheidung über ihr ferneres Militärverhältniß zur Disposition der Ersatzbehörden entlassenen Mannschaften;
4. die vor erfüllter aktiver Dienstpflicht zur Disposition der Truppentheile (Marinetheile) beurlaubten Mannschaften.

Wehrgesetz § 15 — Reichsmilitärgesetz § 56 — Gesetz vom 11. Februar 1888 Art. II § 11 — Wehrordnung § 109 Nr. 4 —.

Gleichgestellt sind den Personen des Beurlaubtenstandes:

5. nach Aufruf des Landsturms die davon betroffenen Landsturmpflichtigen, sowie die nach freiwilliger Meldung in die Listen des Landsturms eingetragenen Personen bis zu dem Tage, zu welchem sie einberufen sind, oder an welchem sie freiwillig eintreten.

Gesetz vom 11. Februar 1888 Art. II §§ 26, 30.

Alle diese Personen sind der Militärstrafgerichtsbarkeit lediglich unterstellt:

„wegen Zuwiderhandlungen gegen die auf sie Anwendung findenden Vorschriften der Militärstrafgesetze“.

In letzterer Beziehung ist der gegenwärtige Stand der Gesetzgebung folgender.

Nach § 6 des Militärstrafgesetzbuchs finden auf Personen des Beurlaubtenstandes außerhalb der Zeit, in welcher sie sich im Dienste befinden und deshalb zum aktiven Heere gehören (R. M. G. § 38. B. 1), nur diejenigen Vorschriften des Militärstrafgesetzbuchs Anwendung, welche in demselben ausdrücklich auf Personen des Beurlaubtenstandes für anwendbar erklärt worden sind.

Vorschriften dieser Art enthalten:

§§ 68 ff., betreffend Nichtgestellung und Fahnenflucht;

§ 101, betreffend unbefugte Veranstaltung von Versammlungen 2c.;

§ 113, betreffend Ungehorsam und Widersetzung gegen einen rechtmäßigen Befehl in dienstlichen Angelegenheiten, sowie strafbare Handlungen gegen die militärische Unterordnung im dienstlichen Verkehre mit dem Vorgesetzten oder in der Militäruniform;

§ 126, betreffend Mißbrauch der Dienstgewalt im dienstlichen Verkehre mit den Untergebenen oder in der Militäruniform.

Ferner gehört hierher der § 42 Absatz 2 des Militärstrafgesetzbuchs, welcher unter den dort bezeichneten Voraussetzungen gegen Personen des Beurlaubtenstandes ein besonderes militärgerichtliches Verfahren zum Zwecke der Dienstentlassung oder Degradation zuläßt.

Diese Vorschriften des Militärstrafgesetzbuchs haben durch § 60 Nr. 3 des Reichsmilitärgesetzes eine Ausdehnung dahin erfahren, daß die vorstehend unter 2, 3 und 4 bezeichneten Personen des Beurlaubtenstandes den Bestimmungen des Militärstrafgesetzbuchs

Theil II, Titel I, Abschnitt 3: über unerlaubte Entfernung und Fahnenflucht, und

Theil II, Titel I, Abschnitt 4: über Selbstbeschädigung und Vorschützung von Gebrechen

unterworfen worden sind.

In Nr. 2 werden der Militärstrafgerichtsbarkeit unterstellt die dem Beurlaubtenstand angehörenden Offiziere, Sanitätsoffiziere und Ingenieure des Soldatenstandes wegen Zweikampfs mit tödtlichen Waffen, wegen Herausforderung oder Annahme der Herausforderung zu einem solchen Zweikampf und wegen Kartelltragens.

Militärischerseits wird besonderer Werth darauf gelegt, daß die Offiziere des Beurlaubtenstandes, der Vorschrift des § 6 Nr. 5 der preußischen Militärstrafgerichtsordnung entsprechend, wegen der vorgedachten strafbaren Handlungen der Militärstrafgerichtsbarkeit unterstellt bleiben. Es handelt sich dabei stets um Angelegenheiten, welche die Offiziersehre berühren und die deshalb auch, soweit die strafrechtliche Seite der Sache in Frage kommt, ohne Gefährdung der dienstlichen Interessen der Beurtheilung der Standesgenossen nicht wohl entzogen werden können.

Die Bestimmung der preußischen Militärstrafgerichtsordnung hat hierbei insofern eine Erweiterung erfahren, als die Militärstrafgerichtsbarkeit auf das Vergehen des Kartelltragens ausgedehnt wird. Wenn auch das Kartelltragen im § 203 des bürgerlichen Strafgesetzbuchs als ein selbständiges Vergehen hingestellt und deshalb die Annahme, daß dasselbe von dem angeführten § 6 Nr. 5 der preußischen Militärstrafgerichtsordnung nicht getroffen werde,

(vgl. das mit der Auffassung des preußischen General-Auditoriats übereinstimmende Urtheil des Reichsgerichts vom 20. März 1888 — Entscheidungen in Strafsachen Bd. 17 S. 243)

als eine durchaus begründete anzuerkennen ist, so handelt es sich doch thatsächlich um eine Beihülfe zum Zweikampf und sonach um eine Handlung, für deren zutreffende Würdigung dieselben Gesichtspunkte in Betracht kommen, die hinsichtlich des Zweikampfs und der Herausforderung zum Zweikampfe maßgebend sind.

Wenn Nr. 3 die im § 1 Nr. 6 bezeichneten Personen, ohne Rücksicht darauf, ob sie zur Dienstleistung zugelassen sind, wegen der in der Militäruniform begangenen Zuwiderhandlungen gegen die militärische Unterordnung der Militärstrafgerichtsbarkeit unterstellt, so handelt es sich auch hier nur um eine Konsequenz der Bestimmung des § 2 Absatz 3 des Einführungsgesetzes zum Militärstrafgesetzbuche (vgl. auch Disziplinarstrafordnung § 2 Nr. 2). Die in Frage kommenden Zuwiderhandlungen sind in den §§ 89 bis 113 des Militärstrafgesetzbuchs mit Strafe bedroht.

Nach Nr. 4 unterliegen der Militärstrafgerichtsbarkeit **Ausländer und Deutsche wegen der im Militärstrafgesetzbuche §§ 160, 161 vorgesehenen strafbaren Handlungen**, und zwar

1. gemäß § 160 der während eines gegen das Reich ausgebrochenen Krieges auf dem Kriegsschauplatze begangene Landesverrath (Kriegsverrath) (§ 57), sowie die ohne Erfolg bleibende Verabredung eines solchen (§ 59) und die unter gleichen Umständen verübte Ausplünderung eines auf dem Kampfplatze gebliebenen Angehörigen der deutschen oder verbündeten Truppen, oder eines Kranken oder Verwundeten auf dem Kampfplatz, auf dem Marsche, auf dem Transport oder im Lazareth, oder eines dem Schutze des Betreffenden anvertrauten Kriegsgefangenen (§ 134);
2. gemäß § 161 alle nach den Gesetzen des Reichs strafbaren Handlungen, welche in einem von deutschen Truppen besetzten ausländischen Gebiete gegen deutsche Truppen oder Angehörige derselben oder gegen eine auf Anordnung des Kaisers eingesetzte Behörde begangen werden.

Die

§§ 3 bis 6

gehen von der Regel aus, daß die dem aktiven Heere oder der aktiven Marine angehörenden Militärpersonen wegen aller strafbaren Handlungen, also auch wegen solcher, die vor dem Beginne des die Militärstrafgerichtsbarkeit begründenden Verhältnisses begangen sind, der Militärstrafgerichtsbarkeit unterstellt sein sollen. Im militärdienstlichen Interesse sind jedoch gewisse Ausnahmen zugelassen.

Dies ist zunächst der Fall in Betreff

**der zur Erfüllung ihrer gesetzlichen oder freiwillig übernommenen Dienstpflicht in das Heer oder in die Marine eingestellten Militärpersonen** (§ 4).

War vor der Einstellung, d. h. vor dem Zeitpunkte der Zugehörigkeit der betreffenden Person zum aktiven Heere oder zur aktiven Marine (vgl. das zu § 1 Nr. 1 Bemerkte) wegen einer Zuwiderhandlung gegen die allgemeinen Strafgesetze bereits ein verurtheilendes oder freisprechendes Urtheil ergangen oder ein Strafbefehl zugestellt, so bleibt die Zuständigkeit der bürgerlichen Gerichte begründet, da in diesem Stadium eine Ueberleitung aus dem civilstrafgerichtlichen Verfahren in das militärstrafgerichtliche unthunlich sein würde.

Erst im Falle rechtskräftiger Verurtheilung würde in Frage kommen, ob mit Rücksicht auf die Höhe der erkannten Strafe die Entlassung des Verurtheilten aus dem aktiven Dienste und die Ueberweisung desselben an die bürgerlichen Behörden behufs Strafvollstreckung zu erfolgen habe (vgl. das zu § 435 Bemerkte).

Der Entwurf stellt die Zustellung eines amtsrichterlichen Strafbefehls (bürgerliche Strafprozeßordnung §§ 447 ff.) dem Erlasse eines Urtheils gleich. Ein solcher Strafbefehl hat die Natur eines bedingten Urtheils; er erlangt die Wirkung eines rechtskräftigen Urtheils, sobald innerhalb der bestimmten Frist kein Widerspruch erfolgt.

Ferner lebt die Gerichtsbarkeit der bürgerlichen Gerichte wieder auf, wenn die Entlassung einer der betreffenden Personen aus dem aktiven Dienste erfolgt.

Der Entwurf hat es dem Verordnungsweg überlassen, darüber Bestimmung zu treffen, unter welchen Voraussetzungen die Entlassung zu erfolgen habe. Gesetzlich sind nur die Voraussetzungen festgestellt, unter denen die Einstellung nicht erfolgen soll. Der § 18 des Reichsmilitärgesetzes bestimmt nämlich, daß ein Militärpflichtiger, welcher wegen einer strafbaren Handlung, die mit Zuchthaus oder mit dem Verluste der bürgerlichen Ehrenrechte bedroht ist, oder wegen deren die Verurtheilung zu einer Freiheitsstrafe von mehr als sechswöchiger Dauer oder zu einer entsprechenden Geldstrafe zu erwarten ist, in Untersuchung sich befindet, nicht vor deren Beendigung eingestellt werden soll. Durch die mögliche Verurtheilung zu Zuchthaus oder zum Verluste der bürgerlichen Ehrenrechte ist die Waffenwürdigkeit der betreffenden Person in Frage gestellt

(Bürgerliches Strafgesetzbuch §§ 31, 34, Militärstrafgesetzbuch § 31);

durch die Verhängung und Vollstreckung einer die Dauer von sechs Wochen übersteigenden Freiheitsstrafe aber wird die militärische Ausbildung des Verurtheilten erheblich verzögert, und durch nachträgliche Einzelausbildung der Truppendienst übermäßig belastet.

Unter „Diensteintritt" ist im § 3, soweit die Erfüllung der gesetzlichen Dienstpflicht in Frage steht, verstanden die erste Einstellung in das Heer oder die Marine behufs Erfüllung dieser Dienstpflicht.

§ 4 ordnet schließlich noch an, daß, wenn die Entlassung nicht erfolgt, aber vor dem Diensteintritte die Eröffnung des Hauptverfahrens bereits beschlossen war, in der Sache militärgerichtlich erkannt werden muß.

Die Bestimmungen des § 4 sollen nach § 5 auf

die Mannschaften, welche bis zur Entscheidung über ihr ferneres Militärverhältniß zur Disposition der Ersatzbehörden entlassen und später von Neuem für den aktiven Dienst ausgehoben sind,

(vgl. Reichsmilitärgesetz § 55 — Wehrordnung § 82 Nr. 5c)

wegen der vor der Wiedereinziehung begangenen strafbaren Handlungen entsprechende Anwendung finden.

Für diese Personen treffen in dem angegebenen Umfang im Wesentlichen dieselben Gesichtspunkte zu, auf denen die Bestimmungen des § 4 hinsichtlich der Personen beruhen, die zur Erfüllung ihrer gesetzlichen Dienstpflicht eingestellt werden, ohne zuvor schon dem aktiven Heere oder der aktiven Marine angehört zu haben. Denn sie werden von Neuem „ausgehoben".

Die Bestimmungen des § 6 lehnen sich im Wesentlichen an den § 13 der preußischen Militärstrafgerichtsordnung an. Es sind hauptsächlich die Fälle berücksichtigt, in denen Personen des Beurlaubtenstandes zu einer Uebung oder aus Anlaß der Mobilmachung zum Dienste einberufen werden. Für den Mobilmachungsfall kommen auch die aufgerufenen Landsturmpflichtigen, als den Personen des Beurlaubtenstandes gleichgestellt, in Betracht. In diesen Fällen empfiehlt es sich, die Zuständigkeit der bürgerlichen Gerichte bestehen, für die Ausübung der Gerichtsbarkeit aber gewisse Beschränkungen eintreten zu lassen.

Soweit es sich um Einberufungen zu Uebungen handelt, tritt der Einberufene nur für so kurze Zeit in das aktive Heer oder die aktive Marine, daß in verhältnißmäßig seltenen Fällen die vollständige militärgerichtliche Erledigung der Sache stattfinden, andererseits aber der Dienst unter solchen Untersuchungen leiden würde.

Im Falle der Mobilmachung treten wichtigere Interessen in den Vordergrund, als die Verfolgung geringfügiger strafbarer Handlungen. Es erscheint ebenso unthunlich, die Militärstrafgerichtsbarkeit mit allen noch schwebenden oder abhängig zu machenden Strafsachen zu belasten, wie es unzulässig sein würde, in einem solchen Falle auf den Dienst aller der Personen zu verzichten, die wegen nicht besonders erheblicher strafbarer Handlungen zu verfolgen sind.

Der Entwurf läßt deshalb grundsätzlich für diese Fälle die Gerichtsbarkeit der bürgerlichen Gerichte fortbestehen. Soweit die Untersuchung fortgeführt werden kann, ohne den Einberufenen dem Dienste zu entziehen, steht auch der Fortführung ein militärisches Interesse nicht entgegen. Zur Verhängung der Untersuchungshaft während der Dienstleistung bedarf es jedoch der Zustimmung der Militärbehörde, die allein in der Lage ist, darüber zu befinden, ob der Einberufene ungeachtet der gegen ihn erhobenen Beschuldigung noch im Dienste mit Vortheil verwendbar ist. Namentlich für den Kriegsfall ist diese Bestimmung von Wichtigkeit.

Daß mit der Ertheilung der Zustimmung zur Verhängung der Untersuchungshaft die Entlassung des zu Verhaftenden aus dem aktiven Dienste eintritt, wird als selbverständlich angesehen.

Für die Dauer einer erforderlich gewordenen Aussetzung des Verfahrens ruht die Verjährung der Strafverfolgung (Reichsgesetz vom 26. März 1893, R. G. Bl. S. 133).

Die Bezeichnung der zuständigen „Militärbehörden“ erfolgt im Verwaltungswege.

Im

§ 7

wird aus der Grundauffassung des Entwurfs der Satz abgeleitet, daß die Militärstrafgerichtsbarkeit von dem Fortbestehen des sie begründenden Verhältnisses nicht abhängig ist. Ausnahmslos muß dieser Satz zur Geltung kommen bei militärischen Verbrechen und Vergehen. Denn die Verletzung der besonderen Pflichten des Soldaten hat grundsätzlich auch der Untersuchung und Entscheidung des militärischen Sondergerichts zu unterliegen. Dabei ist der Zeitpunkt des Bekanntwerdens, das „zur Sprache kommen“, worauf die preußische Militärstrafgerichtsordnung (§§ 15, 17) besonderes Gewicht legt, ohne Belang.

Die Militärstrafgerichtsbarkeit umfaßt in diesen Fällen auch die mit den militärischen Verbrechen oder Vergehen ideell oder real zusammentreffenden bürgerlichen Delikte, weil von diesen die ersteren stets, die letzteren aber in den meisten Fällen in einem untrennbaren Zusammenhange mit den militärischen Delikten stehen und überdies im Falle der Verurtheilung die Festsetzung einer einheitlichen Strafe geboten ist.

Handelt es sich dagegen lediglich um eine Verletzung der bürgerlichen Strafgesetze, so liegt im Allgemeinen ein militärisches Interesse für das Fortbestehen der Militärstrafgerichtsbarkeit nicht vor; nur soll sie fortbestehen, wenn bereits die Anklage erhoben oder eine Strafverfügung des Gerichtsherrn zugestellt war.

Der

§ 8

trägt der Erfahrung Rechnung, daß nicht selten aus Anlaß der früheren dienstlichen Beziehungen von Militärpersonen nach ihrem Ausscheiden aus dem aktiven Dienste Racheakte gegen ehemalige Vorgesetzte unternommen, oder letztere zum Zweikampfe herausgefordert werden. Solche Vorkommnisse schädigen die militärischen Interessen in hohem Maße, indem sie dazu führen, dienstliche Vorgänge auf persönlichem Gebiete zum Austrage zu bringen. Es ist deshalb längst als eine Lücke der Gesetzgebung empfunden worden, daß solche Personen wegen der bezeichneten, aus ihren dienstlichen Beziehungen entspringenden Handlungen nicht in dem Maße und unter den Formen zur Verantwortung gezogen werden können, wie dies der Fall gewesen sein würde, wenn sie die Handlungen noch während ihrer aktiven Dienstzeit begangen hätten.

Es handelt sich hierbei insbesondere um Beleidigung, Körperverletzung, Herausforderung zum Zweikampf und Zweikampf.

In der Gesetzgebung anderer Staaten haben diese Gesichtspunkte bereits Berücksichtigung gefunden, so im Artikel 4 des Belgischen Code pénal von 1815 und im Artikel 9 des Belgischen Entwurfs eines „Code de procédure pénale militaire“ aus dem Jahre 1890.

Dieser Artikel 9 lautet:

> Pour les offenses envers leurs anciens supérieurs, rélatives à leur service antérieur les militaires demeurent soumis à la juridiction et aux lois militaires, pendant un an, à dater de l'époque où les autres lois pénales militaires cessent de leur être applicables.

Das Wort „offenses“ ist hier im weitesten Sinne verstanden.

In der Begründung heißt es:

„Dans l'intérêt de l'ordre et des institutions militaires, il faut que les supérieurs soient protégés contre les rancunes de leurs subordonnés qui quittent le service. Après un certain laps de temps, l'effet de ces rancunes est moins à redouter“.

Der vorliegende Entwurf hat von einer Ausdehnung der Militärstrafgesetze auf die bezeichneten Personen wegen der fraglichen Handlungen, als außerhalb des Rahmens einer Strafgerichtsordnung liegend, abgesehen. Dagegen erschien die Ausdehnung der Militärstrafgerichtsbarkeit geboten, um wenigstens im Rahmen der zur Anwendung kommenden bürgerlichen Strafgesetze die Berücksichtigung der schwer gefährdeten militärdienstlichen Interessen zu sichern. Hierfür erschien eine Frist angemessen, welche sich an den Ablauf der militärischen Kontrole anschließt und von diesem an, da derselbe nicht selten mit der Beendigung des die Militärstrafgerichtsbarkeit begründenden Verhältnisses zusammenfällt, noch zwei Jahre beträgt.

Die Worte: „einem früheren Vorgesetzten“ beziehen sich nicht nur auf diejenigen, denen die betreffende Person in dem früheren Dienstverhältniß unmittelbar unterstellt war, sondern auf alle Vorgesetzte, zu welchen sie in einem Untergebenenverhältnisse gestanden hat.

Das in Betreff der verabschiedeten Offiziere zu § 1 Nr. 7 am Schlusse Bemerkte gilt auch hier.

## Zweiter Titel.

## Ausübung der Militärstrafgerichtsbarkeit.

### Erster Abschnitt.

### Allgemeine Bestimmungen.

#### Zu §§ 9 und 10.

Wegen der Stellung des Gerichtsherrn und seiner Organe darf auf B. II. 1 oben verwiesen werden.

Entsprechend der Gerichtsverfassung der preußischen Militärstrafgerichtsordnung stehen dem Gerichtsherrn der niederen

Gerichtsbarkeit Offiziere, die der Entwurf als Gerichtsoffiziere bezeichnet, zur Seite. Sie werden von dem Gerichtsherrn aus der Zahl der Subalternoffiziere seines Befehlsbereichs ausgewählt (§ 93). Ihnen fällt die Untersuchungsführung (§ 149) und die Vertretung der Anklage (§ 261) vor den Standgerichten zu. Da der Entwurf bei den Standgerichten die Mitwirkung eines rechtsgelehrten Richters ausgeschlossen hat (§ 35), so erschien es folgerichtig, die Vertretung der Anklage ebenfalls nur einem Offizier zu übertragen.

Im Uebrigen sprechen im Wesentlichen dieselben Gründe, die für die Art der Besetzung der Standgerichte geltend zu machen sind (vgl. oben B. II. 2), auch dafür, die Untersuchung und die Vertretung der Anklage bei den Standgerichten in die Hand eines Offiziers zu legen. Es läßt sich freilich nicht verkennen, daß der Entwurf, namentlich hinsichtlich der Hauptverhandlung wesentlich gesteigerte Anforderungen stellt, aber nicht nur an den Gerichtsoffizier im Verhältniß zu dem untersuchungsführenden Offizier der preußischen Militärstrafgerichtsordnung, sondern auch an die zu Richtern berufenen Offiziere. Gerade mit Rücksicht hierauf aber erscheint es wünschenswerth, daß jüngere Offiziere von besonderer Auswahl sich längere Zeit als Gerichtsoffiziere eingehender mit dem Strafrecht und dem Militärstrafverfahren beschäftigen um demnächst mit theoretischen und praktischen Kenntnissen ausgerüstet in den erkennenden Gerichten mit Vortheil verwerthbar zu sein. Dabei darf angenommen werden, daß die Militärjustizverwaltungen auch für die Heranbildung eines tüchtigen Stammes von Gerichtsoffizieren vielleicht durch Einrichtung entsprechender Lehrkurse oder in anderer Weise Sorge tragen werden.

Hinsichtlich der Stellung der den Gerichtsherren der höheren Gerichtsbarkeit zugeordneten richterlichen Militärjustizbeamten (Kriegsgerichtsräthe, Oberkriegsgerichtsräthe) darf auf das oben B. II. 1c. Ausgeführte und auf die Bemerkungen zu den §§ 87 ff. Bezug genommen werden.

Die

§§ 11 bis 14

regeln die Grenzen zwischen der niederen und der höheren Gerichtsbarkeit. § 11 bestimmt den Kreis von Personen, auf welche die niedere Gerichtsbarkeit sich erstreckt, und zwar sollen dies im Anschluß an die preußische Militärstrafgerichtsordnung nur solche sein, die nicht Offizierrang haben. Personen im Offizierrange sind, wie bisher in Preußen, der niederen Gerichtsbarkeit nicht unterstellt, weil bei den meisten der in Frage kommenden kleinen militärischen Verbände die Bildung von Standgerichten unter Berücksichtigung des Ranges dieser Personen nicht würde erfolgen können. Auch erschien es geboten, die Aburtheilung der Offiziere dem engen Verbande zu entziehen, dem sie selbst angehören. Aus gleichen Rücksichten erstreckt sich in Württemberg die Zuständigkeit der kriegsrechtlichen Kommissionen nicht auf Offiziere.

Die

§§ 12, 13

regeln den Kreis der Wirksamkeit der niederen Gerichtsbarkeit in *sachlicher* Beziehung. Dieser Kreis ist einerseits ein nach der Deliktsart absolut bestimmter (§ 12), andererseits ein nach dem Ermessen des Gerichtsherrn der niederen Gerichtsbarkeit ausdehnbarer (§ 13).

Hinsichtlich des Begriffs der „Uebertretungen" (§ 12 Nr. 2) ist zu bemerken, daß derselbe sich nach § 1 Absatz 3 des bürgerlichen Strafgesetzbuchs bestimmt. Es gehören also hierher alle durch Reichs- oder Landesgesetz mit Haft oder mit Geldstrafe bis zu 150 Mark — beides allein oder in Verbindung mit Einziehung — bedrohten strafbaren Handlungen, insbesondere also auch Zuwiderhandlungen gegen die im § 13 Nr. 5 erwähnten Forst- und Feldpolizei- und Forstdiebstahlsgesetze, soweit nicht eine höhere als die vorbezeichnete Strafe gegebenen Falles angedroht ist. Selbstredend kommen für den Begriff der Uebertretung nur die *kriminell* strafbaren Handlungen in Betracht, nicht auch diejenigen, welche mit einer *Disziplinar-* oder mit einer *Ordnungsstrafe* bedroht sind. Unter letzteren Gesichtspunkt fallen, wie hier bemerkt sein mag, die durch die §§ 345, 355, 374 der Civilprozeßordnung und durch die §§ 50, 69, 77 der bürgerlichen Strafprozeßordnung mit Strafe bedrohten Handlungen, bezüglich deren deshalb der Entwurf die Straffestsetzung dem *Gerichtsherrn* zugewiesen hat (§ 19 des Einführungsgesetzes).

Als militärische Vergehen, die „nur mit Arrest" bedroht sind, stellen sich die Zuwiderhandlungen gegen § 89 Absatz 1, §§ 90, 92, 141 Absatz 1, § 146 Satz 1, § 152 Absatz 2 des Militärstrafgesetzbuchs dar.

Die Ausnahme des zweiten Absatzes des § 12 will verhindern, daß in solchen oft über die ganze Lebensstellung des Beschuldigten entscheidenden Fällen das Urtheil ohne Mitwirkung rechtskundiger Personen gefällt werde. Denn es handelt sich hierbei, wenn man von den Personen des Beurlaubtenstandes absieht, zum Theil um Personen, die auf einen langjährigen Militärdienst ihre demnächstige bürgerliche Existenz zu gründen beabsichtigen (Feldwebel, Vizefeldwebel, Sergeanten rc.), oder um solche, die sich dem Offizierstande berufsmäßig widmen wollen (Portepeefähnriche). Wenn auch der Verlust der bürgerlichen Ehrenrechte in den hier fraglichen Fällen nicht eintreten kann, so kann doch unter Umständen auf militärische Ehrenstrafen (Degradation, Versetzung in die zweite Klasse des Soldatenstandes) erkannt werden (Militärstrafgesetzbuch § 37 Abs. 2 Nr. 1, § 38, § 40 Abs. 1 Nr. 2 und Abs. 2 Nr. 2). Diese Fälle sollen der niederen Gerichtsbarkeit entzogen sein. Dagegen verbleiben der niederen Gerichtsbarkeit diejenigen Fälle, in denen gegen einen Gemeinen zugleich auf Versetzung in die zweite Klasse des Soldatenstandes zu erkennen ist.

Ueber die Fälle des § 12 hinaus kann der Gerichtsherr der niederen Gerichtsbarkeit unter der Voraussetzung, es werde wegen besonderer Umstände auf eine andere oder höhere als die im § 13 zugelassene Strafe nicht erkannt werden, die Verfolgung gewisser an sich zur Zuständigkeit der höheren Gerichtsbarkeit gehörigen Straftaten an sich ziehen.

Es entspricht dies der Auffassung, daß die Regimentskommandeure zur Ueberwachung der militärischen Disziplin innerhalb ihres Truppentheils in erster Linie berufen sind, und steht im Einklange mit den geltenden Disziplinarstrafordnungen, wonach jeder nicht mit der höchsten Disziplinarstrafbefugniß versehene Befehlshaber zu prüfen hat, ob er die ihm zustehende Strafbefugniß für ausreichend zu erachten, oder ob er dem nächsthöheren Vorgesetzten von dem Straffalle zur weiteren Verfügung Meldung zu machen habe. Diese Befugniß des Gerichtsherrn der niederen Gerichtsbarkeit ist aber auf gewisse Arten militärischer und gemeiner Vergehen beschränkt worden. Von den militärischen Vergehen soll eine Anzahl minder erheblicher in Betracht kommen, bei denen die Verhängung einer Arreststrafe auch ohne die Voraussetzung eines minder schweren Falles zugelassen ist. Im Felde und an Bord soll dagegen die fragliche Befugniß des Gerichtsherrn sich auf alle militärische Vergehen erstrecken, bei denen die letztgedachte Voraussetzung zutrifft, also auch auf die in den §§ 83, 87, 101, 104, 116, 117, 120, 128, § 132 Satz 1, § 138 Absatz 1, § 141 Absatz 1 Satz 2, § 142, § 146 Satz 2, § 147, § 148 Satz 1, § 152 Absatz 1 des Militärstrafgesetzbuchs bezeichneten Vergehen.

Auch das Vergehen wider § 80 des Militärstrafgesetzbuchs kann hier in Betracht kommen, sofern der zu verfolgende Thäter ein Kriegsgefangener mit Offizierrang ist; denn, wenn auch nach § 158 des Militärstrafgesetzbuchs für die materielle Beurtheilung der strafbaren Handlungen eines Kriegsgefangenen der „Militärrang“ des letzteren maßgebend sein soll, so gelten doch in prozessualer Beziehung die Kriegsgefangenen nach dem Entwurfe als „Civilpersonen“, soweit nicht der Kaiser eine abändernde Bestimmung erläßt (§ 3 des Einführungsgesetzes, vgl. auch § 51 Abs. 3).

Die in Nr. 2 des § 13 bezeichneten strafbaren Handlungen können nach § 3 Nr. 3 des Einführungsgesetzes zum Militärstrafgesetzbuch in leichteren Fällen im Disziplinarwege geahndet werden. Um so weniger liegt Grund vor, sie unter den Voraussetzungen des ersten Absatzes des § 13 der niederen Gerichtsbarkeit zu entziehen.

Von den gemeinen Vergehen sollen nur die im § 13 speziell aufgeführten in Betracht kommen. Es sind dies solche, die einerseits keine juristischen Schwierigkeiten in der Feststellung und Beurtheilung darzubieten pflegen, andererseits so häufig sich wiederholen, daß ihre beschleunigte Aburtheilung von hoher praktischer Bedeutung ist. Auch hier ist für die Feld- und Bordverhältnisse die Ausdehnung auf einige häufiger vorkommende und alsbaldige Ahndung erheischende Vergehen, wie einfacher Diebstahl, Unterschlagung 2c. vorgesehen.

Der niederen Gerichtsbarkeit sind die Vergehen, die außerhalb des Strafgesetzbuchs in Reichsgesetzen mit Strafe bedroht sind, grundsätzlich entzogen, weil das standgerichtliche Verfahren ohne Mitwirkung von Juristen stattfindet und die Verfolgung dieser Vergehen eine umfassendere Gesetzeskenntniß erfordert, als sie bei Offizieren vorausgesetzt werden kann. Nur hinsichtlich der unter Nr. 4 bezeichneten Zuwiderhandlungen gegen die Seemannsordnung ist hiervon in Anerkennung des praktischen Bedürfnisses der Marine eine Ausnahme gemacht.

Der Satz des

§ 14,

daß die höhere Gerichtsbarkeit sich auf alle unter Militärgerichtsbarkeit stehende Personen erstreckt und alle strafbare Handlungen umfaßt, bringt zum Ausdruck, daß die höhere Gerichtsbarkeit die niedere mitumfaßt. Anwendungen dieses Grundsatzes zeigen sich insbesondere im Rechtsbeschwerdeverfahren und bei der Berufung gegen Urtheile der Standgerichte, sowie in Fällen, in denen eine an sich zur Zuständigkeit der Standgerichte gehörende Strafsache wegen des Zusammenhanges mit einer zur Zuständigkeit der Kriegsgerichte gehörenden gemeinschaftlich mit letzterer verfolgt wird.

Der Gerichtsherr der höheren Gerichtsbarkeit kann im Felde und an Bord unter bestimmten Voraussetzungen hinsichtlich gewisser gemeiner Vergehen die ihm zustehende Verfolgung dem Gerichtsherrn der niederen Gerichtsbarkeit überweisen (§ 57).

Zu

§ 15

darf auf B. II. 2 oben verwiesen werden..

## Zweiter Abschnitt.

## Gerichtsherr.

§§ 16 bis 34.

Die Bestimmungen dieses Abschnitts treffen Vorsorge, daß für alle Fälle, in denen eine zur Zuständigkeit der Militärgerichte gehörende strafbare Handlung begangen ist, ein Gerichtsherr bestimmt sei, der die strafrechtliche Verfolgung in die Hand zu nehmen hat.

In den

§§ 16 bis 20

werden die Befehlshaber bezeichnet, denen die niedere und diejenigen, denen die höhere Gerichtsbarkeit zusteht.

Die Aufzählung in den §§ 16, 17 ist keine erschöpfende. Sie bezeichnet nur diejenigen Befehlshaber, denen nach der gegenwärtigen Organisation von Heer und Marine militärische Verbände unterstellt sind, die als solche von einer gewissen organischen Bedeutung und entsprechender Stetigkeit sich darstellen. Eine gesetzliche Regelung für alle Fälle oder Verhältnisse ist nicht möglich, vielmehr muß in dieser Beziehung dem Verordnungswege der weiteste Spielraum gestattet werden, um die volle Ausübung der Militärstrafgerichtsbarkeit auch bei neu hervortretendem Bedürfniß, insbesondere bei Aenderungen in der Organisation von Heer und Marine, sowie in Kriegszeiten ausreichend zu sichern (§ 34).

Im Einzelnen ist zu bemerken, daß die Bestimmung, ob eine Festung eine kleine (§ 16 Nr. 1) oder eine große (§ 17 Nr. 1) ist, der Militärverwaltung überlassen bleiben muß. Gegenwärtig gilt als große Festung diejenige, deren Kommandant (Gouverneur) mindestens das Gehalt eines Brigadekommandeurs bezieht.

Für Generale bedurfte es im

§ 18

hinsichtlich der Unterstellung unter die Gerichtsbarkeit eines Gerichtsherrn besonderer Bestimmungen. Insoweit Generale unmittelbare Untergebene eines Divisionskommandeurs oder eines anderen dem kommandirenden General unterstellten Gerichtsherrn sind, unterstehen sie von selbst auch dessen Gerichtsbarkeit (§ 22). Für die einem kommandirenden General oder Admiral unmittelbar unterstellten Generale und Admirale, wie die Divisionskommandeure, Feldartillerie-Brigadekommandeure, Marinestationschefs, die alleinigen oder die ersten Kommandanten (Gouverneure) von Festungen, bedarf es dagegen der besonderen Bestimmung eines Gerichtsherrn erster Instanz, weil der kommandirende General (Admiral) die Gerichtsbarkeit regelmäßig nur in der Beschwerde- oder Berufungsinstanz ausübt (§ 28). Für den kommandirenden General (Admiral) und die in gleichem oder höherem Range befindlichen Offiziere war demgemäß aber nicht nur ein Gerichtsherr erster Instanz, sondern auch ein solcher der Berufungsinstanz zu bestimmen. Die Bestimmung des Gerichtsherrn erfolgt in diesen Fällen in Friedenszeiten durch den Kontingentsherrn (§ 4 des Einführungsgesetzes), hinsichtlich der Marine durch den Kaiser, im Felde überhaupt durch den Kaiser.

§ 19

schafft für große Festungen mit zwei Kommandanten (Gouverneur und Kommandant) hinsichtlich der zur Zuständigkeit der Kommandantur gehörenden Sachen der niederen Gerichtsbarkeit einen Gerichtsherrn erster Instanz in der Person des zweiten Kommandanten, während der erste Kommandant für diese Sachen naturgemäß nur als Gerichtsherr der Berufungsinstanz in Betracht kommen kann (§ 28 Abs. 2, § 56 Nr. 2).

Der Grundsatz des

§ 20,

wonach im Verhinderungsfalle die Befugnisse des Gerichtsherrn auf den Stellvertreter im Kommando übergehen, entspricht den militärischen Verhältnissen und dem § 77 Absatz 5 der preußischen Militärstrafgerichtsordnung. Die Stellvertretung im Kommando ist übrigens nicht etwa gleichbedeutend mit der formalen Vertretungsbefugniß, wie sie beispielsweise dem Chef des Generalstabes eines Armeekorps für laufende Geschäfte zusteht.

Auf die Fälle des § 18 läßt sich der gedachte Grundsatz nicht anwenden, weil hier die Gerichtsherrlichkeit nicht mit einem bestimmten Kommando verknüpft ist, sondern auf persönlicher Verleihung beruht.

Der

§ 21

regelt das Verhältniß des höheren Gerichtsherrn zu den ihm untergebenen Gerichtsherrn.

Hierbei war davon auszugehen, daß einerseits dem untergebenen Gerichtsherrn die möglichste Selbständigkeit auf dem ihm überwiesenen Gebiete der Militärstrafrechtspflege zu wahren sei, daß andererseits aber auch, neben der für keinen Dienstzweig entbehrlichen allgemeinen Dienstaufsicht dem höheren Gerichtsherrn der dem Maße seiner Verantwortlichkeit für die Disziplin entsprechende Einfluß auf die Strafverfolgung gesichert bleiben müsse.

Nach der preußischen Militärstrafgerichtsordnung steht zwar dem höheren Gerichtsherrn eine Einwirkung auf die Ausübung der gerichtsherrlichen Befugnisse seitens der ihm untergebenen Befehlshaber nicht zu, wohl aber unterliegt die Geschäftsführung der Militärgerichte der laufenden Aufsicht des General-Auditoriats. Gegen dessen rechtliche Bescheide ist nur der Rekurs an den König zulässig, so daß in letzter Instanz die Oberaufsicht in der Hand des Königs ruht (Preußische Militärstrafgerichtsordnung § 87).

Nach der Stellung, die dem Reichsmilitärgericht im Entwurf angewiesen ist, erschien es ausgeschlossen, diesem Gerichtshofe derartige Aufsichtsbefugnisse zu übertragen, und es ergab sich danach von selbst, sie zunächst den höheren Gerichtsherren zuzuweisen, denen die allgemeine Dienstaufsicht ohnehin kraft ihres höheren Kommandos zufällt.

Die Befugnisse des höheren Gerichtsherrn beschränken

sich aber in sachlicher Beziehung darauf, Anweisung zu ertheilen:

eine Untersuchung einzuleiten oder fortzusetzen, sowie ein Rechtsmittel einzulegen oder zurückzunehmen.

Dagegen steht es ihm nicht zu, den ihm unterstellten Gerichtsherrn anzuweisen, eine Untersuchung einzustellen. Eine solche Anweisung würde gegenüber der Ueberzeugung des zuständigen Gerichtsherrn, daß die Herbeiführung eines gerichtlichen Spruchs geboten sei, einen den Verhältnissen nicht entsprechenden Eingriff in die gerichtsherrliche Gewalt des nachgeordneten Gerichtsherrn in sich schließen.

Die hier dem höheren Gerichtsherrn eingeräumten Befugnisse liegen ausschließlich auf dem Gebiete der Strafverfolgung und stehen auch im bürgerlichen Strafverfahren der der Strafverfolgungsbehörde vorgesetzten Dienstbehörde zu. Daneben ist ausdrücklich bestimmt, daß der höhere Gerichtsherr in den Gang einer eingeleiteten Untersuchung nicht eingreifen darf.

Die

§§ 22 bis 33

bestimmen die Zuständigkeit der Gerichtsherren.

Leitender Grundsatz ist, daß der Gerichtsherr die Gerichtsbarkeit über die zu seinem Befehlsbereiche gehörenden Personen hat (§ 22). Dieser Grundsatz folgt ohne Weiteres aus dem Wesen der Militärgerichtsbarkeit (vgl. oben B II 1) und zieht für die große Mehrzahl aller Fälle auch die Zuständigkeitsgrenze unter den einzelnen Gerichtsherren. Immerhin bedurften noch einzelne besondere Verhältnisse der Berücksichtigung und Regelung. Hervorzuheben ist in dieser Hinsicht zunächst

die gerichtsherrliche Stellung der Festungskommandanten.

Die Gerichtsbarkeit dieser Befehlshaber läßt sich nicht auf die ihnen unterstellten Militärpersonen (§ 22), nämlich die Angehörigen ihres Stabes, der Artilleriedepots, der Fortifikationen und der Garnisonlazarethe, sowie die Festungsstubengefangenen und die in die Festungsgefangenanstalten eingestellten Personen beschränken; vielmehr muß auch hier das Maß ihrer dienstlichen Verantwortlichkeit bestimmend sein für den Umfang der ihnen zu übertragenden Gerichtsbarkeit. Sie sind insbesondere verantwortlich für die allgemeine Sicherheit, Ruhe und Ordnung des Ortes für die der Vertheidigung des Platzes dienenden Anlagen und Mittel, sowie für die Handhabung des diese Zwecke sichernden militärischen Dienstes. Dementsprechend ist der Umfang ihrer Gerichtsbarkeit (§ 23) nach sachlichen Grenzen gezogen, innerhalb deren sie eine ausschließliche ist, soweit sich nicht Einschränkungen für die Fälle des Zusammentreffens mehrerer strafbarer Handlungen oder mehrerer Beschuldigter als zweckmäßig erwiesen (§ 30 Abs. 1, §§ 31, 32).

Der Eingangs erwähnte Grundsatz mußte ferner durchbrochen werden hinsichtlich derjenigen Befehlshaber, die zur Ausübung der Gerichtsbarkeit in höherer Instanz berufen sind. Dies gilt vor Allem vom kommandirenden General (Admiral), dessen gerichtsherrliche Stellung, abgesehen vom außerordentlichen Verfahren im Felde und an Bord, ihren Schwerpunkt in der Beschwerde- und Berufungsinstanz hat. Diese kann ihm auch bezüglich der seinem Befehl unmittelbar unterstehenden Militärpersonen und militärischen Verbände füglich nicht genommen werden, und es folgt hieraus von selbst, daß die Gerichtsbarkeit in erster Instanz anderen Gerichtsherren übertragen werden muß. Das gleiche Bedürfniß tritt gegenüber allen Befehlshabern mit höherer Gerichtsbarkeit bezüglich der standgerichtlichen Sachen hervor, da diese nur in zweiter Instanz vor die Gerichtsherren der höheren Gerichtsbarkeit gelangen (vgl. §§ 10 bis 12 in Verb. mit § 16). Dem wird durch die Bestimmungen des § 28 Rechnung getragen.

Es mußte ferner Fürsorge getroffen werden für Fälle, in denen nach den allgemeinen Regeln ein Gerichtsherr nicht bestimmbar ist (§ 27), sowie für eine einheitliche Behandlung solcher Strafsachen, die aus persönlichen oder sachlichen Rücksichten an und für sich die Zuständigkeit mehrerer Gerichtsherren berühren (§§ 29 bis 32).

Endlich war in Betracht zu ziehen, daß bei den in Einzelheiten nothwendig dem Wechsel unterworfenen Einrichtungen der Armee und Marine eine vollständige gesetzliche Festlegung der Gerichtsbarkeit der verschiedenen zur Zeit vorhandenen Befehlshaber ausgeschlossen erscheint, daß vielmehr die Möglichkeit gewährt sein muß, besonderer Verhältnisse halber Abweichungen von den allgemeinen gesetzlichen Regeln zu gestatten, sowie Lücken auszufüllen, die zumal bei Aenderungen in der Organisation des Heeres oder der Marine fühlbar werden können. Es konnte in dieser Richtung nur der Weg Allerhöchster Verordnung offen gelassen werden (§ 34).

Dies vorausgeschickt, werden im Einzelnen folgende Erläuterungen genügen:

§ 23

stellt den Gouverneur und den Kommandanten von Berlin den Festungskommandanten (Gouverneuren) gleich.

Die Nr. 1 beschränkt die Zuständigkeit auf strafbare Handlungen „gegen die allgemeine Sicherheit, Ruhe und Ordnung des Ortes“, während nach § 31 der preußischen Militärstrafgerichtsordnung vor die Garnisongerichte gehören „alle Vergehungen, die als Exzesse gegen die öffentliche Ruhe und Sicherheit am Orte“ begangen werden. Die Fassung des Entwurfs will einen Zweifel darüber ausschließen, daß die besondere Gerichtsbarkeit der Kommandanten ꝛc. nicht durch jeden Straßenunfug oder durch jede Wirthshausschlägerei, woran Militärpersonen betheiligt sind, begründet wird; daß dies vielmehr nur der Fall ist bei Ausschreitungen, die sich als Störungen des allgemeinen örtlichen Rechtsfriedens darstellen und geeignet sind, bei den Ortsbewohnern überhaupt oder doch bei einem größeren Theile derselben das Gefühl der Rechtsunsicherheit hervorzurufen, und die unter Umständen eine umfangreichere und gesteigerte Thätigkeit der zur Aufrechthaltung der öffentlichen Ordnung berufenen Organe erfordern.

Die preußische Militärstrafgerichtsordnung hat im § 32 Nr. 3 den Garnisongerichten die Gerichtsbarkeit noch weiter übertragen

> „über diejenigen Militärpersonen, deren eigene mit Gerichtsbarkeit versehene Befehlshaber nicht zur Besatzung gehören, sowie über die am Orte befindlichen Militärpersonen, deren Befehlshaber nicht mit Gerichtsbarkeit versehen sind“.

Für eine solche den allgemeinen Grundsatz des § 22 wesentlich durchbrechende Bestimmung besteht indeß ein praktisches Bedürfniß nicht, während sie andererseits zu erheblichen dienstlichen Unzuträglichkeiten führen kann.

Dagegen sind besondere Bestimmungen hinsichtlich derjenigen unter der Militärgerichtsbarkeit stehenden und in Festungen ꝛc. sich aufhaltenden Personen getroffen, für welche ein Gerichtsherr nicht ausdrücklich bestimmt ist (§ 27).

§ 24

entspricht dem § 7 des preußischen Gesetzes vom 4. Juni 1851 über den Belagerungszustand (Gesetz-Sammlung S. 451 ff. — vgl. Verfassung des Deutschen Reichs Artikel 68 —).

§ 25

trägt dem Bedürfnisse Rechnung, daß detachirte Theile eines militärischen Verbandes, dessen Befehlshaber zwar mit Gerichtsbarkeit versehen, aber wegen der eingetretenen Truppenverschiebung an einer wirksamen Ausübung der Gerichtsbarkeit über den abgezweigten Theil gehindert ist, vorübergehend einem andern Gerichtsherrn unterstellt werden können. Die Unterstellung erfolgt auf dem im § 34 vorgesehenen Wege. Die sonstigen Befehlsbefugnisse werden durch diese Bestimmung nicht berührt.

§ 26

faßt die Fälle ins Auge, daß Personen einem militärischen Verbande vorübergehend überwiesen werden. Es handelt sich dabei der Regel nach um Kommandirungen zu militärischen Behörden und Anstalten, theils nur für kurze Zeit, theils aber auch für Jahre. Solche militärische Verbände sind beispielsweise die Kriegsakademie, das Militär-Reit-Institut, die vereinigte Artillerie- und Ingenieurschule, die Militär-Turnanstalt, die Schießschulen.

Es entspricht dem im § 22 enthaltenen allgemeinen Grundsatze, daß die in einen solchen Verband Eintretenden der Gerichtsbarkeit des Gerichtsherrn dieses Verbandes unterstellt sind.

Erfolgt die Zurücknahme der Ueberweisung zu dem militärischen Verbande noch vor Erhebung der Anklage oder Zustellung der Strafverfügung, so erlischt die dem Gerichtsherrn des betreffenden Verbandes aus § 26 zustehende Gerichtsbarkeit, und es bestimmt sich hinsichtlich des Zurückberufenen die Gerichtsbarkeit nach den sonstigen Bestimmungen des Entwurfs (vgl. § 246). Die Vorschriften des § 31 werden dadurch nicht berührt.

Bei

§ 27,

der Vorsorge für solche Fälle trifft, in denen nach den sonstigen gesetzlichen Bestimmungen ein zuständiger Gerichtsherr nicht gegeben ist, ist vornehmlich an die Fälle der § 1 Nr. 7, § 2 Nr. 4, §§ 7 und 8 gedacht. Es erschien nicht zweckmäßig, die Bezeichnung des Gerichtsherrn für derartige Fälle lediglich dem Verordnungswege zu überlassen. Die Zuständigkeit der für den einzelnen Fall möglicherweise konkurrirenden

Gerichtsherren ist bei der in Absatz 1 getroffenen Bestimmung so gedacht, daß der eine den andern nicht ausschließt. Wenn in Absatz 2 hierbei demjenigen Gerichtsherrn der Vorzug gegeben ist, der den Beschuldigten verhaftet oder zuerst das Ermittelungsverfahren angeordnet hat, so soll eine anderweite Verständigung unter den mehreren zuständigen Gerichtsherren keineswegs ausgeschlossen sein.

§ 28

giebt die Mittel an die Hand, in Fällen, in denen an sich die Gerichtsbarkeit erster Instanz und die Gerichtsbarkeit zweiter Instanz in einer Hand vereinigt sein würden, die Ausübung der ersteren einem anderen Gerichtsherrn zu übertragen und dadurch die sonst eintretenden Unzuträglichkeiten zu vermeiden. Es handelt sich dabei hauptsächlich um die den Gerichtsherren zweiter Instanz direkt unterstellten Militärpersonen, Truppentheile ꝛc. Die in dieser Beziehung erforderlichen Anordnungen glaubte der Entwurf den kommandirenden Generalen, Divisionskommandeuren und Marinestationschefs innerhalb ihres Befehlsbereichs überlassen zu sollen. Darüber hinaus erfolgen die nothwendigen Anordnungen im Verordnungswege durch die Militärjustizverwaltung (vgl. § 105).

Da gegen die im Felde und an Bord ergehenden Urtheile die ordentlichen Rechtsmittel nicht zugelassen sind (§ 350 Abs. 2), hinsichtlich dieser vielmehr das in den §§ 403 ff. geregelte außerordentliche Verfahren stattfindet, so beschränken sich die Vorschriften des § 28 auf das ordentliche Verfahren.

Sofern der Fall eintritt, daß ein mit Gerichtsbarkeit erster Instanz versehener Befehlshaber, unter Beibehaltung seines Kommandos, den als Gerichtsherrn in der Beschwerde- oder in der Berufungsinstanz fungirenden Befehlshaber im Kommando zu vertreten hat (z. B. der Divisionskommandeur vertritt den kommandirenden General, der zweite Kommandant den ersten Kommandanten), würden in Gemäßheit der Vorschrift des § 20 dieselben Unzuträglichkeiten entstehen, denen § 28 zu begegnen sucht. Da sich indessen bei der Verschiedenartigkeit solcher Fälle eine allgemeine Regel nicht wohl aufstellen läßt, muß die Abhülfe dem im § 34 bezeichneten Wege überlassen bleiben.

Die

§§ 29 bis 31

treffen Vorsorge, daß zusammenhängende Strafsachen gemeinschaftlich verfolgt und von demselben Gericht abgeurtheilt werden können. Ein Zusammenhang ist vorhanden, wenn eine Person mehrerer strafbarer Handlungen beschuldigt wird (§§ 29, 30), oder wenn bei einer strafbaren Handlung mehrere Personen als Thäter, Theilnehmer, Begünstiger oder Hehler beschuldigt werden (§ 31).

Zum Schlußsatze des Abs. 1 des § 30 ist zu bemerken, daß auch hier eine anderweite Verständigung der mehreren Gerichtsherren nicht ausgeschlossen sein soll (vgl. Bemerkung zu § 27 Abs. 2).

Die Bestimmung des Absatz 1 des § 31 ist absichtlich so allgemein gefaßt worden, um für alle mögliche Fälle Vorsorge zu treffen. Als „gemeinschaftlicher Vorgesetzter“ kann der Gerichtsherr in Betracht kommen sowohl hinsichtlich der mehreren Beschuldigten, als auch hinsichtlich der verschiedenen Gerichtsherren.

§ 32

dehnt aus inneren und Zweckmäßigkeitsgründen die Bestimmungen des § 31 auf solche Fälle aus, welche nach dem gesetzlichen Thatbestande der strafbaren Handlung das Zusammenwirken Mehrerer erfordern, z. B. Zweikampf, Fahnenflucht im Komplott &c. Die bürgerliche Strafprozeßordnung hat in solchen Fällen einen „Zusammenhang“ nicht angenommen (vgl. bürgerliche Strafprozeßordnung § 3).

§ 33.

Entstehen Zweifel darüber, welcher Gerichtsherr der zuständige sei, so werden sich dieselben in der Regel im Wege des Einvernehmens beseitigen lassen. Für die voraussichtlich seltenen Fälle, daß eine Verständigung nicht zu erzielen ist, hat der Entwurf die Bestimmung des zuständigen Gerichtsherrn der Entscheidung des Reichsmilitärgerichts zugewiesen.

§ 34,

der im Prinzip schon oben gerechtfertigt ist, bietet insbesondere die Möglichkeit, solchen Befehlshabern bezw. Chefs militärischer Verbände und Institute, denen gesetzlich die Gerichtsbarkeit nicht zusteht, eine solche, soweit ein Bedürfniß dazu besteht, im Verordnungswege zu verleihen. In Betracht kommen in dieser Beziehung z. B. die Kriegsministerien, der große Generalstab, das Militärreitinstitut, die Unteroffizierschulen, Kriegsschulen, Schießschulen &c. Er gestattet überdies die Gerichtsherrlichkeit einzelner Befehlshaber einzuschränken, oder über ihren sonstigen Befehlsbereich hinaus auf andere Truppentheile oder militärische Verbände auszudehnen, und gewährt endlich die Möglichkeit, den einschlagenden Bestimmungen der Militärkonventionen sowie jedem sonstigen zu Tage tretenden Bedürfnisse zu genügen'

## Dritter Abschnitt.

## Erkennende Gerichte.

### §§ 35 bis 86.

Wegen der allgemeinen Gesichtspunkte, welche für die Organisation der erkennenden Gerichte maßgebend waren, darf auf die Ausführungen zu B. II. 2 oben Bezug genommen werden.

Der Entwurf geht davon aus, daß nur Personen, die im aktiven Dienste des Heeres oder der Marine sich befinden, als Richter zu berufen sind. Er hat ferner das Klassensystem, welches die preußische Militärstrafgerichtsordnung für die Bildung der Kriegs- und Standgerichte vorgesehen hat, aufgegeben. Dieses System bietet keine erkennbaren Vortheile, schließt aber eine gemeinsame Berathung aus und erschwert dadurch, zumal bei verwickelten Fällen, die wünschenswerthe Klärung der Ansichten. Der wesentlichste Grund für die Einführung dieses Systems dürfte die nach dem Entwurfe nicht mehr stattfindende Zuziehung von Mannschaften als Richter gewesen sein.

Die Zuständigkeit der Standgerichte (§§ 42 bis 44) deckt sich mit dem Rahmen der niederen Gerichtsbarkeit sowohl hinsichtlich der Straffälle, deren Verfolgung dem Gerichtsherrn der niederen Gerichtsbarkeit aus eigenem Rechte zusteht (§§ 12, 13), als auch hinsichtlich derjenigen, deren Verfolgung ihm besonders überwiesen wird (§ 57). In letzterer Beziehung ist über die Zuständigkeitsgrenze, welche die preußische Militärstrafgerichtsordnung den Standgerichten zieht, erheblich hinausgegangen. Es ist dies geschehen, um im Felde und an Bord in Straffällen der gedachten Art, sofern sie in thatsächlicher und rechtlicher Beziehung keine Schwierigkeiten bieten, die thunlichst schleunige Aburtheilung zu ermöglichen. In der Regel wird es sich nämlich um Vorgänge handeln, die am Aufenthaltsorte der Truppe, welcher der Angeschuldigte angehört, sich zugetragen haben, so daß die Zeugen dort zur Stelle sind, und die mündliche Verhandlung ohne Schwierigkeiten in kürzester Frist stattfinden kann.

Der Entwurf verkennt keineswegs die schwierige Aufgabe, welche den nur aus Offizieren gebildeten Standgerichten hieraus erwächst. Er rechnet indeß darauf, daß diese Schwierigkeiten keine unüberwindlichen sind, und daß sie sich vermindern werden, je mehr sich das neue Verfahren im Frieden eingelebt hat. Auf der anderen Seite darf den höheren Gerichtsherren das Vertrauen geschenkt werden, daß sie von der Ueberweisungsbefugniß nur da Gebrauch machen werden, wo die Ueberweisung an ein der Mitwirkung eines Juristen entbehrendes Gericht unbedenklich erscheint.

Die Kriegsgerichte, welche in erster Instanz für alle Sachen zuständig sind, die nicht vor die Standgerichte gehören, und in zweiter Instanz über das Rechtsmittel der Berufung gegen die standgerichtlichen Urtheile entscheiden, bestehen aus fünf Richtern, unter denen ein Kriegsgerichtsrath sich befinden muß (§ 46). Die Zuziehung wenigstens eines rechtsgelehrten Richters erschien bei der umfassenden Zuständigkeit der Kriegsgerichte unentbehrlich. Das übrige Richterpersonal soll je nach dem Dienststande des Angeklagten entweder lediglich aus Offizieren (§ 47) oder theilweise aus Sanitätsoffizieren, Ingenieuren des Soldatenstandes bezw. Militärbeamten (§ 49, 50) bestehen.

Im Felde und an Bord können die Bestimmungen über die Zusammensetzung der Standgerichte und der Kriegsgerichte nicht unbedingt zur Anwendung kommen; es mußten hier Ausnahmen zugelassen werden (§§ 41, 53).

Als Berufungsgerichte für die in erster Instanz kriegsgerichtlich abgeurtheilten Sachen werden bei den Generalkommandos und dem Oberkommando der Marine Oberkriegsgerichte gebildet. Sie bestehen aus sieben Richtern, die nach wesentlich denselben Grundsätzen ausgewählt werden, wie sie für die Zusammensetzung der Kriegsgerichte gelten (§§ 60 bis 63). Nur ist bei ihnen, da die Rechtsfragen in der Berufungsinstanz meist eine größere Bedeutung gewinnen werden, die Mitwirkung von zwei richterlichen Militärjustizbeamten vorgesehen.

Durchaus abweichend dagegen ist mit Rücksicht auf seine Bestimmung als oberster Gerichts- und vorzugsweise Revisionshof das Reichsmilitärgericht gestaltet. In dieser Beziehung wird das Nähere zu den §§ 65 bis 86 bemerkt werden.

Im Einzelnen ist noch Folgendes hervorzuheben:

## I. Standgerichte.

§§ 35, 36.

Das Standgericht besteht regelmäßig aus einem Stabsoffizier, einem Hauptmann ꝛc. und einem Premierlieutenant (§ 35).

Nach dem Vorbilde des § 74 der preußischen Militärstrafgerichtsordnung gestattet indeß der Entwurf, daß in Ermangelung von Offizieren der vorgeschriebenen Dienstgrade der fehlende durch einen Offizier des nächstniederen oder des nächsthöheren Dienstgrades ersetzt werde (§ 36).

Die Nothwendigkeit einer derartigen Bestimmung ist in den militärischen Verhältnissen begründet. Mangels einer solchen würde es oft nicht möglich sein, das erkennende Gericht ohne störenden Zeitverlust oder überhaupt zu berufen.

Die Worte: „In Ermangelung“ sind auch auf dienstliche Verhinderungen zu beziehen, nicht nur auf das thatsächliche Nichtvorhandensein des vorgeschriebenen Richterpersonals.

Insoweit der Gerichtsherr, ungeachtet der im § 36 gewährten Freiheit, wegen Mangels oder wegen gesetzlicher Verhinderung (vgl. §§ 116 ff.) der erforderlichen Personen außer Stande sein sollte, das Gericht zu bilden, kann er einen anderen Gerichtsherrn ersuchen, entweder ihm einzelne fehlende Richter zuzuweisen oder selbst die Aburtheilung der Sache herbeizuführen (vgl. § 249).

Der

## § 37

macht die Befähigung eines Offiziers zum Richteramte von der mindestens einjährigen Zugehörigkeit zum Heere oder der Marine abhängig. Es ist hierbei davon ausgegangen, daß in diesem Falle die genügende Diensterfahrung bei einem Offizier angenommen werden könne, und es ist deshalb von der Festsetzung einer bestimmten Altersgrenze abgesehen worden.

Die

## §§ 38 bis 40

handeln von den „ständigen“ Richtern der Standgerichte. Die Bestellung des Vorsitzenden und des zweiten Beisitzers soll nämlich für das Geschäftsjahr erfolgen. Sie kann wiederholt werden und es wird dies sogar nach der Absicht des Entwurfs, namentlich hinsichtlich des zweiten Beisitzers, die Regel sein. Der Begriff der Ständigkeit ist hiernach in dem Sinne gebraucht, daß diese Offiziere während des Zeitraums, für den sie als Richter bestellt sind, vom Gerichtsherrn zu jedem Standgericht als Richter berufen werden sollen. Eine derartige Ständigkeit der Mehrheit des Richterpersonals ist zweifellos ein Gewinn für die Rechtspflege bei den Standgerichten (vgl. oben B. II. 2c).

Wie schon hinsichtlich der Gerichtsoffiziere bemerkt (vgl. oben zu §§ 9 und 10), wird dadurch ein Stamm mit der Handhabung der Militärstrafrechtspflege besonders vertrauter Offiziere herangebildet, der demnächst auch den höheren Gerichten, sowie der Ausübung der Gerichtsbarkeit durch die Gerichtsherren zu Gute kommt.

Selbstverständlich können die betreffenden Offiziere durch die Bestellung zum richterlichen Amte ihrem eigentlich militärischen Beruf und der Verfügungsgewalt ihrer vorgesetzten Behörde nicht gänzlich entzogen werden. Wird daher beispielsweise im Laufe des Geschäftsjahres einer der bestellten Offiziere von dem Verbande behufs anderweiter dienstlicher Verwendung abkommandirt oder scheidet er aus demselben durch Versetzung oder Verabschiedung aus, so erlischt die Bestellung. Gleiche Wirkung hat die dauernde Verhinderung an der Ausübung des Richteramts durch Krankheit, Verbüßung einer längeren Freiheitsstrafe ꝛc.

Sofortige Bestellung eines ständigen anderen Offiziers ist nicht unbedingt vorgeschrieben (§ 40 Abs. 1), da sie unter Umständen, zumal beim Vorhandensein eines Stellvertreters, nicht erforderlich sein wird.

Sofern außer einem ständigen Richter auch dessen Stellvertreter verhindert ist, erübrigt nur die Berufung eines Richters für den einzelnen Fall (§ 40 Abs. 2).

Im Felde und an Bord läßt sich die Bestellung ständiger Richter mit den dienstlichen Verhältnissen nicht vereinbaren, so daß die Berufung stets für den einzelnen Fall erfolgen muß (§ 41 Abs. 1).

Die Beeidigung der ständigen Richter und deren Stellvertreter erfolgt bei Antritt ihres Richteramts für die Dauer desselben. Der für den einzelnen Fall hinzugezogene Offizier wird bei Beginn der betreffenden Hauptverhandlung beeidigt (§ 283).

Die Fassung der Eidesformel schließt nicht aus, daß der Schwörende einen seiner Konfession entsprechenden Zusatz macht.

Die

§§ 42 bis 44

regeln die Zuständigkeit der Standgerichte.

§ 43.

Hervorgehoben mag werden, daß in den Fällen des § 43

das Standgericht zur Verhängung des Verlustes der bürgerlichen Ehrenrechte oder der Unfähigkeit zur Bekleidung öffentlicher Aemter oder des Amtsverlusts nicht befugt ist, sollten auch die Voraussetzungen des § 32 Absatz 1 oder des § 35 Absatz 1 des bürgerlichen Strafgesetzbuchs oder des § 43 Absatz 2 des Militärstrafgesetzbuchs vorliegen (vgl. § 57).

Zur Verhängung einer Ehrenstrafe gegen einen Unteroffizier ist das Standgericht weder in den Fällen der §§ 12 und 13, noch in denen des § 57 befugt, während nicht ausgeschlossen ist, daß ein Standgericht gegen einen Gemeinen auf Versetzung in die zweite Klasse des Soldatenstandes erkennt.

Der

§ 44

bestimmt die Strafgrenzen, welche für die Urtheile der Standgerichte im Falle des Zusammentreffens mehrerer strafbarer Handlungen (§ 74 des bürgerlichen Strafgesetzbuchs, § 54 des Militärstrafgesetzbuchs) zu ziehen sind. Die Vorschriften des § 44 beziehen sich auf alle Fälle der Realkonkurrenz ohne Rücksicht darauf, ob hinsichtlich der einzelnen strafbaren Handlungen die Zuständigkeit des Standgerichts durch den § 42 oder den § 43 begründet ist.

Das Standgericht darf hiernach erkennen:

auf Gefängniß bis zu sechs Wochen oder

auf Festungshaft bis zu sechs Wochen oder

auf Gefängniß und Festungshaft insgesammt bis zu sechs Wochen (bürgerliches Strafgesetzbuch § 75 Abs. 1 und 2) oder

auf Arrest bis zu dem gesetzlich zulässigen Höchstbetrage der zu verhängenden Arrestart (Militärstrafgesetzbuch § 54 Abs. 1 und 2) oder

auf Haft bis zu drei Monaten (bürgerliches Strafgesetzbuch § 77 Abs. 2);

ferner auch

auf Gefängniß bis zu sechs Wochen und auf Haft bis zu drei Monaten (bürgerliches Strafgesetzbuch § 77 Abs. 1) oder

auf Festungshaft bis zu sechs Wochen und auf Haft bis zu drei Monaten oder

auf Gefängniß und Festungshaft, insgesammt bis zu sechs Wochen und auf Haft bis zu drei Monaten oder

auf Haft bis zu drei Monaten und auf Arrest.

Der zulässige Höchstbetrag der Gefängniß- und Festungshaftstrafen erhöht sich im Felde und an Bord von sechs Wochen auf drei Monate.

Neben jeder der bezeichneten Strafen darf auf die Summe der verwirkten Geldstrafen erkannt werden. Für den Fall, daß die Geldstrafen nicht beizutreiben sind, ist die an ihre Stelle tretende Freiheitsstrafe festzusetzen (bürgerliches Strafgesetzbuch §§ 28, 29). Nach dem den §§ 44, 57 zu Grunde liegenden Prinzipe dürfen jedoch die subsidiären Freiheitsstrafen insgesammt die Dauer von sechs Wochen, im Felde und an Bord von drei Monaten nicht übersteigen.

Zu bemerken ist noch, daß im Falle des Zusammentreffens von Arrest mit Festungshaft oder von Arrest mit Gefängniß, nicht auf die einzelnen Strafarten gesondert, sondern auf eine Gesammtstrafe zu erkennen ist (Militärstrafgesetzbuch §§ 2, 54).

Hinsichtlich der Zulässigkeit der Verhängung von Ehrenstrafen gilt auch hier das zu § 43 Bemerkte.

Die in den §§ 11, 12, 13, 44, 57 gezogenen Grenzen sind für die Standgerichte dergestalt bindend, daß diese, wenn sie deren Ueberschreitung für geboten erachten, ihre Unzuständigkeit auszusprechen haben (vgl. § 315 Abs. 1).

Dies gilt auch für die Fälle des § 246 Absatz 2 (vgl. § 315 Abs. 2).

§ 45

bezeichnet die im Felde und an Bord zusammentretenden Standgerichte als „Feldstandgerichte“ und „Bordstandgerichte“. Diese Bezeichnungen erschienen zweckmäßig, um aus dem Urtheile sofort ersehen zu lassen, daß für dasselbe die besonderen Bestimmungen der §§ 403 ff. Platz greifen.

## II. Kriegsgerichte.

Die

§§ 47, 48

bestimmen das Richterpersonal der Kriegsgerichte, insoweit es sich um Angeklagte des Soldatenstandes, mit Ausnahme der Sanitätsoffiziere und Ingenieure des Soldatenstandes handelt (vgl. §§ 49, 50), und zwar betrifft § 47 die Bildung der Kriegsgerichte beim Heere, § 48 diejenige bei der Marine. Dabei geht der Entwurf davon aus, daß Angehörige des Heeres zu einem Kriegsgericht über einen Angeklagten der Marine und umgekehrt berufen werden können, sowie daß ein

Kriegsgericht theils aus Angehörigen des Heeres, theils aus solchen der Marine gebildet werden kann.

Der Entwurf bestimmt die Zusammensetzung des Richterpersonals bei den Kriegsgerichten, sowie bei den Oberkriegsgerichten (§ 61) nach der Charge des Angeklagten, wie dies auch den militärischen Verhältnissen entspricht. Dabei ist der Entwurf der preußischen Militärstrafgerichtsordnung darin gefolgt, daß bei angeklagten Offizieren nicht durchweg Richter berufen werden, welche von gleicher oder höherer Charge sind wie der Angeklagte, sondern in gewissen Fällen auch solche, die ihm im Range nachstehen. Anderenfalls würden sich der Bildung der Spruchgerichte in vielen Fällen die erheblichsten Schwierigkeiten entgegenstellen. Es konnte um so unbedenklicher an dem Standpunkte der preußischen Militärstrafgerichtsordnung festgehalten werden, als sich daraus niemals Unzuträglichkeiten ergeben haben und auch im ehrengerichtlichen Verfahren an der Fällung des Spruches Offiziere theilnehmen, die dem Angeschuldigten im Range nachstehen.

Hervorzuheben ist noch, daß, wenn ein verabschiedeter Offizier ꝛc. auf Grund des § 1 Nr. 7 oder der §§ 7, 8 angeklagt wird, über ihn nur kriegsgerichtlich, nicht standgerichtlich abgeurtheilt werden darf (§ 11), sowie, daß das Kriegsgericht dem militärischen Titel des Angeklagten entsprechend zu bilden ist (vgl. Bemerkungen zu § 1 Nr. 7, §§ 7, 8).

Die §§ 36, 37 gelten auch für die Bildung der Kriegsgerichte (§ 54).

Die

§§ 49, 50

treffen Bestimmung über die Bildung der Kriegsgerichte, wenn der Angeklagte oder einer von mehreren Angeklagten ein Sanitätsoffizier, ein Ingenieur des Soldatenstandes oder ein Militärbeamter ist.

Gehört der Angeklagte zu einer der bezeichneten Klassen von Personen, so soll zwar die Bildung des Kriegsgerichts unter Berücksichtigung des Ranges des Angeklagten nach Maßgabe des § 47 erfolgen, jedoch soll die besondere Dienststellung des Angeklagten auch bei Bildung des Gerichts nach Möglichkeit Berücksichtigung finden, theils um den Angeklagten auch dem Urtheile seiner engeren Standesgenossen zu unterwerfen, theils um Richter mitwirken zu lassen, denen eine genauere Kenntniß der dienstlichen oder amtlichen Verhältnisse des Angeklagten beiwohnt. Demgemäß sollen an Stelle der zwei Offiziere des niedrigsten Dienstgrades der Rangstellung des Angeklagten entsprechend zwei Sanitätsoffiziere, zwei Ingenieure des Soldatenstandes oder zwei obere Militärbeamte treten.

Ist beispielsweise der Angeklagte ein Stabsarzt, so erfolgt die Bildung des Kriegsgerichts nach Maßgabe der Nr. 2 des § 47. An Stelle des Hauptmanns (Rittmeisters) und des Premierlieutenants sind jedoch Sanitätsoffiziere mit entsprechendem militärischen Range als Richter zu berufen.

Hinsichtlich der angeklagten Militärbeamten bezieht sich § 47 sowohl auf die unteren wie die oberen Militärbeamten. Die als Richter zu berufenden oberen Militärbeamten sollen thunlichst dem Dienstzweige des Angeklagten entnommen werden. Der Ausdruck „Dienstzweig" bezeichnet das Verwaltungsgebiet, dem der Angeklagte angehört: Militär-Intendantur, Militär-Justiz, Militär-Geistlichkeit.

Für die Fälle, daß Sanitätsoffiziere, Ingenieure des Soldatenstandes und Militärbeamte gemeinschaftlich mit einander oder mit einer anderen Militärperson, insbesondere mit einem Offizier, abzuurteilen sind, bot die Bildung der Kriegsgerichte besondere Schwierigkeiten. Zur Vermeidung von sonst erforderlichen umfangreichen Detailbestimmungen schlägt der Entwurf für die gedachten Fälle die Zuordnung eines zweiten Kriegsgerichtsraths vor.

Im Felde und an Bord läßt sich den Rücksichten, auf denen die §§ 49, 50 beruhen, nicht immer Rechnung tragen; hier muß es vielmehr genügen, wenn die Bildung des Kriegsgerichts unter Berücksichtigung des Rangverhältnisses des oder der Angeklagten lediglich nach Maßgabe des § 47 erfolgt (§ 53).

Im Sinne des

§ 51

ist unter „Civilperson" Jeder zu verstehen, der nicht zu den „Miltärpersonen" im Sinne des Entwurfs gehört. Demgemäß fallen auch die Kriegsgefangenen darunter. Vorbehaltlich der im § 3 des Einführungsgesetzes zugelassenen besonderen Bestimmungen soll bei Bildung der Kriegsgerichte das militärische Rangverhältniß der kriegsgefangenen Offiziere thunlichst berücksichtigt werden.

Der

§ 55

überträgt den „Vorsitz" in der Hauptverhandlung dem rangältesten Offizier, da bei der regelmäßigen Betheiligung von Personen des Soldatenstandes an der Hauptverhandlung die Ausübung der Sitzungspolizei in den Händen eines Offiziers ruhen muß (vgl. § 276). Die sachliche Leitung, die „Führung“ der Verhandlungen, fällt dagegen dem mitwirkenden richterlichen Beamten, dem Kriegsgerichtsrath, und von mehreren (vgl. § 50) dem Dienstältesten zu.

Zu

§ 56

ist hervorzuheben, daß, da die nicht zur Zuständigkeit der Standgerichte gehörigen Strafsachen ohne Einschränkung den Kriegsgerichten zur erstinstanzlichen Verhandlung und Entscheidung zugewiesen sind, dahin die Fälle des Hochverraths und des Landesverraths auch dann gehören, wenn diese Verbrechen gegen den Kaiser oder das Reich gerichtet waren. Die Frage, ob die Untersuchung und Entscheidung in diesen Fällen nach dem Vorgange des § 136 des Gerichtsverfassungsgesetzes dem Reichsmilitärgericht in erster und letzter Instanz zu übertragen sei, ist verneint worden. Insofern für die Bestimmung des Gerichtsverfassungsgesetzes Erwägungen politischer Natur maßgebend gewesen sind, lassen sich solche hinsichtlich der Militärgerichte, wie der Entwurf sie gestaltet hat, nicht wohl geltend machen. Auf der anderen Seite wollte man dem Angeklagten so schwer wiegenden Anklagen gegenüber die in leichteren Fällen zugestandenen Rechtsmittel der Berufung und Revision und damit die Möglichkeit einer wiederholten sachlichen oder rechtlichen Prüfung nicht abschneiden. Außerdem kam in Betracht, daß bisher die fraglichen Verbrechen wie alle anderen vor die höhere Gerichtsbarkeit gehörenden Straffälle behandelt worden sind, und dies Verfahren in keiner Weise zu Bedenken Anlaß gegeben hat. Endlich wird die Gestellung der Zeugen bei den Kriegsgerichten leichter und einfacher vor sich gehen, wie bei dem in den meisten Fällen weit entfernten Reichsmilitärgericht. Bei den ersteren wird also auf eine schnellere Rechtsprechung zu rechnen sein.

Im

§ 57

sind diejenigen Vergehen aufgeführt, die im Felde und an Bord der Gerichtsherr der höheren dem der niederen Gerichtsbarkeit unter den dort näher bezeichneten Voraussetzungen überweisen kann. Diese Bestimmung lehnt sich an den

§ 75 des Gerichtsverfassungsgesetzes an. Es besteht jedoch der wesentliche Unterschied, daß nach dem Entwurfe die Ueberweisung nur dann wirksam bleibt, wenn die Voraussetzungen des § 57 demnächst auch thatsächlich zutreffen. Anderenfalls hat das Standgericht durch Beschluß seine Unzuständigkeit auszusprechen (§ 315 Abs. 1). Abgesehen hiervon übt der Gerichtsherr der niederen Gerichtsbarkeit auch in diesen Fällen die gerichtsherrlichen Rechte in vollem Umfang aus.

Im Uebrigen wird auf die Bemerkungen zu § 13 und § 43 Bezug genommen.

§ 58

entspricht der Bestimmung des § 45.

## III. Oberkriegsgerichte.

Der

§ 59

sieht die Bildung von Oberkriegsgerichten regelmäßig bei den Generalkommandos und bei dem Oberkommando der Marine, außerdem aber auch bei anderen Stellen vor, wo ein Bedürfniß sich geltend macht, z. B. bei dem Gouvernement von Berlin. Die Anerkennung eines solchen Bedürfnisses erfolgt im Verordnungswege.

§ 64.

Mit Rücksicht auf die Wichtigkeit der Stellung der Oberkriegsgerichtsräthe in dem Oberkriegsgerichte läßt der Entwurf hier eine Vertretung derselben durch andere als ständig angestellte richterliche Beamte nicht zu. Diese Vorschrift entspricht dem § 122 des Gerichtsverfassungsgesetzes, wonach zu Hülfsrichtern bei den Oberlandesgerichten nur ständig angestellte Richter berufen werden dürfen. Für die Vertretung der Oberkriegsgerichtsräthe in ihren sonstigen Amtsobliegenheiten ist die Bestimmung des § 92 maßgebend.

## IV. Reichsmilitärgericht.

§ 65.

Das Reichsmilitärgericht ist der oberste Gerichtshof in militärgerichtlichen Angelegenheiten für die gesammte bewaffnete Macht des Reichs. Seine wesentlichste Aufgabe ist die Herbeiführung und Erhaltung einer einheitlichen Rechtsprechung durch gleichmäßige Auslegung und Anwendung der Gesetze. Das Fehlen einer derartigen einheitlichen Spitze ruft Rechtsunsicherheit hervor und schwächt das Ansehen der gerichtlichen Entscheidungen.

In der Hauptsache ist das Reichsmilitärgericht ausschließlich Revisionsgericht. Als solches hat es nur darüber zu entscheiden, ob das angefochtene Urtheil auf einer Gesetzesverletzung beruht (§ 383). Der Anfechtung durch das Rechtsmittel der Revision unterliegen überdies lediglich die Urtheile der Oberkriegsgerichte.

Der ihm sonst noch in einzelnen Beziehungen zugewiesene Wirkungskreis ergiebt sich aus dem § 29 Absatz 2 und 3, § 30 Absatz 2, § 31 Absatz 3 und 4, § 32, § 91 Absatz 3, § 107, § 142 Absatz 4, § 196 und § 197 Absatz 1 (in Verbindung mit §§ 200, 222, 286), § 228 Absatz 3, §§ 313, 370, 427, 444, 447, 449, 450, § 13 des Einführungsgesetzes.

§ 66.

Als ständiger Sitz des Reichsmilitärgerichts konnte nur Berlin als die Residenz des Kaisers in Aussicht genommen werden. Für den Kriegsfall aber erschien es zweckmäßig, auch dieses oberste Gericht derartig beweglich einzurichten, daß es je nach der Bestimmung des Kaisers entweder in seinem ganzen Bestand oder in seinen einzelnen Senaten (§ 71) verlegt werden kann. Denn wenn auch ein organischer Zusammenhang zwischen den Feldgerichten und dem Reichsmilitärgerichte nicht besteht (vgl. §§ 403 ff.), so könnten die Kriegsverhältnisse sich immerhin einmal so gestalten, daß selbst für immobile Truppenkörper das Reichsmilitärgericht zeitweise gar nicht oder doch schwer erreichbar wäre.

§§ 67 bis 70.

Der Stellung des Reichsmilitärgerichts als des obersten Gerichtshofs für Heer und Marine entsprechend ist als Präsident ein General oder Admiral im Range eines kommandirenden Generals in Aussicht genommen, dessen Ernennung und Abberufung dem Kaiser zusteht. An der Rechtsprechung nimmt er nicht Theil; seine Stellung ist eine wesentlich repräsentative, seine Thätigkeit lediglich eine verwaltende. Diese Beschränkung seiner Thätigkeit ist eine nothwendige Folge der Stellung, welche der Entwurf dem Präsidenten gegenüber der Militäranwaltschaft beim Reichsmilitärgerichte zuweisen zu sollen geglaubt hat.

In dieser Beziehung ist Folgendes zu bemerken:

Das Reichsmilitärgericht ist ein ständiges Gericht. Dies ist nothwendig, weil die dem Reichsmilitärgerichte gestellte Aufgabe der Erhaltung der Rechtseinheit nur von einem die Kontinuität der Rechtsprechung gewährleistenden ständigen

Gerichte gelöst werden kann. Als ein über allen militärischen Verbänden stehendes Gericht ließ es sich an eine bestimmte Kommandogewalt nicht anlehnen und es ließ sich deshalb auch ein Gerichtsherr für dasselbe, abgesehen von dem Obersten Kriegsherrn, nicht bestimmen. Hieraus ergab sich die Nothwendigkeit, bei dem Reichsmilitärgericht eine besondere Militäranwaltschaft einzurichten. Dem Präsidenten des Reichsmilitärgerichts soll nun der Obermilitäranwalt unterstellt, letzterer auch gehalten sein, auf militärischem Gebiete liegende oder dasselbe berührende Fragen vor dem Reichsmilitärgericht im Sinne der von dem Präsidenten erhaltenen Weisungen zu vertreten (§ 99).

Unter diesen Umständen konnte selbstverständlich von einer Mitwirkung des Präsidenten bei der Rechtsprechung keine Rede sein. Daraus ergiebt sich ferner, daß ein Mitglied des Reichsmilitärgerichts nicht Stellvertreter des Präsidenten sein kann (§ 70 Abs. 2).

Nach

§ 71

werden bei dem Reichsmilitärgerichte Senate gebildet, deren Zahl, wie beim Reichsgerichte (vgl. Gerichtsverfassungsgesetz § 132) sich nach dem Bedürfnisse richtet und daher im Voraus gesetzlich nicht bestimmt werden kann. Der Entwurf geht aber von der Annahme aus, daß schon von Anfang an drei Senate werden gebildet werden müssen.

Abgesehen von den Fällen der §§ 79, 80, 86 erfolgen die in der Revisionsinstanz stattfindenden Verhandlungen und Entscheidungen, wie die sonstigen dem Reichsmilitärgericht obliegenden Beschlußfassungen und Entscheidungen in den Senaten. Es ist nicht ausgeschlossen, daß andere Berathungen und Beschlußfassungen, z. B. die von dem Reichsmilitärgerichte zu erstattenden Gutachten, durch die Geschäftsordnung dem Plenum zugewiesen werden (vgl. Geschäftsordnung des Reichsgerichts § 3).

§ 72.

Im Reichsmilitärgerichte soll sowohl das militärische wie das juristische Element angemessene Vertretung finden. Das militärische Element ist unentbehrlich, um eine sachgemäße, durch die Kenntniß der militärischen Verhältnisse unmittelbar getragene Rechtsprechung zu sichern; das juristische Element soll die Gesetzeskenntniß vertreten und in der der Bedeutung des obersten Militärgerichtshofs des Reichs entsprechenden Weise die zutreffende Auslegung und Anwendung der Gesetze gewährleisten.

Da nun die Thätigkeit des Reichsmilitärgerichts im Wesentlichen auf die Entscheidung über das Rechtsmittel der Revision sich beschränkt und hier, wo es sich hauptsächlich um die Auslegung der Gesetze handelt, die Rechtsfragen eine hervorragende Bedeutung gewinnen, erschien es angezeigt, die Leitung der Geschäfte in den Senaten einem Juristen als Senatspräsidenten, den Vorsitz dagegen dem rangältesten Offizier zu übertragen (§§ 72, 77). Die nähere Regelung des Verhältnisses zwischen dem letzteren und dem Senatspräsidenten ist der Geschäftsordnung vorbehalten.

Als Offiziere sollen ins Reichsmilitärgericht nur solche berufen werden, die mindestens im Range der Stabsoffiziere stehen. Es werden dabei solche Offiziere ins Auge zu fassen sein, die mit den militärischen Verhältnissen und dem praktischen Dienste vollauf vertraut sind und damit in aktuellem Zusammenhange stehen, zugleich aber auch durch militärwissenschaftliche Bildung hervorragen. Neben im Frontdienst stehenden Offizieren werden namentlich auch die in bedeutender Zahl zu den großen militärischen Behörden und Instituten gehörenden oder kommandirten Stabsoffiziere in Betracht kommen.

Daß die juristischen Mitglieder des Reichsmilitärgerichts nach der Bestimmung des zweiten Absatzes nicht durch Hülfsrichter sollen vertreten werden können, entspricht der im § 134 des Gerichtsverfassungsgesetzes bezüglich des Reichsgerichts gegebenen Vorschrift.

§ 73.

Die Besetzung eines obersten Gerichts mit wechselnden Mitgliedern hat zwar in der württembergischen Militärstrafgesetzgebung — Artikel 154 der militärischen Strafgesetze vom 20. Juli 1818 — bereits einen Vorgang, beibt aber immerhin eine Anomalie. Ihre Rechtfertigung findet sie in dem Bedürfnisse eines fortwährenden lebendigen Zusammenhangs zwischen dem Reichsmilitärgericht und dem Leben und Geiste in Heer und Marine. Dieser Zusammenhang würde mehr und mehr schwinden, wenn die Berufung der Offiziere auf Lebenszeit erfolgte, da sie damit dem eigentlichen Militärdienste mehr oder weniger dauernd entzogen würden. Ein zeitweiser Wechsel des militärischen Richterpersonals kann daher für das Reichsmilitärgericht nur von Vortheil sein. Andererseits bedingt die für eine gute Rechtspflege nothwendige Kontinuität in der Rechtsprechung des obersten Gerichts die möglichste Stetigkeit im Richterpersonale. Der Entwurf sucht den Ausgleich dadurch herzustellen, daß die Berufung der Offiziere in das Reichsmilitärgericht auf mindestens zwei Jahre erfolgen soll. Eine Abberufung dieser Offiziere während dieser zwei Jahre unbedingt auszuschließen, erschien nicht angängig; dem widerstreitet das allgemeine militärische Interesse wie das persönliche Interesse der betheiligten Offiziere. Das erstere verlangt, daß so bedeutende militärische Kräfte, wie das Reichsmilitärgericht sie beanspruchen wird, jedesmal da verwendbar sind, wo man ihrer im gegebenen Moment am dringendsten bedarf. Aber auch das persönliche Interesse des betreffenden Offiziers könnte unter Umständen schwer geschädigt werden, wenn ihm der Vortheil einer anderweitigen militärischen Verwendung durch seine Berufung ins Reichsmilitärgericht verloren gehen müßte.

Der Entwurf betrachtet es als selbstverständlich, daß eine vorzeitige Abberufung nur aus unabweislichen dienstlichen Gründen erfolgen wird.

Die

§§ 74, 75

regeln die Rechtsverhältnisse der Senatspräsidenten und Räthe des Reichsmilitärgerichts. Der Entwurf will ihnen dieselbe unabhängige Stellung wie den Richtern bei dem Reichsgericht eingeräumt wissen.

Der erste Satz des § 74 entspricht dem § 127 Absatz 1 des Gerichtsverfassungsgesetzes. Der zweite Satz bringt die §§ 2 bis 5, § 127 Absatz 2 des Gerichtsverfassungsgesetzes zur Geltung und entspricht dem Inhalte des zweiten Satzes des § 7 Absatz 1 des Reichsmilitärgesetzes.

Nach § 75 sind die Senatspräsidenten und Räthe des Reichsmilitärgerichts Militärbeamte. In dieser Beziehung erschien eine ausdrückliche Bestimmung, die bei der engen Verbindung, in der jene Richter mit dem Heere und der Marine stehen, keiner besonderen Rechtfertigung bedarf, erforderlich, da sie sich unter die in dem „Verzeichnisse der zum deutschen Heer und zur Kaiserlichen Marine gehörenden Militärpersonen" (Anlage zum Militärstrafgesetzbuch) ohne Weiteres nicht einreihen lassen.

§ 78.

Die Senate entscheiden wie diejenigen des Reichsgerichts

(Gerichtsverfassungsgesetz § 140) in der Besetzung von sieben Mitgliedern, einschließlich des Vorsitzenden.

Die Zusammensetzung soll stets eine derartige sein, daß die militärischen Mitglieder die Mehrheit bilden. Es nehmen somit an den Beschlüssen und Entscheidungen eines jeden Senats mit Einschluß des Vorsitzenden drei juristische Mitglieder und vier militärische Mitglieder Theil.

Wenn in den Kriegsgerichten und Oberkriegsgerichten die Mitwirkung nur eines bz. zweier richterlichen Militärjustizbeamten für ausreichend erachtet werden konnte, so ist doch in den Senaten des Reichsmilitärgerichts die Vertretung des juristischen Elements in dem angegebenen Umfange durchaus geboten. Denn bei den Kriegs- und Oberkriegsgerichten liegt der Schwerpunkt in der Entscheidung der Schuldfrage, während das Reichsmilitärgericht nur über die Rechtsfrage entscheidet. Soll aber hierbei die Rechtsprechung des obersten Gerichtshofs auf der Höhe ihrer Aufgabe stehen und das gebührende Ansehen genießen, dann bedarf es der Mitwirkung einer größeren Zahl von juristisch gründlich durchgebildeten Richtern, denen naturgemäß die Hauptarbeitslast zufallen wird.

§ 79.

Absatz 1, 3, 4 und 5 entsprechen dem § 137 Absatz 1, 3, 4 und 5 des Gerichtsverfassungsgesetzes (vgl. Gesetz vom 17. März 1886, R. G. Bl. S. 61) und sichern die Einheit und Stetigkeit der Rechtsprechung der einzelnen Senate des Reichsmilitärgerichts, während im Absatz 2 Fürsorge dafür getroffen wird, daß auch ein Widerstreit mit der Rechtsprechung des Reichsgerichts betreffs der Auslegung der bürgerlichen Strafgesetze nach Möglichkeit vermieden wird.

§ 80.

Wegen der Zusammensetzung des Reichsmilitärgerichts aus juristischen und militärischen Mitgliedern mußten für die Plenarentscheidungen besondere Bestimmungen getroffen werden.

Für die in Vorschlag gebrachten Bestimmungen war der Gesichtspunkt maßgebend, daß auch hier dem militärischen Elemente das Uebergewicht einzuräumen sei.

Der

§ 81

stellt, indem er die genauere Regelung der Geschäftsordnung vorbehält, die Grundzüge fest, für die Art und Weise, in der die Abstimmungen bei dem Reichsmilitärgericht in den Senaten und im Plenum zu erfolgen haben.

Die

§§ 82 bis 86

enthalten Bestimmungen geschäftsleitender Natur; sie lehnen sich im Allgemeinen an die Vorschriften des Gerichtsverfassungsgesetzes (§§ 61, 62, 65, 66, 133) an.

Die Bildung eines Präsidiums (vgl. Gerichtsverfassungsgesetz §§ 63, 133) ist jedoch, als den Verhältnissen des Reichsmilitärgerichts nicht entsprechend, nicht in Aussicht genommen, vielmehr sollen nach § 83 die betreffenden Anordnungen durch den Präsidenten des Reichsmilitärgerichts nach Anhörung der Senatspräsidenten erfolgen.

Vierter Abschnitt.

## Oberkriegsgerichtsräthe, Kriegsgerichtsräthe und Gerichtsoffiziere.

§§ 87 bis 96.

Die Oberkriegsgerichtsräthe und Kriegsgerichtsräthe gehören, soweit nach Maßgabe der bestehenden Konventionen und Verträge der Artikel 64 der Reichsverfassung auf sie Anwendung findet, als richterliche Militärjustizbeamte und Angehörige des aktiven Heeres zu den Reichsbeamten (Reichsbeamtengesetz § 1 und Motive dazu). Sie sind als richterliche Militärjustizbeamte einem Gerichtsherrn der höheren Gerichtsbarkeit zugeordnet (§ 10 Abs. 3). Gleich den Richtern bei den bürgerlichen Gerichten erfolgt ihre Ernennung auf Lebenszeit. Auch sollen sie mit jenen dieselben Vorrechte hinsichtlich der Gehaltsbezüge, sowie der Zulässigkeit von Versetzungen, Amtsenthebungen und Versetzungen in den Ruhestand genießen (Gerichtsverfassungsgesetz §§ 6 bis 9), auf die übrigens zur Zeit die preußischen Auditeure ebenfalls Anspruch haben. Den letzteren gegenüber ist die richterliche Stellung der Kriegsgerichtsräthe und Oberkriegsgerichtsräthe eine noch ausgeprägtere, da, was bei jenen nicht der Fall ist, in den erkennenden Gerichten, und zwar in den Kriegsgerichten einer, in den Oberkriegsgerichten zwei von ihnen als Richter mitwirken. Wenn auch der Grundsatz, daß die Kriegsgerichtsräthe und Oberkriegsgerichtsräthe nur mit ihrer Zustimmung versetzt werden können, geeignet ist, der Militärjustizverwaltung Schwierigkeiten zu bereiten, und den militärischen Verhältnissen an sich die freie Verfügungsgewalt hinsichtlich der Verwendung ihrer Beamten mehr entsprechen würde, so ist doch im Hinblick auf die bestehenden rechtlichen Verhältnisse und darauf, daß darin eine wesentliche Garantie richterlicher Unabhängigkeit erblickt wird, die Anerkennung jenes Grundsatzes erfolgt. Indessen macht der § 89 im Interesse der militärischen Strafrechtspflege davon insofern eine Ausnahme, als es der obersten Militärjustizverwaltungsbehörde gestattet sein soll, von mehreren einem Gerichtsherrn zugeordneten Kriegsgerichtsräthen einzelnen den Amtssitz außerhalb des Garnisonorts des Gerichtsherrn anzuweisen, ohne daß es im Falle einer dadurch thatsächlich eintretenden und im Uebrigen auch als solche zu behandelnden Versetzung der Zustimmung des betreffenden Beamten bedarf. Die Zurückberufung des Beamten von diesem auswärtigen Amtssitz an den Garnisonort des Gerichtsherrn ist hiernach ebenfalls einer Versetzung gleich zu achten. Eine solche Zurückberufung würde nur dann ohne Zustimmung des von ihr Betroffenen erfolgen können, wenn zugleich die Einrichtung, daß einer der richterlichen Beamten auswärts seinen Amtssitz haben soll, in Wegfall käme.

Die Bestimmung des § 90 Absatz 2 trägt einem dringenden Bedürfnisse der Marine Rechnung, unter entsprechender Wahrung der Interessen der richterlichen Militärjustizbeamten.

Der Absatz 3 des § 90 entspricht im Wesentlichen dem Absatz 3 des § 8 des Gerichtsverfassungsgesetzes, während Absatz 4 zugleich für den Fall einer Mobilmachung der Militärjustizverwaltung die unentbehrliche Versetzungsbefugniß sicherstellt.

Wie viele richterliche Beamte den Gerichtsherren zuzuweisen sein werden, hängt vom Bedürfniß ab. Für jeden kommandirenden General (Admiral) werden etwa zwei bis drei, für jeden Divisionskommandeur etwa vier in Aussicht zu nehmen sein. Die Zahl der den Gouverneuren rc. etatsmäßig zu überweisenden Militärjustizbeamten wird verschieden sein, je nachdem an dem betreffenden Garnisonort solche Beamte vorhanden sind, die aushülfsweise auch beim Gouvernements- rc. Gerichte verwandt werden können, oder nicht.

Gegenwärtig ist bei den unter preußischer Verwaltung stehenden Armeekorps jedem kommandirenden General ein Ober- und Korps-Auditeur zugetheilt, während die Divisionskommandeure zwei, einzelne drei Auditeure zur Verfügung haben. Einzelnen Gouverneuren sind ebenfalls zwei Auditeure zugewiesen; der Regel nach hat jedes Garnisongericht jedoch nur einen Auditeur.

§ 91

regelt das Verhältniß zwischen den Gerichtsherren einerseits und den Oberkriegsgerichtsräthen und den Kriegsgerichtsräthen andererseits in ähnlicher Weise, wie die preußische Militärstrafgerichtsordnung das Verhältniß der Gerichtsherren zu den Auditeuren geregelt hat. Hier hat dieses Verhältniß, das zunächst etwas Befremdendes haben mag, nie zu Unzuträglichkeiten geführt, im Gegentheil sich derart während eines langen Zeitraums bewährt, daß seiner Erhaltung vom militärischen Standpunkte das größte Gewicht beigelegt werden muß. Die Gerichtsherren werden auch künftighin den Rechtskenntnissen ihrer juristischen Berather das gebührende Gewicht beilegen, wie umgekehrt die letzteren bei den das militärische Gebiet berührenden Fragen die sachverständigere Kenntniß und Erfahrung des Gerichtsherrn bereitwillig anerkennen werden.

Soweit die in Rede stehenden Beamten als Richter in den erkennenden Gerichten mitwirken, sind sie, wie diese Gerichte selbst, unabhängig und nur dem Gesetz unterworfen (§ 15 Abs. 1) und deshalb jeder Einwirkung des Gerichtsherrn entzogen. In ihren sonstigen Amtsgeschäften haben sie dagegen den Anordnungen des Gerichtsherrn Folge zu leisten. Indessen sollen sie auch hier keineswegs blinde Werkzeuge in der Hand des Gerichtsherrn sein, sie sollen vielmehr den Gerichtsherren als rechtskundige Beamte mit ihrer Gesetzeskenntniß und ihrem juristischen Urtheile zur Seite stehen und dafür Sorge tragen, daß nach Recht und Gesetz verfahren wird. Soweit daher der Gerichtsherr nicht in den vom Gesetze besonders bestimmten Fällen kraft seiner Kommandogewalt allein entscheidet oder verfügt (vgl. §§ 166, 167, 234, 240, 260), sind die im Laufe des Ermittelungsverfahrens ergehenden Entscheidungen und Verfügungen von dem Gerichtsherrn und einem richterlichen Militärjustizbeamten gemeinschaftlich zu unterzeichnen. Jeder der Beiden ist für die Gesetzlichkeit der Entscheidung oder Verfügung verantwortlich. Deshalb hat der rechtskundige Beamte das Recht und die Pflicht der Prüfung und erforderlichen Falles der Geltendmachung der gegen die Zulässigkeit der vom Gerichtsherrn beabsichtigten Anordnung oder Verfügung etwa bestehenden Bedenken. Nur dadurch vermag er sich seines Theils der Verantwortlichkeit für eine unzulässige Maßnahme zu entziehen. Bei fortbestehender

Meinungsverschiedenheit ist zunächst die Auffassung des Gerichtsherrn maßgebend; derselbe übernimmt dann aber auch allein die volle Verantwortlichkeit. In solchen Fällen, die meist Meinungsverschiedenheiten von grundsätzlicher Bedeutung betreffen, liegt es im dienstlichen Interesse, daß das Reichsmilitärgericht demnächst Kenntniß von den Akten erhält, um erforderlichen Falles durch die betreffende Militärjustizverwaltung das Geeignete veranlassen zu können.

Betrifft die Meinungsverschiedenheit die dem Gerichtsherrn zugewiesene Entscheidung über ein Rechtsmittel (§ 123 Abs. 4, § 125 Abs. 2, § 209 Abs. 3, § 236 Abs. 2, § 370 Abs. 1), so hat das Reichsmilitärgericht sich in rechtlich bindender Weise zu äußern und der Gerichtsherr hiernach seine Entscheidung zu treffen.

§ 92

regelt die Vertretung der Oberkriegsgerichtsräthe und Kriegsgerichtsräthe.

Die

§§ 93 bis 96

handeln von dem Gerichtsoffizier (vgl. § 10 Abs. 2). Die Stellung desselben entspricht im Wesentlichen derjenigen des untersuchungsführenden Offiziers der preußischen Militärstrafgerichtsordnung. Die Einrichtung der untersuchungsführenden Offiziere hat sich ebenfalls vollkommen bewährt, und der Entwurf erachtet die Beibehaltung derselben in den gezogenen Grenzen für wünschenswerth (vgl. auch Bemerkung zu § 10).

§ 94

entspricht den im § 37 und § 41 Absatz 1 hinsichtlich der als Richter zu den Kriegs- und Standgerichten berufbaren Offiziere gegebenen Bestimmungen.

Dem Gerichtsherrn gegenüber war die Stellung des Gerichtsoffiziers entsprechend der der richterlichen Militärjustizbeamten zu regeln (vgl. preußische Militärstrafgerichtsordnung § 81).

## Fünfter Abschnitt.

## Militäranwaltschaft beim Reichsmilitärgericht.

§§ 97 bis 101.

§§ 97, 98.

Die Nothwendigkeit der Einrichtung einer ständigen Militäranwaltschaft bei dem Reichsmilitärgericht ist schon in den Bemerkungen zu den §§ 67 bis 70 hervorgehoben worden. Die Militäranwaltschaft besteht aus einem Obermilitäranwalt und einem oder mehreren Militäranwälten.

Die Militäranwaltschaft ist nicht eine kollegiale, sondern eine büreaukratisch eingerichtete Behörde dergestalt, daß der Obermilitäranwalt der Träger des Amtes ist und die ihm zugeordneten Militäranwälte nur als seine Vertreter handeln. Letztere unterstehen seiner Aufsicht und Leitung und haben seinen dienstlichen Anweisungen (vgl. Gerichtsverfassungsgesetz § 147 Abs. 1) Folge zu leisten (§ 98). Unter „Anweisungen" sind nicht blos allgemeine Anordnungen (Instruktionen ꝛc.), sondern auch solche Verfügungen zu verstehen, welche die Behandlung der einzelnen Sachen betreffen. Da indessen die Militäranwälte gesetzlich legitimirte Vertreter des Obermilitäranwalts sind, bedürfen sie, wo sie amtlich auftreten, nicht noch einer besonderen Vollmacht zu ihrer Legitimation.

Nach

§ 99

ist der Obermilitäranwalt dem Präsidenten des Reichsmilitärgerichts unterstellt. Diese Unterstellung geht indessen in Beziehung auf die sachliche Behandlung der der Militäranwaltschaft obliegenden Geschäfte nicht über die im Absatz 2 gezogenen Grenzen hinaus und erstreckt sich insbesondere nicht auf Fragen, welche die Geltung oder Auslegung von Gesetzen betreffen.

Nach

§ 100

sind der Obermilitäranwalt und die Militäranwälte nichtrichterliche Militärbeamte. Daß sie Militärbeamte seien, bedurfte ebenso der ausdrücklichen Bestimmung, wie dies bei den Senatspräsidenten und Räthen des Reichsmilitärgerichts erforderlich war (vgl. Bemerkung zu § 75).

Die Bestimmung des Absatz 2 entspricht dem § 149 Absatz 2 des Gerichtsverfassungsgesetzes.

Nach

§ 101

erfolgt die Ernennung des Obermilitäranwalts und der Militäranwälte auf Vorschlag des Bundesraths durch den Kaiser.

Der Absatz 2 entspricht dem § 150 Absatz 2 des Gerichtsverfassungsgesetzes (vgl. auch § 25 des Reichsbeamtengesetzes).

## Sechster Abschnitt.

## Militärgerichtsschreiber.

§§ 102 bis 104.

Der Entwurf erfordert in manchen Bestimmungen seines zweiten Theiles die Thätigkeit eines Militärgerichtsschreibers (vgl. z. B. § 156 Abs. 2). Namentlich aber ist verlangt, daß die Hauptverhandlung in ununterbrochener Gegenwart eines Militärgerichtsschreibers erfolge (§ 261). Es mußte deshalb hier eine organisatorische Bestimmung bezüglich der Militärgerichtsschreiber aufgenommen werden. Dieselbe ist im § 102 unter Anlehnung an den § 154 des Gerichtsverfassungsgesetzes gegeben.

Dabei ist zu bemerken, daß der Entwurf bei seinen das Verfahren betreffenden Vorschlägen davon ausgegangen ist, es werde der Dienst eines Militärgerichtsschreibers bei den Stäben der niederen Gerichtsherren regelmäßig von geeigneten Personen des Soldatenstandes (namentlich von Unteroffizieren, Bataillonsschreibern 2c.) versehen werden.

## Dritter Titel.

## Militärjustizverwaltung.

§§ 105 bis 108.

§ 105.

Während die Militärjustizverwaltung zur Zeit in den einzelnen Bundesstaaten verschiedenartigen Behörden zusteht, steht der Entwurf auf dem Standpunkte, daß dieselbe an sich nur einen Zweig der allgemeinen Militärverwaltung bilde und deshalb der für die letztere zuständigen Behörde anzuvertrauen sei. Insbesondere bleibt dem Reichsmilitärgerichte, soweit dessen Senate in Frage kommen, der Charakter einer richterlichen Behörde besser gewahrt, wenn es von Geschäften der Justizverwaltung völlig frei gehalten wird.

Dem entspricht die Vorschrift des § 105. Wenn hier die Militärjustizverwaltung den Kriegsministerien zugewiesen ist, so hat damit nur zum Ausdruck gebracht werden sollen, daß die Militärjustizverwaltung in den Kriegsministerien gipfelt. Wo indessen, wie seitens der Großherzogthümer Mecklenburg-Schwerin und Mecklenbnrg-Strelitz konventionsmäßig zwar die Militärverwaltung im engeren Sinne, nicht aber auch die

Militärjustizverwaltung auf einen andern Bundesstaat übertragen ist, war auf diese besonderen Verhältnisse Rücksicht zu nehmen. Demgemäß verbleibt in diesen Staaten die Militärjustizverwaltung den Behörden, welche die Geschäfte derselben bisher schon wahrgenommen haben, und zwar in Mecklenburg-Schwerin dem Militär-Departement, in Mecklenburg-Strelitz dem Militär-Collegium. Es ist selbstverständlich nicht ausgeschlossen, daß die Kriegsministerien und die ihnen hinsichtlich der Militärjustizverwalung gleichgestellten Behörden sich zur Ausübung ihrer Verwaltungsbefugnisse anderer Organe bedienen.

Die Kriegsministerien ꝛc. können die Militärjustizverwaltung nur innerhalb ihres Verwaltungsbereichs im Allgemeinen ausüben. Daraus folgt, daß der Militärjustizverwaltung der Kriegsministerien weder das Reichsmilitärgericht, noch die Militäranwaltschaft bei demselben untersteht, da diese Behörden unmittelbare Reichsbehörden sind. Die Justizverwaltung liegt hinsichtlich dieser Behörden dem Präsidenten des Reichsmilitärgerichts ob.

Nach

§ 106

steht der Militärjustizverwaltung ein Aufsichtsrecht über die Ausübung der Militärgerichtsbarkeit zu. Jedoch ist die die Militärjustiz verwaltende Behörde nicht befugt, in die Leitung eines militärgerichtlichen Strafverfahrens einzugreifen, da dies mit der den Gerichtsherren grundsätzlich eingeräumten Stellung (vgl. § 21) nicht vereinbar sein würde.

Die näheren Bestimmungen über die Dienstaufsicht, sowie das Disziplinarverfahren gegen richterliche Militärjustizbeamte sind besonderer Regelung vorbehalten.

§ 107

bezweckt im Interesse der Rechtseinheit, sowie einer richtigen Gesetzesauslegung und Gesetzesanwendung eine Kontrole über die seitens der Militärgerichte ergangenen Urtheile. Es ist auch hier ausgeschlossen, daß irgendwie in ein schwebendes Verfahren eingegriffen werde. Dagegen sollen die rechtskräftig erledigten Sachen einer Nachprüfung in der Richtung unterzogen werden, ob überall nach Recht und Gesetz verfahren worden ist, und zwar lediglich zu dem Zwecke, um falsche Rechtsauffassungen und zu Tage getretene Irrthümer zu berichtigen und durch Belehrung künftigen Gesetzesverletzungen vorzubeugen. Das kann geschehen, ohne daß es der Bezeichnung der einzelnen Sache bedarf, die zu der Bemerkung Veranlassung gegeben hat. Eine solche nachträgliche Durchsicht erscheint unentbehrlich, weil die Militärgerichte zum Theil ausschließlich, zum Theil überwiegend aus nicht rechtskundigen Personen bestehen. Die Bestimmungen der §§ 195 und 210 der preußischen Militärstrafgerichtsordnung, denen der § 107 nachgebildet ist, haben sich in hohem Maße bewährt, namentlich auch in der Richtung, daß durch Rechtsirrthümer vorgekommene Härten im Wege der Gnade ausgeglichen werden konnten.

---

# Zweiter Theil.

# Verfahren.

---

Entsprechend der systematischen Anordnung des Entwurfs, wonach die Bestimmungen, welche die Gerichtsverfassung betreffen, von den prozeßrechtlichen Vorschriften gesondert sind, haben diejenigen Bestimmungen prozessualer Natur, welche die bürgerliche Gesetzgebung in das Gerichtsverfassungsgesetz aufgenommen hat (vgl. die Tit. 14 bis 16 des Gerichtsverfassungsgesetzes), hier in dem das Verfahren behandelnden Theile ihren Platz erhalten.

Außerdem weicht der Entwurf im zweiten Theile hinsichtlich der Anordnung des Stoffes auch sonst erheblich von der bürgerlichen Strafprozeßordnung ab.

Bestimmend hierfür war die Erwägung, daß eine Militärstrafprozeßordnung auch Personen, die nicht berufsmäßige Juristen sind, leicht verständlich sein müsse, daß dieses Verständniß aber erschwert werde, wenn den die Einleitung und den Gang des Untersuchungsverfahrens ordnenden Bestimmungen eine Reihe allgemeiner Abschnitte vorausgeht, deren Bedeutung erst dann voll gewürdigt werden kann, wenn man den Gang des Verfahrens selbst zu übersehen vermag.

Der Entwurf hat daher dem Verfahren erster Instanz nur einige allgemeine Bestimmungen über die Gerichtssprache, über Ausschließung und Ablehnung der Gerichtspersonen, über Entscheidungen, Verfügungen und deren Bekanntmachung, sowie über Berechnung der Fristen und Wiedereinsetzung in den vorigen Stand gegen Fristversäumniß vorausgeschickt.

Dagegen hat er die prozessualen Vorschriften, betreffend Vernehmung, Dienstenthebung und Verhaftung des Beschuldigten, Vernehmung von Zeugen, Zuziehung von Sachverständigen, Einnahme des Augenscheins, Leichenschau und Leichenöffnung, Beschlagnahme und Durchsuchung, als einzelne zunächst beim Ermittelungsverfahren in Betracht kommende Untersuchungsmaßregeln behandelt. Derartige Untersuchungshandlungen wiederholen sich zwar im Hauptverfahren. Für das letztere genügt indeß eine Zurückverweisung auf die für das Ermittelungsverfahren gegebenen Vorschriften.

Anderweite Abweichungen von der Eintheilung der bürgerlichen Strafprozeßordnung ergeben sich noch daraus, daß der Entwurf

1. eine Betheiligung des Verletzten bei dem Verfahren nicht zuläßt und deshalb den Inhalt des Fünften Buches der bürgerlichen Strafprozeßordnung nicht aufnehmen konnte (vgl. § 236);
2. von den in der bürgerlichen Strafprozeßordnung geregelten fünf besonderen Arten des Verfahrens nur zwei kennt (Strafverfügung und Verfahren gegen Abwesende), deren Aufnahme in den Zweiten Titel für angemessen erachtet wurde, weil die Besonderheiten nur das Verfahren in erster Instanz betreffen;
3. den verschiedenen Inhalt der beiden Abschnitte des Siebenten Buches der bürgerlichen Strafprozeßordnung (Strafvollstreckung und Kosten des Verfahrens) in zwei Hauptabschnitte (Titel) zerlegt hat.

## Erster Titel.

## Allgemeine Bestimmungen.

### Erster Abschnitt.

### Gerichtssprache.

§§ 109 bis 115.

Die Bestimmungen über die Gerichtssprache, die, als zum „Verfahren" gehörig, hier eingestellt worden sind, entsprechen denjenigen der §§ 186 ff. des Gerichtsverfassungsgesetzes, nur ist der lediglich das Civilprozeßverfahren berührende § 189 nicht mit aufgenommen worden.

Hinsichtlich der Ausschließung und Ablehnung der Dolmetscher finden in Gemäßheit der §§ 115, 202 des Entwurfs die Bestimmungen des § 116 Nr. 1 bis 4, sowie der §§ 118, 120, 123 Absatz 2 bis 5 und der §§ 124, 126, 127 entsprechende Anwendung.

Zweiter Abschnitt.

## Ausschließung und Ablehnung der Gerichtspersonen.

§§ 116 bis 128.

Die §§ 116 bis 128 treffen Bestimmungen, inwieweit die zu einem erkennenden Gerichte berufenen Richter, die mit Untersuchungshandlungen beauftragten richterlichen Militärjustizbeamten oder Gerichtsoffiziere, die Miliärgerichtsschreiber und die Gerichtsherren gesetzlich behindert sind, die betreffenden Geschäfte wahrzunehmen, oder inwieweit dieselben in ihrer gedachten Eigenschaft abgelehnt werden können, und regeln das in dieser Beziehung zu beobachtende Verfahren.

Die

§§ 116 bis 122

enthalten die Bestimmungen über die Ausschließung von der Ausübung des Richteramts bei den erkennenden Gerichten und über die Ablehnung eines Richters.

§ 116

entspricht dem § 122 der bürgerlichen Strafprozeßordnung. Die Abweichungen in Nummer 4 beruhen auf der Unwahrscheinlichkeit, daß einer der Richter eines Militärgerichts in der zu verhandelnden Sache als Polizeibeamter oder als Anwalt des Verletzten thätig gewesen sei. Sollte ganz ausnahmsweise eines jener Verhältnisse einmal vorliegen, so würde äußersten Falles, sofern der betreffende Richter sich nicht etwa selbst für befangen erklärt, immerhin die Ablehnung desselben auf Grund des in § 118 Absatz 1 „wegen Besorgniß der Befangenheit" möglich sein.

Dagegen erschien es erforderlich, in Nummer 4 denjenigen, welcher als „Gerichtsherr" in der Sache thätig gewesen ist, mitaufzuführen. Denn es kann vorkommen, daß Jemand, der als Gerichtsherr die Strafverfolgung in erster Instanz eingeleitet und vielleicht durchgeführt hat, in Folge Versetzung oder Beförderung dazu berufen wird, in derselben Sache in dem Berufungs- oder Revisionsgericht als erkennender Richter mitzuwirken.

§ 117

entspricht dem § 23 Absatz 1 der bürgerlichen Strafprozeßordnung. Die Bestimmung des zweiten Absatzes des § 23 hat bereits in § 116 Nr. 4 des Entwurfs entsprechende Berücksichtigung gefunden. Der Absatz 3 des § 23 mußte wegfallen, weil der Entwurf eine Entscheidung des Gerichts „über die Eröffnung des Hauptverfahrens“ nicht kennt (vgl. §§ 245, 247).

§ 118

giebt die beiden ersten Absätze des § 24 der bürgerlichen Strafprozeßordnung wörtlich wieder. Im Absatz 3 ist jedoch das Ablehnungsrecht nur dem Beschuldigten und nur im Verfahren vor dem Reichsmilitärgericht auch der Militäranwaltschaft eingeräumt. Der Gerichtsherr kann mit Rücksicht auf die Zusammensetzung und Bildung der Militärgerichte das Ablehnungsrecht entbehren, und der Privatkläger kommt nicht in Frage, weil der Entwurf eine Privatklage (bürgerliche Strafprozeßordnung Buch V Abschnitt 1) bei den Militärgerichten nicht zugelassen hat.

Die

§§ 119 bis 121

schließen sich im Wesentlichen mit einigen durch die militärischen Verhältnisse bedingten Abweichungen an die §§ 25 bis 27 der bürgerlichen Strafprozeßordnung an.

§ 121

bestimmt im Absatz 1 im Anschluß an § 27 der bürgerlichen Strafprozeßordnung, daß der abgelehnte Richter in diesem Falle sich über den Ablehnungsgrund dienstlich zu äußern habe. Darunter ist nur verstanden, daß die Erklärung eine dienstlich abzugebende sei, nicht aber, daß es in dieser Beziehung besonderer Förmlichkeiten, insbesondere der Einhaltung eines bestimmten Dienstweges bedürfe.

Ueber das Ablehnungsgesuch entscheidet nach Absatz 2 das Gericht, „vor welchem die Hauptverhandlung stattfindet“. An dieser Entscheidung nimmt auch der abgelehnte Richter Theil. Der Entwurf weicht hierin von dem Prinzipe des § 27 der bürgerlichen Strafprozeßordnung ab, wonach der Abgelehnte sich der Entscheidung über das Ablehnungsgesuch immer zu enthalten hat, derartig, daß, wenn das Ablehnungsgesuch in der Hauptverhandlung vorgebracht wird, der

Abgelehnte selbst zunächst ausscheiden und durch einen anderen Richter ersetzt werden muß (vgl. Urtheil des Reichsgerichts vom 22. Januar 1886, Entsch. in Straff. B. 13 S. 303). Die Abweichung beruht auf der Organisation und Zusammenberufung der Militärgerichte, empfiehlt sich zur Verhütung beabsichtigter Verschleppungen und erscheint auch sachlich unbedenklich, da der abgelehnte Richter stets bereit sein wird, einer, wenn auch nur entfernt begründeten Ablehnung stattzugeben. Ueberdies kann ein das Ablehnungsgesuch zurückweisender Beschluß nach § 122 zugleich mit dem Urtheile selbst angefochten werden.

§ 122

entspricht dem § 28 Absatz 2 der bürgerlichen Strafprozeßordnung.

Nach

§ 123

finden die Bestimmungen der §§ 116, 118, 120, 121 Absatz 1 auf die Gerichtsoffiziere, Kriegsgerichtsräthe und soweit sie außerhalb der Hauptverhandlung mit Untersuchungshandlungen beauftragt sind, entsprechende Anwendung. Es erschien dies erforderlich, weil die fraglichen Untersuchungshandlungen vielfach den Charakter richterlicher Handlungen tragen und die darüber aufgenommenen Protokolle unter Umständen als Beweismittel dienen (vgl. §§ 292, 294, 295).

Ueber das Ablehnungsgesuch entscheidet der Gerichtsherr, welcher den Auftrag ertheilt hat. Das Gesuch ist, sofern es bei Vornahme der Untersuchungshandlung angebracht wird, zu Protokoll zu nehmen und der Entscheidung des Gerichtsherrn zu unterbreiten. Andernfalls ist das Gesuch an den Gerichtsherrn zu richten. Die Form der Anbringung des Gesuchs ist hierbei eine verschiedene, je nachdem der Beschuldigte zu den Mannschaften (Unteroffizieren und Gemeinen) des aktiven Heeres oder der aktiven Marine gehört, oder nicht. Mannschaften der erstbezeichneten Art sind an ihren nächsten mit Disziplinarstrafgewalt versehenen Vorgesetzten gewiesen, welcher der natürliche Vertreter ihrer dienstlichen Interessen ist. Der Disziplinarvorgesetzte hat über das Ablehnungsgesuch und dessen Glaubhaftmachung (§ 120) ein Protokoll aufzunehmen und dieses dem Gerichtsherrn einzureichen. Alle anderen Personen haben sich schriftlich an den Gerichtsherrn zu wenden.

Für Beschuldigte, welche sich nicht auf freiem Fuße befinden, wird indessen das Beschreiten der vorbezeichneten Wege oft nicht möglich oder doch mit erheblichen Schwierigkeiten verknüpft sein. Deshalb sieht Absatz 3 vor, daß solche Beschuldigte ihre Erklärungen auch anderweit abgeben können. Allgemein soll es in solchen Fällen zulässig sein, daß die Erklärungen, d. h. die Anbringung des Ablehnungsgesuchs und die die Glaubhaftmachung desselben betreffenden Angaben demjenigen Offizier oder Beamten zu Protokoll gegeben werden, welcher die Aufsicht über das Gefängniß führt. Für Beschuldigte, welche dem aktiven Heere oder der aktiven Marine nicht angehören, erschien ferner auch die Abgabe der Erklärungen zum Protokolle des Amtsgerichts, in dessen Bezirk das Gefängniß liegt, zulässig, während für aktive Militärpersonen die Beschränkung auf den durch die dienstliche Ordnung des Gefängnisses vorgezeichneten Weg geboten war. Die im Absatz 3 bezeichneten Stellen haben das Protokoll dem Gerichtsherrn einzusenden.

Für die Fälle des § 123 Absatz 5 war Vorsorge gegen die Anbringung lediglich auf Verschleppung abzielender Ablehnungsgesuche zu treffen. Die Absicht der Verschleppung wird ohne Weiteres unterstellt werden können, wenn ein Ablehnungsgrund überhaupt nicht angegeben werden oder der angegebene in keiner Weise glaubhaft gemacht werden kann. Die Befugniß zur Zurückweisung solcher Gesuche konnte für diese Fälle nach Lage der Verhältnisse nur dem Gerichtsoffizier oder Kriegsgerichtsrath eingeräumt werden. Da es sich aber hier außer um Ablehnung von Sachverständigen und Dolmetschern (§§ 115, 202) auch um Ablehnung eben dieses Gerichtsoffiziers oder Kriegsgerichtsraths handelt, und die Zurückweisung n u r von diesem selbst und nicht, wie in den Fällen des § 121 Absatz 2 von einem kollegialisch zusammengesetzten Gericht erfolgt, so mußte dem Beschuldigten gegen die zurückweisende Verfügung die Rechtsbeschwerde an den Gerichtsherrn gewährt werden. Für die Einlegung der Rechtsbeschwerde ist die Frist auf vierundzwanzig Stunden bemessen, um einer etwa auf Verschleppung der Untersuchung gerichteten Absicht wirksam zu begegnen.

§ 124

bezieht sich sowohl auf die Fälle der Ablehnung eines erkennenden Richters in der Hauptverhandlung, als auch auf die Fälle des § 123 Absatz 1 und entspricht sachlich dem § 30 der bürgerlichen Strafprozeßordnung.

§ 125

lehnt sich an § 31 der bürgerlichen Strafprozeßordnung an.

Hinsichtlich der Fristbestimmung des Absatzes 2 gilt auch hier das zu § 123 Bemerkte.

Im

§ 126

wird auf die in den §§ 123, 125 bezeichneten Fälle der Ablehnung der im § 29 der bürgerlichen Strafprozeßordnung aufgestellte Grundsatz übertragen.

Durch die im

§ 127

enthaltene Vorschrift, daß die das Ablehnungsgesuch zurückweisende Verfügung aktenkundig zu machen sei, ist dafür gesorgt, daß insbesondere bei dem im Felde oder an Bord stattfindenden Verfahren die dem Ablehnungsgesuche zu Grunde liegenden Thatsachen geeigneten Falles von dem erkennenden Gericht oder bei der Begutachtung oder Bestätigung des Urtheils nach Gebühr gewürdigt werden können.

§ 128.

Daß ein Gerichtsherr, wenn eine der Voraussetzungen des § 116 Nr. 1, 2, 3, 5 vorliegt, nicht füglich die gerichtsherrlichen Rechte ausüben kann, bedarf keiner Begründung. Der § 128 legt ihm im Absatz 1 die Verpflichtung auf, in solchen Fällen seinem Stellvertreter im Kommando die Wahrnehmung dieser Rechte zu übertragen, und geht davon aus, daß kein Gerichtsherr die gerichtsherrlichen Rechte in einem solchen Falle selbst wahrnehmen wird. Diese Erwartung ist nach den im Gebiete der preußischen Militärstrafgerichtsordnung gemachten Erfahrungen eine vollberechtigte, da hier schon die Vorschrift des § 77 Absatz 5, wonach „in Behinderungsfällen" die gerichtsherrlichen Befugnisse auf den Stellvertreter im Kommando übergehen, durchaus genügt hat, um jeder Unzuträglichkeit zu begegnen. Auch mußte aus Rücksichten militärdienstlicher Natur davon abgesehen werden, dem Beschuldigten ein Recht auf Ablehnung des Gerichtsherrn wegen Besorgniß der Befangenheit einzuräumen. In dieser Beziehung dürfte die Bestimmung des § 128 Absatz 2 genügen, wonach ein Gerichtsherr, der sich selbst in der Sache aus irgend einem Grunde für befangen hält, den Stellvertreter im Kommando für sich eintreten lassen kann.

Dritter Abschnitt.

## Entscheidungen, Verfügungen und deren Bekanntmachung.

§§ 129 bis 138.

§ 129

entspricht dem § 34 der bürgerlichen Strafprozeßordnung, jedoch mit dem Unterschiede, daß im Entwurfe neben den „Entscheidungen" auch die „Verfügungen" hervorgehoben sind. Es ist dies geschehen, um keinen Zweifel zu lassen, daß auch die in der Form von Verfügungen ergehenden Entscheidungen des Gerichtsherrn der Vorschrift des § 129 (vgl. auch § 130) unterliegen.

§ 130.

giebt sachlich den § 35 Absatz 1 und 2 und den zweiten Satz des § 36 Absatz 1 der bürgerlichen Strafprozeßordnung wieder.

Mannschaften (Unteroffiziere und Gemeine) des aktiven Heeres und der aktiven Marine können der Regel nach ohne Schwierigkeiten gestellt werden, und da die einfachere Form der Verkündung am besten den militärdienstlichen Verhältnissen entspricht, so soll sie die regelmäßige Art der Bekanntmachung an Mannschaften sein.

Die

§§ 131 bis 138

behandeln die „Zustellungen", d. h. die Art der Bekanntmachung von Entscheidungen und Verfügungen an solche Betheiligte, an die wegen ihrer Abwesenheit die Bekanntmachung nicht durch „Verkündung" erfolgen kann (vgl. § 130 Abs. 1 und 2).

Die Bestimmungen

der §§ 131, 132

entsprechen der Stellung, welche im Entwurfe den Gerichtsherren und dem Präsidenten des Reichsmilitärgerichts sowie den den Gerichtsherren zugeordneten Gerichtspersonen angewiesen ist.

Der § 132 erläutert, im Anschluß an § 156 der Civilprozeßordnung, worin die Zustellung bestehen soll, und bezeichnet überdies die Personen, welche die Beglaubigung des zuzustellenden Schriftstücks vorzunehmen haben.

Die Beglaubigung ist den Gerichtsoffizieren und richterlichen Militärjustizbeamten übertragen, nicht den Militärgerichtsschreibern. Denn letztere nehmen nach dem Entwurfe nur die Stellung von Büreaubeamten ein, welche, von ihrer Mitwirkung bei der Aufnahme von Protokollen abgesehen (vgl. §§ 156, 316), ihren Dienst lediglich unter Verantwortlichkeit der betreffenden Militärjustizbeamten versehen und nicht dazu bestimmt sind, den dienstlichen Verkehr zwischen dem Gerichtsherrn oder dem richterlichen Militärjustizbeamten und dritten Personen zu vermitteln. Es erschien im Gegentheil angezeigt, einen unmittelbaren dienstlichen Verkehr zwischen ihnen und den Mannschaften auszuschließen. Für die Fälle der niederen Gerichtsbarkeit kommt hinzu, daß hier vorzugsweise Unteroffiziere als Gerichtsschreiber thätig sein werden und die Uebertraguug der Beglaubigung an solche ohnehin den militärischen Verhältnissen nicht entsprechen würde.

Im

§ 133

wird die Vorschrift des § 35 Absatz 3 der bürgerlichen Strafprozeßordnung wiedergegeben, zugleich aber — in weiterer Ausführung des zu Grunde liegenden Gedankens — angeordnet, daß das zugestellte Schriftstück dem nicht auf freiem Fuße befindlichen Beschuldigten zu übersetzen sei, wenn er der deutschen Sprache (vgl. § 109) nicht mächtig ist.

Die

§§ 134, 135

unterscheiden zwischen „aktiven Militärpersonen" (§ 134) und anderen Personen (§ 135).

Für die im § 134 bezeichneten Personen erscheint die dienstliche Zustellung nicht nur als die zunächstliegende, sondern auch bei Berücksichtigung der militärischen Verhältnisse als die einzig statthafte Art der Zustellung. In welcher Weise die dienstliche Zustellung zu erfolgen habe, bleibt der Anordnung im Verwaltungswege vorbehalten. Der Entwurf hat das Wort „dienstlich" und nicht den Ausdruck „im Dienstwege" gewählt, um die Annahme auszuschließen, als ob ein bestimmter Instanzenweg eingehalten werden müsse.

Für die Zustellungen an andere als die im § 134 bezeichneten Personen läßt der Entwurf demjenigen, der die Zustellung zu veranlassen hat (§ 131), mehrere Wege offen, von denen er je nach den dienstlichen oder örtlichen Verhältnissen den einen oder den andern als den zweckmäßigeren wählen kann.

Die Zustellung kann darnach bewirkt werden:

1. durch hierzu bestellte Militärpersonen oder Beamte, und zwar gegen eine den Erfordernissen des § 134 Absatz 2 entsprechende Empfangsbescheinigung;
2. durch Ersuchen der Staatsanwaltschaft und
3. durch Aufgabe zur Post, d. h. dadurch, daß das zu übergebende Schriftstück unter der Adresse der Person, der zugestellt wird, zur Post gegeben wird.

Andere Formvorschriften, als daß über die erfolgte Aufgabe zur Post ein Vermerk zu den Akten gebracht wird, sind nicht gegeben. Dieser Weg wird vielfach der einfachste sein, namentlich wenn es sich im Ermittelungsverfahren um die Vernehmung von Personen handelt, bei denen die Bereitwilligkeit zum Erscheinen ohne Weiteres unterstellt werden kann. Da es indessen bei dieser Aufgabe zur Post an einer amtlichen Feststellung darüber fehlt, ob und wann das Schriftstück in die Hände des Adressaten gelangt ist, so mußte diese Art der Zustellung ausgeschlossen bleiben nicht nur für die Fälle, in denen mit der Zustellung der Lauf einer Frist beginnt, sondern auch für Ladungen zur Hauptverhandlung, da das Stattfinden der letzteren nicht von dem guten Willen der betreffenden Personen oder von den Zufälligkeiten, denen diese Art der Zustellung ausgesetzt sein kann, abhängig sein darf.

Die

§§ 136, 137

behandeln die Zustellungen im Ausland im Anschluß an die §§ 182 bis 184 der Civilprozeßordnung.

§ 138

entspricht dem § 40 der bürgerlichen Strafprozeßordnung.

### Vierter Abschnitt.

## Berechnung der Fristen, Wiedereinsetzung in den vorigen Stand gegen Fristversäumniß.

§§ 139 bis 143.

Der Entwurf hat die Dauer der Fristen unter Berücksichtigung der durch die militärischen Verhältnisse gebotenen raschen Erledigung des strafgerichtlichen Verfahrens, sowie des Umstandes, daß den Betheiligten im militärischen Strafverfahren die Wahrung kürzerer Fristen möglich ist, als im Verfahren vor den bürgerlichen Strafgerichten, durchweg kurz bemessen, dieselben aber andererseits nach Maßgabe der Wichtigkeit der zu wahrenden rechtlichen Interessen verschieden bestimmt.

Die Fristen sind solche von vierundzwanzig Stunden bis zu einem Monat.

Außerdem kommen als Zeitbestimmungen vor die Bezeichnungen:

„nicht über den nächstfolgenden Tag hinaus" — § 164,
„spätestens am Tage nach der Einlieferung in das Gefängniß bezw. der Ergreifung" — §§ 169, 176,
„spätestens am vorhergehenden Tage" — § 253.

In das Ermessen des Reichsmilitärgerichts sind Fristen gestellt in den §§ 428, 429.

§ 139

entspricht im Wesentlichen den §§ 42, 43 der bürgerlichen Strafprozeßordnung. Jedoch hat der Entwurf durch die Zusammenziehung des Inhalts der §§ 42, 43 der bürgerlichen Strafprozeßordnung in einen Paragraphen außer Zweifel gestellt, daß die Vorschrift des dritten Absatzes auch für die nach Tagen bestimmte Frist gelten soll.

Außerdem trägt der Entwurf im zweiten und dritten Satze des Absatz 1 bei Berechnung der nach Tagen bemessenen Fristen den militärdienstlichen Verhältnissen Rechnung, da es denselben nicht entsprechen würde, wenn ein nur durch Wiedereinsetzung in den vorigen Stand auszugleichender Rechtsnachtheil auch dann eintreten sollte, wenn der Betheiligte lediglich durch den militärischen Dienst an der Wahrnehmung seiner Rechte verhindert war. Ob und für welche Zeit ein solcher Hinderungsgrund thatsächlich vorgelegen hat, wird durch dienstliche Bescheinigung des Vorgesetzten nachgewiesen. Hinsichtlich der Ertheilung der Bescheinigung ist zu berücksichtigen, daß der militärische Dienst den Betheiligten nicht nothwendig während des ganzen Tages in Anspruch genommen haben muß, daß es vielmehr genügt, wenn der Betheiligte in der Zeit des Tages, in der er sonst in der Lage gewesen wäre, seine Rechte wahrzunehmen, daran durch militärischen Dienst verhindert war. Auch werden sich bei gewissen Uebungen, z. B. im Manöver, die Verhältnisse derart gestalten können, daß der Betheiligte für längere Zeit nicht im Stande ist, seine Rechte wahrzunehmen, auch wenn er sich nicht fortdauernd in Ausübung des Dienstes befindet.

Sofern der Dienstvorgesetzte die Ertheilung der im Absatz 2 bezeichneten Bescheinigung ablehnt, ist dem Betheiligten durch den § 140 die Möglichkeit gegeben, auch eine dienstliche Verhinderung als Grund für die Wiedereinsetzung in den vorigen Stand geltend zu machen. Es erschien zweckmäßig, diesen Grund neben den „unabwendbaren Zufällen" noch besonders hervorzuheben.

§ 140

stimmt mit dem § 44 der bürgerlichen Strafprozeßordnung im Allgemeinen überein. Hervorzuheben ist, daß im militärgerichtlichen Strafverfahren Rechtsnachtheile, die durch Wiedereinsetzung in den vorigen Stand beseitigt werden können, nur mit der Versäumung der für die Einlegung oder Rechtfertigung von Rechtsmitteln gesetzten Fristen verknüpft sind. Eine Wiedereinsetzung gegen Versäumung von Terminen, namentlich des Hauptverhandlungstermins (vgl. bürgerliche Strafprozeßordnung §§ 234, 370, 431, 452), hat der Entwurf als im militärischen Strafverfahren entbehrlich nicht berücksichtigt.

§ 141

stimmt mit dem § 45 der bürgerlichen Strafprozeßordnung sachlich überein, bis auf die Fristbestimmung von drei Tagen statt einer Woche.

§ 142

entspricht im Wesentlichen dem § 46 der bürgerlichen Strafprozeßordnung.

Die Entscheidung über die Wiedereinsetzung (Abs. 1) mußte nach der Gestaltung des Entwurfs zum Theil in die Hände des höheren Gerichtsherrn, zum Theil in die des Reichsmilitärgerichts gelegt werden, je nachdem über das Rechtsmittel, hinsichtlich dessen die Frist zu wahren war, vom Gerichtsherrn (vgl. §§ 123, 125, 209, § 236 Abs. 2, § 370 Abs. 1), oder vom Reichsmilitärgerichte (vgl. § 142, § 197 Abs. 1, § 200 Abs. 2 S. 2, § 228 Abs. 3, § 313 Abs. 2, § 370 Abs. 2, § 391, § 450 Abs. 2) zu entscheiden ist.

Die Bestimmung des zweiten Absatzes will die Gewährung der Wiedereinsetzung nicht an die Form eines bestimmten Antrags knüpfen, vielmehr auch ein nicht förmliches Vorbringen der die Wiedereinsetzung rechtfertigenden Thatsachen Berücksichtigung finden lassen. Es ist dies eine den militärischen Verhältnissen entsprechende Erweiterung des im § 355 (vgl. bürgerliche Strafprozeßordnung § 342) enthaltenen Gedankens.

Die im vierten Absatze zugelassene Rechtsbeschwerde ist im Felde und an Bord ausgeschlossen, weil sie hier undurchführbar wäre.

§ 143

giebt sachlich den § 47 der bürgerlichen Strafprozeßordnung wieder.

## Zweiter Titel.

## Verfahren in erster Instanz.

### Erster Abschnitt.

### Ermittelungsverfahren.

§§ 144 bis 162.

Wegen der leitenden Gesichtspunkte, welche für die Gestaltung des Ermittelungsverfahrens und insbesondere für die Ausschließung einer Voruntersuchung im Sinne der bürgerlichen Strafprozeßordnung und der bayerischen Militärstrafgerichtsordnung maßgebend waren, darf auf die Ausführungen B. III. 1 oben Bezug genommen werden.

Im Einzelnen ist zu bemerken:

§ 144

trifft Bestimmung darüber, in welcher Weise aktive Militärpersonen Anzeigen strafbarer Handlungen, sowie Anträge auf Strafverfolgung zu stellen haben, sofern die Anzeigen oder Anträge gegen Personen gerichtet sind, welche der Militärstrafgerichtsbarkeit unterstehen. Die Personen des Soldatenstandes werden auf den Dienstweg, die Militärbeamten an die vorgesetzte Dienstbehörde des Beschuldigten gewiesen.

Für andere Personen bleiben hinsichtlich der Anzeige strafbarer Handlungen oder der Anträge auf Strafverfolgung die Vorschriften des bürgerlichen Rechts (§ 156 der bürgerlichen Strafprozeßordnung) unberührt. Um jedes Mißverständniß auszuschließen, ist dies im Absatz 2 besonders zum Ausdrucke gebracht und zugleich darauf hingewiesen, daß diese Personen derartige Anzeigen und Anträge gegen die im § 144 bezeichneten Beschuldigten mit rechtlicher Wirksamkeit auch an die vorgesetzte Dienstbehörde des Beschuldigten richten können.

§ 145

enthält eine instruktionelle Vorschrift im Interesse der genauen Feststellung, ob und wann in Betreff sogenannter Antragsdelikte der Antrag auf Strafverfolgung gestellt ist.

Im

§ 146

entsprechen die Absätze 1 und 2 im Wesentlichen dem § 161 der bürgerlichen Strafprozeßordnung. Unter der im Absatz 1 bezeichneten „vorgesetzten Dienstbehörde des Beschuldigten" sind sowohl der militärische Vorgesetzte, d. h. der Disziplinarvorgesetzte des Beschuldigten, als auch der Gerichtsherr verstanden.

Der im Absatz 2 bezeichnete „militärische Vorgesetzte" wird der Regel nach der nächste Disziplinarvorgesetzte sein. Allein es können auch Umstände obwalten, unter denen ein anderer Vorgesetzter zeitweise in ein dergestalt nahes Verhältniß zu dem Beschuldigten getreten ist, daß ihm nothwendigerweise auch die Einreichung des Thatberichts zufällt (z. B. bei einem Kommando). Deshalb hat auch nach § 93 der preußischen Militärstrafgerichtsordnung der nächste Disziplinarvorgesetzte nur „in der Regel" den Thatbericht anzufertigen. Soweit nöthig, wird das Nähere im Verordnungswege geregelt werden.

Da nach der Gestaltung des Entwurfs eine dem § 163 der bürgerlichen Strafprozeßordnung entsprechende Bestimmung ausgeschlossen sein mußte, ist vorgesehen, daß, wenn die schleunige Vornahme einer richterlichen Untersuchungshandlung erforderlich ist (z. B. die zeugeneidliche Vernehmung eines im Sterben liegenden Verletzten), eine solche seitens des militärischen Vorgesetzten oder der Beamten des Polizei- oder Sicherheitsdienstes durch Ersuchen des nächsterreichbaren Kriegsgerichtsraths oder Amtsrichters herbeizuführen sei. Nur „im Nothfalle", d. h. wenn die rechtzeitige Vornahme der Untersuchungshandlung durch einen der genannten Beamten ausgeschlossen erscheint, soll die letztere auch durch einen Gerichtsoffizier vorgenommen werden dürfen; mit derartigen Fällen, in denen ein Kriegsgerichtsrath oder Amtsrichter ohne großen Zeitverlust nicht heranzuziehen ist, muß im militärischen Dienstleben, z. B. bei Manövern u. dgl., gerechnet werden. Andererseits erschien jene Beschränkung hinsichtlich der Gerichtsoffiziere „im Nothfalle" erforderlich, weil es sich in solchen Fällen meistens um die Sicherung der Beweise bei schweren

Verbrechen handelt, welche die Mitwirkung eines richterlichen Justizbeamten in der Regel erheischen oder doch wünschenswerth machen.

Die

§ 147, 148

ergänzen die Bestimmungen des § 157 der bürgerlichen Strafprozeßordnung und treffen Vorsorge, daß, sofern der Tod eines Menschen durch eine strafbare Handlung verursacht worden ist, den Militär- und Civilbehörden bei der Feststellung des Thatbestandes das entsprechende Maß des Einflusses gesichert werde, je nachdem die Strafverfolgung sich gegen Personen richtet oder doch muthmaßlich zu richten hat, die der Militär- oder gegen solche, die der Civilstrafgerichtsbarkeit unterliegen.

§ 147 wahrt das Interesse der Militärbehörden, sofort davon Kenntniß zu erhalten, wenn eine aktive Militärperson unter den dort angegebenen Verhältnissen verstorben oder die Leiche einer solchen Person aufgefunden worden ist; ebenso, daß nicht voreilig zur Beerdigung geschritten werde. Das weitere Verfahren regelt sich nach § 148 Absatz 4 und §§ 215 ff.

Nach § 148 sollen die Militärbehörden seitens der Civilbehörden auch dann benachrichtigt werden, wenn der Verstorbene zwar nicht zu den aktiven Militärpersonen gehört, wenn aber naher oder entfernter Verdacht vorliegt, daß der Tod durch die strafbare Handlung einer unter Militärstrafgerichtsbarkeit stehenden Person verursacht worden ist. Eine entsprechende Anzeigepflicht ist umgekehrt den Militärbehörden auferlegt. Der § 148 sichert überdies für die in Rede stehenden Fälle die ungesäumte Feststellung des Thatbestandes durch Bezeichnung der je nach den Umständen zuständigen Behörde.

Im

§ 149

wird dem Gerichtsherrn und seinem Organe, dem Gerichtsoffizier oder Kriegsgerichtsrath, dieselbe Aufgabe übertragen, wie im § 158 Absatz 1 der bürgerlichen Strafprozeßordnung der Staatsanwaltschaft.

Durch den Absatz 1 wird ein Ermittelungsverfahren für alle Fälle, außer im Felde und an Bord (vgl. § 162) und sofern sie nicht „einfach“ liegen (s. unten), obligatorisch gemacht. Durch diese Vorschrift soll ein mehrfacher Zweck erreicht werden. Einmal soll dadurch möglichst der Erhebung von Anklagen vorgebeugt werden, die mit einer Freisprechung enden. Ueberdies bezweckt sie, der späteren Einlegung von Rechtsmitteln durch eine eingehende Voruntersuchung die thatsächliche Unterlage zu entziehen. Das im Ermittelungsverfahren entstehende Aktenmaterial soll endlich den höheren Befehlshabern die Möglichkeit bieten, sich aus diesen Akten Kenntniß von der Handhabung der Disziplin bei den ihnen unterstellten Truppentheilen und von etwa abzustellenden Mißständen zu verschaffen.

Nur bei „einfach liegenden", d. h. bei solchen geringfügigen Sachen, bei welchen es sich um einen in engem Rahmen sich haltenden Vorgang handelt, der durch Zeugen oder Geständniß alsbald völlig klargestellt werden kann, soll die Feststellung durch den Disziplinarvorgesetzten genügen.

§ 150

regelt für die Fälle des § 3 des Einführungsgesetzes zum Militärstrafgesetzbuche die Zuständigkeitsgrenzen zwischen dem Disziplinarvorgesetzten und dem Gerichtsherrn.

Der gedachte § 3 gestattet als Ausnahme von der Regel, daß die Bestrafung eines militärischen Verbrechens oder Vergehens durch gerichtliches Urtheil erfolgen soll, für bestimmte strafbare Handlungen „in leichteren Fällen" die Ahndung im Disziplinarwege. Die Frage, ob hierbei dem Disziplinarvorgesetzten oder dem Gerichtsherrn die maßgebende Entscheidung über das Vorliegen eines leichteren Falles zustehe, ist bestritten und bedarf der Regelung. Im Interesse der Disziplin liegt es, daß der nächste Disziplinarvorgesetzte, der für die Aufrechthaltung der Disziplin in erster Linie verantwortlich ist, in den dazu geeigneten Fällen und in den Grenzen der ihm zustehenden Disziplinarstrafgewalt sofort die Disziplinarbestrafung eintreten lasse. Diesem Gesichtspunkte trägt der Absatz 1 des § 150 Rechnung, wie er auch im preußischen Militärstrafgesetzbuch Th. I § 76 Anerkennung gefunden hatte. Die Ahndung durch den Disziplinarvorgesetzten führt die entgültige Erledigung der Sache herbei.

Dabei ist hervorzuheben, daß durch die Bestimmung des Absatz 1 der § 45 der Disziplinarstrafordnung für das Heer vom 31. Oktober 1872 bezw. der § 44 der Disziplinarstrafordnung für die Kaiserliche Marine vom 4. Juni 1891 in keiner Weise berührt werden. Denn während die gedachten §§ 45 bezw. 44 solche Fälle im Auge haben, in denen eine strafbare Handlung, die gerichtlich hätte bestraft werden sollen, nur irrthümlich mit einer Disziplinarstrafe geahndet worden ist, trifft der Absatz 1 des § 150 nur diejenigen Vergehen, die zwar an sich gerichtlich strafbar sind, für die aber in leichteren Fällen durch § 3 des Einführungsgesetzes zum Militärstrafgesetzbuch auch disziplinare Ahndung zugelassen ist. Ebensowenig wird durch die Bestimmung des Absatz 1 die den höheren Militärvorgesetzten übertragene dienstliche Aufsicht über die Ausübung der Disziplinarstrafgewalt (Disziplinarstrafordnung für das Heer § 55, Disziplinarstrafordnung für die Kaiserliche Marine § 54) irgendwie berührt.

Der Absatz 2 des § 150 trifft Bestimmung für diejenigen Fälle des § 3 des Einführungsgesetzes zum Militärstrafgesetzbuch, in denen der Disziplinarvorgesetzte einen „leichteren Fall“ nicht für vorliegend erachtet und deshalb die Disziplinarbestrafung abgelehnt hat. In einem solchen Falle soll der Gerichtsherr, wenn er nicht zugleich der höhere Disziplinarvorgesetzte ist, die gerichtliche Strafverfolgung nicht lediglich deshalb ablehnen dürfen, weil nach seiner Meinung die Disziplinarbestrafung ausreicht. Ist dagegen der Gerichtsherr zugleich der höhere Disziplinarvorgesetzte, so ist es ihm unbenommen, selbst die Disziplinarstrafe zu verhängen. Die gemachte Unterscheidung rechtfertigt sich aus dem militärischen Gesichtspunkte, daß der Disziplinarvorgesetzte allein die Verantwortlichkeit für die Disziplinarbestrafung trägt und daraus, daß im Absatz 1 des § 3 des gedachten Einführungsgesetzes die gerichtliche Entscheidung als die Regel hingestellt ist.

Die im

§ 151

vorgeschriebene Berichterstattung und Anzeige in Fällen des Hochverraths, des Landesverraths und des Verraths militärischer Geheimnisse (vgl. Reichsgesetz v. 3. Juli 1893 R. G. Bl. S. 205) rechtfertigen sich aus politischen Gründen. Derartige Vorgänge dürfen, soweit es sich nicht um Vorkommnisse handelt, die sich von vornherein als so geringfügige darstellen, wie die Uebertretungen im Sinne des Gesetzes vom 3. Juli 1893, der Kenntniß der obersten Verwaltungsbehörde des Staates und gegebenen Falles des Reichs nicht entzogen bleiben. Die Anzeige ist zu erstatten, sobald die Einleitung des Ermittelungsverfahrens (§ 149) geboten erscheint. Ergiebt das Ermittelungsverfahren ausreichendes Belastungsmaterial für die Anklageerhebung, so ist, bevor dieselbe erfolgt, nach Maßgabe des § 239 zu verfahren.

§ 152
entspricht dem Absatz 2 des § 158 und dem Absatz 2 des § 188 der bürgerlichen Strafprozeßordnung.

Die

§§ 153, 154
lehnen sich an die §§ 159, 160 der bürgerlichen Strafprozeßordnung an. Der Untersuchungsführer übt indessen als Organ des Gerichtsherrn nicht eine blos staatsanwaltliche Thätigkeit aus, er ist vielmehr berufen, auch richterliche Handlungen vorzunehmen (vgl. Bemerkungen zu §§ 87, 88).

Der Absatz 4 des § 153 will es offen lassen, daß der Untersuchungsführer in dringenden Fällen das Ersuchungsschreiben allein unterzeichnet. Es wird dies namentlich erforderlich sein können, wenn er Untersuchungshandlungen außerhalb des Garnisonorts des Gerichtsherrn vornimmt.

§ 155
sichert die Vollständigkeit und sorgfältige Führung der Akten aus den zu § 149 entwickelten Gründen.

Im

§ 156
ist die Vorschrift des § 186 Absatz 1 der bürgerlichen Strafprozeßordnung dem Systeme des Entwurfs angepaßt. Der letztere strebt, wie schon früher betont (vgl. das oben B. III. 1 Ausgeführte und Bemerkungen zu § 149), das Ermittelungsverfahren in der Gründlichkeit an, wie die bürgerliche Strafprozeßordnung sie von dem Voruntersuchungsverfahren voraussetzt.

Der Untersuchungsführer soll, abgesehen von solchen Vorgängen, bezüglich deren ein Aktenvermerk genügt, ein Protokoll auch dann aufnehmen, wenn ein Gerichtsschreiber nicht zugezogen war. War die Zuziehung eines solchen erfolgt, so ist auch dessen Unterschrift erforderlich.

Im Absatz 2 werden diejenigen Untersuchungshandlungen bezeichnet, zu denen die Zuziehung eines Gerichtsschreibers unentbehrlich ist.

Absatz 3 will es ermöglichen, daß der Untersuchungsführer unter allen Umständen in der Lage sei, eine Untersuchungshandlung, bei der die Zuziehung eines Gerichtsschreibers geboten ist, vorzunehmen.

Die

§§ 157 bis 159
entsprechen im Allgemeinen dem § 186 Absatz 2, 3, §§ 191,

192 der bürgerlichen Strafprozeßordnung. Im § 158 Absatz 1 ist jedoch, da im Ermittelungsverfahren der Beistand eines Vertheidigers ausgeschlossen ist (vgl. § 322), nur dem Beschuldigten die Anwesenheit gestattet.

Die im vorletzten Absatze desselben Paragraphen hinsichtlich der dem aktiven Heere oder der aktiven Marine angehörenden Beschuldigten gemachte Einschränkung ist im Interesse des militärischen Dienstes geboten.

Im

§ 160

wird die Ueberwachung des Ermittelungsverfahrens durch den Gerichtsherrn näher geregelt. Bei dem maßgebenden Einflusse, der ihm für das gesammte, die Hauptverhandlung vorbereitende Verfahren zukommt, ist es nicht nur sein Recht, sondern auch seine Pflicht, sich stets in Kenntniß von dem Gange des Verfahrens zu erhalten, und zwar soll er sich diese Kenntniß nicht etwa nur durch Vortrag des Untersuchungsführers, sondern durch Einsicht der Akten verschaffen. Nur dann ist er in der Lage, die Verhältnisse selbständig zu überblicken und die erforderlichen Verfügungen zu treffen. Dagegen soll der Gerichtsherr an Untersuchungshandlungen nicht selbst theilnehmen (vgl. preußische Militärstrafgerichtsordnung § 77 Abs. 2). Einmal würde dies seiner Stellung nicht entsprechen, andererseits soll die Selbständigkeit des Untersuchungsführers während der Vornahme gerichtlicher Untersuchungshandlungen gewahrt bleiben.

Mit Rücksicht darauf, daß nach dem Systeme des Entwurfs der Schwerpunkt für die Entscheidung in der Hauptverhandlung liegt, auch zu allen wesentlichen Untersuchungshandlungen ein Gerichtsschreiber zugezogen werden muß, ist davon abgesehen worden, die Zuziehung von militärischen Beisitzern zu den einzelnen Untersuchungshandlungen nach dem Vorgange der preußischen Militärstrafgerichtsordnung in bindender Weise vorzuschreiben. Es war davon um so mehr abzusehen, als dadurch eine erhebliche Zahl von Offizieren dem praktischen Dienste entzogen wird. Dem Ermessen des Gerichtsherrn soll es indessen anheimgestellt sein, aus besonderen dienstlichen Rücksichten einen Offizier zur Beiwohnung bei den Untersuchungshandlungen zu bestimmen. Grund zur Kommandirung eines solchen Beisitzers wird beispielsweise dann vorliegen, wenn bei der Feststellung des Thatbestandes Verhältnisse militärtechnischer Art in Betracht kommen, oder wenn die Aufrechthaltung der Disziplin die Anwesenheit eines Offiziers wünschenswerth erscheinen läßt.

§ 161

entspricht dem Absatz 1 des § 188 der bürgerlichen Strafprozeßordnung. Das Ermittelungsverfahren ist selbstverständlich abzuschließen (§ 232), sobald sich übersehen läßt, daß eine Strafverfolgung aus rechtlichen oder thatsächlichen Gründen (Verjährung, Mangel des zur Strafverfolgung erforderlichen Antrags ꝛc.) nicht eintreten kann. Andererseits soll das Ermittelungsverfahren auf die möglichst vollständige Sammlung des Beweismaterials bedacht sein, um die Hauptverhandlung in ausreichender Weise vorzubereiten.

§ 162

trägt den im Felde und an Bord bestehenden besonderen Verhältnissen Rechnung, die in der Regel die Durchführung eines erschöpfenden schriftlichen Ermittelungsverfahrens nicht gestatten, vielmehr meistens dazu nöthigen, die völlige Klarstellung der Sachlage der Hauptverhandlung zu überlassen (vgl. jedoch § 334).

## Zweiter Abschnitt.

## Einzelne Untersuchungsmaßregeln.

### 1. Vernehmung des Beschuldigten.

Die

§§ 163 bis 165

entsprechen im Wesentlichen den §§ 133 bis 136 der bürgerlichen Strafprozeßordnung.

In den §§ 163, 164 mußte jedoch eine Unterscheidung zwischen den aktiven Personen des Soldatenstandes (vgl. auch § 2 Abs. 3 des Einführungsgesetzes und anderen Personen gemacht werden. Bei jenen konnte nur die dienstlich erfolgende Gestellung angeordnet werden. Dabei ist, wie eine Vergleichung mit § 163 Absatz 2 ergiebt, keineswegs vorausgesetzt, daß in allen Fällen die Beschuldigten der gedachten Kategorie zu dem Verhöre vorzuführen seien. Welche dienstlichen Anordnungen im einzelnen Falle zu treffen sind, um sicher zu sein, daß der nichtverhaftete Beschuldigte zur festgesetzten Zeit und an dem bestimmten Orte zu seiner Vernehmung zur Stelle ist, bleibt dem Ermessen der vorgesetzten Dienstbehörde überlassen. Diese Anordnungen werden sich je nach den Umständen des Falles und dem militärischen Range des Angeschuldigten verschieden gestalten. In demselben Sinne wie hier ist das Wort „gestellen“ auch in den nachfolgenden Paragraphen gebraucht.

## II. Einstweilige Enthebung vom Dienste. Verhaftung und vorläufige Festnahme.

§§ 166 bis 176.

Die im

§ 166

dem Gerichtsherrn eingeräumte Befugniß zur vorläufigen Anordnung der Dienstenthebung ist im Gebiete der preußischen Militärstrafgerichtsordnung bereits bestehendes Recht (vgl. § 98 preußische Militärstrafgerichtsordnung). Diese Befugniß mußte indeß auf die Personen des Soldatenstandes und die Enthebung vom militärischen Dienste eingeschränkt werden. Ferner erschien es zweckmäßig, ausdrücklich hervorzuheben, daß dadurch die der vorgesetzten Dienstbehörde zustehende Befugniß zur vorläufigen Anordnung der Dienstenthebung nicht berührt werde.

Hinsichtlich der Militärbeamten reichen in der hier fraglichen Beziehung die betreffenden Disziplinargesetze aus.

Die

§§ 167 ff.,

welche von der Inhaftnahme des Beschuldigten handeln, weichen in einzelnen Punkten von den entsprechenden Vorschriften der bürgerlichen Strafprozeßordnung nicht unerheblich ab. Gemeinsam ist beiden die Unterscheidung zwischen Verhaftung und vorläufiger Festnahme. Allein in der bürgerlichen Strafprozeßordnung beruht der Unterschied darauf, ob die Freiheitsentziehung auf Grund einer richterlichen Anordnung, oder ohne eine solche eintritt. Der Entwurf dagegen weist im § 167 die Prüfung und Entscheidung, ob ein Beschuldigter in Untersuchungshaft zu nehmen sei, lediglich dem Gerichtsherrn zu. Gegenüber der Untersuchungshaft versteht daher der Entwurf unter vorläufiger Festnahme (§ 172) die von anderen Personen als dem Gerichtsherrn bewirkte Ergreifung und Festhaltung des Beschuldigten.

Abweichend von der bürgerlichen Strafprozeßordnung hat der Entwurf ferner Bestimmungen wegen „Verschonung mit der Untersuchungshaft gegen Sicherheitsleistung“ (bürgerliche Strafprozeßordnung §§ 117 ff.) nicht aufgenommen. Er befindet sich in dieser Beziehung in Uebereinstimmung mit der bayerischen Militärstrafgerichtsordnung Artikel 116, wenn er davon ausgeht, daß eine Haftentlassung gegen Sicherheitsbestellung bei Personen des Soldatenstandes den militärischen Verhältnissen, insbesondere dem Interesse der Disziplin widerstreite (vgl. auch preußische Militärstrafgerichtsordnung § 101), den Militärbeamten gegenüber aber nach den in der preußischen Armee gemachten Erfahrungen entbehrlich sei.

Im Einzelnen ist noch Folgendes zu bemerken:

Der im

§ 167

ausgesprochene Grundsatz, daß die Entscheidung darüber, ob ein Beschuldigter in Untersuchungshaft zu nehmen sei, ausschließlich dem Gerichtsherrn zufällt, findet seine Rechtfertigung theils in der Stellung des Gerichtsherrn im militärgerichtlichen Strafverfahren, theils in seiner Verantwortlichkeit für die Aufrechterhaltung der militärischen Disziplin in Verbindung mit dem Umstande, daß meistens nur der Gerichtsherr in der Lage ist, zu beurtheilen, ob nicht schon Rücksichten der Disziplin im einzelnen Falle die Anordnung oder Fortdauer der Untersuchungshaft geboten erscheinen lassen.

Aus denselben Erwägungen findet nach dem Entwurfe der Grundsatz des § 167 auch dann Anwendung, wenn sich die Nothwendigkeit der Verhaftung erst im Laufe der Hauptverhandlung ergiebt (vgl. §§ 265, 266).

Das Recht zur Verhängung der Untersuchungshaft ist übrigens kein willkürliches. Die Voraussetzungen, unter denen dieselbe nur zulässig ist, bestimmt der § 168.

Dem Gesichtspunkte, daß die militärische Disziplin in der Regel die sofortige Isolirung des Beschuldigten von der Truppe erfordert, ist dadurch Rechnung getragen, daß § 172 ausdrücklich dem „militärischen Vorgesetzten“ und den „militärischen Wachen“ die Befugniß zur vorläufigen Festnahme einräumt.

Der Gerichtsherr soll bei Anordnung der Untersuchungshaft einen „Haftbefehl“ erlassen. Darunter ist eine zu den Akten zu bringende schriftliche Verfügung des Gerichtsherrn verstanden, aus der bestimmt hervorgeht, gegen wen und aus welchen Gründen (§ 168) die Untersuchungshaft verhängt wird.

§ 168

entspricht dem § 112 der bürgerlichen Strafprozeßordnung, erklärt indessen auf Grund des für das militärische Strafverfahren bestehenden Bedürfnisses, ähnlich wie im Artikel 115

Nr. 6 der bayerischen Militärstrafgerichtsordnung die Untersuchungshaft allgemein auch in solchen Fällen für zulässig, in denen „die Aufrechterhaltung der militärischen Disziplin“ sie erfordert. Eine Abweichung von der bürgerlichen Strafprozeßordnung ist auch darin enthalten, daß der zu befürchtende Mißbrauch der Freiheit zur Begehung neuer strafbarer Handlungen als Haftgrund aufgestellt ist. Es sprechen hierfür wesentlich militärische Rücksichten. Ist beispielsweise der Hang zum Umhertreiben bei einem Soldaten vorhanden, so wird er geneigt sein, die Freiheit immer von neuem zu unerlaubter Entfernung zu mißbrauchen, ohne daß er gerade flüchtig würde, oder daß sonst die militärische Disziplin gefährdet wäre.

Die

§§ 169 bis 171

entsprechen im Wesentlichen den §§ 115, 116, 123 der bürgerlichen Strafprozeßordnung. Die im § 169 angeordnete Vernehmung erfolgt durch den vom Gerichtsherrn bestimmten Untersuchungsführer (Gerichtsoffizier, Kriegsgerichtsrath).

Im § 170 ist ebenso wie im § 123 Absatz 3 der Ausdruck „Gefängniß“ im weitesten Sinne gebraucht, so daß darunter alle Haftlokale zu verstehen sind.

Der zweite Satz des Absatzes 1 des § 171 lehnt sich an § 188 der preußischen Militärstrafgerichtsordnung an und trägt dem militärischen Interesse Rechnung, daß Militärpersonen dem Dienste so wenig als möglich entzogen werden.

Die Fassung des § 171 Absatz 2 weicht von der des § 123 Absatz 2 der bürgerlichen Strafprozeßordnung insofern ab, als im Entwurfe (§ 171) die Vorschrift des zweiten Absatzes auf das Rechtsmittel der Revision beschränkt ist. Was das Rechtsmittel der Berufung betrifft, so hat der Entwurf bei der Gestaltung desselben nicht geglaubt, die Freilassung des verhafteten Beschuldigten für alle Fälle, in denen in erster Instanz auf Freisprechung erkannt wird, obligatorisch machen zu dürfen. Es würde, solange das Urtheil in seinen thatsächlichen Feststellungen noch der Anfechtung unterliegt, die Nothwendigkeit der Freilassung unter Umständen zu großen Unzuträglichkeiten führen, da beispielsweise bei Fällen schwerer militärischer Verbrechen der Regel nach die Fluchtgefahr keineswegs als beseitigt angesehen werden könnte, und häufig auch die Aufrechterhaltung der militärischen Disziplin (§ 168 Nr. 2, 3) gefährdet erscheinen würde.

Ist dagegen Freisprechung erfolgt, nachdem die Sache in zwei Instanzen verhandelt worden ist, dann liegt ein so hoher Grad von Wahrscheinlichkeit für die Berechtigung dieses Urtheils vor, daß auf die Fortdauer der Untersuchungshaft verzichtet werden kann, auch wenn gegen das Urtheil die Revision eingelegt wird.

§ 172

regelt die Befugniß zur vorläufigen Festnahme. Wie oben bemerkt, ist unter vorläufiger Festnahme die von anderer Seite bewirkte und nicht von dem Gerichtsherrn befohlene Ergreifung und Festhaltung des Beschuldigten zu verstehen. § 172 weicht wesentlich von dem § 127 der bürgerlichen Strafprozeßordnung, (dessen Abs. 3 übrigens im § 174 als Abs. 2 aufgenommen ist), ab. Zunächst liegt eine durch die Nothwendigkeit der Aufrechterhaltung der militärischen Disziplin gebotene Abweichung insofern vor, als jedem militärischen Vorgesetzten, jeder militärischen Wache (vgl. Militärstrafgesetzbuch § 111 Abs. 2) und dem Untersuchungsführer die Befugniß zur vorläufigen Festnahme allgemein unter den für die Untersuchungshaft im § 168 festgestellten Voraussetzungen eingeräumt ist, während sie den Polizei- und Sicherheitsbeamten nur in den Fällen des § 168 Nr. 1, 2, 4 und auch in diesen Fällen nur dann zustehen soll, wenn Gefahr im Verzuge und ein militärischer Vorgesetzter des Beschuldigten oder eine militärische Wache nicht erreichbar ist.

Da die bezeichneten Beamten zur Aufrechterhaltung der militärischen Disziplin nicht berufen sind, so kann bei ihnen der im § 168 Nr. 3 angegebene Haftgrund eine Berechtigung zu vorläufiger Festnahme nicht abgeben.

Absatz 2 des § 172 entspricht im Uebrigen dem Absatz 1 des § 127 der bürgerlichen Strafprozeßordnung, macht jedoch die Befugniß zur vorläufigen Festnahme des auf frischer That Betroffenen oder Verfolgten davon abhängig, daß es sich um Verübung eines Verbrechens oder Vergehens handelt. Er schließt diese Befugniß bei Uebertretungen aus, um Konflikten zwischen Militär- und Civilpersonen bei solchen meist geringfügigen Anlässen thunlichst zu begegnen.

Im Offizierrange stehende und in entsprechender Uniform befindliche Angehörige der bewaffneten Macht sollen jedoch nach Absatz 3 nur dann auch von Privatpersonen vorläufig festgenommen werden dürfen, wenn sie bei Begehung eines Verbrechens (vgl. bürgerliches Strafgesetzbuch § 1, Militärstrafgesetzbuch § 1) auf frischer That betroffen oder verfolgt werden. Diese Bestimmung, die gleichfalls Konflikten möglichst vorbeugen soll, entspricht der preußischen Kabinetsordre vom 6. Dezember 1855 (preußische Militärgesetzsammlung Bd. V S. 371 ff.) und trägt einem berechtigten Standesbewußtsein der im Offizierrange befindlichen Militärpersonen unter der Voraussetzung Rechnung, daß es sich nicht um ein „Verbrechen“ handelt, und daß sie in Uniform sich befinden. Unter dieser letzteren Voraussetzung wird die spätere Feststellung der Person keine besonderen Schwierigkeiten bieten.

Zu den „Angehörigen der bewaffneten Macht“ im Sinne des § 172 gehören alle im Offizierrange stehende Personen, welche zum Tragen der Uniform berechtigt sind.

§ 173

entspricht dem § 128 der bürgerlichen Strafprozeßordnung, setzt jedoch an Stelle des „Amtsrichters“ die nächste „Militärbehörde“.

Die

§§ 174 bis 176

geben mit den durch das Prinzip des § 167 gebotenen Abweichungen im Wesentlichen den Inhalt der §§ 130 bis 132 der bürgerlichen Strafprozeßordnung wieder. Der Absatz 1 des § 174 entspricht dem Absatz 3 des § 127 der bürgerlichen Strafprozeßordnung, erweitert denselben aber im Sinne des § 130 daselbst.

Im Absatz 2 des § 175 ist, dem militärischen Bedürfniß entsprechend, noch der Fall vorgesehen, daß der Beschuldigte der Fahnenflucht verdächtig ist.

Es erschien angezeigt, im Absatz 4 des § 175 nähere Vorschriften über die zulässigen Arten der Bekanntmachung von Steckbriefen zu geben, um deren Erfolg thunlichst zu sichern. „Bestimmungsgemäß“ im Sinne des § 176 ist die Ablieferung des Verhafteten, wenn sie erfolgt an den Gerichtsherrn, der den Haftbefehl erlassen hat (§ 167), oder an die in dem Steckbriefe bezeichnete Behörde (§ 175 Abs. 3).

## III. Vernehmung von Zeugen.

§§ 177 bis 199.

Die Bestimmungen des Entwurfs über die Vernehmung von Zeugen schließen sich im Allgemeinen so eng an die Vorschriften im Buche I Abschnitt 6 der bürgerlichen Strafprozeßordnung an, daß nur einzelne Abweichungen einer besonderen Hervorhebung bedürfen.

Im

§ 177

mußte dieselbe Unterscheidung gemacht werden, wie sie in den §§ 163, 164 gemacht ist.

Nach Absatz 2 ist die Zustellung einer förmlichen Ladung nicht unbedingt erforderlich; in den meisten Fällen wird sogar eine mündliche Bestellung ausreichen, um das Erscheinen eines Zeugen vor Gericht zu bewirken. Die Anwendung der im

§ 178

bezeichneten Zwangsmaßregeln hat jedoch eine ordnungsmäßige „Ladung" im Sinne des § 177 Absatz 2 zur Voraussetzung.

Die hiernach gegen Zeugen im Falle des Ausbleibens zulässigen Maßregeln beziehen sich nicht auf die aktiven Personen des Soldatenstandes, deren Gestellung nach § 177 Absatz 1 durch dienstliche Anordnung zu erfolgen hat und daher wie jeder andere militärische Dienstbefehl erzwungen werden kann.

Gegenüber einem ordnungsmäßig geladenen Zeugen, welcher nicht erscheint, soll in einer den Bestimmuugen des § 50 der bürgerlichen Strafprozeßordnung entsprechenden Weise vorgegangen werden. Nur mußte hinsichtlich der Befugniß zur Anwendung von Zwangsmaßregeln unterschieden werden, ob der Zeuge in vollem Umfange, d. h. wegen aller strafbaren Handlungen der Militärstrafgerichtsbarkeit unterstellt ist (§ 1) oder nicht. Im ersteren Falle (Abs. 3) erscheint jene Befugniß als ein Ausfluß der gerichtsherrlichen Gewalt, während für den letzteren Fall (Abs. 4) die Vorschriften des § 50 Absatz 4 der bürgerlichen Strafprozeßordnung entsprechende Geltung finden sollen.

§ 180

stimmt mit § 52 der bürgerlichen Strafprozeßordnung überein; jedoch sind in Nr. 2 die Worte „des Beschuldigten" hinter „Vertheidiger" weggelassen, weil der Sinn der Bestimmung dahin geht, daß Vertheidiger über das ihnen in dieser Eigenschaft Anvertraute überhaupt nicht Zeugniß abzulegen brauchen, gleichviel wann und in welcher Sache sie als Zeugen benannt werden (vgl. Löwe, Kommentar zur bürgerlichen Strafprozeßordnung § 52 Nr. 11).

Im

§ 181,

der im Uebrigen mit dem § 53 der bürgerlichen Strafprozeßordnung übereinstimmt, werden im ersten Absatze neben den „öffentlichen Beamten“ die „Personen des Soldatenstandes“ ausdrücklich erwähnt. Denn wenn auch die bürgerliche Strafprozeßordnung den Ausdruck „Beamte“ im weitesten Sinne versteht, und darunter auf militärischem Gebiete nicht nur die Militärbeamten, sondern auch die Offiziere und sonstigen Personen des Soldatenstandes mitbegriffen sind, welche durch ihre dienstliche Stellung in die Lage kommen, Mitwisser geheim zu haltender Angelegenheiten zu werden, so mußte es doch gerade für eine Militärstrafgerichtsordnung geboten erscheinen, über die Tragweite des § 181 jeden Zweifel auszuschließen.

§ 184

entspricht dem § 58 der bürgerlichen Strafprozeßordnung, jedoch sieht der Entwurf bei der Bedeutung, welche dem Ermittelungsverfahren in demselben beigemessen ist, von der Einschränkung des § 58 Absatz 2 ab.

§ 187

hält an dem in § 65 der bürgerlichen Strafprozeßordnung aufgestellten Grundsatze fest, daß die Beeidigung der Zeugen der Regel nach in der Hauptverhandlung und nur unter gewissen Voraussetzungen schon vorher erfolgen soll. Im Gebiete der preußischen Militärstrafgerichtsordnung ist die Wahrnehmung gemacht, daß im Militärstrafverfahren, namentlich, wenn es sich um das Zeugniß Untergebener gegen Vorgesetzte handelt, eine frühzeitige Beeidigung der Zeugen besser vermieden wird. Die Scheu des jungen und unerfahrenen Soldaten, gegen einen vielleicht gefürchteten Vorgesetzten auszusagen, ist mitunter so groß, daß sie erst allmälig im Laufe der Untersuchung schwindet und vor den Erwägungen über die Heiligkeit des Eides und über die Strafbarkeit des Meineides weicht. In derartigen Fällen würde es wenig angebracht sein, den Zeugen etwa gleich bei der ersten gerichtlichen Vernehmung zu beeidigen. Es handelt sich hierbei meist um durchaus brave und ehrliche Naturen, denen aber die nöthige Lebenserfahrung und Festigung des Charakters fehlt, um in den neuen Lebens- und Dienstverhältnissen sofort die volle Sicherheit des Auftretens vor Gericht und gegen einen Vorgesetzten zu gewinnen.

Eine Abweichung von den Grundsätzen der bürgerlichen Strafprozeßordnung enthält der

§ 188

in der Wahl des Nacheides statt des Voreides. Es hat seit der Geltung der bürgerlichen Strafprozeßordnung, die im § 60 für den überwiegenden Theil Deutschlands den Voreid erst eingeführt hat, die allgemeine Auffassung mehr und mehr dem Nacheide den Vorzug zuerkannt, und es hat sich insbesondere bei Berathung der Strafprozeßnovelle ergeben, daß diese Auffassung gegenwärtig der allgemeinen Rechtsüberzeugung entspricht.

Zu betonen ist überdies, daß auch besondere aus den militärischen Verhältnissen entnommene Erwägungen für den Nacheid sprechen. Dieselben stehen im Zusammenhange mit dem eben Ausgeführten. Denn es ist der Natur der Sache nach erklärlich und wird von der Erfahrung bestätigt, daß in vielen militärgerichtlichen Untersuchungen erheblicher Art die Zeugen zunächst mit der Wahrheit zurückhalten und erst unter Berücksichtigung anderer Aussagen und Beweisergebnisse zur rückhaltlosen Auslassung über ihre Wissenschaft zur Sache zu bringen sind. Es würde der Ermittelung der vollen Wahrheit die größten Hindernisse bereiten und wäre deshalb mit ernsten Gefahren für eine wirksame und gerechte Strafrechtspflege verknüpft, wenn dem Zeugen hinsichtlich der Aenderung und wesentlichen Ergänzung seiner ersten Aussage in einem von vornherein geleisteten Eide ein gefahrdrohendes und ihm unter Umständen unüberwindlich erscheinendes Hemmniß entgegenstände.

§ 189

faßt inhaltlich die §§ 61 bis 63 der bürgerlichen Strafprozeßordnung zusammen, indem er zugleich die Eidesnorm in die Eidesformel einfügt. Es erschien dies angezeigt mit Rücksicht darauf, daß der Entwurf nur eine Eidesnorm — für den assertorischen Eid — nicht wie die bürgerliche Strafprozeßordnung verschiedene Eidesnormen — für den promissorischen und den assertorischen Eid — kennt.

Der Entwurf nimmt an, daß es dem Schwörenden gestattet ist, zu den gesetzlichen Eidesworten konfessionelle Zusätze zu machen, sofern durch dieselben die Bedeutung der Eidesformel keine Einschränkung erfährt (vgl. auch Urtheil des Reichsgerichts vom 24. Januar 1884, Entsch. in Strafs. Bd. 10 S. 181).

§ 193

weicht vom § 66 der bürgerlichen Strafprozeßordnung wesentlich ab. Nach letzterer verliert der im Vorverfahren geleistete Eid jede Bedeutung für das Hauptverfahren, so daß im letzteren stets die nochmalige Beeidigung des schon im Vorverfahren beeidigten Zeugen erforderlich und die Versicherung der Richtigkeit der Aussage auf jenen Eid ausgeschlossen ist (vgl. Urtheil des Reichsgerichts vom 24. April 1880, Rechtspr. in Strafs. Bd. 1 S. 655, und vom 24. September 1885, Entsch. in Strafs. Bd. 12 S. 373). Der Entwurf hat geglaubt, diesen Grundsatz nicht aufnehmen zu sollen, denn er ist der Wichtigkeit und Bedeutung des Eides nicht für entsprechend zu erachten. Der Werth des Eides wird vielmehr durch Häufung und Abnutzung herabgemindert, und der nicht juristisch gebildete Zeuge läuft Gefahr, an seiner Auffassung von der Wichtigkeit und Heiligkeit des Eides irre zu werden, wenn er in derselben Untersuchungssache dieselbe Aussage, die er schon einmal beschworen hat, von neuem beschwören muß.

§§ 194, 195.

Hinsichtlich der Zwangsmaßregeln gegen die die Ablegung des Zeugnisses oder die Eidesleistung ohne gesetzlichen Grund verweigernden Personen unterscheidet der Entwurf wie in den §§ 163, 164, 177 zwischen den Personen des Soldatenstandes des aktiven Heeres und der aktiven Marine und anderen Personen. Nach Absatz 2 des § 194 kann den erstgenannten gegenüber die Disziplinarbestrafung wiederholt werden, weil jede neue, ohne gesetzlichen Grund erfolgende Verweigerung des Zeugnisses oder der Eidesleistung eine neue Zuwiderhandlung gegen die militärische Zucht und Ordnung darstellt, die je nach den Umständen einer neuen Ahndung bedarf. Indessen soll auch hier die gleiche zeitliche Begrenzung der Ordnungsstrafe stattfinden, wie sie im § 69 Absatz 2 der bürgerlichen Strafprozeßordnung und im § 195 Absatz 2 des Entwurfs vorgesehen ist.

§ 196

sichert das Beschwerderecht der Zeugen gegen Zwangsmaßregeln (vgl. §§ 178, 195), soweit solche Maßregeln vom Gerichtsherrn verfügt sind. Soweit dagegen die seitens des Amtsrichters bewirkte Festsetzung und Vollstreckung von Zwangsmaßregeln in Frage kommt (§ 178 Abs. 4 in Verbindung mit § 195 Abs. 3), sind die Vorschriften der bürgerlichen Strafprozeßordnung (§ 346) maßgebend.

§ 197

unterscheidet hinsichtlich der Gebührenansprüche der Zeugen zwischen den aktiven Militärpersonen und anderen Personen. In Betreff der aktiven Militärpersonen bleiben, solange eine Aenderung nicht eintritt, die zur Zeit bestehenden Vorschriften über die Entschädigung der als Zeugen vor den Militärgerichten erscheinenden aktiven Militärpersonen in Geltung.

Den anderen Personen steht gegen die Festsetzung der Gebühren die Rechtsbeschwerde an das Reichsmilitärgericht zu, wie ihnen auch im bürgerlichen Verfahren der Beschwerdeweg offen steht (§ 17 Abs. 3 der Gebührenordnung für Zeugen und Sachverständige vom 30. Juni 1878, R. G. Bl. S. 173 ff.).

Die

§§ 198, 199

entsprechen den §§ 71, 49 der bürgerlichen Strafprozeßordnung, jedoch erschien es nach dem Vorgang im Artikel 57 des Einführungsgesetzes zum bürgerlichen Gesetzbuch angezeigt, den Mitgliedern des vormaligen Hannoverschen Königshauses, des vormaligen Kurhessischen und des vormaligen Herzoglich Nassauischen Fürstenhauses die gleiche Berücksichtigung zu Theil werden zu lassen, wie den Mitgliedern der landesherrlichen Familien. Ueberdies war es für das Militärstrafverfahren geboten, im § 199 auch die kommandirenden Generale (Admirale), sowie die im Range derselben oder in einem höheren Range stehenden Offiziere zu berücksichtigen.

## IV. Zuziehung von Sachverständigen.

§§ 200 bis 213.

Auch hier bedarf es mit Rücksicht auf die wesentliche Uebereinstimmung mit den entsprechenden Vorschriften der bürgerlichen Strafprozeßordnung nur weniger erläuternder Bemerkungen.

Im

§ 201

stellt Absatz 1, der Gestaltung des militärgerichtlichen Verfahrens entsprechend, die Auswahl der Sachverständigen und die Bestimmung ihrer Anzahl dem Gerichtsherrn, in dringenden Fällen dem Untersuchungsführer anheim. Auch erschien es angezeigt, ausdrücklich hervorzuheben, daß im Wege des Ersuchens die Auswahl auch einer anderen Behörde überlassen werden kann.

In den Fällen des

§ 205

kommen gemäß § 200 die Bestimmungen des § 178 Absatz 3, 4 und § 196 zu entsprechender Anwendung.

Zu

§ 207

ist Bezug zu nehmen auf die Bemerkungen zu § 188.

Im

§ 208

geben Absatz 1 und 2 wörtlich den § 80 der bürgerlichen Strafprozeßordnung wieder; Absatz 3 ist mit Rücksicht auf die Bestimmung des § 200 hinzugefügt, weil die Vorschrift des § 184, entsprechend dem § 58 der bürgerlichen Strafprozeßordnnng, auf Sachverständige nicht anwendbar ist.

## V. Einnahme des Augenscheins. Leichenschau. Leichenöffnung.

§§ 214 bis 220.

Der

§ 214

entspricht, abgesehen von dem für das Ermittelungsverfahren des Entwurfs nicht zutreffenden und deshalb weggelassenen Worte „richterlichen" vor „Augenschein", wörtlich dem § 86 der bürgerlichen Strafprozeßordnung.

Die

§§ 215, 216

stehen im Zusammenhange mit den §§ 147, 148 und regeln das Verfahren für die Fälle, in denen Leichenschau und Leichenöffnung nicht den bürgerlichen Behörden zufallen.

Die Leichenschau darf nach § 215 Absatz 1 nur durch einen Kriegsgerichtsrath oder einen Amtsrichter, nicht auch durch einen Gerichtsoffizier bewirkt werden, da, soweit die Frage nach dem Verschulden eines Dritten entsteht, die niedere Gerichtsbarkeit nicht in Betracht kommen kann.

Der „zunächst erreichbare Amtsrichter" wird in der Regel derjenige sein, welcher sich an dem Orte befindet, wo die Leichenschau vorzunehmen ist, oder in nächster Nähe sich aufhält. Dabei ist die örtliche Zuständigkeit des ersuchten Amtsrichters als selbstverständlich vorausgesetzt. Im Falle der Verhinderung eines solchen kann aber auch ein entfernter wohnender um Vornahme der Leichenschau ersucht werden.

Die Absätze 2, 3 des § 215 lehnen sich an § 17 der Beilage Lit. B der preußischen Militärstrafgerichtsordnung und § 87 Absatz 2 der bürgerlichen Strafprozeßordnung an. Die Fälle, in denen der Tod durch Unglücksfall oder Selbstmord herbeigeführt ist, liegen zwar an sich außerhalb des Rahmens einer Strafprozeßordnung. Im militärdienstlichen Interesse ist es jedoch wünschenswerth, daß auch über diese Todesfälle möglichst eingehende Ermittelungen stattfinden, da dieselben zur Aufdeckung von Mißständen führen können, deren Abstellung im Interesse der Disziplin geboten ist. Insbesondere erscheint es aus diesen Rücksichten erforderlich, in jedem Falle die Beweggründe eines Selbstmordes soweit als möglich aufzuklären.

Ueber die Vorschriften des Entwurfs hinausgehende Bestimmungen instruktioneller Natur, wie sie die preußische Militärstrafgerichtsordnung, insbesondere in der Beilage Lit. B enthält, mußten dem Verordnungswege überlassen bleiben.

Im

§ 216

ist bei der Leichenöffnung dem „Gerichtsarzte" ein „Militärarzt mindestens im Range eines Stabsarztes" gleichgestellt. Es erschien nicht angezeigt, die Mitwirkung eines jeden Militärarztes für ausreichend zu erklären, weil die Leichenöffnung ein Maß praktischer Uebung erfordert, welches dem jüngeren Militärarzte sehr oft mangeln wird. Im Felde ist indeß eine solche Einschränkung nicht durchführbar.

## VI. Beschlagnahme und Durchsuchung.

Die

§§ 221 bis 225

entsprechen den §§ 94 bis 97, 99 der bürgerlichen Strafprozeßordnung, nur sind im § 223 neben den „Behörden und Beamten" aus den zu § 181 bemerkten Gründen die „Personen des Soldatenstandes" noch besonders genannt.

Der

§ 226

bezweckt die Sicherstellung des Beweises auch für solche Fälle, in denen die Strafverfolgung von der Stellung eines Antrags abhängig, der Antrag aber nicht gestellt ist. Die Maßnahmen tragen einen provisorischen Charakter und sind aufzuheben, falls der Antrag nicht binnen einer bestimmten Frist, für welche die Dauer von einer Woche angemessen erschien, gestellt wird.

Die

§§ 227, 228

gehen davon aus, daß zur Anordnung der zu Zwecken der Strafverfolgung erforderlich werdenden Beschlagnahmen und Durchsuchungen stets der Gerichtsherr, bei Gefahr im Verzug auch der Untersuchungsführer zuständig ist. Sie unterscheiden aber im Uebrigen, ob solche Maßnahmen bei aktiven Militärpersonen und den ihnen in dieser Beziehung gleichzustellenden Personen (vgl. § 1 Nr. 3, 5, 6, 7), oder ob sie bei anderen Personen vorzunehmen sind, indem bei den Erstgenannten die Zugehörigkeit zum aktiven Heere oder der aktiven Marine oder doch die nahe Beziehung zu Heer und Marine zugleich eine weitergehende Unterwerfung unter die militärische Gewalt bedingt, als dies bei anderen Personen der Fall ist.

Bei aktiven Militärpersonen und den ihnen gleichgestellten Personen sollen Durchsuchungen keiner Beschränkung unterliegen. Diese Bestimmung ist im Interesse der ungeschwächten Aufrechterhaltung des Ansehens und der Befugnisse der gerichtsherrlichen Gewalt nothwendig. Die Art und Weise der Ausführung bestimmt der Gerichtsherr und gegebenen Falls der Untersuchungsführer. Sie wird meist auf dem Dienstweg oder durch Ersuchen der Militärbehörde, welcher der von der Maßnahme Betroffene untersteht, erfolgen. Es kann aber auch erforderlich werden, daß der Untersuchungsführer selbst unter Mitwirkung der betreffenden Militärbehörde die Maßnahmen ausführt.

Der Entwurf bezweckt übrigens keineswegs, durch die Bestimmungen des § 227 die Befugnisse der Disziplinarvorgesetzten zur Vornahme von Revisionen innerhalb ihres Befehlsbereichs irgendwie zu beschränken.

In Betreff der Personen, welche nicht zu den vorerwähnten (Abs. 2) gehören, soll nach § 228 — von den im Felde und an Bord vorkommenden Fällen abgesehen — die Ausführung von Beschlagnahmen und Durchsuchungen stets auf Ersuchen des Gerichtsherrn, bei Gefahr im Verzug auch des Untersuchungsführers durch die bürgerlichen Behörden erfolgen. In diesen Fällen steht auch dem von der Beschlagnahme oder der Durchsuchung Betroffenen gegen die Anordnung des Gerichtsherrn oder des Untersuchungsführers das Rechtsmittel der Rechtsbeschwerde an das Reichsmilitärgericht zu. Die ersuchten Behörden haben nach Maßgabe der bürgerlichen Strafprozeßordnung zu verfahren. Der Bestätigung einer Beschlagnahme (vgl. bürgerliche Strafprozeßordnung §§ 98, 100) bedarf es jedoch in keinem Falle, weil die Anordnung sowohl des Gerichtsherrn, als auch des Untersuchungsführers als richterliche im Sinne der bürgerlichen Strafprozeßordnung zu gelten hat. Für Beschwerden über die Art der Ausführung einer Beschlagnahme oder Durchsuchung seitens der ersuchten Behörde sind die Vorschriften der bürgerlichen Strafprozeßordnung maßgebend.

Wenn nach Absatz 4 des § 228 die Militärbehörde verlangen kann, zugezogen zu werden, so entspricht dies der im § 98 Absatz 4 und § 105 Absatz 4 der bürgerlichen Strafprozeßordnung den Civilbehörden eingeräumten Befugniß.

Im Felde und an Bord sind die Bestimmungen des § 228 Absatz 1 bis 4 nicht durchführbar; Absatz 5 bestimmt deshalb, daß für diese Fälle allgemein die Vorschriften des § 227 gelten.

Die

§§ 229 bis 231

entsprechen den §§ 108, 109, 111 der bürgerlichen Strafprozeßordnung, nur daß im § 229 neben der zuständigen Staatsanwaltschaft auch die Militärbehörde genannt ist, da diese in allen Fällen, in denen eine militärgerichtlich zu verfolgende strafbare Handlung in Frage steht, in erster Linie zum Einschreiten berufen ist.

## Dritter Abschnitt.

## Abschluß des Ermittelungsverfahrens. Erhebung der Anklage.

§§ 232 bis 247.

Der Abschluß des Ermittelungsverfahrens und die Erhebung der Anklage erfolgen im Wesentlichen entsprechend dem heutigen Rechtszustand im Bereiche der preußischen Militärstrafgerichtsordnung. Der Gerichtsherr stellt entweder das Verfahren ein, oder er führt in den zulässigen Fällen die Disziplinarbestrafung herbei, oder er verfügt die Anklageerhebung.

Ist die Anklageerhebung vom Gerichtsherrn verfügt, so hat der die Anklage vor dem erkennenden Gerichte vertretende

Offizier oder Kriegsgerichtsrath eine Anklageschrift zu fertigen, welche die Beweismittel und die wesentlichen Ergebnisse der stattgehabten Ermittelungen enthalten muß (§ 242) und dem Beschuldigten mit der vorausgegangenen Verfügung des Gerichtsherrn auf die in den §§ 243, 244 vorgeschriebene Weise bekannt zu machen ist.

Erst mit dieser Bekanntmachung gilt die Anklage für erhoben (§ 245). An diesen Moment knüpft der Entwurf im § 247 als Regel (vgl. § 260) diejenige Wirkung, welche die preußische Militärstrafgerichtsordnung (§ 104) mit der Eröffnung der förmlichen Untersuchung verbindet.

Im Einzelnen ist noch folgendes zu bemerken:

Nach

§ 232

soll der Untersuchungsführer dem Gerichtsherrn über das Ergebniß des Ermittelungsverfahrens mündlich oder schriftlich Vortrag erstatten. Der von dem Untersuchungsführer gestellte Antrag ist den Akten beizufügen oder, wenn er mündlich gestellt war, zu den Akten zu vermerken. Dadurch wird der Untersuchungsführer genöthigt, den Inhalt der Akten sorgfältig zu prüfen und auch seinerseits bestimmte Stellung zur Sache zu nehmen.

§ 234.

Nach Abschluß des Untersuchungsverfahrens hat der Gerichtsherr darüber zu befinden, ob der Beschuldigte außer Verfolgung zu setzen, oder ob eine Bestrafung desselben herbeizuführen sei.

Im ersteren Falle ist das Verfahren einzustellen, sei es, daß der früher vorhandene Verdacht im Ermittelungsverfahren keine ausreichende Bestätigung gefunden hat, sei es, daß der erforderliche Strafantrag nicht oder nicht rechtzeitig gestellt oder rechtzeitig zurückgenommen, oder daß die Verjährung der Strafverfolgung eingetreten ist u. dgl. m.

Die Einstellung des Verfahrens bezieht sich übrigens selbstverständlich nur auf die strafgerichtliche Verfolgung der in Frage kommenden Handlungen. Demgemäß ist, sofern das Verhalten des Beschuldigten sich als Zuwiderhandeln gegen militärische Zucht und Ordnung (Disziplinarstrafordnung vom 31. Oktober 1872 § 1 Nr. 1) darstellt, die Disziplinarbestrafung durch die Einstellung des gerichtlichen Verfahrens keineswegs ausgeschlossen; ihre Zulässigkeit ist vielmehr lediglich von den Vorschriften der Disziplinarstrafordnung abhängig (vgl. insbesondere § 44 derselben). Gleiches gilt, wenn Freisprechung erfolgt."

Ergiebt sich im Laufe des Ermittelungsverfahrens, daß der Beschuldigte wegen der ihm zur Last fallenden Handlung der Militärstrafgerichtsbarkeit nicht unterworfen ist, so hat der Gerichtsherr die Akten an die zuständige Civilbehörde abzugeben. Einer besonderen Vorschrift bedurfte es in dieser Beziehung nicht, da mit dem Zeitpunkte der Feststellung jener Thatsache für die Ausübung der gerichtsherrlichen Gewalt auf Seiten des betreffenden Befehlshabers die rechtliche Grundlage fehlt.

Die

§§ 235, 236

enthalten besondere Vorschriften für den Fall der Einstellung der Verfolgung.

§ 235 lehnt sich an § 168 Absatz 2 der bürgerlichen Strafprozeßordnung an. Nicht jede informatorische Vernehmung soll den Anspruch auf Mittheilung von dem Ausgange der Sache begründen. Wohl aber wird demjenigen, der unter der Anschuldigung einer bestimmten strafbaren Handlung verantwortlich, d. h. als Verdächtiger vernommen worden ist, ein solcher Anspruch nicht versagt werden dürfen.

§ 236 Absatz 1 schließt sich an § 169 der bürgerlichen Strafprozeßordnung an. Einer besonderen Hervorhebung, daß der Bescheid „unter Angabe der Gründe" zu erfolgen habe, bedurfte es im Hinblick auf § 129 nicht.

Ist derjenige, welcher die strafbare Handlung zur Anzeige gebracht hat, zugleich der Verletzte, so gewährt ihm § 236 Absatz 2 die Rechtsbeschwerde an den höheren Gerichtsherrn. Letzterer hat, sofern er die Beschwerde für begründet erachtet, auf Grund des § 21 nicht nur das Recht, sondern auch die Pflicht, wegen Verfügung der Anklage die erforderliche Anweisung zu ertheilen (vgl. auch das oben B. III. 2 Bemerkte).

Die

§§ 237 ff.

behandeln die Fälle, in welchen der Beschuldigte der Begehung einer strafbaren und militärgerichtlich verfolgbaren Handlung überführt oder doch dringend verdächtig ist. Maßgebend in dieser Beziehung ist das sogenannte Legalitätsprinzip, das im Gegensatze zu dem sogenannten Opportunitätsprinzipe nicht gestattet, strafbare und gerichtlich verfolgbare Handlungen etwa aus Zweckmäßigkeitsgründen unverfolgt zu lassen. Der Entwurf befindet sich dabei nicht nur mit der bürgerlichen Strafprozeßordnung (§ 152 Abs. 2) im Einklange, sondern hält zugleich an dem durch die gegenwärtig geltende Militärgesetzgebung geschaffenen Rechtszustande fest.

Hinsichtlich der Ahndung einer strafbaren Handlung kann die Disziplinarbestrafung oder die Verfügung der Anklageerhebung in Frage kommen.

Der § 3 des Einführungsgesetzes zum Militärstrafgesetzbuche gestattet nämlich, gewisse militärische Vergehen in leichteren Fällen im Disziplinarwege zu ahnden. Der § 238 sieht vor, in welcher Weise dieser Bestimmung nach abgeschlossenem Ermittelungsverfahren Rechnung zu tragen sei.

Erachtet der Gerichtsherr dafür, daß ein leichterer Fall im Sinne des gedachten § 3 vorliege, so hängt das weitere Verfahren davon ab, ob der Gerichtsherr zugleich der Disziplinarvorgesetzte des Beschuldigten ist oder nicht. Im ersteren Falle verhängt er selbst die Disziplinarstrafe oder überläßt deren Verhängung einem ihm unterstellten Disziplinarvorgesetzten des Beschuldigten. Im anderen Falle hat er die Sache an den zuständigen Disziplinarvorgesetzten abzugeben, welcher, wenn auch er einen leichteren Fall im Sinne des angeführten § 3 für vorliegend erachtet, die Disziplinarstrafe verhängt. Ist jedoch der Disziplinarvorgesetzte der Ansicht, daß die Ahndung im Disziplinarwege nicht ausreichend sei, so hat er die Sache zur gerichtlichen Erledigung an den Gerichtsherrn zurückgelangen zu lassen, der alsdann in Gemäßheit des § 150 Absatz 2 die Anklage zu verfügen hat.

Der Absatz 1 des § 238 will zugleich die Zweifel beheben, ob der höhere Disziplinarvorgesetzte in den zu seiner Zuständigkeit gehörenden Fällen (Disziplinarstrafordnung § 15) die Verhängung der Disziplinarstrafe den niederen Disziplinarvorgesetzten des zu Bestrafenden überlassen dürfe.

Kommt ein leichter Fall im Sinne des § 3 des Einführungsgesetzes zum Militärstrafgesetzbuche nicht in Frage, so hat der Gerichtsherr die Anklage zu verfügen, sofern sich nicht ergeben hat, daß ein anderer Gerichtsherr zuständig ist, an den demgemäß die Abgabe der Sache zu erfolgen hat. Dies kann namentlich erforderlich werden, wenn sich herausgestellt hat, daß der Fall nicht, wie ursprünglich angenommen, vor die höhere, sondern vor die niedere Gerichtsbarkeit gehört und umgekehrt.

§ 239

ordnet im Anschluß an § 151 an, daß in den dort bezeichneten Fällen die Anklage nicht verfügt werden darf, bevor an den Reichskanzler oder an die oberste Behörde der Militärjustizverwaltung berichtet worden ist. Es erschien dies geboten, weil bei Untersuchungen der in Rede stehenden Art vielfach politische Erwägungen ausschlaggebend sind, deren Kenntniß sich den Gerichtsbehörden entzieht. Der Bericht ist vom Gerichtsherrn unmittelbar an den Reichskanzler oder die oberste Behörde der Militärjustizverwaltung zu erstatten.

§ 240

gestattet in Anlehnung an den § 208 der bürgerlichen Strafprozeßordnung eine Ausnahme vom Legalitätsprinzipe, die zur Zeit in der preußischen Militärstrafgerichtsordnung empfindlich vermißt wird.

Die vom Gerichtsherrn allein zu erlassende und zu den Akten zu bringende Verfügung muß ersehen lassen, wegen welcher Straffälle von der Verfügung der Anklageerhebung vorläufig Abstand genommen ist. Denn es handelt sich bei der Abstandnahme um einen bewußten einstweiligen Verzicht auf die Ausübung des gerichtsherrlichen Rechts der Anklageverfügung, und auch die Einschränkung der Strafverfolgungsgewalt, wie sie im vierten Absatze vorgesehen ist, findet deshalb nur statt bei solchen Straffällen, hinsichtlich deren von der Verfügung der Anklageerhebung mit Bedacht abgesehen worden ist.

§ 241.

Die Verfügung, welche die Erhebung der Anklage anordnet, bildet die maßgebende Grundlage für das weitere Verfahren und zieht zugleich in thatsächlicher Beziehung die Grenzen für dasselbe (vgl. § 304). Bestimmtheit und Klarheit sind deshalb unentbehrliche Erfordernisse dieser Verfügung.

Der § 241 entspricht in seinem wesentlichsten Theile dem § 198 Absatz 1 der bürgerlichen Strafprozeßordnung (vgl. auch preußische Militärstrafgerichtsordnung § 102 Nr. 1).

Die Verfügung hat danach:

1. die Person des Beschuldigten bestimmt zu bezeichnen;
2. die dem Beschuldigten zur Last gelegte That, d. h. das Verhalten des Beschuldigten, welches den Gegenstand der Aburtheilung bilden soll, so genau anzugeben, daß die dem Beschuldigten zur Last gelegte

That von anderen Thaten unterschieden werden kann (vgl. Urtheil des Reichsgerichts vom 8. März 1881, Entsch. in Strafs. Bd. 3 S. 406);

3. die gesetzlichen Merkmale der That hervorzuheben, d. h. anzugeben, welches Delikt nach Ansicht des Gerichtsherrn in der That gefunden wird;
4. anzugeben, ob je nach den Zuständigkeitsregeln ein Standgericht oder ein Kriegsgericht zu entscheiden hat.

§ 242

ordnet in Anlehnung an § 199 der bürgerlichen Strafprozeßordnung, abgesehen von dem Feld- und Bordverhältnisse, zur Ergänzung der Verfügung des Gerichtsherrn (§ 241), die Anfertigung einer „Anklageschrift“ an. Letztere soll die wesentlichen Ergebnisse der stattgehabten Ermittelungen und die Angabe der Beweismittel enthalten.

Während jedoch die bürgerliche Strafprozeßordnung in den vor den Schöffengerichten zu verhandelnden Strafsachen von dem Erfordernisse einer Aufnahme der wesentlichen Ergebnisse der stattgehabten Ermittelungen absieht, hat der Entwurf eine solche Aufnahme allgemein vorgeschrieben. Bestimmend dafür war wesentlich die Zusammensetzung der Standgerichte lediglich aus nichtjuristischen Mitgliedern. Die Anfertigung der Anklageschrift liegt dem demnächstigen Vertreter der Anklage vor dem erkennenden Gericht ob.

Die Verfügung des Gerichtsherrn (§ 241) und die Anklageschrift sind dem Beschuldigten bekannt zu machen.

Dies ist auch der Fall hinsichtlich einer späteren Ausdehnung der Beweismittel. Es ergiebt sich dies aus § 287.

Die

§§ 243, 244

betreffen die Form der im § 242 vorgeschriebenen Bekanntmachung. Es war zu unterscheiden zwischen den Beschuldigten, die dem aktiven Heere und der aktiven Marine angehören oder sich in Haft befinden, und anderen Beschuldigten. Die erstgedachten Personen sind fast ausnahmslos unmittelbar zur Stelle, so daß die mündliche Bekanntmachung, die nach der jetzigen preußischen Militärstrafgerichtsordnung stets stattfindet, in Betreff dieser Beschuldigten Schwierigkeiten nicht bietet. Sie gewährt überdies den wesentlichen Vortheil, daß der Beschuldigte alsbald über Umfang und Bedeutung der Anklage belehrt und über die Anträge, die er im Interesse seiner Vertheidigung stellen will, gehört werden kann. Der Beschuldigte wird dadurch leichter vor Mißverständnissen bewahrt bleiben, und zugleich wird die Vorbereitung der Hauptverhandlung gefördert.

In Betreff anderer als der im § 243 bezeichneten Beschuldigten mußte neben dem Wege der mündlichen Bekanntmachung und Aufforderung auch der der Zustellung zugelassen werden (§ 244).

§ 245

kennzeichnet die nach Maßgabe der §§ 243, 244 erfolgte Bekanntmachung in ihrer rechtlichen Bedeutung als den Akt der Anklageerhebung.

§ 246.

Die Erhebung der Anklage hat nicht nur die Wirkung, daß die Sache der Regel nach zur Aburtheilung gebracht werden muß (vgl. §§ 247, 260), sondern auch die, daß durch dieselbe der Gerichtsstand festgelegt wird (vgl. auch preußische Militärstrafgerichtsordnung § 37). Daher sind Veränderungen, die in der persönlichen Dienststellung des Beschuldigten, insbesondere durch Versetzung, Beförderung oder in den Fällen des § 26 durch Zurücknahme der Ueberweisung stattfinden, hinsichtlich des Gerichtsstandes nur insoweit von Erheblichkeit, als sie vor der Erhebung der Anklage eingetreten sind. Dabei ist als selbstverständlich vorausgesetzt, daß, sofern die Ueberweisung zu dem militärischen Verband eines anderen Kontingents erfolgt ist, vor Erhebung der Anklage oder Zustellung des Strafbefehls die überweisende Stelle von der Sachlage Kenntniß erhält.

Nach Erhebung der Anklage tritt, unbeschadet der Bestimmungen der §§ 29 bis 31, eine Aenderung des Gerichtsstandes nur in dem Falle ein, daß der Angeklagte durch Beförderung der niederen Gerichtsbarkeit entzogen wird. Denn die Vorschriften über die gegenseitige Abgrenzung der höheren und niederen Gerichtsbarkeit sowie der kriegsgerichtlichen und standgerichtlichen Zuständigkeit sollen unberührt bleiben.

Nach

§ 247

besteht die rechtliche Wirkung der Anklageerhebung darin, daß, sofern nicht § 260 zur Anwendung kommt, die Sache zur Aburtheilung gebracht werden muß. Darin liegt indessen nicht, daß die Aburtheilung unter allen Umständen militärgerichtlich erfolgen muß. Denn wenn sich nach Erhebung der Anklage herausstellt, daß der Beschuldigte wegen der ihm zur Last gelegten That der Militärstrafgerichtsbarkeit nicht unterworfen ist, so ist der Mangel der Gerichtsbarkeit durch die Anklageerhebung nicht beseitigt, vielmehr liegt außerhalb der Hauptverhandlung dem Gerichtsherrn die Abgabe der Sache an die zuständige bürgerliche Behörde ob, während in der Hauptverhandlung das erkennende Gericht seine Unzuständigkeit auszusprechen hat, und zwar nicht durch Urtheil, sondern durch Beschluß (vgl § 313).

Absatz 2 des § 247 stellt das Prinzip der Mündlichkeit für das Verfahren vor dem erkennenden Gericht auf.

Vierter Abschnitt.

## Vorbereitung der Hauptverhandlung.

§§ 248 bis 260.

Die Anordnung derjenigen Maßnahmen, welche nach Erhebung der Anklage erforderlich sind, um die Entscheidung des erkennenden Gerichts herbeizuführen, kann nur dem für die Leitung des gesammten Verfahrens verantwortlichen Gerichtsherrn zustehen.

Die

§§ 248 bis 251

handeln von dem Zusammentritte des erkennenden Standgerichts oder Kriegsgerichts.

§ 248 steht im Zusammenhange mit § 15 Absatz 3, wonach die Standgerichte und Kriegsgerichte nur auf Berufung durch den Gerichtsherrn und nur für den einzelnen Fall zusammentreten.

Berufung der Richter (Abs. 2) ist gleichbedeutend mit Uebertragung des Richteramts auf gewisse Personen. Wenn nun auch mit dieser Berufung zum Richteramte die Zusammenberufung der Richter zur Abhaltung eines Standgerichts oder Kriegsgerichts an einem bestimmten Orte und zu einer bestimmten Zeit meist zusammenfällt, so ist dieser letztere Befehl doch rechtlich ein von jener Berufung durchaus verschiedener Akt. Das tritt klar hervor bei den ständigen Richtern der Standgerichte (§ 38), deren Berufung für das Geschäftsjahr erfolgt, die im einzelnen Falle aber nur auf besonderen Befehl in die Ausübung des Richteramts eintreten. Diese Unterscheidung gewinnt auch bei der Bildung der im § 15 Absatz 4 vorgesehenen Gerichte Bedeutung. Die Berufung der Richter erfolgt nach § 248 Absatz 2 durch den Kaiser oder den Kontingentsherrn, während die erforderlichen Anordnungen hinsichtlich des Zusammentritts der Richter von dem nach Maßgabe des § 18 bestellten Gerichtsherrn zu treffen sind (vgl. § 251).

§ 249

trifft Vorsorge für den Fall, daß der Gerichtsherr nicht in der Lage ist, aus den zu seinem Befehlsbereiche gehörenden Personen das erkennende Gericht in gesetzmäßiger Weise zu bilden, weil es an dem erforderlichen Richterpersonale mangelt. Die Abhülfe kann in zweifacher Weise erfolgen. Entweder ersucht der Gerichtsherr einen oder mehrere andere Gerichtsherren um Zuweisung einzelner fehlender Richter, oder er ersucht einen anderen Gerichtsherrn, selbst die Aburtheilung herbeizuführen. Ob im einzelnen Falle der eine oder der andere Weg einzuschlagen, ist lediglich eine Frage der Zweckmäßigkeit, bei der insbesondere auch der Kostenpunkt in Betracht kommt. Der erstere Weg wird sich der Regel nach dann empfehlen, wenn der erforderliche Ersatz an dem Garnisonorte des Gerichtsherrn, sofern dort die Hauptverhandlung stattzufinden hat, gestellt werden kann. Die Erledigung auf dem zweiten der vorbezeichneten Wege wird vorzugsweise für solche Fälle von Bedeutung werden, in denen von Bezirkskommandeuren die Anklageerhebung verfügt worden ist. Für die Auswahl des zu ersuchenden Gerichtsherrn ist die Vermeidung unnöthiger Weitläufigkeiten und Kosten in erster Linie ins Auge zu fassen. Für selbstverständlich erachtet es der Entwurf, daß in den bezeichneten Fällen Angehörige des Heeres und der Marine als Richter oder Gerichtsherren zur gegenseitigen Rechtshülfe befugt sind.

Absatz 2 des § 249 berücksichtigt, daß außer dem Mangel an Richtern auch sonstige dringende Umstände die Herbeiführung der Aburtheilung durch einen anderen Gerichtsherrn erforderlich machen können. Namentlich bei strafbaren Handlungen, die vom Angeklagten vor der Einstellung oder während einer Beurlaubung oder während der Fahnenflucht begangen sind, werden oft große Entfernungen zwischen dem Wohnsitze der Zeugen einerseits und dem Garnisonorte des Gerichtsherrn andererseits liegen, so daß es im Interesse schleunigerer Erledigung der Sache und der Vermeidung erheblicher Kosten vielfach angezeigt sein wird, den vom zweiten Absatze zugelassenen Weg zu beschreiten.

Während dadurch, daß ihm einzelne fehlende Richter auf Ersuchen zugewiesen werden, die Stellung des Gerichtsherrn keinerlei Aenderung erfährt, bedurfte es im

§ 250

einer Abgrenzung der Befugnisse des ersuchenden und des ersuchten Gerichtsherrn.

Als Grundsatz ist festgehalten, daß der Gerichtsherr, welcher die Anklageerhebung verfügt und das Ersuchen um Herbeiführung der Aburtheilung gestellt hat, in der Ausübung der gerichtsherrlichen Befugnisse nicht weiter zu beschränken sei, als dies durch das Ersuchen selbst bedingt ist. Daraus ergiebt sich, daß der ersuchte Gerichtsherr zwar alle zur Vorbereitung der Hauptverhandlung und während der Hauptverhandlung erforderlichen Anordnungen und Entscheidungen, soweit sie dem Gerichtsherrn zufallen, zu treffen hat, daß dagegen, da mit der Fällung des Urtheils das Ersuchen seine Erledigung findet, die Einlegung von Rechtsmitteln und die Strafvollstreckung dem ersuchenden Gerichtsherrn verbleiben.

An und für sich liegt in dem Ersuchen um Herbeiführung der Aburtheilung auch das Ersuchen um Herbeiführung der Vertretung der Anklage. Im einzelnen Falle kann es indessen dem ersuchenden Gerichtsherrn von Wichtigkeit sein, seine Auffassung durch einen an seine Weisungen gebundenen Gerichtsoffizier oder Kriegsgerichtsrath (vgl. § 91) vor dem erkennenden Gerichte vertreten zu sehen oder auch die Anklagevertretung in der Hand eines Gerichtsoffiziers oder Kriegsgerichtsraths zu wissen, der mit der Sache bereits genau vertraut ist. Auf diesen Erwägungen beruht der Absatz 2 des § 250.

Indem

§ 251

dem Gerichtsherrn die Festsetzung nicht nur der Zeit, sondern auch des Ortes der Hauptverhandlung überläßt, gewährt er die Möglichkeit, daß die Hauptverhandlung, je nach Bedürfniß auch an einem anderen Orte, als an dem Garnisonorte des Gerichtsherrn stattfindet, was vielfach zur Vermeidung von Kosten und Weitläufigkeiten nothwendig sein wird.

§ 252

überträgt die Veranlassung der Ladungen zur Hauptverhandlung ausschließlich dem Gerichtsherrn und weicht damit wesentlich von dem Prinzipe der bürgerlichen Strafprozeßordnung ab, welche in den §§ 219, 221 dem Angeklagten das Recht der unmittelbaren Ladung gewährt. Ein solches Recht würde mit den militärischen Verhältnissen nicht vereinbar sein, weder hinsichtlich der Angeklagten, die fast durchgängig, noch hinsichtlich der Zeugen, die in der überwiegenden Mehrzahl aktive Militärpersonen sind.

Die

§§ 253, 254

behandeln die Maßnahmen, welche behufs Erscheinens des Angeklagten in der Hauptverhandlung zu treffen sind, und entsprechen den §§ 163, 164. Zugleich ist vorgesehen, daß dem Angeklagten der Termin der Hauptverhandlung vorher bekannt gemacht wird (vgl. bürgerliche Strafprozeßordnung § 216). In standgerichtlichen Strafsachen erschien es ausreichend, wenn der Termin dem Angeklagten „am vorhergehenden Tage" bekannt wird. Von der Festsetzung dieser Frist auf die Dauer von „einem Tage" ist abgesehen worden, weil bei dieser Frist es in Anbetracht der Regelung des militärischen Dienstbetriebes erforderlich sein würde, die Befehle wegen des Zusammentritts des Standgerichts stets schon zwei Tage vor dem Termine zu geben, wodurch eine Erschwerung in der Vertheilung des Dienstes eintreten würde.

Gegenüber der größeren Wichtigkeit der kriegsgerichtlichen Straffälle erschienen hinsichtlich dieser die vorgedachten Erwägungen nicht durchgreifend.

Da die Fristen lediglich im Interesse des Angeklagten festgesetzt sind, erschien es unbedenklich, bei Zustimmung des Angeklagten, dem unter Umständen selbst eine beschleunigte Erledigung erwünscht sein kann, eine Abkürzung zuzulassen.

§ 255

rechtfertigt sich durch die im Felde und an Bord obwaltenden Verhältnisse. Dieselben lassen eine Ladung des Angeklagten, der entweder zu den im § 253 Absatz 1 bezeichneten Personen gehören oder verhaftet sein wird, meist überflüssig, die Innehaltung einer Ladungsfrist aber meist unmöglich erscheinen.

§ 256

bezweckt die rechtzeitige Benachrichtigung des Vertheidigers von der Anberaumung des Termins zur Hauptverhandlung.

§ 257

entspricht sachlich dem § 218 Absatz 1 der bürgerlichen Strafprozeßordnung.

Für Mannschaften des aktiven Heeres und der aktiven Marine ist derselbe Weg vorgeschrieben, wie bei Anbringung eines Ablehnungsgesuchs (vgl. § 123 Abs. 2 und Bemerkung dazu).

§ 258

entspricht dem § 222 der bürgerlichen Strafprozeßordnung. Jedoch hat die eidliche Vernehmung zu unterbleiben nicht nur, wenn „gesetzliche Hindernisse", sondern auch wenn „erhebliche Bedenken" obwalten. Der Entwurf ist hinsichtlich der Beeidigung von Zeugen davon ausgegangen, daß abgesehen von den gesetzlichen Hindernissen auch dem richterlichen Ermessen bei der Frage, ob die Beeidigung im einzelnen Falle für zulässig zu erachten, ein angemessener Spielraum einzuräumen sei. Der Zwang, jeden Zeugen, bei dem ein gesetzlicher Hinderungsgrund nicht vorliegt, zu beeidigen, bringt die Gefahr mit sich, daß leicht falsche, wenn auch nur leichtfertige Eide geleistet werden, die meist der gesetzlichen Sühne entgehen und die Achtung vor dem Eide mehr und mehr herabsinken lassen. Der Entwurf hat deshalb in diesem Paragraphen, wie auch im § 286 gegenüber der bürgerlichen Strafprozeßordnung dem richterlichen Ermessen einen weiteren Spielraum eingeräumt.

§ 259

entspricht den §§ 223, 224 der bürgerlichen Strafprozeßordnung.

§ 260

schließt sich an einen Vorschlag an, den die verbündeten Regierungen in dem Entwurfe, betr. Aenderungen und Ergänzung des Gerichtsverfassungsgesetzes und der bürgerlichen Strafprozeßordnung gemacht haben, und dessen Zweckmäßigkeit im Reichstag anerkannt worden ist. Er entspricht auch durchaus den praktischen Bedürfnissen der Militärstrafrechtspflege.

## Fünfter Abschnitt.

## Hauptverhandlung.

§§ 261 bis 321.

Auch dieser Abschnitt schließt sich dem entsprechenden Abschnitte der bürgerlichen Strafprozeßordnung (Buch II Abschn. 6) nach Anordnung und Inhalt fast vollständig an. Unterbrochen ist die Anordnung durch Einfügung von Bestimmungen über die Oeffentlichkeit in der Hauptverhandlung und die Sitzungspolizei (§§ 269 bis 278) sowie über die Berathung und Abstimmung (§§ 307 bis 310). In den deutschen Justizgesetzen sind diese Materien durch das Gerichtsverfassungsgesetz (Abschn. 14 und 16) für den Strafprozeß und Civilprozeß gemeinschaftlich geregelt. Andererseits sind von den Bestimmungen des Buch II Abschnitt 6 der bürgerlichen Strafprozeßordnung einzelne im Entwurfe weggelassen worden. Hierhin gehören die §§ 231, 233, 234 der bürgerlichen Strafprozeßordnung, die sich auf eine in Abwesenheit des Angeklagten stattfindende Hauptverhandlung beziehen, da eine solche dem Entwurfe — von dem Falle des § 268 abgesehen — unbekannt ist; ferner die §§ 244 Absatz 2, 264 Absatz 5, 270 Absatz 3, 273 Absatz 2, die mit Besonderheiten des schöffengerichtlichen Verfahrens zusammenhängen und für den Entwurf mit Rücksicht auf die gleichmäßige Gestaltung der Hauptverhandlung vor den Standgerichten wie vor den Kriegsgerichten bedeutungslos waren; endlich mehrere Einzelbestimmungen (bürgerliche Strafprozeßordnung § 232 Abs. 2, 3, §§ 236, 238, 240 Abs. 1, 264 Abs. 3, 265, 267 Abs. 2, 268, 271 Abs. 2), die in Rücksicht auf die besonderen Verhältnisse des Militärstrafverfahrens entbehrlich erschienen.

Bei der vorwiegenden Uebereinstimmung mit der bürgerlichen Strafprozeßordnung werden folgende Bemerkungen zu den einzelnen Paragraphen genügen.

Der

§ 262

enthält gegenüber dem § 226 der bürgerlichen Strafprozeßordnung eine Abweichung insofern, als er eine Mitwirkung verschiedener Gerichtsschreiber in derselben Hauptverhandlung ausdrücklich gestattet. Die Abweichung ist nur redaktionell; denn auch nach der bürgerlichen Strafprozeßordnung ist nach richtiger und allgemein angenommener Auslegung ein Wechsel in der Person des Gerichtsschreibers im Laufe der Hauptverhandlung für statthaft zu erachten.

Im

§ 265

ist Vorsorge getroffen, daß auch das erkennende Gericht eine Festnahme des Angeklagten anordnen kann, was nach der Bestimmung des § 172 nicht durchweg der Fall sein würde. Die endgültige Bestimmung war dem Gerichtsherrn vorzubehalten, da hinsichtlich der Frage, ob die vom Gericht angeordnete Festnahme aufrecht zu erhalten sei, außer den in der Sache liegenden Gründen auch die militärdienstlichen Verhältnisse in der Regel mit zu berücksichtigen sind, die zu übersehen das erkennende Gericht oft nicht in der Lage sein wird.

Die im

§ 266

vorgesehene Verhaftung kann nicht vom erkennenden Gerichte, sondern gemäß § 167 nur vom Gerichtsherrn verfügt werden. Die Anordnung der Vorführung steht dagegen auch dem Gerichte zu.

Im

§ 268

ist in Abweichung vom § 232 der bürgerlichen Strafprozeßordnung die Zulässigkeit, den Angeklagten von dem Erscheinen in der Hauptverhandlung zu entbinden, nicht ausschließlich von der Stellung eines Antrags seitens des Angeklagten abhängig gemacht, es genügt vielmehr schon dessen Zustimmung.

Es erschien zweckmäßig, auch dem Gerichtsherrn die Möglichkeit der Initiative zu gewähren. Namentlich in Untersuchungen wegen strafbarer Handlungen, die der Angeklagte vor dem Diensteintritte begangen hat, wird es sich oft empfehlen, die Hauptverhandlung im Wege des Ersuchens (§ 249) durch einen in der Nähe des Thatorts und der Zeugen befindlichen Gerichtsherrn herbeiführen zu lassen, während der Angeklagte ein Interesse am persönlichen Erscheinen in der Hauptverhandlung nicht hat, die weite Reise aber ihn dem Dienste entziehen und seine Ausbildung hindern würde.

Die im zweiten Absatz erwähnte „Strafbefugniß" der Standgerichte, verschieden von ihrer gesetzlichen „Zuständigkeit" (§ 42), ergiebt sich aus den §§ 44, 57.

Die

§§ 269 bis 275

handeln von der Oeffentlichkeit der Hauptverhandlung und schließen sich an die Bestimmungen des Gerichtsverfassungsgesetzes §§ 170 bis 176 nebst den Aenderungen, welche dieselben durch das Reichsgesetz vom 5. April 1888 erfahren haben, an. Mit Rücksicht auf die militärischen Verhältnisse mußte jedoch Vorkehrung getroffen werden, daß die Oeffentlichkeit der Verhandlung nicht zu einer Gefährdung der militärdienstlichen Interessen führe.

Demgemäß bestimmt

§ 270,

daß die Oeffentlichkeit ausgeschlossen werden kann nicht nur, wenn sie eine Gefährdung der öffentlichen Ordnung, insbesondere der Staatssicherheit oder der Sittlichkeit, sondern auch, wenn sie eine Gefährdung militärdienstlicher Interessen besorgen läßt.

Eine ähnliche Bestimmung enthält der Artikel 138 der bayerischen Militärstrafgerichtsordnung, wonach die Oeffentlichkeit der Hauptverhandlung auch dann ausgeschlossen werden kann, wenn besondere militärdienstliche Interessen diese Maßregel nothwendig erscheinen lassen.

Für die Wahrung der militärischen Disziplin zu sorgen, ist Sache des Kaisers. Von ihm werden nach § 8 des Reichsmilitärgesetzes vom 2. Mai 1874 die Vorschriften über die Handhabung der Disziplin im Heere erlassen (vgl. § 72 des Reichsmilitärgesetzes). Ihm muß daher auch vorbehalten bleiben, die Voraussetzungen festzustellen, unter denen im militärgerichtlichen Verfahren die Disziplin für gefährdet zu erachten, und die Formen und den Umfang zu bestimmen, unter denen in diesen Fällen der Ausschluß der Oeffentlichkeit zu erfolgen hat. Es handelt sich dabei im Wesentlichen darum, je nach den Verhältnissen und Bedürfnissen des Heeres und der Marine und nach Maßgabe der zu machenden Erfahrungen die Gesichtspunkte zu bezeichnen, die für die Wahrung der Disziplin maßgebend bleiben müssen. In dieser Beziehung darf, abgesehen von Ausnahmemaßnahmen, die unruhige Zeiten nothwendig machen können, beispielsweise auch darauf hingewiesen werden, daß da, wo in Ermangelung sonstiger geeigneter Räume die Spruchsitzungen der Militärgerichte in Kasernen, Arrestanstalten und ähnlichen militärischen Dienstgebäuden stattfinden müssen, die Gestattung des freien Zutritts an Jedermann — trotz aller Vorsichtsmaßregeln — die schwersten Gefahren für die Disziplin in sich schließen würde.

§ 271

entspricht dem § 174 des Gerichtsverfassungsgesetzes (in der Fassung des Gesetzes vom 5. April 1888) unter Berücksichtigung der militärdienstlichen Interessen.

§ 273

entspricht dem zweiten Absatze des § 175 des Gerichtsverfassungsgesetzes in der Fassung, die derselbe durch das Reichsgesetz vom 5. April 1888 erhalten hat.

Nach diesem Gesetze werden diejenigen, welche die ihnen auferlegte Pflicht der Geheimhaltung durch unbefugte Mittheilung verletzen, mit Geldstrafe bis zu eintausend Mark oder mit Haft oder mit Gefängniß bis zu sechs Monaten bestraft. Eine gleichlautende Bestimmung ist, da sie dem materiellen Strafrecht angehört und daher außerhalb des Rahmens einer Strafprozeßordnung liegt, dem Einführungsgesetze zur Militärstrafgerichtsordnung vorbehalten.

Der

§ 274

bestimmt im Interesse der Wahrung des Dienstansehens des Vorgesetzten, daß aktiven Militärpersonen, die dem Angeklagten oder einem der Angeklagten im Range nachstehen, der Zutritt zu öffentlichen Verhandlungen nicht gestattet sei. Die Zulassung solcher Militärpersonen würde die Besorgniß der Gefährdung der Disziplin (§ 270) begründen, weshalb die vorgesehene Beschränkung der Oeffentlichkeit geboten war.

Die

§§ 276 bis 277

regeln die Handhabung der Ordnung in den Sitzungen der erkennenden Gerichte unter besonderer Berücksichtigung der militärischen Verhältnisse, jedoch im Anschluß an die §§ 177, 178, 179, 181, 185 des Gerichtsverfassungsgesetzes.

§ 277.

Macht sich eine der im ersten Absatze bezeichneten Personen einer Ungebühr schuldig, so reichen, wenn dieselbe eine Person des aktiven Soldatenstandes ist, für die Ahndung der Ungebühr die bestehenden Disziplinarvorschriften und allgemeinen Strafgesetze aus. Unter allen Umständen stellt nämlich eine solche Ungebühr bei den erwähnten Personen ein militärisches Disziplinarvergehen dar, welches in den meisten Fällen zugleich den Thatbestand eines militärischen Vergehens im Sinne des Militärstrafgesetzbuchs enthalten wird. Gegenüber anderen als den vorhin bezeichneten Personen läßt der dritte Absatz besondere Ordnungsstrafen zu, die von dem erkennenden Gerichte verhängt werden und sofort zu vollstrecken sind.

Die Nothwendigkeit der Protokollirung eines die Entfernung einer Person oder die Festsetzung einer Ordnungsstrafe betreffenden Gerichtsbeschlusses folgt aus der allgemeinen Vorschrift des § 318 des Entwurfs, neben der eine Spezialvorschrift entbehrlich erschien.

Zum

§ 279

mag hervorgehoben werden, daß die „Führung der Verhandlung“ bei den Standgerichten in der Hand des „Vorsitzenden“ ruht, von diesem jedoch auch einem der Beisitzer überlassen werden kann, während bei den Kriegsgerichten nach § 55 „Führung der Verhandlung“ und „Vorsitz“ auseinander fallen.

Der Absatz 3 entspricht dem § 237 Absatz 2 der bürgerlichen Strafprozeßordnung.

§ 280

entspricht den §§ 239, 240 Absatz 1, 241 der bürgerlichen Strafprozeßordnung.

Die unmittelbare Stellung von Fragen seitens des Vertheidigers war jedoch, als den militärischen Verhältnissen nicht entsprechend, auszuschließen. Auch mußte das Recht zur Zurückweisung ungeeigneter oder nicht zur Sache gehöriger Fragen dem Vorsitzenden, und nicht dem die Verhandlung führenden Richter übertragen werden, da es sich dabei um die Ausübung einer Präsidialbefugniß handelt. Wie hier, so ist auch in den folgenden Paragraphen dieses Abschnitts darauf Bedacht genommen, diejenigen Funktionen, welche die bürgerliche Strafprozeßordnung dem Vorsitzenden zuweist, je nach ihrer inneren Natur entweder dem Vorsitzenden oder dem die Verhandlung führenden Richter zu übertragen.

Die Vorschriften der

§§ 282, 283

beruhen darauf, daß zu jeder Hauptverhandlung der Standgerichte ein Richter, zu denen der Kriegsgerichte jedesmal vier Richter kommandirt werden müssen. Dadurch wird die Verlesung der Richterliste und die Beeidigung der nicht ständigen Richter bedingt.

Der letzte Absatz des § 283 berücksichtigt den Fall, daß an einem Tage mehrere Verhandlungen vor demselben Gericht anstehen und die Kommandirung eines nicht ständigen Richters zu mehreren oder zu sämmtlichen Verhandlungen erfolgt ist. Eine wiederholte körperliche Ableistung des Eides erscheint alsdann überflüssig, doch gehört zur „Bildung des Gerichts“ die Verweisung auf den in einer vorhergegangenen Verhandlung geleisteten Richtereid.

Nach

§ 285

kann das Gericht die Herbeischaffung von Beweismitteln anordnen (Abs. 3). Diese Befugniß schließt auch das Recht zur Anordnung von Beschlagnahmen und Durchsuchungen in sich. Eine solche Anordnung ist eine richterliche im Sinne der §§ 98, 100 der bürgerlichen Strafprozeßordnung.

Der vierte Absatz war erforderlich, weil sich die fraglichen Bestimmungen nur auf das Ermittelungsverfahren beziehen.

§ 286

weicht im Absatz 1 von dem § 244 der bürgerlichen Strafprozeßordnung wesentlich ab, indem das Gericht nach freiem Ermessen den Umfang der Beweisaufnahme bestimmt. Es wird im militärgerichtlichen Strafverfahren bei Vorgängen, die sich in Gegenwart oder doch in der Nähe einer Anzahl von Unbetheiligten (in Kasernen, auf den Schießständen, auf dem Marsche rc.) zugetragen haben, häufig erforderlich sein, eine größere Zahl von Zeugen für den Fall zu gestellen, daß nicht schon durch die Vernehmung einer geringeren Zahl volle Klarheit gewonnen wird. Es würde weder ein Bedürfniß für die Vernehmung der entbehrlich gewordenen Zeugen anzuerkennen sein, noch den Interessen des Dienstes entsprechen, Militärpersonen, um die es sich meist handeln wird, unnöthigerweise vom Dienste fern zu halten.

In Betreff des zweiten Absatzes gilt das zu § 285 Absatz 4 Bemerkte.

Durch die Bestimmungen des dritten Absatzes soll aus den zum § 258 hervorgehobenen Gründen, abweichend von dem Prinzipe der bürgerlichen Strafprozeßordnung (§ 60), dem Richter die Möglichkeit geboten werden, von der Abnahme eines offenbar falschen oder eines offenbar überflüssigen Eides Abstand zu nehmen. Der Entwurf geht nicht so weit, den Richter zu verpflichten, die Eidesabnahme zu unterlassen, wenn er die Aussage für offenbar unglaubwürdig oder unerheblich hält, da unter Umständen der Versuch geboten erscheint, durch das Gewicht des Eides eine wahrheitsgemäße Aussage zu erlangen. Der Richter soll aber andererseits auch gesetzlich nicht gezwungen werden, offenbar Meineide abzunehmen oder durch die Beeidigung zwar glaubwürdiger, aber völlig unerheblicher Zeugenaussagen die Bedeutung des Eides herabzumindern.

§ 287.

Ein Bedürfniß, die im zweiten Absatze dem Angeklagten eingeräumte Befugniß auch dem Vertreter der Anklage ausdrücklich zu gewähren (vgl. bürgerliche Strafprozeßordnung § 245 Abs. 2, 3), liegt nicht vor, weil dem Angeklagten das Recht unmittelbarer Ladung nicht zusteht und anzunehmen ist, daß hinsichtlich der erst in der Hauptverhandlung auf Grund des § 285 Absatz 3 zu ladenden Zeugen und Sachverständigen das Gericht den begründeten Anträgen des Vertreters der Anklage entsprechen wird. Anderenfalls würde in der Berufungsinstanz Abhülfe gesucht werden können.

Der

§ 292

entspricht dem § 250 der bürgerlichen Strafprozeßordnung. Die Abweichung im dritten Absatze rechtfertigt sich mit Rücksicht auf die Bestimmungen der §§ 193, 258, 286.

§ 295

giebt im Wesentlichen den § 253 der bürgerlichen Strafprozeßordnung wieder, jedoch mußte im ersten Absatze das Wort „richterlichen" schon deshalb ausfallen, weil der Entwurf es vermieden hat, die Protokolle des Untersuchungsführers als „richterliche" zu bezeichnen. Ueberdies würde es den militärischen Verhältnissen nicht entsprechen, wenn die Zulässigkeit der Verlesung von Protokollen auf die richterlichen und die von einem Untersuchungsführer aufgenommenen Protokolle beschränkt werden sollte.

§ 297

weicht von § 255 der bürgerlichen Strafprozeßordnung insofern ab, als er im ersten Absatze den öffentlichen Behörden die militärischen Vorgesetzten gleichgestellt und die Worte „mit Ausschluß von Leumundszeugen" weggelassen hat. Der Zusatz bedarf für ein Militärstrafverfahren keiner Rechtfertigung. Was die Leumundszeugnisse anlangt, so ist bisher seitens der Militärgerichte in der Rechtsübung großer Werth auf eine Beachtung der Führungszeugnisse der Beschuldigten gelegt worden. Die Ausstellung solcher Zeugnisse beruht auf dienstlicher Vorschrift und wird mit großer Gewissenhaftigkeit gehandhabt. Diese Zeugnisse pflegen daher namentlich für die Strafabmessung von Einfluß zu sein. Der Entwurf glaubte an der Verlesung solcher ein „Zeugniß oder ein Gutachten militärischer Vorgesetzten enthaltenden Erklärungen" festhalten, überdies auch die Verlesung von Leumundszeugnissen bürgerlicher Behörden zulassen zu sollen.

Im

§ 299

ist im ersten Absatze, lediglich um etwaigen Zweifeln zu begegnen, hinter dem Worte „Angeklagte" eingeschaltet „oder dessen Vertheidiger" (vgl. bürgerliche Strafprozeßordnung § 257).

Im

§ 301,

der dem § 259 der bürgerlichen Strafprozeßordnung entspricht, ist im zweiten Absatze das Wort „insbesondere" eingefügt, um dem möglichen Mißverständnisse zu begegnen, als ob die im § 301 aufgeführten Fälle die einzigen seien, in denen die Einstellung des Verfahrens auszusprechen sei. Der Entwurf geht vielmehr davon aus, daß die „Einstellung des Verfahrens" überall da zu erfolgen hat, wo die strafrechtliche Verfolgbarbarkeit durch Verjährung, jugendliches Alter oder deshalb ausgeschlossen ist, weil wegen eines reinen Disziplinarvergehens (Disziplinarstrafordnnng § 1 Nr. 1) Anklage erhoben ist (vgl. Bemerkung zu § 234).

Die

§§ 307 bis 310

enthalten Bestimmungen über Berathung und Abstimmung und entsprechen im Wesentlichen den §§ 196 bis 199 des Gerichtsverfassungsgesetzes.

„Vorfragen" im Sinne des § 307 Absatz 2 sind solche Fragen, bei denen es sich darum handelt, ob die Strafverfolgung vor dem erkennenden Gericht und damit eine Entscheidung desselben in der Sache selbst zulässig ist, so, ob der erforderliche Antrag überhaupt, oder ob er rechtzeitig oder von einer dazu legitimirten Person gestellt, oder ob er rechtswirksam zurückgezogen, ob der Angeklagte vernehmungsfähig, ob Verjährung der Strafverfolgung eingetreten, ob die Militärstrafgerichtsbarkeit begründet ist.

Eine Abweichung von der bürgerlichen Strafprozeßordnung enthält der § 309 Absatz 1, wonach zu jeder Entscheidung des Gerichts einfache Stimmenmehrheit ausreicht, wogegen nach § 262 Absatz 1 der bürgerlichen Strafprozeßordnung zu einer jeden dem Angeklagten nachtheiligen Entscheidung, welche die Schuldfrage betrifft, eine Mehrheit von zwei Drittheilen der Stimmen erforderlich ist. Diese Bestimmung der bürgerlichen

Strafprozeßordnung beschränkt sich indeß auf die Entscheidungen der Strafkammern (vgl. Gerichtsverfassungsgesetz § 198 Absatz 1) und hat ihren Grund darin, daß gegen die Entscheidungen der letzteren eine Berufung nicht zulässig ist. Eine derartige Rechtsgarantie für den Angeklagten wird mit Zulassung der Berufung entbehrlich.

Unter Stimmenmehrheit im Sinne des § 309 Absatz 1 ist die absolute (Gerichtsverfassungsgesetz § 198 Abs. 1), oder auch unbedingte (preußische Militärstrafgerichtsordnung § 142) verstanden.

Der

§ 311

entspricht dem § 266 der bürgerlichen Strafprozeßordnung, sieht aber im dritten Absatz eine mit Rücksicht auf das materielle Militärstrafrecht nothwendige Ergänzung vor. Die bürgerliche Strafprozeßordnung bestimmt, daß, wenn mildernde Umstände als vorhanden angenommen oder einem in der Verhandlung gestellten Antrage entgegen verneint werden, die darüber getroffene Entscheidung aus den Urtheilsgründen hervorgehen soll. Der „minder schweren Fälle" ist dabei keine Erwähnung geschehen. Dem Reichsstrafgesetzbuche gegenüber ist dies kaum von Bedeutung, weil dieses nur an zwei Stellen (in den §§ 94 und 96) von „minder schweren Fällen" spricht. In dem Militärstrafgesetzbuch aber haben „die minder schweren Fälle" ungefähr dieselbe Bedeutung, wie in dem bürgerlichen Strafgesetzbuche „die mildernden Umstände". Deshalb war es geboten, im § 311 beide Fälle gleichzustellen.

Hinsichtlich der Zulässigkeit einer Disziplinarbestrafung nach erfolgter Freisprechung ist auf die Bemerkungen zu § 234 zu verweisen.

Im Falle des

§ 313

Absatz 1 hat das Gericht seine Unzuständigkeit durch Beschluß, nicht durch Urtheil auszusprechen. Demgemäß erfolgt nach Absatz 2 die Anfechtung durch die Rechtsbeschwerde an das Reichsmilitärgericht. Die Worte „im Laufe der Verhandlung" sollen zu erkennen geben, daß die Beweisaufnahme oder deren Fortsetzung zu unterbleiben hat, sobald die Unzuständigkeit des Militärgerichts feststeht.

Nach

§ 314

darf ein Kriegsgericht sich nicht deshalb für unzuständig erklären, weil die Sache vor ein Standgericht gehört (vgl. bürgerliche Strafprozeßordnung § 269).

Auch soll das erkennende Gericht nicht berechtigt sein, darüber zu befinden, ob der Gerichtsherr, welcher die Anklage verfügt hat, hierzu hinsichtlich der Person des Angeklagten zuständig war. Denn abgesehen davon, daß über die Zuständigkeit in gewissen Fällen Vereinbarungen unter den Gerichtsherren stattfinden können (vgl. §§ 27, 31), würde es dem Ansehen des Gerichtsherrn widerstreiten, wenn ein von ihm selbst berufenes Gericht über seine Berechtigung zu dieser Anordnung urtheilen sollte. Zweifel über die Zuständigkeit eines Gerichtsherrn im einzelnen Falle sind vielmehr, den militärischen Verhältnissen entsprechend, zwischen den in Betracht kommenden Gerichtsherren selbst oder deren Vorgesetzten, erforderlichen Falles durch das Reichsmilitärgericht (vgl. § 33) zum Austrage zu bringen. Ist wegen einer Handlung, die an sich nach Maßgabe des § 3 des Einführungsgesetzes zum Militärstrafgesetzbuch im Disziplinarwege geahndet werden könnte, Anklage erhoben, so darf das Militärgericht nicht deshalb sich für unzuständig erklären, weil nach seiner Ansicht nur ein leichter Fall vorliege, für welchen eine disziplinarische Ahndung ausreichend gewesen wäre; das Gericht muß vielmehr in solchem Falle in der Sache selbst erkennen.

Der

§ 315

entspricht im ersten Absatze den beiden ersten Absätzen des § 270 der bürgerlichen Strafprozeßordnung. Im Militärstrafverfahren muß jedoch außer der That auch die Person des Angeklagten berücksichtigt werden.

Nach dem Entwurfe sollen ferner die Standgerichte an die in den §§ 12, 13, 44, 57 gezogenen Strafgrenzen gebunden sein. Von großer Bedeutung ist das namentlich für die Fälle des § 57. Der Entwurf hat hier dem Vorgange des Gerichtsverfassungsgesetzes (§ 75 — in Verbindung mit der bürgerlichen Strafprozeßordnung § 270 —) nicht zu folgen vermocht, weil bei den Standgerichten rechtsgelehrte Richter nicht mitwirken.

Zu Absatz 2 vgl. Bemerkung zu § 246 Absatz 2.

§ 316

schreibt vor, daß bei den Kriegsgerichten das Sitzungsprotokoll außer von dem Vorsitzenden und dem Gerichtsschreiber auch von dem die Verhandlung führenden Kriegsgerichtsrathe zu unterschreiben ist. Eine Anordnung für den Behinderungsfall einer dieser drei Personen erschien entbehrlich, und zwar um so mehr, als die bürgerliche Strafprozeßordnung im zweiten Absatze des § 271 „im Falle der Verhinderung des Amtsrichters“ schon die Unterschrift des Gerichtsschreibers für ausreichend erachtet.

Der

§ 318

entspricht dem § 273 der bürgerlichen Strafprozeßordnung, weicht von demselben jedoch darin ab, daß nicht nur in einzelnen bestimmten, sondern in allen Fällen, außer der Wiedergabe des Ganges und der Ergebnisse der Hauptverhandlung, auch der wesentliche Inhalt der Erklärungen des Vertreters der Anklage, des Angeklagten und Vertheidigers, der Zeugen und der Sachverständigen in das Protokoll aufzunehmen ist, letztere jedoch nur, soweit sie nicht schon aus den Protokollen des Ermittelungsverfahrens sich ergeben. Diese Bestimmung erschien, abgesehen davon, daß ein zuverlässiger Anhalt dafür, welche Thatsachen ein Zeuge eidlich bekundet hat, vielfach von Wichtigkeit ist, im militärischen Interesse geboten, um dem Gerichtsherrn, sowie den Disziplinarvorgesetzten einen möglichst vollständigen Ueberblick über die thatsächlichen Verhältnisse zu sichern. Denn nur dadurch sind diese Befehlshaber im Stande, zu übersehen, zu welchen disziplinaren Anordnungen die Untersuchung etwa Anlaß bietet (vgl. die Bemerkungen zu §§ 149, 155).

§ 321.

Die Bestimmung, wonach das Urtheil mit den Gründen binnen drei Tagen nach der Verkündung zu den Akten gebracht werden soll, ist wesentlich instruktioneller Natur, da an die Nichtinnehaltung dieser Frist Rechtsnachtheile nicht geknüpft sind. Durch diese Bestimmung soll für die gewöhnlichen Fälle auf eine möglichst rasche Absetzung der Urtheile hingewirkt werden; sie bietet überdies im Falle von Verschleppungen der Aufsichtsbehörde eine gesetzliche Unterlage zum Einschreiten gegen den Säumigen.

Der Absatz 2 ist insofern weiter gegangen als der entsprechende § 275 der bürgerlichen Strafprozeßordnung, als er die Unterschrift des Urtheils von allen, auch den nicht ständigen Richtern erfordert, während nach der bürgerlichen Strafprozeßordnung es der Unterschrift der Schöffen nicht bedarf. Der Vorschlag des Entwurfs hält an einer althergebrachten Ueberlieferung im Militärstrafverfahren fest.

Der Absatz 4 hat, weil er die Vollziehung der Urtheilsausfertigungen und Auszüge durch den Militärgerichtsschreiber den militärischen Verhältnissen wenig entsprechend erachtet, in dieser Beziehung eine von der bürgerlichen Strafprozeßordnung abweichende Bestimmung getroffen (vgl. auch Bemerkung zu § 132).

## Sechster Abschnitt.

## Vertheidigung.

### §§ 322 bis 333.

Auf die Gesichtspunkte, welche im Allgemeinen bei der Regelung der Vertheidigung festzuhalten waren, ist schon oben B. IV hingewiesen worden.

Im Einzelnen ist Folgendes zu bemerken:

§ 322

bestimmt, abweichend vom § 137 Absatz 1 der bürgerlichen Strafprozeßordnung, jedoch in Anlehnung an die bayerische Militärstrafgerichtsordnung, daß der Beschuldigte erst, „nachdem die Anklage erhoben ist", des Beistandes eines Vertheidigers sich bedienen darf. Es erschien unverträglich mit den militärischen Verhältnissen, insbesondere mit der Stellung des Gerichtsherrn, schon im Laufe des Ermittelungsverfahrens die Einmischung eines Vertheidigers zuzulassen. Andererseits konnte ein Bedürfniß dazu um so weniger anerkannt werden, als der Entwurf für alle Untersuchungen ein eingehendes Ermittelungsverfahren vorschreibt, in welchem der Untersuchungsführer von Amtswegen für die Aufnahme aller zur Vorbereitung der Vertheidigung des Beschuldigten erforderlichen Beweismittel Sorge zu tragen hat (vgl. § 155) Ueberdies ist der Angekagte in der Lage, in erster Instanz unbenutzt gebliebene oder nicht gehörig gewürdigte Vertheidigungsmomente in der Berufungsinstanz zur Geltung zu bringen.

Eine Wiedergabe des zweiten Absatzes des § 137 der bürgerlichen Strafprozeßordnung erschien entbehrlich, weil die der Militärstrafgerichtsbarkeit unterworfenen Personen, von seltenen Ausnahmefällen (vgl. § 1 Nr. 8, § 2 Nr. 4) abgesehen, selbständig ihre Vertheidiger wählen können und dazu der Fürsorge ihres gesetzlichen Vertreters, selbst wenn sie einen solchen haben sollten, nicht bedürfen; für Ausnahmefälle gewährt überdies der § 324 hinreichende Abhülfe.

Der Absatz 2 des § 322 schließt, dem § 200 der preußischen Militärstrafgerichtsordnung entsprechend, in den zur Zuständigkeit der Standgerichte gehörigen Sachen die Zuziehung eines Vertheidigers, und zwar auch für die Berufungsinstanz aus (§ 373 Abs. 2).

Es handelt sich im standgerichtlichen Verfahren um Straffälle, die der Regel nach in thatsächlicher und rechtlicher Beziehung durchaus einfach liegen. Denn in Friedenszeiten sind der Zuständigkeit der Standgerichte Sachen, die, wie Diebstahl, Unterschlagung, Betrug ꝛc., namentlich hinsichtlich der rechtlichen Beurtheilung Schwierigkeiten bieten könnten, vollständig entzogen (vgl. §§ 12, 13, 42). Ein Bedürfniß dafür, dem Beschuldigten die Befugniß zu gewähren, in diesen geringfügigen und einfachen Sachen sich des Beistandes eines Vertheidigers zu bedienen, kann um so weniger anerkannt werden, als der Entwurf gegen die Urtheile der Standgerichte die Berufung gewährt (§ 363) und damit dem Angeklagten, der hiernach stets in der Lage ist, die nochmalige Prüfung und Beurtheilung der Sache durch ein Kriegsgericht herbeizuführen, ausreichende Rechtsgarantien bietet.

Andererseits aber läßt sich die Befürchtung nicht von der Hand weisen, daß die Zulassung des Vertheidigers auch in standgerichtlichen Untersuchungssachen eine den militärischen Interessen widersprechende Verzögerung dieser der schleunigen Erledigung dringend bedürfenden Sachen im Gefolge haben würde.

§ 323

behandelt die Fälle der „nothwendigen“ Vertheidigung.

Hiernach ist im militärgerichtlichen Strafverfahren die Mitwirkung eines Vertheidigers überall da erforderlich, wo ein Verbrechen den Gegenstand der Anklage bildet, sofern nicht einer der Ausnahmefälle des zweiten Absatzes vorliegt.

Hinsichtlich der Nothwendigkeit zur Bestellung eines Vertheidigers von Amtswegen geht der Entwurf weiter als die bürgerliche Strafprozeßordnung. Im § 140 der letzteren ist nämlich diese Nothwendigkeit für die vor den Strafkammern zu verhandelnden Verbrechenssachen von einem Antrage des Beschuldigten oder seines gesetzlichen Vertreters abhängig gemacht, während nach dem ersten Absatze des § 323 des Entwurfs die Bestellung des Vertheidigers auch ohne einen solchen

Antrag von Amtswegen erfolgen muß, wenn der Angeklagte nicht selbst einen Vertheidiger gewählt hat.

Wenn andererseits der § 140 der bürgerlichen Strafprozeßordnung eine nothwendige Vertheidigung auch mit Rücksicht auf gewisse persönliche Eigenschaften des Beschuldigten anordnet, so erschien eine entsprechende Vorschrift im militärischen Strafverfahren mit Rücksicht auf den Umstand entbehrlich, daß eine strafrechtliche Verfolgung von Personen, die taub oder stumm sind oder das sechszehnte Lebensjahr noch nicht vollendet haben, außer im Kriegsfalle (vgl. § 1 Nr. 8, § 2 Nr. 4), kaum jemals vor den Militärgerichten eintreten wird, eintretenden Falles aber die Bestimmungen des § 324 des Entwurfs ausreichen.

Während endlich der § 140 der bürgerlichen Strafprozeßordnung aus der Zahl der die Nothwendigkeit der Vertheidigung erfordernden Verbrechen unter Nr. 2 nur diejenigen strafbaren Handlungen ausscheidet, welche lediglich deshalb als ein Verbrechen sich darstellen, weil sie im Rückfalle begangen sind, hat der Entwurf im zweiten Absatze des § 323 noch eine weitere Ausnahme aufgestellt, die indeß lediglich auf dem Gebiete des Militärstrafrechts liegt. Diese Ausnahme betrifft die Fälle, in denen die That nur deshalb, weil die Voraussetzungen des § 55 des Militärstrafgesetzbuchs vorliegen, als ein militärisches Verbrechen sich darstellt.

Die Fälle dieser Art sind außerordentlich zahlreich. So wenig aber die Schwierigkeit der Beurtheilung einer Strafthat wesentlich dadurch wächst, daß dieselbe im Rückfalle begangen worden, ebensowenig erhöht sich diese Schwierigkeit dadurch, daß bei Ausmessung der Strafe einer der Straferhöhungsgründe des § 55 des Militärstrafgesetzbuchs mit in Betracht zu ziehen ist.

Es erschien deshalb folgerichtig, den dem Schlußsatze des § 140 Absatz 2 der bürgerlichen Strafprozeßordnung zu Grunde liegenden Gedanken im Militärstrafverfahren auch auf die Fälle auszudehnen, in denen die That durch den Hinzutritt einer der Voraussetzungen des § 55 des Militärstrafgesetzbuchs den Charakter des Verbrechens annimmt.

§ 324

entspricht sachlich dem § 141 der bürgerlichen Strafprozeßordnung. Der Antrag ist an eine dreitägige Frist gebunden, um möglichst zu verhüten, daß bei späterer Stellung desselben die Verhandlung auszusetzen ist. Die Frist läuft der Regel nach vor Beginn der Hauptverhandlung ab (vgl. § 253 Abs. 3, § 254 Abs. 2, § 373 Abs. 1), in den Fällen aber, in denen eine Abkürzung der für die Anberaumung der Hauptverhandlung festgesetzten Frist stattgefunden hat (vgl. § 253 Abs. 3), kann der Antrag auch in der Hauptverhandlung noch gestellt werden, und zwar bis zum Schlusse derselben.

Außerhalb der Hauptverhandlung steht dem Gerichtsherrn die Entscheidung darüber zu, ob die Bestellung eines Vertheidigers für sachgemäß zu erachten oder die beantragte Bestellung eines Vertheidigers zu gewähren sei. Auch fällt ihm die Auswahl des Vertheidigers oder die Herbeiführung der Bestellung desselben auf dem Wege des Ersuchens zu. In der Hauptverhandlung dagegen hat über die Bedürfnißfrage das erkennende Gericht zu entscheiden. Aber auch in diesem Falle ist dem Gerichtsherrn, seiner Stellung entsprechend, das Weitere behufs Bestellung des Vertheidigers zu überlassen.

§ 325

stimmt mit dem § 146 der bürgerlichen Strafprozeßordnung überein.

§ 326

bezeichnet die Personen, welche im militärgerichtlichen Strafverfahren als Vertheidiger auftreten dürfen.

Der Entwurf geht davon aus, daß auch in militärgerichtlichen Untersuchungen der Vertheidigung sachlich der freieste Spielraum zu gewähren, daß der Angeklagte in der Geltendmachung seiner Rechte so wenig als möglich zu beschränken sei. Er steht in dieser Beziehung auf dem Standpunkte des § 118 der preußischen Militärstrafgerichtsordnung, dahin lautend:

„die Vertheidigung darf mit aller Freimüthigkeit geführt werden, aber nicht in eine absichtliche Verletzung des Dienstansehens ausarten“.

Diese letztere Einschränkung ist zwar selbstverständlich. Bei der Eigenart der militärischen Verhältnisse, der Unantastbarkeit der militärischen Autorität und Disziplin mußte indeß darauf Bedacht genommen werden, der Möglichkeit derartiger Ausschreitungen aufs vorsorglichste zu begegnen und insbesondere Angriffe des Vertheidigers auf fundamentale Einrichtungen und Anschauungen des Heeres und der Marine schlechthin auszuschließen. Dieser Gesichtspunkt kommt vor Allem bei der Vertheidigung wegen militärischer Delikte in Betracht. Der Entwurf läßt deshalb, soweit es sich um solche Delikte handelt, nur im Offizierrange stehende Militärpersonen des aktiven Heeres und der aktiven Marine (Offiziere, Sanitätsoffiziere, obere Mililtärbeamte), welche mit den militärischen Verhältnissen vertraut sind und von denen vorausgesetzt werden muß, daß sie unter allen Umständen den Erfordernissen militärischer Zucht und Ordnung Rechnung tragen werden, als Vertheidiger vor den Militärgerichten zu. Für das Feld- und Bordverhältniß ist von dem Erfordernisse des Offizierranges abgesehen (§ 333) um für alle Fälle die Vertheidigung sicher zu stellen.

Daß in die Kategorie der hiernach allein zulässigen Vertheidiger auch die aus dem Beurlaubtenstande zum Dienste einberufenen Offiziere, Sanitätsoffiziere und Militärbeamten fallen, folgt aus § 38. B. 1 des Reichsmilitärgesetzes vom 2. Mai 1874.

Anlangend den Kreis der als Vertheidiger zugelassenen Militärbeamten, so hat der Entwurf von den Militärjustizbeamten unter Nr. 2 nur die Kriegsgerichtsräthe aufgeführt. Die Oberkriegsgerichtsräthe sowie die Senatspräsidenten und Räthe des Reichsmilitärgerichts konnten mit Rücksicht auf ihre dienstliche Stellung als Vertheidiger nicht in Betracht kommen.

Außer den Kriegsgerichtsräthen sollen auch die bei den Militärgerichten beschäftigten Assessoren und Referendare, denen in Bayern die Praktikanten gleichstehen, die Vertheidigung übernehmen dürfen, da auch diese, wenn sie auch nicht Militärbeamte sind, doch meist dem Heere als Offiziere des Beurlaubtenstandes angehören werden und überdies bei ihrer Stellung die nach Obigem erforderlichen Garantien bieten.

Der Entwurf läßt die unter Nr. 1 bis 3 bezeichneten Militärpersonen als Vertheidiger auch dann zu, wenn ein bürgerliches Delikt den Gegenstand der Anklage bildet. Zum Theil liegen solche Untersuchungen sehr einfach; allein selbst für verwickeltere Sachen werden sich nach den bisherigen Erfahrungen aus dem Kreise der Offiziere und Militärbeamten geeignete Vertheidiger finden, deren Zahl wachsen wird, je mehr sich das mündliche Verfahren bei den Militärgerichten allgemein eingelebt hat. In Kriegszeiten können namentlich die zahlreich aus dem Beurlaubtenstand einberufenen rechtskundigen Offiziere und Militärbeamten zu den Zwecken solcher Vertheidigungen verwandt werden.

Es erschien indeß nicht angängig, die Vertheidigungsbefugniß auch wegen bürgerlicher Delikte ausschließlich den in Nr. 1 bis 3 bezeichneten Personen vorzubehalten, wenn nicht in Friedenszeiten die Vertheidigung in allen erheblichen Fällen regelmäßig einem Kriegsgerichtsrathe zufallen soll. Dadurch würde eine die Bedürfnisse der in Aussicht genommenen Gerichtsverfassung weit übersteigende Zahl dieser Beamten erforderlich werden, während andererseits die regelmäßige Führung von Vertheidigungen mit der Stellung der Kriegsgerichtsräthe im Militärstrafverfahren nicht verträglich ist.

Der Entwurf hat deshalb für bürgerliche Delikte die Vertheidigung auch durch Rechtsanwälte gestattet, dies jedoch, da ein weitergehendes Bedürfniß nicht anerkannt werden konnte, auf diejenigen Fälle beschränkt, in denen ein Verbrechen oder Vergehen den Gegenstand der Anklage bildet.

Wenn nun auch der Entwurf in den angegebenen Grenzen die Führung der Vertheidigung durch Rechtsanwälte gestattet, so trug er doch Bedenken, diese Befugniß jedem Rechtsanwalte zuzugestehen, glaubte vielmehr Vorsorge treffen zu müssen, daß nur solche Rechtsanwälte vor den Militärgerichten auftreten, welche nach ihrer Persönlichkeit und Stellung im Leben die Gewähr dafür bieten, daß die Vertheidigung rein sachlich und in Formen geführt werde, welche eine Gefahr für die militärische Disziplin nicht mit sich führen. Es ist deshalb das Auftreten vor den Militärgerichten von einer besonderen „Zulassung" abhängig gemacht, die hinsichtlich des Reichsmilitärgerichts durch den Präsidenten desselben, im Uebrigen durch die oberste Militärjustizverwaltungsbehörde (Reichskanzler, bezw. Reichsmarineamt und Kriegsministerien) erfolgt. Mit der Zulassung ist, wie der Eingang des § 326 außer Zweifel stellt, auch die Pflicht des zugelassenen Rechtsanwalts verbunden, in den Fällen der §§ 323, 324, 331 einer von Amtswegen erfolgenden Bestellung gemäß die Vertheidigung zu übernehmen.

Nach Absatz 2 bedürfen die aktiven Militärpersonen einschließlich der bei den Militärgerichten beschäftigten Assessoren, Referendare und Praktikanten — auch in den Fällen des § 333 — zur Uebernahme von Vertheidigungen der Genehmigung ihrer vorgesetzten Dienstbehörde. Handelt es sich um Wahlvertheidigung, so bedarf es auch der Zustimmung des zum Vertheidiger Gewählten. Es ist als selbstverständlich angesehen, daß die Genehmigung der vorgesetzten Dienstbehörde nur aus zwingenden Gründen des dienstlichen Interesses versagt werden darf, da anderenfalls das Prinzip der §§ 323, 324 undurchführbar sein würde.

§ 327

ist aus dem Bestreben hervorgegangen, billigen Wünschen des Angeklagten hinsichtlich der Person des zu bestellenden Vertheidigers nach Möglichkeit Rechnung zu tragen. Im Felde und an Bord kann auf solche Wünsche allerdings nur in beschränktem Maße Rücksicht genommen werden (vgl. § 333).

§ 328

entspricht dem § 143 der bürgerlichen Strafprozeßordnung.

Die

§§ 329, 330

entsprechen den §§ 147, 148 der bürgerlichen Strafprozeßordnung mit den Abweichungen, die sich aus der Gestaltung des Entwurfs und namentlich daraus ergeben, daß die Mitwirkung eines Vertheidigers erst nach Erhebung der Anklage zulässig sein soll (vgl. § 322).

Die Bestimmungen des § 329 lassen sich übrigens im Felde und an Bord nicht durchführen (vgl. § 333).

§ 331

geht in seiner Fürsorge für den Beschuldigten über den § 145 Absatz 1, 2 der bürgerlichen Strafprozeßordnung hinaus, indem er unbedingt die Aussetzung der Verhandlung vorschreibt, wenn bei nothwendiger oder für sachgemäß erachteter Vertheidigung der Vertheidiger in der Hauptverhandlung ausbleibt. Uebrigens werden die Fälle des Ausbleibens des Vertheidigers im Militärstrafverfahren wohl selten eintreten.

Unter Gericht im Sinne des § 331 ist auch der Gerichtsherr zu verstehen (vgl § 324 Abs. 1 und 4).

§ 332.

Mit der dienstlichen Bestellung eines Offiziers oder Militärbeamten zum Vertheidiger ist der Bezug von Vertheidigungsgebühren unvereinbar. Dagegen entspricht es der Billigkeit, dem bestellten Vertheidiger, welcher nicht am Gerichtsorte sich befindet, einen Anspruch auf Reisegebührnisse einzuräumen. Dieselben sind nach § 448 aus der Kasse der Militärjustizverwaltung zu bezahlen.

Die Bestimmungen wegen der Gebühren der Rechtsanwälte sind dem Einführungsgesetze zur Militärstrafgerichtsordnung vorbehalten.

## Siebenter Abschnitt.

## Strafverfügung.

§§ 334 bis 340.

Hinsichtlich der Erwägungen, welche zu den im Siebenten Abschnitt enthaltenen Bestimmungen geführt haben, darf auf die oben unter B. V gemachten Bemerkungen hingewiesen werden.

Im Einzelnen ist noch Folgendes hervorzuheben:

§ 334.

Der Erlaß einer Strafverfügung soll sich auf ein vorausgegangenes Ermittelungsverfahren gründen, um einerseits zu verhindern, daß eine unzutreffende Ausdehnung solcher Strafverfügungen stattfinde, und um andererseits Vorsorge zu treffen, daß bei erfolgendem Einspruch alsbald die ausreichende Grundlage für die Hauptverhandlung gegeben sei (vgl. §§ 149, 339).

Die Strafverfügung ist nur zulässig, wenn die Beschuldigung eine Uebertretung oder eine Zuwiderhandlung gegen die Vorschriften über die Erhebung öffentlicher Abgaben und Gefälle betrifft, und auch dann nur, wenn, von einer etwa verwirkten Einziehung abgesehen, die Festsetzung einer Geldstrafe oder einer Haftstrafe bis zu vierzehn Tagen ausreichend erscheint. Auch darf die Haft, welche im Falle der Unbeibringlichkeit der Geldstrafe an deren Stelle zu treten hat, in der Strafverfügung festgesetzt werden, und zwar ohne daß in diesem Falle die Höchstdauer der Haft auf vierzehn Tage beschränkt wäre (vgl. bürgerliches Strafgesetzbuch § 29 Abs. 2).

Die Strafverfügung wird erlassen von dem Gerichtsherrn unter Mitzeichnung eines Gerichtsoffiziers oder eines Kriegsgerichtsraths. Wegen der Mitwirkung der letztgedachten Personen bedurfte es einer besonderen Bestimmung, da § 91 Absatz 2 (vgl. § 96) nur von den „im Laufe des Verfahrens", d. h. des regelmäßigen Verfahrens, ergehenden Verfügungen spricht.

Hinsichtlich der einem Gerichtsherrn nicht unterstellten Generale und Admirale steht der Erlaß der Strafverfügung dem nach Maßgabe des § 18 zu bestimmenden Befehlshaber zu.

Der Absatz 3 hat den Fall im Auge, daß der zur Mitzeichnung berufene Gerichtsoffizier oder Kriegsgerichtsrath in der dort bezeichneten Richtung Bedenken zu erheben hat. In diesem Falle soll, da das in Rede stehende besondere Verfahren nur aus Rücksichten der Zweckmäßigkeit stattfindet, den entgegenstehenden Bedenken Rechnung getragen werden und das regelmäßige Verfahren eintreten.

In den Fällen des

§ 335

ist nach Maßgabe des § 135 Absatz 2 die Zustellung durch Aufgabe zur Post ausgeschlossen.

Durch die Bezugnahme auf die §§ 132, 134, 135 soll außer Zweifel gestellt werden, daß die Strafverfügung nicht nur schriftlich zu erlassen (§ 334 Abs. 1), sondern auch dem Beschuldigten stets schriftlich mitzutheilen ist. Daß gegebenen Falles auch der § 133 zu berücksichtigen ist, ist als selbstverständlich angesehen worden.

§ 336

entspricht im ersten Absatze dem § 449 Absatz 1 der bürgerlichen Strafprozeßordnung. Die Vorschriften des zweiten Absatzes bezwecken mit Rücksicht auf die Fristbestimmung des ersten Absatzes den Zeitpunkt der Einlegung des Einspruchs gegen die Strafverfügung sicher zu stellen. Für die Erhebung des Einspruchs läßt Absatz 2 dieselben Wege offen, wie sie für die Einlegung von Rechtsmitteln (§ 354 Abs. 2 und 3) offen stehen (vgl. die Bemerkungen zu § 354). Zur Wahrung der im Absatz 1 bestimmten Frist genügt es, wenn innerhalb derselben das Protokoll aufgenommen wird.

Der Absatz 3 überläßt es dem Gerichtsherrn, unter Berücksichtigung der Verhältnisse des einzelnen Falles und der Interessen des Beschuldigten einen oder mehrere der betreffenden Wege als für den gegebenen Fall offenstehend zu bezeichnen. Ein derartiger bestimmter Hinweis erschien namentlich den Personen des Soldatenstandes gegenüber der Regel nach wünschenswerth.

Die

§§ 337, 338

entsprechen dem zweiten Absatze des § 449 und dem § 450 der bürgerlichen Strafprozeßordnung.

§ 339.

Bei rechtzeitigem Einspruche gewinnt die Strafverfügung die Bedeutung der Verfügung der Anklageerhebung (§ 237), und es unterscheidet sich das weitere Verfahren von dem regelmäßigen in keiner Weise, nur soll die Zurücknahme des Einspruchs gestattet sein, solange nicht dem Beschuldigten der Termin der Hauptverhandlung nach Maßgabe der Bestimmungen der §§ 253, 254 bekannt gemacht ist. Wird der Einspruch rechtzeitig zurückgenommen, so erlangt die Strafverfügung die Wirkung eines rechtskräftigen Urtheils; anderenfalls ist zur Hauptverhandlung zu schreiten.

Achter Abschnitt.

## Verfahren gegen Abwesende.

§§ 341 bis 347.

Mit der Bezeichnung „Abwesender" ist hier, gleichwie in dem Abschnitte 8 Buch II der bürgerlichen Strafprozeßordnung, lediglich der im § 341 (gleichlautend mit § 318 der bürgerlichen Strafprozeßordnung) erläuterte Begriff verbunden. Von dem „Abwesenden" wohl zu unterscheiden ist daher derjenige, welcher als Angeklagter im Hauptverhandlungstermine nicht erscheint. Inwieweit gegen diesen eine Hauptverhandlung stattfinden darf, ist im § 267 Absatz 2, § 268 vorgesehen. Gegen einen „Abwesenden" ist nach § 342 eine Hauptverhandlung unbedingt ausgeschlossen. Nach § 319 Absatz 1 der bürgerlichen Strafprozeßordnung darf eine Hauptverhandlung gegen „Abwesende" immerhin ausnahmsweise wegen einzelner strafbarer Handlungen stattfinden; der Entwurf aber erachtete solche Ausnahmen im militärstrafgerichtlichen Verfahren für nicht empfehlenswerth.

Durch die Bestimmungen des Achten Abschnitts werden mit dem bestehenden Ungehorsams-(Kontumazial-)Verfahren gegen Fahnenflüchtige zugleich die nach § 2 Absatz 2 des Einführungsgesetzes zum Militärstrafgesetzbuch in Kraft erhaltenen materiellen, die Bestrafung der Fahnenflüchtigen im Wege des Ungehorsams-(Kontumazial-)Verfahrens regelnden Vorschriften aufgehoben (vgl. § 2 des Einführungsgesetzes). Diese aufrecht zu erhalten oder durch ähnliche Vorschriften zu ersetzen, erschien nicht zweckmäßig, vielmehr dürfte durch die gegenwärtigen Vorschriften des Entwurfs der mit der Strafverfolgung von Fahnenflüchtigen angestrebte Zweck besser erreicht werden, als durch die gedachten Vorschriften des preußischen Rechts. Nach letzterem darf nämlich nicht auf die im Militärstrafgesetzbuche für die Fahnenflucht angedrohte Strafe, sondern lediglich auf eine Geldstrafe bis zu 3000 Mark erkannt werden, zu deren Vollstreckung das im Inland etwa vorhandene Vermögen des Fahnenflüchtigen in Anspruch genommen werden soll. Es ist darauf gerechnet, daß der Fahnenflüchtige durch diese ihm drohende Vermögensgefahr sich werde bestimmen lassen, zurückzukehren und den Militärbehörden sich zu stellen. Erfolgt die Rückkehr, so muß unter Aufhebung des früheren Kontumazialurtheils in einem neuen Urtheile nochmals über die Fahnenflucht erkannt und nunmehr die ordentliche, nach den Bestimmungen des Militärstrafgesetzbuchs zu bemessende Strafe verhängt werden.

In der Praxis hat dieses Verfahren sich nicht bewährt; namentlich wird es als Uebelstand empfunden, daß ein regelrecht besetztes Kriegsgericht berufen werden muß, um ein Kontumazialerkenntniß zu erlassen, welches nur einen vorläufigen formellen Abschluß der Untersuchung herbeiführt, während die materielle Entscheidung einer neuen, nach dem Wiedereintreffen des Fahnenflüchtigen einzuleitenden Untersuchung vorbehalten bleibt.

Dem gegenüber geben die Vorschläge des Entwurfs ein ungleich einfacheres und wirksameres Mittel an die Hand, um auf die Rückkehr des Fahnenflüchtigen einzuwirken. Eine Hauptverhandlung findet nicht statt; es genügt vielmehr ein unter Mitzeichnung eines Kriegsgerichtsraths ergehender Beschluß des Gerichtsherrn, um das Vermögen des Fahnenflüchtigen (und zwar ohne die Beschränkung auf eine Werthgrenze von 3000 Mark) mit Beschlag zu belegen und den Abwesenden für fahnenflüchtig zu erklären. Das Verfahren des Entwurfs bietet zugleich den formellen Vortheil, daß es auch auf andere „Abwesende" als auf Fahnenflüchtige, unter Beschränkung des gerichtsherrlichen Beschlusses auf die Vermögensbeschlagnahme, anwendbar ist.

§ 341

stimmt, wie bereits hervorgehoben, mit dem § 318 der bürgerlichen Strafprozeßordnung überein. Nach dem Systeme des Entwurfs kann die Beurtheilung der Frage, ob ein Beschuldigter im Sinne jener Vorschrift als „abwesend" zu gelten habe, lediglich dem Gerichtsherrn zustehen.

§ 342

schließt sich an die §§ 327, 328 der bürgerlichen Strafprozeßordnung an. Eine dem § 328 Absatz 1 entsprechende Bestimmung mußte jedoch außer Betracht bleiben, weil nach dem Entwurfe die Vertheidigung erst nach Erhebung der Anklage zulässig ist (§ 322), in dem Verfahren gegen Abwesende aber die Erhebung einer Anklage (vgl. §§ 237, 245) nicht stattfindet (vgl. § 345).

In Betreff der Abweichung des dritten Absatzes des § 342 vom zweiten Absatze des § 328 der bürgerlichen Strafprozeßordnung kann auf die Bemerkungen zu § 258 Bezug genommen werden.

Die

§§ 343, 344

entsprechen inhaltlich den §§ 329, 330 der bürgerlichen Strafprozeßordnung.

Im

§ 345

mußte davon abgesehen werden, die Beschlagnahme des Vermögens des Abwesenden und die Erklärung desselben für einen Fahnenflüchtigen von der vorgängigen Erhebung der Anklage abhängig zu machen, da nach § 245 des Entwurfs die Anklage erst dann als erhoben gilt, wenn dem Beschuldigten die Anklageverfügung und die Anklageschrift bekannt gemacht worden sind. Es genügt vielmehr, daß die Voraussetzungen vorhanden sind, wonach der Abwesende wegen eines Verbrechens oder eines Vergehens, insbesondere wegen Fahnenflucht, vor ein Kriegsgericht zu stellen wäre.

In Betreff der Bestimmung, daß der Beschluß des Gerichtsherrn von einem Kriegsgerichtsrathe mitzuunterzeichnen ist, gilt das zu § 334 Bemerkte.

Absatz 2 entspricht dem § 333 der bürgerlichen Strafprozeßordnung. Dem Gerichtsherrn liegt es ob, die Veröffentlichung des Beschlusses durch den Reichsanzeiger zu veranlassen, auch befindet er darüber, ob die Veröffentlichung noch durch andere Blätter zu erfolgen hat.

Die

§§ 346, 347

entsprechen den §§ 334, 335 der bürgerlichen Strafprozeßordnung. Die Bestimmung des dritten Absatzes des § 347 war erforderlich mit Rücksicht darauf, daß gemäß § 345 der Beschluß des Gerichtsherrn nicht nur, soweit er die Vermögensbeschlagnahme betrifft, sondern auch, soweit er den Abwesenden für fahnenflüchtig erklärt, öffentlich bekannt gemacht wird.

## Dritter Titel.

# Ordentliche Rechtsmittel.

§§ 348 bis 399.

## Erster Abschnitt.

### Allgemeine Bestimmungen.

§§ 348 bis 357.

Die auf die ordentlichen Rechtsmittel bezüglichen, grundlegenden Bestimmungen des Entwurfs sind bereits oben B. VI erläutert, worauf hier Bezug genommen werden darf.

Im Weiteren ist Nachstehendes zu bemerken:

Im

§ 350 Absatz 1

findet der Grundsatz Anerkennung, daß die Rechtsmittel der Berufung und der Revision gleichmäßig dem Gerichtsherrn und dem Angeklagten zustehen (vgl. bürgerliche Strafprozeßordnung § 338 Abs. 1).

Im Zusammenhang hiermit spricht

§ 352

die mit dem Standpunkte der bürgerlichen Strafprozeßordnung (§ 338 Abs. 2, § 343) übereinstimmenden Sätze aus, daß der Gerichtsherr von den ihm zustehenden Rechtsmitteln auch zu Gunsten des Angeklagten Gebrauch machen kann, und daß auf jedes seitens des Gerichtsherrn eingelegte Rechtsmittel die angefochtene Entscheidung auch zu Gunsten des Angeklagten abgeändert werden kann. Es entsprechen diese Sätze dem Geiste der Militärrechtspflege um so mehr, als der Gerichtsherr nicht in dem Sinne, wie die Staatsanwaltschaft, als Partei im Strafprozesse aufgefaßt werden kann, vielmehr als militärischer Vorgesetzter die besondere Pflicht hat, auch in diesem das Interesse des Untergebenen wahrzunehmen.

§ 353

trägt dem Gesichtspunkte Rechnung, daß, insoweit es sich um Erklärungen des Gerichtsherrn wegen Einlegung oder Zurücknahme von Rechtsmitteln handelt, die Abgabe derselben zu Protokoll nicht angängig sei, und bestimmt deshalb, daß die bezügliche Beurkundung zu den Akten durch einen Gerichtsoffizier bezw. einen richterlichen Militärjustizbeamten zu erfolgen hat (vgl. auch § 365 und Bemerkung dazu).

§ 354

trifft Bestimmung darüber, in welcher Weise seitens des Beschuldigten die auf die Einlegung oder Zurücknahme von Rechtsmitteln bezüglichen Erklärungen zu erfolgen haben.

Im Falle der Zurückweisung eines Ablehnungsgesuchs durch einen Gerichtsoffizier oder Kriegsgerichtsrath (§ 123 Abs. 5, § 125 Abs. 1) ist die Erklärung wegen Einlegung oder Zurücknahme der Rechtsbeschwerde bei dem Gerichtsherrn anzubringen, welchem die Entscheidung zusteht, in allen anderen Fällen sind die bezüglichen Erklärungen bei dem Gerichtsherrn anzubringen, welcher die angefochtene Verfügung erlassen oder herbeigeführt oder das Gericht berufen hat, dessen Entscheidung angefochten wird.

In Betreff der Art und Weise, wie die Erklärungen abzugeben sind, treffen Absatz 2 und 3 Bestimmung. Danach sind dieselben abzugeben:

1. von Mannschaften (Unteroffizieren und Gemeinen) des aktiven Heeres oder der aktiven Marine zu Protokoll, und zwar entweder eines Gerichtsoffiziers oder eines richterlichen Militärjustizbeamten oder des nächsten mit Disziplinarstrafgewalt versehenen Vorgesetzten,

   oder überdies, sofern sie sich nicht auf freiem Fuße befinden, des mit der Aufsicht über das Gefängniß betrauten Offiziers oder Beamten;
2. von anderen als den zu 1 bezeichneten Personen schriftlich oder zu Protokoll, und zwar entweder eines Gerichtsoffiziers oder eines richterlichen Militärjustizbeamten

   oder überdies, sofern sie sich nicht auf freiem Fuße befinden, des mit der Aufsicht über das Gefängniß betrauten Offiziers oder Beamten oder desjenigen Amtsgerichts, in dessen Bezirke das Gefängniß liegt (vgl. auch § 123 Abs. 2 und 3 und die Bemerkungen dazu).

Absatz 4 entspricht dem § 341 Absatz 2 der bürgerlichen Strafprozeßordnung.

Absatz 5 läßt, in Uebereinstimmung mit dem § 339 der bürgerlichen Strafprozeßordnung, die Einlegung der Rechtsmittel auch durch den Vertheidiger zu, macht dieselbe aber von einem ausdrücklichen Auftrage des Angeklagten abhängig. Ein weitergehendes Bedürfniß war nicht anzuerkennen.

Die

§§ 355, 356, 357

entsprechen im Wesentlichen den §§ 342, 344, 345 der bürgerlichen Strafprozeßordnung, jedoch machten militärische Rücksichten einige Modifikationen nöthig.

Zwar war im

§ 356 Absatz 1

an dem Grundsatze des § 344 Absatz 1 der bürgerlichen Strafprozeßordnung festzuhalten, daß ein zu Gunsten des Angeklagten eingelegtes Rechtsmittel nicht nach freiem Ermessen wieder zurückgenommen werden könne. Denn wenn beispielsweise der Nachfolger eines Gerichtsherrn, der das Rechtsmittel eingelegt hat, sich zur Zurücknahme desselben entschließen sollte, würde der Angeklagte, der im Vertrauen auf die vom Gerichtsherrn zu seinen Gunsten erfolgte Einlegung des Rechtsmittels von einem solchen nicht Gebrauch gemacht hat, eines bezüglichen Rechtsschutzes verlustig gehen. Andererseits aber entspricht es nicht den militärischen Anschauungen, daß Maßnahmen Vorgesetzter von der Zustimmung Untergebener abhängig gemacht werden. Deshalb läßt der Entwurf die Zurücknahme eines vom Gerichtsherrn zu Gunsten des Angeklagten eingelegten Rechtsmittels nur zu, sofern der Angeklagte seinerseits auf das Rechtsmittel ausdrücklich verzichtet.

Erwägungen ähnlicher Art haben dazu geführt, daß der

§ 357,

abweichend von dem § 345 der bürgerlichen Strafprozeßordnung, nach Beginn der Hauptverhandlung die Zurücknahme des Rechtsmittels (Berufung, Revision) überhaupt ausschließt.

## Zweiter Abschnitt.

## Rechtsbeschwerde.

§§ 158 bis 362.

Die bürgerliche Strafprozeßordnung unterscheidet zwischen der einfachen und sofortigen Beschwerde, von denen die erstere an eine Frist nicht gebunden ist und in der Regel zunächst bei der Stelle angebracht und geprüft wird, deren Entscheidung angefochten ist (bürgerliche Strafprozeßordnung §§ 346, 348, 353). Der Entwurf enthält sich einer solchen Scheidung, die er für das militärrechtliche Verfahren als unzweckmäßig erachtet und für die auch namentlich deshalb kein Platz bleibt, weil die Zulässigkeit der Rechtsbeschwerde auf ganz bestimmte Fälle beschränkt ist.

Diesen von der bürgerlichen Strafprozeßordnung abweichenden und oben B. VI. bereits berührten Grundsatz spricht der

§ 358

aus.

Die Rechtsbeschwerde ist hiernach nur zugelassen:

1. gegen die Entscheidung des Gerichtsoffiziers oder Kriegsgerichtsraths, durch welche ein bei Vornahme einer Untersuchungshandlung angebrachtes Gesuch um Ablehnung des Untersuchungsführers, von Sachverständigen oder Dolmetschern als unzulässig zurückgewiesen wird (§ 123, Abs. 5, §§ 202, 115);
2. gegen die Entscheidungen über Ausschließung eines Militärgerichtsschreibers (§ 125);
3. gegen die ein Gesuch um Wiedereinsetzung in den vorigen Stand verwerfende Entscheidung (§ 142 Abs. 4);
4. gegen die Verhängung von Zwangsmaßregeln gegen Zeugen und Sachverständige (§§ 196, 200, 205, 286 Abs. 2);
5. gegen die Festsetzung der Gebühren für Zeugen und Sachverständige (§ 197 Abs. 1, § 200 Abs. 2);
6. gegen die Anordnung, daß der Angeklagte in eine öffentliche Irrenanstalt gebracht und dort beobachtet werde (§ 209 Abs. 3);
7. gegen die Verfügung von Zwangsmaßregeln gegen eine Person, welche die Vorlegung oder die Auslieferung eines für die Untersuchung erheblichen oder eines der Einziehung unterliegenden Gegenstandes verweigert (§ 222 Abs. 2);
8. gegen die vom Gerichtsherrn oder Untersuchungsführer erfolgte Anordnung von Beschlagnahmen und Durchsuchungen, sofern die davon betroffene Person nicht zu den aktiven Militärpersonen oder den diesen hier gleichgestellten Personen gehört (§ 228 Abs. 3);
9. gegen die Einstellung eines Strafverfahrens, wenn

derjenige, welcher die Strafverfolgung beantragt hatte, zugleich der Verletzte ist (§ 236 Abs. 2);

10. gegen den Beschluß des Gerichts, durch den eine Ordnungsstrafe festgesetzt ist (§ 277 Abs. 5);
11. gegen den Beschluß des Gerichts, durch den dasselbe, weil die Militärstrafgerichtsbarkeit nicht begründet sei, seine Unzuständigkeit ausspricht (§ 313 Abs. 2);
12. gegen die Verfügung des Gerichtsherrn der Berufungsinstanz, durch die das Rechtsmittel der Berufung als unzulässig verworfen wird (§ 370);
13. gegen die Verfügung oder Entscheidung, durch welche dem Antragsteller, der seinen Strafantrag, zurückgenommen hat, die Erstattung der der Militärjustizverwaltung erwachsenen baaren Auslagen auferlegt wird (§ 450 Abs. 2).

Lediglich in diesen Fällen hat der Entwurf die Rechtsbeschwerde im Militärstrafprozesse für nothwendig erachtet; eine weitere Ausdehnung erscheint mit den militärdienstlichen Interessen nicht vereinbar. Auch in den aufgeführten Fällen soll aber einer unnöthigen Verzögerung der Sache und einer mißbräuchlichen Benutzung des Rechtsmittels nach Möglichkeit vorgebeugt werden. Darauf beruht einerseits die Bestimmung im

§ 359,

wonach die Stelle, die eine Beschwerde gegen ihre Verfügung oder Entscheidung für begründet erachtet, derselben selbst abhelfen kann — ein Satz, der für erkennende Gerichte, da diese nicht ständige Behörden sind, nicht anwendbar ist —; andererseits auch die Vorschrift des

§ 360,

daß durch die Einlegung der Rechtsbeschwerde der Vollzug der angefochtenen Verfügung oder Entscheidung nicht gehemmt wird, sofern nicht eine Aussetzung des Vollzugs aus besonderen Gründen angeordnet wird. Diese im Gesetze festzulegen, erschien mit Rücksicht auf die Mannigfaltigkeit der möglichen Fälle unthunlich.

Gleichartige Bestimmungen enthält die bürgerliche Strafprozeßordnung in den §§ 348, 349.

Die

§§ 361, 362

regeln in den wesentlichen Zügen das Verfahren in der Beschwerdeinstanz (vgl. §§ 350, 351 der bürgerlichen Strafprozeßordnung).

Beim Reichsmilitärgericht ist die Anhörung der Militäranwaltschaft vor der Entscheidung unerläßlich.

## Dritter Abschnitt.

## Berufung.

Die

§§ 363 bis 368

enthalten die allgemeinen Bestimmungen über Natur, Geltendmachung und Wirkung der Berufung, deren Zulassung gegen alle Urtheile erster Instanz — sowohl die standgerichtlichen wie die kriegsgerichtlichen — bereits oben B. VI. 2 gerechtfertigt ist. Die Berufung bildet das durchgreifendste Rechtsmittel insofern, als sie Rechtskraft und Vollziehung des Urtheils hemmt (§ 368) und die Möglichkeit bietet, den gesammten Gegenstand der Anklage in rechtlicher wie in thatsächlicher Beziehung einschließlich der Strafzumessung der Prüfung und Beurtheilung der höheren Instanz zu unterbreiten. Eine so umfassende neue Prüfung soll aber nicht in jedem Falle eintreten, vielmehr soll sie auf diejenigen Punkte beschränkt werden, in denen das Urtheil erster Instanz durch bestimmte Beschwerden angegriffen wird. In dieser Hinsicht steht der Entwurf auf einem wesentlich anderen Standpunkt, als die bürgerliche Strafprozeßordnung bezüglich der Berufung gegen die schöffengerichtlichen Urtheile (bürgerliche Strafprozeßordnung § 359). Er bezweckt dabei, das Verfahren für die zweite Instanz möglichst zu verkürzen und zu vereinfachen und einem frivolen Gebrauche des Rechtsmittels vorzubeugen.

Andererseits soll aber dem das erste Urtheil Anfechtenden die Durchführung des Rechtsmittels keineswegs durch enge Formvorschriften erschwert werden. Im § 367 ist zum Ausdrucke gebracht, daß es genügt, wenn die Beschwerdepunkte, deren Aufstellung zur Rechtfertigung der Berufung verlangt wird, nur klar erkennen lassen, ob die Anfechtung gegen die Entscheidung der Schuldfrage oder gegen einen anderen Theil des Urtheils gerichtet ist, und es kommt der Entwurf den Interessen des Angeklagten soweit entgegen, daß, falls die Beschwerdepunkte auch in diesen allgemeinen Umrissen nicht erkennbar sind, zur Klarstellung darüber die Vernehmung des Angeklagten durch einen Gerichtsoffizier oder Kriegsgerichtsrath zu erfolgen hat. Die Aufnahme eines solchen Protokolls bietet auch Gelegenheit, dem Angeklagten von einer gänzlich aussichtslosen Berufung abzurathen. Daß ein Gerichtsoffizier nur beauftragt werden kann, wenn es sich um die Berufung gegen ein standgerichtliches Urtheil handelt, glaubte der Entwurf als selbstverständlich nicht zu besonderem Ausdrucke bringen zu müssen.

Auf dem Gesichtspunkt einer thunlichst einfachen und verständlichen Regelung des Verfahrens beruht es auch, daß nur für die Einlegung der Berufung, nicht auch für Begründung derselben eine Frist gesetzt ist.

Im Einzelnen mag noch Folgendes bemerkt sein:

§ 365.

Die Gründe, aus welchen der Gerichtsherr das Urtheil anficht, sowie der Umfang der Anfechtung (vgl. § 367) müssen aus der im § 353 vorgesehenen Beurkundung hervorgehen.

§ 366.

Wenn auch meistens der Angeklagte schon durch die mündliche Verkündung des Urtheils in den Stand gesetzt sein wird, sich zu entscheiden, ob und inwieweit er dasselbe anfechten will, so soll ihm doch spätestens sofort nach der Einlegung der Berufung das Urtheil mit den Gründen zugestellt werden. Es kann die genaue Kenntniß der Urtheilsgründe sowohl für die Aufstellung oder Ergänzung der Beschwerdepunkte, wie für die Vorbereitung der Vertheidigung in der Berufungsinstanz von Wichtigkeit sein, unter Umständen aber auch von der Erfolglosigkeit der Berufung überzeugen und deshalb Anlaß zur Zurücknahme derselben geben.

Für einen bei der Urtheilsverkündung nicht anwesenden Angeklagten beginnt die Frist für die Einlegung des Rechtsmittels erst mit der Zustellung.

§ 369

schreibt für jeden Fall der Einlegung der Berufung, sollte auch die Frist nicht gewahrt oder der vorgeschriebene Weg nicht eingehalten sein, die Vorlegung der Akten an den Gerichtsherrn der Berufungsinstanz vor, dessen Zuständigkeit mit der Einlegung des Rechtsmittels begründet ist, wie auch mit demselben Zeitpunkt die im § 368 vorgesehene aufschiebende Wirkung eintritt. Dem Gerichtsherrn erster Instanz ist unbenommen, in den Akten die ihm zweckmäßig erscheinenden Erklärungen niederzulegen, die für den Fall der Bestellung eines Berufungsgerichts bis zum Termine der Hauptverhandlung vervollständigt werden können.

Andererseits trifft Absatz 2 Fürsorge, daß dem Angeklagten die eine etwaige Berufung des Gerichtsherrn betreffenden Schriftstücke bekannt gemacht werden, gegen die ihm nach Absatz 3 schriftliche Erwiderung zusteht.

§ 370

legt dem Gerichtsherrn der Berufungsinstanz, nachdem die Akten an ihn gelangt sind, zunächst die formale Prüfung auf, ob bei der Einlegung der Berufung die gesetzlichen Fristen und Formen gewahrt sind.

§ 371.

Wird die Berufung zugelassen, so erfolgt die Bildung des erkennenden Gerichts entsprechend den für die erste Instanz geltenden Grundsätzen (§§ 248 ff.) und den über die Zusammensetzung des Berufungsgerichts (Kriegsgerichts oder Oberkriegsgerichts) gegebenen Vorschriften (§ 56 Nr. 2 in Verbindung mit den §§ 46 ff., §§ 60 ff.). Die Vertretung der Anklage in der Hauptverhandlung wird regelmäßig einem Kriegsgerichtsrath übertragen werden. Es gilt dies auch von den Oberkriegsgerichten, da der Entwurf die Verwendung von Oberkriegsgerichtsräthen als Mitgliedern des Oberkriegsgerichts als Regel voraussetzt (§ 60). Hiervon abgesehen steht dem Gerichtsherrn die Wahl unter den ihm beigeordneten richterlichen Militärjustizbeamten selbstverständlich frei.

Für die Fälle, in denen der kommandirende General (Admiral) Gerichtsherr der Berufungsinstanz in Sachen der niederen Gerichtsbarkeit ist (§ 28), wird er durch

§ 372

ermächtigt, die Zusammenberufung des erkennenden Kriegsgerichts einem ihm unterstellten Gerichtsherrn zu übertragen; diesem kann dann auch die Bestimmung des Kriegsgerichtsraths zur Vertretung der Anklage in der Hauptverhandlung überlassen bleiben.

Die

§§ 373 bis 377

lassen auf die Vorbereitung der Hauptverhandlung, wie auf diese selbst, die für die erste Instanz gegebenen Bestimmungen im Großen und Ganzen entsprechende Anwendung finden. Unter den vorgesehenen Abweichungen sind folgende hervorzuheben:

1. Während für die Hauptverhandlung erster Instanz die Anwesenheit des Angeklagten, abgesehen von den Ausnahmefällen der § 267 Absatz 2, § 268, für unerläßlich erklärt

ist (§ 266), erscheint dieselbe in der zweiten Instanz nicht unbedingt geboten und unter Umständen ganz überflüssig. Letzteres wird namentlich zutreffen, wenn die Berufung lediglich aus Rechtsgründen, etwa wegen der Entscheidung über das Erforderniß oder die Rechtsgültigkeit eines Strafantrags oder wegen unrichtiger Gesetzesanwendung auf einen thatsächlich feststehenden Straffall eingelegt ist. Ist dagegen die erstrichterliche Entscheidung der Schuldfrage angefochten, so wird die Anwesenheit des Angeklagten erforderlich sein, sofern er nicht selbst darauf verzichtet, oder dem Erscheinen erhebliche Hindernisse entgegenstehen. Ein öffentliches Interesse an seiner Anwesenheit kann auch für diese Fälle nicht allgemein angenommen werden; jedoch bleibt dem Gericht unbenommen, dieselbe ungeachtet des Verzichts nachträglich anzuordnen. Diesen Erwägungen entspricht die Bestimmung im § 373 Absatz 2.

2. Von einer Beweisaufnahme kann vor dem Berufungsgerichte, je nach Lage der Sache ganz oder theilweise Abstand genommen werden. Fälle der Entbehrlichkeit jeder Beweisaufnahme würden beispielsweise sein, wenn eine Ungesetzlichkeit im Verfahren erster Instanz vorliegt, wegen deren die Sache unter Aufhebung des angefochtenen Urtheils zurückzuverweisen ist (§ 379 Abs. 2) oder wenn ausschließlich von einer Beweiserhebung unabhängige Rechtsfragen, wie die zu 1 erwähnten, zu entscheiden sind; ferner kann die Beweisaufnahme unnöthig sein, falls lediglich wegen des Strafmaßes Berufung eingelegt worden ist.

Der Umfang der Beweisaufnahme wird sich einerseits nach den bei Rechtfertigung des Rechtsmittels vorgebrachten neuen Thatsachen und Beweismitteln, andererseits nach dem Inhalte der Beschwerdepunkte und dem Ausfalle der in erster Instanz erhobenen Beweise zu richten haben. Die Prüfung und Entschließung darüber, ob und inwieweit von einer Beweisaufnahme abgesehen werden kann, liegt zunächst in Händen des die Vorbereitung der Hauptverhandlung veranlassenden Gerichtsherrn; doch ist das erkennende Gericht nicht gehindert, selbständig und abweichend zu beschließen.

Hierauf beruhen die im Wesentlichen mit § 364 Absatz 2 bis 4 der bürgerlichen Strafprozeßordnung übereinstimmenden Bestimmungen im § 373 Absatz 3 bis 5 des Entwurfs.

3. An die Stelle der in erster Instanz die Hauptverhandlung eröffnenden Feststellung der Persönlichkeit des An-

geklagten und Verlesung der Anklage (§ 284) tritt in der Hauptverhandlung zweiter Instanz ein von dem die Verhandlung führenden Richter mündlich zu erstattender Bericht über die Lage der Sache, wobei das Urtheil erster Instanz verlesen werden muß.

Bei der Beweisaufnahme ist die Verlesung von Aktenstücken in ausgedehnterem Maße gestattet, als in der Hauptverhandlung erster Instanz.

Die betreffenden Bestimmungen (§§ 375, 376) schließen sich den entsprechenden der bürgerlichen Strafprozeßordnung (§§ 365, 366) in der Fassung an, nur soll nach § 376 die Verlesung von Protokollen über Aussagen der in der Hauptverhandlung erster Instanz vernommenen Zeugen und Sachverständigen nur dann ausgeschlossen sein, wenn die Zeugen oder Sachverständigen zur Stelle sind, so daß ihre Vernehmung ohne Aufschub der Sache erfolgen kann.

§ 378

giebt im ersten Absatze den im § 368 der bürgerlichen Strafprozeßordnung enthaltenen Satz wieder, daß der Prüfung des Berufungsgerichts nur das erstinstanzliche Urtheil unterliege, soweit es angefochten ist. Dieser Satz erhält im Entwurfe, mit Rücksicht auf die in den §§ 365, 367 verlangte Aufstellung bestimmter Beschwerdepunkte zur Begründung der Berufung, erhöhte Bedeutung. Denn derjenige Theil des Urtheils, der überhaupt nicht durch die Beschwerden getroffen wird, geht in Rechtskraft über und bildet nicht Gegenstand der Prüfung des Berufungsgerichts. Indessen darf der obige Satz nicht so aufgefaßt werden, als ob sich dieses Gericht nur mit den Anfechtungsgründen und Anträgen zu befassen habe, die von dem die Berufung Einlegenden vorgebracht werden. Vielmehr hat dasselbe alle Theile des Urtheils, die überhaupt als angefochten und deshalb seinem Spruche unterbreitet anzusehen sind, in völlig freier und selbständiger Weise — gleich dem in erster Instanz erkennenden Richter — zu prüfen und zu entscheiden. Es liegt hierin ein wesentlicher Unterschied des Rechtsmittels der Berufung von dem der Revision (vgl. § 394).

Das Berufungsgericht hat deshalb auch in der Regel in der Sache selbst zu erkennen, sei es nun, daß es die Berufung verwirft und das erste Urtheil bestätigt, sei es, daß es das letztere aufhebt. Den zweiten Fall hebt der dem § 369 der bürgerlichen Strafprozeßordnung entsprechende

§ 379

im Absatz 1 besonders hervor.

Im Absatz 2 dagegen wird eine Ausnahme von der vorgedachten Regel für den Fall zugelassen, daß das Urtheil erster Instanz an einem Mangel leidet, welcher die Revision wegen einer Gesetzesverletzung im Verfahren (vgl. §§ 383, 384) begründen würde. Das Berufungsgericht hat in solchem Falle die Befugniß, unter Aufhebung des Urtheils die Sache in die erste Instanz zurückzuverweisen. Von dieser Befugniß soll, „wenn die Umstände des Falles es erfordern", also nach freiem Ermessen des Berufungsgerichts, Gebrauch gemacht werden; dies wird sich namentlich empfehlen, wenn der gerügte Mangel des Verfahrens sich nicht auf einzelne Untersuchungsmaßregeln oder Verfahrensakte beschränkt, sondern das gesammte Verfahren als fehlerhaft erscheinen läßt. Durch die unmittelbare Aburtheilung der Sache in zweiter Instanz könnte sonst dem Angeklagten in einer dem Sinne des Gesetzes nicht entsprechenden Art der Instanzenzug abgeschnitten werden.

Absatz 3 endlich sieht den Fall vor, daß das Gericht erster Instanz mit Unrecht seine Zuständigkeit angenommen hatte, und verpflichtet unter dieser Voraussetzung das Berufungsgericht, unter Aufhebung des Urtheils die Sache unmittelbar der zuständigen Stelle zu überweisen. Hiernach wäre beispielsweise die Sache an das zuständige Civilgericht zu überweisen, wenn ein Standgericht irrthümlich militärgerichtliche Zuständigkeit angenommen hatte.

Eine Ueberweisung soll aber nicht eintreten, das Berufungsgericht vielmehr selbst in der Sache erkennen, wenn es für den vorliegenden Fall als Gericht erster Instanz hätte bestellt werden können. Dies trifft z. B. zu, wenn ein Standgericht die Grenzen seiner sachlicheu Zuständigkeit überschritten hat, und die Verfolgung der Sache zur Zuständigkeit desselben Gerichtsherrn der höheren Gerichtsbarkeit gehört, welcher das in der Berufungsinstanz urtheilende Kriegsgericht hat zusammentreten lassen. Erkennt das Berufungsgericht selbst, so gilt das Urtheil als in *erster* Instanz erlassen. Ein Oberkriegsgericht kann hierbei, da ein solches als Gericht erster Instanz nicht bestellt werden kann, nicht in Frage kommen, es handelt sich vielmehr stets nur um Fälle, in denen ein Kriegsgericht auf die Berufung gegen ein standgerichtliches Urtheil zu entscheiden hat. Erkennt in einem solchen Falle das

Kriegsgericht selbst, so urtheilt es als zuständiges Gericht erster Instanz statt des unzuständigen Standgerichts, so daß gegen sein Urtheil die nach den allgemeinen Grundsätzen zulässigen Rechtsmittel gegeben sind. Wollte man das Urtheil des Kriegsgerichts als solches zweiter Instanz gelten lassen, so würde dem Angeklagten ein weiteres Rechtsmittel nicht zustehen und er schlechter gestellt sein, als wenn die Sache an ein anderes Kriegsgericht gelangt.

Der

§ 380

enthält im zweiten Absatz, in Uebereinstimmung mit dem § 372 der bürgerlichen Strafprozeßordnung, den dem Prinzipe der relativen Rechtskraft entsprechenden Satz, daß eine härtere Strafe, als die in erster Instanz erkannte, nicht verhängt werden darf, wenn das Urtheil nur von dem Angeklagten oder zu Gunsten des Angeklagten angefochten war.

Im ersten Absatze wird indessen, um dem Mißbrauche vorzubeugen, daß das Rechtsmittel der Berufung lediglich aus Muthwillen oder zur Verschleppung der Sachen eingelegt werde, dem über die Berufung erkennenden Gerichte die Befugniß zugesprochen, gegen den Angeklagten bei Verwerfung des in obiger Weise freventlich von ihm eingelegten Rechtsmittels eine Ordnungsstrafe zu verhängen.

Die bayerische Militärstrafgerichtsordnung enthält im Artikel 158 eine entsprechende Bestimmung. Danach kann in Fällen unzulässiger oder unbegründeter Beschwerdeführung gegen die Verurtheilung zu einer Vergehens-, Uebertretungs- oder Disziplinarstrafe die Verurtheilung zu einer sogenannten Frivolitätsstrafe — Haft bis zu dreißig Tagen — erfolgen.

Die im Entwurf angedrohte Strafe besteht gegen Personen des Soldatenstandes in Arrest in der im Disziplinarwege zulässigen Art und Dauer, gegen andere Angeklagte in Haft bis zu vierzehn Tagen. In beiden Fällen handelt es sich um eine gerichtliche Ordnungsstrafe, nicht etwa um eine nur der Kommandobehörde zustehende Disziplinarbestrafung.

Die Aufnahme einer derartigen Bestimmung liegt im militärischen Interesse, das eine schnelle und wirksame Rechtspflege fordert und durch die Einlegung unbegründeter Rechtsmittel in verschiedener Hinsicht geschädigt wird. Es kam dabei überdies in Betracht, daß die Erhöhung der Kosten, welche im bürgerlichen Strafverfahren als Folge zurückgewiesener Rechtsmittel eintritt und vor allzu leichtfertigem Gebrauche derselben abhält, im kostenfreien militärgerichtlichen Verfahren (vgl. § 448) außer Frage bleibt.

Wird gegen das Urtheil zweiter Instanz Revision eingelegt und vom Reichsmilitärgerichte die Auffassung des Berufungsgerichts in der Sache selbst gemißbilligt, so kann selbstverständlich die Ordnungsstrafe nicht bestehen bleiben. Deshalb sieht Absatz 3 vor, daß die Vollstreckung der Ordnungsstrafe schon durch Einlegung der Revision gehemmt wird und das Reichsmilitärgericht bei der Entscheidung über die Revision zugleich über die Ordnungsstrafe zu befinden hat. Ihm steht es frei, dieselbe aufrecht zu erhalten, zu erlassen oder zu ermäßigen.

## Vierter Abschnitt.

# Revision.

§§ 381 bis 399.

Die Revision ist ein der bürgerlichen Strafprozeßordnung nachgebildetes Rechtsmittel, welches nur die rechtliche Beurtheilung der Sache der Würdigung der höchsten Instanz unterbreitet (vgl. oben B. VI). Es findet statt gegen die Urtheile zweiter Instanz in kriegsgerichtlichen Sachen, also gegen die Urtheile der Oberkriegsgerichte, und geht ausschließlich an das Reichsmilitärgericht. Die rein thatsächliche Beurtheilung des Straffalles, namentlich die Würdigung des Beweisergebnisses, bleibt von der Nachprüfung dieses höchsten Gerichtshofes ausgeschlossen; sein Erkenntniß lautet regelmäßig nur darauf, ob das Urtheil zweiter Instanz wegen Gesetzesverletzung aufzuheben, oder ob der ihm wegen Ungesetzmäßigkeit gemachte Vorwurf unbegründet und deshalb die Revision zu verwerfen sei. Sind im Falle der Aufhebung neue thatsächliche Erhebungen und Feststellungen erforderlich, so muß zu diesem Zwecke die Sache an die untere Instanz zurückverwiesen werden (§§ 395 ff.). Diese ist dann aber an die Auffassung des Reichsmilitärgerichts in rechtlicher und militärdienstlicher Hinsicht gebunden (§ 399 Abs. 1), worin die Hauptgewähr für eine einheitliche Auslegung und Handhabung des Militärrechts liegt. In allen diesen Punkten entspricht der Entwurf den Grundsätzen der bürgerlichen Strafprozeßordnung, deren Bestimmungen (§§ 374 bis 398) im Großen und Ganzen — mit einigen Aenderungen in der Fassung und Reihenfolge — Aufnahme gefunden haben.

Die besondere Berücksichtigung der militärdienstlichen Interessen hat zu folgenden Abweichungen geführt:

1. Die Revision ist ausgeschlossen, insoweit das Urtheil eine der im § 12 bezeichneten strafbaren Handlungen (Uebertretungen und nur mit Arrest bedrohte militärische Vergehen) zum Gegenstande hat (§ 381 Abs. 2).
2. Die Frist zur Einlegung und näheren Begründung der Revision ist verkürzt. Denn während die bürgerliche Strafprozeßordnung für die Einlegung die Frist von einer Woche und für die Begründung der Revisionsanträge eine weitere einwöchige Frist gewährt (§§ 381, 385), fordert der Entwurf Einlegung und Begründung binnen einer Woche nach der Verkündung (oder Zustellung) des Urtheils (§ 382 in Verbindung mit § 364 Abs. 2, § 366).
3. Der Entwurf knüpft daran, daß die Begründung der Revision nicht innerhalb der bestimmten Frist erfolgt ist, nicht, wie die bürgerliche Strafprozeßordnung (§ 386 Abs. 1) den Verlust des Rechtsmittels, sondern bestimmt, daß in diesem Falle der Angeklagte durch einen Kriegsgerichtsrath über seine Anträge und deren Begründung zu Protokoll vernommen werden soll (§ 388, § 391 Abs. 2).
4. Als Gesetzesverletzung, welche die bürgerliche Strafprozeßordnung darin sieht, daß „eine Rechtsnorm nicht oder nicht richtig angewendet worden ist“, wird ausdrücklich auch die Nichtanwendung oder nicht richtige Anwendung einer militärischen Dienstvorschrift oder eines militärdienstlichen Grundsatzes bezeichnet (§ 383 Abs. 2, § 384 Nr. 9).

Dies vorausgeschickt, werden im Einzelnen wenige Bemerkungen genügen.

Im

§ 382

ist im Interesse der Einfachheit und Klarheit für die nähere Begründung der Revision der Ausdruck „Rechtfertigung“ gewählt worden (vgl. § 387), obwohl die bürgerliche Strafprozeßordnung nur von „Begründung der Revisionsanträge“ (§§ 384 bis 386) spricht.

Nach

§ 383

kann die Revision nur darauf gestützt werden, daß das Urtheil auf „einer Gesetzesverletzung beruhe“. Diese der bürgerlichen Strafprozeßordnung (§ 376 Abs. 1) entnommene Fassung soll darauf hinweisen, daß das Revisionsgericht die angefochtene Entscheidung nicht etwa stets aufzuheben hat, wenn in der Entscheidung oder dem Verfahren der unteren Instanz irgend eine Gesetzwidrigkeit vorgekommen ist, sondern nur dann, wenn zwischen der Gesetzesverletzung und der Entscheidung ein ersichtlicher oder wenigstens glaubhafter Zusammenhang besteht. Einzelne Gesetzesverletzungen werden aber als so wesentlich angesehen, daß die Entscheidung stets als auf ihnen beruhend gelten soll. Diese Gesetzesverletzungen zählt der

§ 384

auf, indem er sich dem § 377 der bürgerlichen Strafprozeßordnung unter Hinzufügung einer die einheitliche Auslegung militärischer Dienstvorschriften und militärdienstlicher Grundsätze wahrenden Bestimmung (Nr. 9) in der Hauptsache anschließt.

Die

§§ 385, 386, 387

geben den Inhalt der §§ 378, 375, 384 der bürgerlichen Strafprozeßordnung unverändert wieder.

Nach

§§ 390, 391

fällt die Entscheidung über eine eingelegte Revision in die ausschließliche Zuständigkeit des Reichsmilitärgerichts auch insoweit, als es sich um die Fragen handelt, ob bei der Einlegung des Rechtsmittels die gesetzlichen Fristen und Formen gewahrt sind. Hierin liegt eine durch die Militärgerichtsverfassung gebotene Abweichung von der Bestimmung der bürgerlichen Strafprozeßordnung (§ 386), wonach eine verspätet oder formwidrig angebrachte Revision schon von dem Gerichte, dessen Urtheil angefochten wird, zurückzuweisen ist. Im Uebrigen besteht kein Unterschied zwischen dem in der bürgerlichen Strafprozeßordnung geregelten Verfahren und dem im Entwurfe vorgeschriebenen.

§ 391 Absatz 2

entspricht dem § 389 und dem § 387 Absatz 1 der bürgerlichen Strafprozeßordnung.

Die

§§ 392, 393, 394, 395

sind den §§ 390, 391, 392, 393 der bürgerlichen Strafprozeßordnung fast durchweg gleichlautend. Absatz 4 des § 393 bezeichnet diejenigen für die Hauptverhandlung in erster

Instanz gegebenen Vorschriften, welche auch für die Hauptverhandlung der Revisionsinstanz zu gelten haben.

§ 396

stimmt in der Hauptsache mit dem § 394 der bürgerlichen Strafprozeßordnung überein, beschränkt jedoch die Befugniß des Reichsmilitärgerichts, in der Sache selbst zu erkennen, auf die Fälle, in denen ohne weitere thatsächliche Erörterungen nur auf Einstellung des Verfahrens oder auf Freisprechung zu erkennen ist. Absatz 3 fügt für den Fall der Zurückweisung der Sache in die Berufungsinstanz eine fast selbstverständliche Formvorschrift bei.

Der

§ 397

regelt die Art der Urtheilsverkündnng in der Hauptverhandlung vor dem Reichsmilitärgericht, und die

§§ 398, 399

entsprechen größtentheils wörtlich den §§ 397, 398 der bürgerlichen Strafprozeßordnung.

## Vierter Titel.

## Bestätigung der im ordentlichen Verfahren ergangenen Urtheile.

§§ 400 bis 402.

Der Entwurf kennt eine „Bestätigung" militärgerichtlicher Urtheile in doppeltem Sinne, je nachdem es sich um Urtheile handelt, die im ordentlichen Verfahren, oder solche, die bei Feld- oder Bordgerichten ergangen sind.

Im ordentlichen Verfahren finden die Rechtsmittel der Berufung und Revision statt, und ein Urtheil erlangt die Rechtskraft, sobald es durch ein ordentliches Rechtsmittel nicht mehr anfechtbar ist (§§ 368, 389), sei es, daß der Instanzenzug erschöpft ist, oder daß die ordentlichen Rechtsmittel überhaupt nicht oder nicht innerhalb der gesetzlichen Fristen eingelegt worden sind, oder daß auf die Einlegung ausdrücklich verzichtet worden ist. Durch ein solches Urtheil ist die Sache endgültig entschieden; es kann sich nur noch um die Ausführung des Urtheils handeln. Die „Bestätigung" im Sinne des Vierten Titels läßt daher die militärgerichtliche Entscheidung völlig unberührt. Der § 400 bestimmt ausdrücklich, daß bei den im ordentlichen Verfahren ergangenen Urtheilen durch die „Bestätigungsordre" noch zum Ausdruck gebracht werden soll, daß das Urtheil rechtskräftig geworden und, soweit es auf Verurtheilang lautet, zu vollstrecken ist.

Gegen die Urtheile der Feld- und Bordgerichte finden dagegen ordentliche Rechtsmittel (Berufung, Revision) überhaupt nicht statt, es tritt vielmehr von Amtswegen eine Prüfung ihrer Gesetzlichkeit ein. Die Anerkennung der Gesetzlichkeit eines solchen Urtheils erfolgt durch die Bestätigung, und es bewirkt dieselbe hier die Rechtskraft und Vollstreckbarkeit des Urtheils (§ 404). Von dieser Bestätigung handelt der Fünfte Titel.

§ 400

bestimmt, daß jedes durch ein ordentliches Rechtsmittel nicht mehr anfechtbare Urtheil, von Strafverfügungen abgesehen (vgl. § 401), mit einer dem Angeklagten bekannt zu machenden Bestätigungsordre zu versehen ist. Diese Bestätigungsordre enthält einerseits die von der zuständigen Stelle ertheilte Bescheinigung, daß die Rechtskraft des Urtheils eingetreten ist, sie enthält andererseits die Weisung zur Vollstreckung desselben.

In letzterer Beziehung stellt sie sich dar als eine mit der Ausübung des Gnadenrechts zusammenhängende Genehmigung zur Strafvollstreckung. Militärischerseits wird auf das Erforderniß einer solchen Bestätigungsordre der größte Werth gelegt, weil sie zur Stärkung und Befestigung der persönlichen Beziehungen zu dem Inhaber der kriegsherrlichen Gewalt beiträgt. Das Bewußtsein des Soldaten, daß er unbedingt, wie unter der Gewalt, so auch in jeder Lage unter dem Schutze seines Kriegsherrn steht, und daß er auf eine gnadenweise Berücksichtigung rechnen darf, wenn die rechtskräftig vom Strafrichter verhängte Strafe als eine zu harte befunden werden sollte, wird durch die Bestätigungsordre und die dabei geeigneten Falles eintretende Milderung der Strafe lebendig erhalten. Sie dient somit zur Stärkung der kriegsherrlichen Autorität und zur Befestigung der militärischen Disziplin.

Von der Regel, daß ein militärgerichtliches Strafurtheil nach erlangter Rechtskraft und nach Ertheilung der Bestätigungsordre vollstreckbar ist, finden Ausnahmen insofern statt, als unter gewissen thatsächlichen Voraussetzungen der Vollzug ausgeschlossen (§ 436) oder aufgeschoben (§§ 439, 440) wird.

Nach

§ 402

ist den zuständigen Kontingentsherren, für die Marine dem Kaiser die Bestimmung darüber vorbehalten, von Wem die Bestätigungsordre zu ertheilen ist. Der Kaiser, sowie die Kontingentsherren können hiernach die Ertheilung der Bestätigungsordre sich selbst vorbehalten oder dieses Recht auf militärische Befehlshaber übertragen.|

## Fünfter Titel.

## Bestätigung und Aufhebung der Urtheile der Feld- und der Bordgerichte.

§§ 403 bis 419.

Die preußische Militärstrafgerichtsordnung hat im § 25 die in Kriegszeiten nöthigen Modifikationen bei Organisation und Verwaltung der Militärgerichte der Bestimmung des Königs vorbehalten.

Der Entwurf hat es indessen für eine wesentliche Aufgabe erachtet, die Gerichtsverfassung und das militärgerichtliche Verfahren so zu gestalten, daß beide sich auch den eigenartigen Verhältnissen im Felde und an Bord möglichst anpassen. Er hat sich deshalb im Allgemeinen darauf beschränken können, die für Friedenszeiten geltenden Vorschriften durch Einschaltung einzelner Sonderbestimmungen für Feld und Bord zu ergänzen (vgl. §§ 41, 45, 53, 57, 58, 94, 103, 142, 162, 216, 228, 240, 242, 255, 333). Eine Ausnahme war jedoch zu machen hinsichtlich der ordentlichen Rechtsmittel der Berufung und Revision (vgl. § 350 Abs. 2), da im Felde und an Bord, wo die einfachsten Formen und die rascheste Erledigung auch auf dem Gebiete der Rechtspflege unabweisbares Bedürfniß sind, die Einrichtung eines gerichtlichen Instanzenzugs sich von selbst verbietet. In letzterer Beziehung rechtfertigen die außerordentlichen Verhältnisse auch ein außerordentliches Verfahren. Es kam darauf an, für die nicht durchführbaren Rechtsmittel der Berufung und Revision einen Ersatz zu gewähren. Der Entwurf glaubt denselben am angemessensten darin zu finden, daß hinsichtlich der Urtheile der Feld- und Bordgerichte das Bestätigungs- und Aufhebungsrecht im Sinne der preußischen Militärstrafgerichtsordnung aufrecht erhalten wird.

Im Einzelnen ist Folgendes zu bemerken:

Nach

§ 404

erlangen die im Felde und an Bord ergangenen Urtheile durch die Bestätigung Rechtskraft und Vollstreckbarkeit. Die Abweichung von dem § 176 der preußischen Militärstrafgerichtsordnung, wonach die Rechtskraft des Erkenntnisses nicht schon mit der Bestätigung, sondern erst mit der Publikation eintritt, ist nur eine scheinbare, da bei dem mündlichen Verfahren des Entwurfs die Verkündung des Urtheils regelmäßig in der Sitzung des erkennenden Gerichts erfolgt.

§ 405

berücksichtigt sodann, daß bei eintretender Mobilmachung diejenigen Personen, gegen welche bis dahin außerhalb des Feld- und Bordverhältnisses nur im ordentlichen Verfahren erkannt werden konnte, zum großen Theile in das Feld- oder Bordverhältniß übertreten. Insoweit nun in diesem Zeitpunkt ein vorher ergangenes Urtheil die Rechtskraft noch nicht beschritten hat, stehen der Geltendmachung und Durchführung von Berufung und Revision dieselben Hinderungsgründe entgegen, wie den im ersten Absatze bezeichneten Urtheilen.

Die Bestimmung des

§ 406

findet ihre Begründung darin, daß der Kaiser im Felde, als oberster Kriegsherr, die gesammte militärische Autorität in seiner Person vereinigt, und daß deshalb auch seiner Entschließung vorbehalten bleiben muß, von Wem das Bestätigungs- und das Aufhebungsrecht auszuüben ist.

§ 407.

Wenn auch dem Angeklagten im Felde und an Bord die Rechtsmittel der Berufung und Revision zu versagen waren und an ihre Stelle die von Amtswegen erfolgende Prüfung der Gesetzlichkeit des Urtheils zu treten hatte, so erschien es doch billig und auch ausführbar, dem Verurtheilten Gelegenheit zur Anbringung etwaiger Beschwerden zu geben, um deren Prüfung bei Erstattung des Rechtsgutachtens und bei der Entschließung des zur Bestätigung berechtigten Befehlshabers zu sichern.

§ 408.

Für den Geltungsbereich der preußischen Militärstrafgerichtsordnung wurden bisher die der Bestätigung des Königs vorbehaltenen Erkenntnisse dem Könige vom General-Auditoriate mit einem Gutachten vorgelegt.

Diesem Verfahrem entspricht die Regelung, die im § 408 bezüglich der der Kaiserlichen Bestätigung unterliegenden Urtheile getroffen ist.

Im

§ 409

wird hinsichtlich der der Bestätigung des Kaisers nicht vorbehaltenen Urtheile (vgl. § 408) für gewisse schwerere Fälle die schriftliche Begutachtung durch einen richterlichen Militärjustizbeamten vorgeschrieben, im Uebrigen aber, soweit kriegsgerichtliche Urtheile in Frage kommen (vgl. § 413), die Einholung eines solchen Gutachtens in das Ermessen des zur Bestätigung berechtigten Befehlshabers gestellt. Die Worte „von mehr als einem Jahre“ (Abs. 1) beziehen sich nur auf Gefängniß und auf Festungshaft, nicht auch auf Zuchthaus. Ist auf Zuchthaus erkannt, so ist stets die Begutachtung geboten.

Im Bedürfnißfalle soll das Gutachten eines zum Richteramte befähigten Beamten oder Offiziers ausreichen. Hierdurch soll allen Lagen, wie sie die Kriegs- und Bordverhältnisse bieten, Rechnung getragen werden. Demzufolge kann bei Urtheilen der Bordgerichte z. B. ein Berufskonsul, im Felde ein zum Richteramte befähigter Offizier des Beurlaubtenstandes (Gerichtsassessor, Amtsrichter 2c.) mit der Erstattung des Gutachtens betraut und hierdurch einer sonst vielleicht unvermeidlichen Verschleppung vorgebeugt werden.

Bei standgerichtlichen Untersuchungen ist in Anbetracht der geringeren Erheblichkeit der Straffälle eine Begutachtung des Urtheils durchweg für nicht erforderlich erachtet worden (vgl. § 413). Etwaige Bedenken des Gerichtsherrn bei Ertheilung der Bestätigung sind auf die in den §§ 413 ff. vorgeschriebene Weise zur Erledigung zu bringen.

§ 412.

Dem Bestätigungsrechte steht die Pflicht zur Versagung der Bestätigung in den zur Bestätigung nicht geeigneten Fällen gegenüber. § 412 stellt die Voraussetzungen auf, unter denen bis zur Entscheidung über die Begründetheit der erhobenen Angriffe oder Bedenken die Bestätigung auszusetzen ist. Diese Entscheidung kann nur getroffen werden von demjenigen Befehlshaber, dem das Aufhebungsrecht zusteht. Das Aufhebungsrecht bildet die unentbehrliche Ergänzung des Bestätigungsrechts und ist, wie dieses, ein unmittelbarer Ausfluß der obersten kriegsherrlichen Gewalt (vgl. Bemerkung zu § 406). Es ist nun aber nicht vorauszusetzen, daß allen Befehlshabern, denen das Bestätigungsrecht eingeräumt ist, auch das Aufhebungsrecht wird übertragen werden, vielmehr ist zu erwarten, daß dieses hochbedeutsame Recht, soweit der Kaiser sich dasselbe nicht vorbehält, nur in die Hand weniger und hochgestellter Befehlshaber gelegt werden wird. Hiernach war im § 412 Absatz 1 zu unterscheiden, ob der zur Bestätigung berechtigte Befehlshaber auch zur Aufhebung berechtigt ist oder nicht.

In Betreff des

§ 413

kann auf das zu § 409 Bemerkte verwiesen werden.

Nach

§ 414

soll vor der Entscheidung des zur Aufhebung berechtigten Befehlshabers das Gutachten eines richterlichen Militärjustizbeamten eingeholt werden. Der Befehlshaber ist jedoch an dieses Gutachten nicht gebunden, entscheidet vielmehr nach eigener pflichtmäßiger Ueberzeugung. Ist der zur Aufhebung berechtigte Befehlshaber zugleich derjenige, welchem das Bestätigungsrecht zusteht, so fallen Versagung der Bestätigung und Aufhebung des Urtheils zusammen; einer doppelten Begutachtung bedarf es in diesem Falle nicht.

§ 415

sieht die Vermerkung der ertheilten Bestätigung auf der Urschrift des Urtheils, sowie deren Bekanntmachung an den Verurtheilten vor.

§ 416.

Im Falle der Aufhebung des Urtheils wird die Berufung eines neu erkennenden Gerichts erforderlich, bei dem, um eine völlig unbefangene Beurtheilung der Sache zu gewährleisten, nur Richter mitwirken können, die bei der früheren Hauptverhandlung nicht mitgewirkt haben. Ob etwa ein anderer Gerichtsherr, als der zuerst mit der Sache befaßte, mit der Einberufung des erkennenden Gerichts zu betrauen sei, darüber hat der die Aufhebung des Urtheils aussprechende Gerichtsherr zu befinden.

Der letztere kann aber auch die Erledigung der Sache im ordentlichen Verfahren verfügen, falls nach Lage der Umstände die Beendigung der Feld- oder Bordverhältnisse abgewartet werden kann, oder falls der Angeklagte persönlich durch Ueberweisung an einen immobilen militärischen Verband aus jenem Verhältniß ausscheidet.

§§ 417 bis 419.

Eine Ueberleitung in das ordentliche Verfahren wird nothwendig, wenn im Laufe eines im Felde oder an Bord eingeleiteten Strafverfahrens der Beschuldigte zu einem immobilen militärischen Verbande versetzt wird. Das Gleiche tritt ein, wenn durch Demobilmachung die außerordentlichen Verhältnisse überhaupt ihr Ende erreichen (§ 419 Abs. 1). Das ordentliche Verfahren, in welches hiernach eine Strafsache überzuleiten ist, kann auch das Verfahren vor den bürgerlichen Gerichten sein (vgl. § 7 Abs. 2).

War das Verfahren durch ein Urtheil schon abgeschlossen, so erschien es nur dann geboten, nachträglich die ordentlichen Rechtsmittel gegen dasselbe zu eröffnen, wenn dem Urtheile die Bestätigung zu versagen war.

## Sechster Titel.

## Wiederaufnahme eines durch rechtskräftiges Urtheil geschlossenen Verfahrens.

§§ 420 bis 433.

Der Entwurf hat sich auch hier eng an die Bestimmungen der bürgerlichen Strafprozeßordnung (§§ 399 ff.) angeschlossen und Aenderungen im Wesentlichen nur da vorgenommen, wo solche theils durch die abweichende Organisation der Militärgerichte, theils in Folge der Einführung des Rechtsmittels der Berufung geboten waren. Der Antrag auf Wiederaufnahme eines durch rechtskräftiges Urtheil geschlossenen Verfahrens ist kein ordentliches Rechtsmittel im Sinne des Dritten Titels, da er sich gegen ein bereits rechtskräftig gewordenes Urtheil richtet.

Die Entscheidung über die Zulassung des Antrags auf Wiederaufnahme des Verfahrens, sowie auch die übrigen Entscheidungen, soweit sie nicht in einer erneuten Hauptverhandlung zu erlassen sind, weist der Entwurf dem Reichsmilitärgerichte zu, einerseits weil andere ständige Militärgerichte nicht vorhanden sind, andererseits um eine einheitliche Ausführung der betreffenden Gesetzesbestimmungen zu sichern.

Das Reichsmilitärgericht hat über die Wiederaufnahme

des Verfahrens auch da zu entscheiden, wo es als Revisionsgericht selbst in der Sache erkannt hat.

Wenn

§ 420

in Nr. 4 von einem „civilgerichtlichen“ Urtheil spricht, so ist darunter ein in einem bürgerlichen Rechtsstreit ergangenes Urtheil verstanden. Die Fassung ist der der Nr. 4 des § 399 der bürgerlichen Strafprozeßordnung angepaßt, bei der die hervorgehobene Bedeutung eine selbstverständliche ist.

Nr. 5 enthält eine wesentliche Abweichung von der bürgerlichen Strafprozeßordnung.

Während nämlich der § 399 der letzteren die Wiederaufnahme zuläßt:

5. wenn neue Thatsachen oder Beweismittel beigebracht sind, welche allein oder in Verbindung mit den früher erhobenen Beweisen die Freisprechung des Angeklagten oder in Anwendung eines milderen Strafgesetzes eine geringere Bestrafung zu begründen geeignet sind,

findet gemäß § 420 Nr. 5 des Entwurfs die Wiederaufnahme nur dann statt, wenn neue Thatsachen oder Beweismittel beigebracht sind, aus denen sich die Unschuld des Verurtheilten, sei es bezüglich der ihm zur Last gelegten That überhaupt, sei es bezüglich eines die Anordnung eines härteren Strafgesetzes begründenden Umstandes ergiebt. Diese Einschränkung erscheint an und für sich schon nach den bezüglich des Wiederaufnahmeverfahrens gemachten Erfahrungen wünschenswerth; sie ist überdies unbedenklich, wenn durch die Einführung der Berufung die weitestgehende Gewähr dafür geboten wird, daß eine Verurtheilung nur nach gründlichster und umfassender Prüfung der Thatsachen ergeht.

Zu

§ 421

ist hervorzuheben, daß für den Antrag auf Wiederaufnahme des Verfahrens die Bestätigungsordre des § 400 ohne Bedeutung ist. Nur die Rechtskraft des Urtheils muß eingetreten sein.

Nach Absatz 1 ist das Wiederaufnahmeverfahren vor den Militärgerichten auch dann zulässig, wenn das die Militärstrafgerichtsbarkeit über den Verurtheilten begründende Verhältniß inzwischen beendigt oder derselbe verstorben ist.

Nach

§ 426 Absatz 2

sind Anträge auf Wiederaufnahme des Verfahrens in derselben Weise anzubringen, wie die Einlegung von Rechtsmitteln zu erfolgen hat.

Der

§ 431

stellt dem Falle, daß der Verurtheilte bereits verstorben ist, den gleich, daß er in unheilbare Geisteskrankheit verfallen ist.

§ 433

entspricht in etwas veränderter Fassung dem § 411 Absatz 4 der bürgerlichen Strafprozeßordnung.

## Siebenter Titel.

## Strafvollstreckung.

§§ 434 bis 447.

§ 434.

In Ansehung der Strafvollstreckung unterscheidet der Entwurf zwischen Strafverfügungen und Strafurtheilen.

Bei den Strafverfügungen ist, wie bei den amtsrichterlichen Strafbefehlen, die Vollstreckbarkeit nur durch die Rechtskraft bedingt.

Für die Vollstreckbarkeit der militärgerichtlichen Strafurtheile dagegen fordert der Entwurf außer der Rechtskraft noch eine zweite Voraussetzung: die Bestätigungsordre (vgl. §§ 400 bis 402).

Insoweit ein civilgerichtliches Urtheil durch die Militärbehörde zu vollstrecken ist (vgl. §§ 4 bis 6; Militärstrafgesetzbuch § 15 Abs. 1), ist lediglich sein Inhalt maßgebend.

§ 435

enthält eine dem § 483 der bürgerlichen Strafprozeßordnung entsprechende Vorschrift. Durch die Worte: „die Strafvollstreckung wird angeordnet“ soll klar gestellt werden, daß die Rechte und Pflichten derjenigen Organe, welche nach den reglementarischen Vorschriften, namentlich nach der Militärstrafvollstreckungsvorschrift, der eigentliche Strafvollzug obliegt, durch § 435 nicht berührt werden.

Der Entwurf hat es dem Verordnungsweg überlassen, Bestimmung darüber zu treffen, unter welchen Voraussetzungen die Entlassung aus dem aktiven Dienste mit Rücksicht auf ein vor dem Diensteintritt oder auch gemäß § 4 Nr. 1 nach dem

Diensteintritte bei einem bürgerlichen Gericht ergangenes, auf Strafe lautendes Urtheil zu erfolgen habe (vgl. Bemerkungen zu §§ 3 bis 6). Es erschien nicht angezeigt, eine dem § 12 der preußischen Militärstrafgerichtsordnung entsprechende instruktionelle Vorschrift in das Gesetz aufzunehmen.

§ 436

entspricht wörtlich dem § 485 Absatz 2 der bürgerlichen Strafprozeßordnung. Auch die Bestimmung, nach welcher an schwangeren Personen ein Todesurtheil nicht vollstreckt werden darf, mußte im Entwurf Aufnahme finden, da eine praktische Anwendung derselben im Felde mit Rücksicht auf die §§ 155, 160, 161 des Militärstrafgesetzbuchs nicht ausgeschlossen ist.

Die

§§ 437, 438

treffen Bestimmung über die Vollstreckung der Todesstrafe. Dabei ist mit Rücksicht auf § 14 des Militärstrafgesetzbuchs und § 13 des bürgerlichen Strafgesetzbuchs zwischen der Vollstreckung einer durch Erschießen und einer durch Enthauptung zu vollziehenden Todesstrafe unterschieden. Daß jene durch die Militärbehörde, diese durch die bürgerliche Behörde vollzogen werden soll, entspricht dem geltenden Gesetze. Selbstverständlich haben die militärischen und die bürgerlichen Behörden die Vollstreckung der Todesstrafe nach Maßgabe der einschlägigen Vorschriften (vgl. einerseits die Militärstrafvollstreckungsvorschrift vom 9. Februar 1888 §§ 1, 2, andererseits das bürgerliche Strafgesetzbuch § 1 und bürgerliche Strafprozeßordnung § 486) zu veranlassen.

**Die**

§§ 439 **bis 444**

betreffen die Vollstreckung von Freiheitsstrafen.

Dabei ist Folgendes zu bemerken.

§ 439

ist gleichlautend mit den Absätzen 1 und 2 des § 487 der bürgerlichen Strafprozeßordnung, dessen Absatz 3 lediglich deshalb nicht aufgenommen ist, weil seine Bestimmung bei militärischen Strafanstalten sich von selbst versteht.

§ 440

beruht auf den besonderen Verhältnissen des militärischen Dienstes und wird namentlich Anwendung finden, wenn die Truppentheile ihre Garnison verlassen haben, oder wenn der Verurtheilte in einem Stadium der militärischen Ausbildung begriffen ist, welches eine Unterbrechung unerwünscht erscheinen läßt. Uebrigens entspricht diese Vorschrift, in etwas erweiterter Fassung, der in der Praxis bewährt befundenen Bestimmung des § 189 der preußischen Militärstrafgerichtsordnung.

§ 441

stellt im ersten Absatze hinsichtlich der Berechnung der Strafzeit für den in Untersuchungshaft befindlichen Angeklagten im Hinblick auf § 434 den Tag der Rechtskraft des Urtheils als den regelmäßigen Anfangstermin hin. Die Bestätigungsordre ist hiernach nur im außerordentlichen Verfahren (vgl. § 404), nicht aber im ordentlichen Verfahren (vgl. § 400) auf die Berechnung der Strafzeit von Einfluß.

Der Absatz 2 des § 441 entspricht dem § 482 der bürgerlichen Strafprozeßordnung. Es sind hier diejenigen Abweichungen von der Regel des ersten Absatzes aufgeführt, die sich aus der freiwilligen Unterwerfung des Angeklagten unter das Urtheil ergeben.

§ 442

soll die Zweifel beheben, die hinsichtlich der Berechnung der Strafzeit obwalten können, wenn die Verhaftung des Angeklagten erst nach den im § 441 bezeichneten Zeitpunkten eintritt, die Einstellung in die Strafanstalt sich aber durch irgendwelche Umstände verzögert (vgl. auch preußische Militärstrafgerichtsordnung § 187 Abs. 2).

Zum

§ 443,

der wesentlich mit § 493 der bürgerlichen Strafprozeßordnung übereinstimmt, ist hervorzuheben, daß, wenn der Verurtheilte etwa durch Simulation einer Krankheit seine Aufnahme in die Krankenanstalt herbeiführt, von einer Einrechnung der in der Krankenanstalt zugebrachten Zeit nicht die Rede sein kann, da der Verurtheilte dann in Wahrheit gar nicht „wegen Krankheit“ in die Krankenanstalt gebracht wurde. (Wegen der Entscheidung über etwaige Zweifel vgl. § 447 Abs. 1).

§ 444,

der sachlich dem § 492 der bürgerlichen Strafprozeßordnung entspricht, überweist im Interesse gleichmäßiger Rechtsübung und zur Vermeidung von Kompetenzstreitigkeiten die Entscheidung dem Reichsmilitärgerichte.

Bemerkt mag noch werden, daß die „verschiedenen rechtskräftigen Urtheile“ nicht nothwendig sämmtlich militärgerichtliche Urtheile sein müssen.

Die

§§ 445, 446

betreffen, wie die §§ 491, 495 der bürgerlichen Strafprozeßordnung, die Vollstreckung von Geldstrafen. Es erschien zweckmäßig, im § 446 die Verfügung dem Gerichtsherrn der höheren Gerichtsbarkeit zuzuweisen, weil bei der Umwandlung in manchen Fällen auch Rechtsfragen zur Sprache kommen, so daß die Mitwirkung eines richterlichen Militärjustizbeamten erwünscht erscheint.

Wenn ferner im

§ 447

bei einem Zweifel über die Auslegung eines Strafurtheils oder über die Berechnung der erkannten Strafe oder bei Einwendungen über die Zulässigkeit der Strafvollstreckung dem Reichsmilitärgerichte die Entscheidung zugewiesen wird, so empfahl sich diese Bestimmung im Interesse einer einheitlichen Regelung der einschlägigen, nicht immer einfachen Fragen.

## Achter Titel.

## Kosten des Verfahrens.

§§ 448 bis 450.

§ 448.

Im Gegensatze zum § 497 der bürgerlichen Strafprozeßordnung stellt der Entwurf im § 448 das Prinzip der Kostenfreiheit auf. Auch der verurtheilte Angeklagte soll von Kosten befreit sein, selbst baare Auslagen soll er nicht zu tragen haben. Nur dann, wenn die Strafvollstreckung nach Maßgabe des § 15 Absatz 3 des Militärstrafgesetzbuchs auf die bürgerlichen Behörden übergeht, soll der Verurtheilte die Kosten zu tragen haben.

Der Entwurf steht betreffs des ersten Satzes im Wesentlichen auf dem Boden der preußischen Militärstrafgerichtsordnung (§§ 273 bis 278). Letztere läßt allerdings einzelne Ausnahmen von dem Prinzipe der Kostenfreiheit zu, nämlich dahin, daß

1. die oberen Militärbeamten weder Kostenfreiheit noch Stempelfreiheit genießen;

2. die Offiziere:
   a) durchweg den Urtheilsstempel zu entrichten haben,
   b) in Injuriensachen Kostenfreiheit überhaupt nicht genießen;
3. die pensionirten Offiziere, welche „von einer Pension von mehr als 450 Mark jährlich subsistiren", Kostenfreiheit nicht genießen.

Die schon durch das Reichsgesetz vom 3. Mai 1890 (R. G. Bl. S. 63) der Militärgerichtsbarkeit entzogenen pensionirten Offiziere kommen nicht mehr in Betracht. Die anderen Ausnahmen von der Kostenfreiheit hat der Entwurf nicht aufgenommen, weil dieselben theils unbillig erscheinen, theils den heutigen Verhältnissen nicht mehr entsprechen und finanziell ohne Bedeutung sind.

Nur waren von der Kostenfreiheit auszunehmen die Kosten des Wahlvertheidigers, da der Entwurf hinreichende Fürsorge für eine von Amtswegen stattfindende Vertheidigung getroffen hat (vgl. §§ 323, 324).

Wenn in den

§§ 449, 450

von der Auferlegung baarer Auslagen die Rede ist, so handelt es sich nicht um solche, die dem Angeklagten zur Last fallen, sondern um solche, die in Folge besonderer Umstände gewissen anderen Personen aufzulegen sind. So soll nach § 449 (vgl. § 501 der bürgerlichen Strafprozeßordnung) demjenigen, welcher durch eine wider besseres Wissen gemachte oder auf grober Fahrlässigkeit beruhende Anzeige ein Verfahren veranlaßte, so ferner nach § 450 (vgl. § 502 der bürgerlichen Strafprozeßordnung) demjenigen, welcher durch Stellung eines Strafantrags zunächst eine Strafverfolgung herbeiführte, demnächst aber durch Zurücknahme des Antrags die Einstellung des Verfahrens nothwendig machte, die Erstattung der baaren Auslagen auferlegt werden. Es erschien übrigens billig, dem für kostenpflichtig erklärten Antragsteller im § 450 Absatz 2 die Rechtsbeschwerde einzuräumen.

# Begründung

des

## Entwurfs eines Einführungsgesetzes zur Militärstrafgerichtsordnung.

---

In das Einführungsgesetz zur Militärstrafgerichtsordnung sind theils Erläuterungen einzelner in der letzteren ständig gebrauchter Begriffe, theils reichsgesetzlich zu regelnde Ausführungs- und Uebergangsbestimmungen, außerdem eine Reihe von Bestimmungen aufgenommen, die in der Militärstrafgerichtsordnung selbst, namentlich weil sie über den Rahmen derselben hinaus von allgemeinerer Bedeutung sind, nicht Platz finden können.

Im Einzelnen ist Folgendes zu bemerken:

§ 1.

Der Tag, an welchem die Militärstrafgerichtsordnung in Kraft treten soll, läßt sich zur Zeit noch nicht bestimmen. Denn es bleiben nach dem Zustandekommen der Militärstrafgerichtsordnung und des Einführungsgesetzes zu derselben von den einzelnen Militärjustizverwaltungen noch mehrfache Fragen zu lösen, sowie zahlreiche Verwaltungsanordnungen zu treffen, welche durch die Ausführung der Militärstrafgerichtsordnung und die nothwendige Ueberleitung der bestehenden in die neuen Zustände bedingt sind. Es wird hierzu, selbst bei der größten Beschleunigung, immerhin eine geraume Zeit erforderlich sein, die sich mit Bestimmtheit nicht bemessen läßt.

Unter diesen Umständen empfiehlt es sich, die Festsetzung des Tages des Inkrafttretens Kaiserlicher Verordnung, unter Zustimmung des Bundesraths, vorzubehalten.

§ 2.

Um etwaigen Zweifeln zu begegnen, bestimmt der § 2 ausdrücklich, daß mit dem Inkrafttreten der Militärstrafgerichtsordnung, soweit dieselbe Anwendung findet, alle bisherigen militärstrafprozeßrechtlichen Vorschriften außer Kraft treten sollen.

Indem der Entwurf nur die im Reichsgebiete geltenden militärstrafprozeßrechtlichen Vorschriften außer Kraft setzt, bleiben die prozeßrechtlichen Vorschriften der Reichsgesetze, die sich nicht ausschließlich auf das militärgerichtliche Verfahren beziehen, unberührt. Dies gilt insbesondere von den das Antragsrecht betreffenden Vorschriften des bürgerlichen Strafgesetzbuchs (§§ 61ff.) und anderer Gesetze (z. B. der über das Urheberrecht, den unlauteren Wettbewerb 2c.), sowie von den prozeßrechtlichen Vorschriften des Gesetzes über die Presse vom 7. Mai 1874, der Seemannsordnung vom 27. Dezember 1872 2c. Ebensowenig wird der § 3 des Einführungsgesetzes zum Militärstrafgesetzbuche, der die Grenzen für die Ausübung der Disziplinarstrafgewalt in Strafsachen zieht, durch den § 2 berührt; auf jenen nimmt vielmehr der Entwurf der Militärstrafgerichtsordnung in den §§ 150 und 238 ausdrücklich Bezug.

Hinsichtlich der nicht militärstrafprozeßrechtlichen Vorschriften der Landesgesetze geht der Entwurf davon aus, daß dieselben, soweit sie mit den Bestimmungen der Militärstrafgerichtsordnung nicht im Einklange stehen, nach Artikel 2 der Reichsverfassung aufgehoben sind, sonst aber fortbestehen.

Daß Vorschriften öffentlichrechtlicher Natur, wie die der §§ 18, 19 und 21 des Gerichtsverfassungsgesetzes, durch den § 2 nicht berührt werden, ist als selbstverständlich angesehen.

In Bezug auf den Absatz 3 des § 2 ist Folgendes zu bemerken.

Die Organisation der Landgendarmerie ist in den einzelnen Bundesstaaten eine verschiedene. In Preußen, Baden, Hessen und Elsaß-Lothringen ist sie eine rein militärische dergestalt, daß die Mitglieder des Landgendamerieкorps sowohl den Militärstrafgesetzen unterworfen, als auch wegen aller strafbaren Handlungen der Militärstrafgerichtsbarkeit unterstellt sind. In den anderen Bundesstaaten bestehen hiervon abweichende Verhältnisse.

Der Entwurf hat geglaubt, hieran nichts ändern zu sollen, da die Organisation der Landgendarmeriekorps Sache der einzelnen Bundesstaaten ist. Demgemäß soll es sich nach den zur Zeit geltenden oder künftig zu erlassenden Landesgesetzen bestimmen, ob überhaupt und eventuell wegen welcher strafbaren Handlungen die Mitglieder der Landgendarmeriekorps der Militärstrafgerichtsbarkeit unterworfen sind.

Der Entwurf hat jedoch darüber Bestimmung treffen müssen, welcher Kategorie von Militärpersonen die Mitglieder der Landgendarmeriekorps gleichzustellen sind, wenn sie der Militärstrafgerichtsbarkeit unterstehen. Ihrer dienstlichen Stellung entspricht es, sie unter dieser Voraussetzung den Personen des Soldatenstandes gleich zu behandeln.

§ 3.

Die besonderen Verhältnisse in Kriegszeiten erfordern, daß Kriegsgefangene und Ausländer unter Umständen in einem besonders beschleunigten Verfahren, welches sowohl hinsichtlich der Bildung der Militärgerichte wie des Verfahrens Abweichungen von dem regelmäßigen Verfahren bedingt, militärgerichtlich abgeurtheilt werden. Das Gleiche gilt hinsichtlich „kriegerischer Unternehmungen", auch wenn der Kriegszustand nicht erklärt ist. Die letztere Bestimmung trägt hauptsächlich den Bedürfnissen der Marine Rechnung.

Derartige Ausnahmebestimmungen sind bisher schon für den Kriegsfall im Verordnungswege ergangen. Sie sollen auch künftighin durch Verordnung des Kaisers als des obersten Kriegsherrn erlassen werden dürfen.

§ 4.

In der Militärstrafgerichtsordnung wie in dem Einführungsgesetze werden auf dem Gebiete der Militärstrafrechtspflege neben dem Kaiser auch den Kontingentsherren in verschiedenen Beziehungen besondere Befugnisse beigelegt. Bezüglich des Bgriffs „Kontingentsherr" mußte dem durch die Militärkonventionen geschaffenen Rechtszustande Rechnung getragen werden. Durch die letzteren sind nämlich, von Bayern, Württemberg und Sachsen abgesehen, außer der Militärverwaltung auch die militärischen Justizhoheitsrechte theils in vollem Umfange, theils im Wesentlichen auf Preußen übertragen worden.

In die durch die Militärkonventionen getroffenen Abmachungen soll übrigens durch die Bestimmung des § 4 nicht eingegriffeu werden.

§§ 5, 6.

Die Militärstrafgerichtsordnung enthält mit Rücksicht auf die besonderen Verhältnisse „im Felde", sowie „an Bord" der

Schiffe für die Dauer des betreffenden Zustandes eine Reihe von zum Theil erheblichen Ausnahmebestimmungen.

Die §§ 5 und 6 erläutern, in welchem Sinne die Ausdrücke „im Felde“ und „an Bord“ in der Militärstrafgerichtsordnung gebraucht sind. Die Abgrenzung dieser Begriffe ist nach Maßgabe des Bedürfnisses erfolgt.

Ein solches liegt vor für die mobilen Truppen, und zwar für die Dauer der Mobilmachung, deren Umfang, Beginn und Ende jedesmal Allerhöchsten Orts befohlen werden. Auf die im Kriegsfall im immobilen Zustande verbleibenden Truppen finden dagegen die für das Feld gegebenen Sonderbestimmungen keine Anwendung.

Das Letztere gilt auch für die Besatzungstruppen der im Kriegszustande befindlichen Festungen, so lange diese nicht thatsächlich vom Feinde bedroht sind. Erst wenn dieser Zustand eintritt, wird vielfach, sowohl hinsichtlich der Besetzung der erkennenden Militärgerichte wie hinsichtlich des Verfahrens, die Anwendung der allgemeinen Vorschriften unmöglich sein. Daß der Zustand der Bedrohung des festen Platzes durch den Feind eingetreten ist oder wieder aufgehört hat, soll der Besatzung durch Bekanntmachung des Gouverneurs oder Kommandanten dienstlich mitgetheilt werden.

Der Ausdruck „im Felde“ hat hiernach in der Militärstrafgerichtsordnung eine engere Bedeutung, als nach § 9 des Militärstrafgesetzbuchs in letzterem.

Anlangend die Bordverhältnisse bei der Marine, so wurde ein Bedürfniß für Ausnahmebestimmungen nur unter den im § 6 bezeichneten Voraussetzungen anerkannt (vgl. auch Militärstrafgesetzbuch §§ 163 bis 165). Diese Ausnahmebestimmungen würden nicht bei kurzem, vorübergehenden Aufenthalt in den außerheimischen Gewässern zur Anwendung zu kommen haben, sondern nur dann, wenn das fragliche Schiff zu längerem Verbleiben in dem Auslande designirt ist.

Die nähere Anordnung für den Einzelfall würde dem zur Ausarbeitung der Segelordre zuständigen Befehlshaber — dem kommandirenden Admiral — obliegen.

Im Uebrigen darf hier auf das in der Begründung der Militärstrafgerichtsordnung zu den betreffenden Ausnahmebestimmungen Bemerkte Bezug genommen werden.

§ 7.

Die im Absatz 1 dem Kaiser im Kriegsfalle vorbehaltene Verordnungsgewalt ist ein Ausfluß des Kaiserlichen Oberbefehls.

Zu

§ 9

darf auf die Begründung der Militärstrafgerichtsordnung S. 50 verwiesen werden.

§ 10.

Für das im Entwurfe der Militärstrafgerichtsordnung geregelte Verfahren bedürfen die Vorschriften über die Unterbrechung der Verjährung der Strafverfolgung einer besonderen Festsetzung, da der Begriff der „Handlung des Richters“ im Sinne des § 68 des bürgerlichen Strafgesetzbuchs bei der Stellung des Gerichtsherrn und der sonst bei dem militärgerichtlichen Strafverfahren betheiligten Personen nicht ohne Weiteres feststeht. § 10 hat die Bestimmungen dem Geiste der Militärstrafgerichtsordnung und den Bedürfnissen des militärgerichtlichen Strafverfahrens entsprechend geregelt.

§ 11

entspricht dem § 157 des Gerichtsverfassungsgesetzes und regelt das Beschwerderecht nach Maßgabe des militärischen Bedürfnisses.

Die

§§ 12, 13

lehnen sich an die §§ 157 bis 160 des Gerichtsverfassungsgesetzes an. Sie sprechen den keiner Begründung bedürfenden allgemeinen Grundsatz aus, daß die bürgerlichen und militärischen Strafgerichte und Strafgerichtsbehörden sich gegenseitig Rechtshülfe zu leisten haben; sie enthalten außerdem nähere Bestimmungen darüber, an welche Stellen das Ersuchen um Rechtshilfe zu richten ist, und unter welchen Voraussetzungen die Gewährung der Rechtshülfe versagt werden darf. Die Bestimmungen des § 12 beziehen sich auch auf die Fälle des § 228 Absatz 1 der Militärstrafgerichtsordnung.

Die „militärische Stelle“, an welche die bürgerlichen Gerichtsbehörden in den Fällen des § 13 das Ersuchen zu richten haben, wird, falls es sich um Vernehmungen handelt, der Regel nach das Gericht sein, dessen Gerichtsherr der unmittelbare Vorgesetzte des zu Vernehmenden ist. Im Uebrigen ist die ersuchte Stelle, wenn sie selbst nicht zuständig ist, verpflichtet, das Ersuchen, soweit thunlich, an die zuständige Stelle abzugeben.

Dem Verordnungswege bleibt es vorbehalten, die betreffenden militärischen Stellen anzuweisen, Gesuche um Rechtshülfe da, wo Militärgerichte sich am Orte befinden, in erster Reihe an diese zu richten.

§ 14

Bei Streitigkeiten zwischen bürgerlichen Gerichten und Militärgerichten über die Zuständigkeit in einer Strafsache entscheidet zur Zeit in Württemberg der Strafsenat des Oberlandesgerichts in Stuttgart, in Bayern, sowohl bei affirmativem, wie bei negativem Kompetenzkonflikt, ein aus dem Präsidenten und drei Räthen des Oberlandesgerichts in München, sowie drei Richtern des Militärobergerichts zusammengesetzter Senat. Für den Bereich der preußischen Militärstrafgerichtsordnung besteht ein Gerichtshof zur Entscheidung derartiger Kompetenskonflikte nicht, was vielfach zu Unzuträglichkeiten geführt hat.

Der Entwurf hat davon Abstand genommen, lediglich für die hier in Frage kommenden Fälle einen besonderen Kompetenzkonfliktshof für das Reich in Vorschlag zu bringen. Er hat vielmehr versucht, bis zur allgemeinen Regelung der Kompetenzkonflikte, auf dem hier in Rede stehenden Gebiet einen Ausgleich in anderer Weise herbeizuführen. Und zwar soll dieser Ausgleich in der Weise erfolgen, daß im Falle des positiven Kompetenzkonflikts das zuerst rechtskräftig gewordene Urtheil gilt, einem negativen Kopetenzkonflikt aber dadurch vorgebeugt wird, daß, wenn ein bürgerliches Gericht sich rechtskräftig für unzuständig erklärt hat, weil die Sache vor die Militärgerichte gehöre oder umgekehrt, diese Zuständigkeitsfrage damit erledigt sein soll.

§ 15

entspricht dem Beschlusse des Bundesraths vom 19. Februar 1875 (vgl. Protokolle über die Verhandlungen des Bundesraths des Deutschen Reichs, Session von 1874/75 § 146, und Militär-Strafvollstreckungsvorschrift vom 9. Februar 1888 § 5 Nr. 1).

§ 16

wendet die Bestimmungen der §§ 477 bis 479 der bürgerlichen Strafprozeßordnung auf diejenigen Fälle an, in denen die zu verfolgende Person den Militärgerichtsstand hat.

§ 17.

Inwieweit Rechtsanwälte als Vertheidiger vor den Militärgerichten zugelassen werden, regelt die Militärstrafgerichtsordnung im § 326.

Es erschien angemessen, hinsichtlich der Gebühren derselben

die Gebührenordnung für Rechtsanwälte vom 7. Juli 1879 (R. G. Bl. S. 176) entsprechende Anwendung finden zu lassen.

Nach § 326 Nr. 4 der Militärstrafgerichtsordnung sollen indeß Rechtsanwälte, welche ihre Zulassung zum Auftreten vor den Militärgerichten erwirkt haben, als Vertheidiger nur zugelassen oder von Amtswegen bestellt werden können, insoweit bürgerliche Verbrechen oder Vergehen den Gegenstand der Anklage bilden. Außerdem tritt eine Beschränkung insofern ein, als in den zur Zuständigkeit der Standgerichte gehörigen Sachen, weder in erster Instanz noch in der Berufungsinstanz, der Angeklagte sich des Beistandes eines Vertheidigers bedienen kann (vgl. § 322 Abs. 2, § 373 Abs. 2).

§ 18.

Die Artikel II und III des Gesetzes vom 5. April 1888, betreffend die unter Ausschluß der Oeffentlichkeit stattfindenden Gerichtsverhandlungen (R. G. Bl. S. 133), bedürfen einer Erweiterung, nachdem im § 273 der Militärstrafgerichsordnung eine dem § 175 Absatz 2 des Gerichtsverfassungsgesetzes entsprechende Bestimmung aufgenommen ist. Die Straffestsetzung gehört dem materiellen Strafrecht an und mußte deshalb im Einführungsgesetz ihren Platz finden.

Es erschien angezeigt, gegen Personen des Soldatenstandes des aktiven Heeres und der aktiven Marine die militärischen Strafarten des Militärstrafgesetzbuchs anzudrohen.

§ 19

enthält eine Zuständigkeitsvorschrift für die Fälle, in denen sich eine Militärperson als Zeuge oder Sachverständiger durch Ausbleiben nach ordnungsmäßiger Ladung, durch unrechtmäßige Weigerung des Zeugnisses, der Eidesleistung oder der Erstattung des Gutachtens vor bürgerlichen Gerichten strafbar gemacht hat, und in denen die Festsetzung und die Vollstreckung der Strafe den Militärgerichten zugewiesen ist. Die Festsetzung der Strafe soll in diesen Fällen durch den Gerichtsherrn nach Maßgabe des § 91 Absatz 2 der Militärstrafgerichtsordnung erfolgen. Hiernach muß die entsprechende Verfügung durch einen Militärjustizbeamten, der dadurch die Mitverantwortlichkeit für die Gesetzlichkeit übernimmt, mitvollzogen werden.

§ 20

Sowohl durch reichs- wie landesrechtliche Bestimmungen sind den Auditeuren außerhalb des Bereichs der Militärstrafrechtspflege verschiedenartige Thätigkeiten zugewiesen. So beispielsweise durch § 44 des Reichsmilitärgesetzes vom 2. Mai 1874 die Aufnahme privilegirter militärischer letztwilliger Verfügungen, durch das preußische Gesetz vom 8. Juni 1860 (G. S. S. 240) die Aufnahme von Akten der freiwilligen Gerichtsbarkeit. Für solche Fälle bestimmt der § 20, daß an Stelle der Auditeure die Kriegsgerichtsräthe oder Oberkriegsgerichtsräthe treten sollen.

§ 21

gestattet der Militärjustizverwaltung, richterlichen Militärjustizbeamten auch außerhalb des Gebiets der Militärstrafrechtspflege dienstliche Verrichtungen insoweit zu übertragen, als es sich um Geschäfte der freiwilligen Gerichtsbarkeit oder um andere juristische Geschäfte im Bereiche der Militärverwaltung handelt. In letzterer Beziehung kommt hauptsächlich in Betracht die Verwendung dieser Beamten als Justitiare bei größeren militärischen Verbänden oder Instituten, die eines besonderen Rechtsbeistandes entbehren und bei denen schon jetzt die Geschäfte eines solchen vielfach durch Auditeure wahrgenommen werden.

In den

§§ 23, 24

sind Vorschriften über die Behandlung der am Tage des Inkrafttretens der Militärstrafgerichtsordnung bei den bürgerlichen oder militärischen Gerichten anhängigen Strafsachen gegeben, für welche nach den Vorschriften der Militärstrafgerichtsordnung in Zukunft die Militärgerichte zuständig sein würden. Die Einzelbestimmungen werden einer näheren Begründung nicht bedürfen. Ihre Tendenz geht dahin, die anhängigen Sachen, soweit dies angängig, in das neue Verfahren überzuleiten.

Die

§§ 25 bis 31

enthalten die den Uebergang aus den gegenwärtigen in die neuen Rechtszustände ermöglichenden und erleichternden Uebergangsbestimmungen, soweit eine reichsgesetzliche Regelung erforderlich erschien. Theils betreffen sie die Aufhebung oder das einstweilige Fortbestehen der gegenwärtigen Militärgerichte und staatsanwaltschaftlichen Behörden bei denselben, theils regeln sie die Verhältnisse der durch die Neuorganisation betroffenen Militärjustizbeamten.

Es waren in diesen Beziehungen, je nach dem Bereiche der betreffenden Militärstrafgerichtsordnung, wesentlich verschieden organisirte Gerichte und Behörden zu berücksichtigen. Der Entwurf hat sich deshalb darauf beschränkt, in der Hauptsache nur allgemeine Grundsätze aufzustellen, deren nähere Ausführung aber den betreffenden Militärjustizverwaltungen überlassen.

Die Zuständigkeit der Reichsgesetzgebung auf diesem Gebiete beruht auf dem Artikel 4 Nr. 14 der Reichsverfassung, wonach das Militärwesen des Reichs und die Kriegsmarine der Beaufsichtigung seitens des Reichs und der Gesetzgebung desselben unterliegen. Sie ergiebt sich überdies daraus, daß bei den in Rede stehenden Maßnahmen das Reich finanziell interessirt ist.

Im Einzelnen ist noch Folgendes zu bemerken:

§ 25.

Die am Tage des Inkrafttretens der Militärstrafgerichtsordnung anhängigen Sachen sind nur in den Fällen des § 24 Nr. 2 nach den bisherigen Prozeßgesetzen zu erledigen. Nur für diese Fälle kann daher in Frage kommen, ob und inwieweit die zur Zeit bestehenden Militärgerichte ꝛc. einstweilen noch in Thätigkeit bleiben sollen. Im Uebrigen erlischt mit dem Inkrafttreten der Militärstrafgerichtsordnung für das Reich ihre Wirksamkeit von selbst, ohne daß es einer besonderen Aufhebung noch bedürfte.

Aber auch für die Erledigung der im § 24 Nr. 2 bezeichneten Sachen wird vielfach auf ein vorübergehendes Bestehenbleiben der gegenwärtigen Gerichtsbehörden verzichtet werden können, wenn die Funktionen der bisherigen Beamten auf die neuen Militärjustizbeamten, und die Funktionen der obersten Militärgerichtshöfe auf das Reichsmilitärgericht übertragen werden.

Gemäß § 25 sollen die betreffenden Anordnungen im Verordnungswege, und zwar durch den Kaiser oder die betreffenden Kontingentsherren erfolgen.

Für den Geltungsbereich der preußischen Militärstrafgerichtsordnung vom 3. April 1845 ist beabsichtigt, an die Stelle der untersuchungsführenden Offiziere und der Auditeure die Gerichtsoffiziere und Kriegsgerichtsräthe und an die Stelle des General-Auditoriats einen Senat des Reichsmilitärgerichts treten zu lassen. In ersterer Beziehung würde es einer weitergehenden Regelung nicht bedürfen, da die Militärstrafgerichtsordnung hinsichtlich der Gerichtsverfassung sich im Wesentlichen an die preußische Militärstrafgerichtsordnung anschließt und namentlich die gerichtsherrliche Gewalt in beiden Militärstrafgerichtsordnungen denselben militärischen Befehlshabern übertragen ist.

Hinsichtlich des preußischen General-Auditoriats besteht ein Bedürfniß, dasselbe einstweilen fortbestehen zu lassen, nicht, da die richterlichen Geschäfte desselben füglich auf das Reichsmilitärgericht übertragen werden können.

§§ 26 bis 31.

Für die bei den bisherigen Militärjustizbehörden angestellten Beamten ist die neue Organisation, je nach den verschiedenen Militärstrafgerichtsordnungen, von mehr oder weniger fühlbar werdender Bedeutung.

Wo zur Zeit, wie in Bayern, die Verfassung der Militärgerichte wesentlich von derjenigen der Militärstrafgerichtsordnung für das Reich abweicht, tritt die Nothwendigkeit der Versetzung zahlreicher Beamten ein; auch wird es voraussichtlich nicht möglich sein, die bei den dortigen Militärgerichten und den Militärstaatsanwaltschaften angestellten Beamten sämmtlich in Dienststellungen entsprechender Art wieder zu verwenden. In den Bereichen der preußischen, sächsischen und württembergischen Militärstrafgerichtsordnungen wird dagegen das vorhandene Personal zur Besetzung der bei den neuen Militärgerichten erforderlichen Stellen nicht ausreichen. Ueberdies wird eine Anzahl von Militärjustizbeamten wegen hohen Alters ꝛc. keine Verwendung finden können.

Eine Regelung dieser Verhältnisse mußte nach verschiedenen Richtungen hin erfolgen.

Zunächst waren gesetzlich die Bedingungen zu bestimmen, unter denen sich die Beamten ihre anderweite Verwendung oder ihre Versetzung in den Ruhestand gefallen lassen müssen, um in dieser Beziehung späteren Weiterungen und etwaigen Unbilligkeiten vorzubeugen.

Ferner empfahl es sich, und zwar wesentlich mit Rüsicht auf Bayern, diejenigen Beamten, welche bei der Besetzung der neuen Gerichtsbehörden keine Verwendung finden, auch nicht in den Ruhestand versetzt werden, während des im Gesetze bestimmten dreijährigen Zeitraums zur Verfügung der Militärjustizverwaltung zu belassen.

Die in diesen Beziehungen vorgeschlagenen Einzelbestimmungen schließen sich eng an die Vorschriften der §§ 95 ff. des preußischen Ausführungsgesetzes zum deutschen Gerichtsverfassungsgesetze vom 24. April 1878 (G. S. S. 248 ff.) an und sind wie diese von einer billigen Rücksichtnahme auf die Interessen der durch die Neuorganisation betroffenen Beamten getragen, so daß auf eine nähere Begründung dieser Einzelbestimmungen verzichtet werden darf.

Nur mag noch zur Begründung des § 30 auf § 8 Absatz 3 des Gerichtsverfassungsgesetzes und auf § 90 Absatz 3 der Militärstrafgerichtsordnung mitverwiesen und zugleich hervorgehoben werden, daß durch die etwaigen Versetzungen in den Ruhestand, jedenfalls soweit die Marine, sowie Preußen, Sachsen und Württemberg in Betracht kommen, keine nennenswerthen Mehrausgaben entstehen werden.

§ 32

war aufzunehmen, weil ein Theil der gegenwärtig etatsmäßig angestellten Militärjustizbeamten bereits vor dem Inkrafttreten des Gerichtsverfassungsgesetzes vom 27. Januar 1877 in die Militärjustizverwaltung übernommen ist (vgl. auch § 7 Abs. 1 des Reichsmilitärgesetzes).

# Begründung

des

## Entwurfs eines Gesetzes, betreffend die Dienstvergehen der richterlichen Militärjustizbeamten und die unfreiwillige Versetzung derselben in eine andere Stelle oder in den Ruhestand.

---

Richterliche Militärjustizbeamte im Sinne der Militärstrafgerichtsordnung sind die Kriegsgerichtsräthe, die Oberkriegsgerichtsräthe und die juristischen Mitglieder des Reichsmilitärgerichts. Sie sind Militärbeamte (Militärstrafgerichtsordnung § 10 Abs. 3, § 75) und gehören als solche zum aktiven Heere (Reichsmilitärgesetz § 38).

Die Kriegsgerichtsräthe und die Oberkriegsgerichtsräthe sind, soweit sie nicht als Richter bei den erkennenden Gerichten mitwirken, den Gerichtsherren unterstellt (Militärstrafgerichtsordnung § 91 Abs. 1). Sie nehmen in dieser Beziehung dieselbe Stellung ein, wie die Auditeure.

Die richterlichen Militärjustizbeamten gehören, soweit nach Maßgabe der bestehenden Konventionen und Verträge der Artikel 64 der Reichsverfassung auf sie Anwendung findet, als Militärbeamte und Angehörige des aktiven Heeres zu den Reichsbeamten (Reichsbeamtengesetz § 1 und Motive dazu).

Nach der Klasseneintheilung der Militärbeamten des Reichsheeres und der Marine (Verordnung vom 13. August 1895 — R. G. Bl. S. 431) werden die Militärbeamten eingetheilt in solche, welche

1. nur den ihnen vorgesetzten Militärbefehlshabern untergeordnet sind, oder

2. in einem doppelten Unterordnungsverhältnisse stehen, und zwar einerseits zu den ihnen vorgesetzten Militärbefehlshabern, andererseits zu den ihnen vorgesetzten höheren Beamten und Behörden, oder
3. nur den ihnen vorgesetzten höheren Beamten und Behörden untergeordnet sind.

Von den richterlichen Militärjustizbeamten gehören:

zu 1

im Kriege und während des mobilen Zustandes:

der württembergische Feldoberauditeur (I. A. 14);

zu 2

die Auditeure (II. A. 2);

zu 3

a) in Preußen der General-Auditeur der Armee und die Räthe (Mitglieder) des General-Auditoriats;
b) in Sachsen der General-Auditeur, als Vorstand des Oberkriegsgerichts, und der Oberkriegsgerichtsrath;
c) in Württemberg der General-Auditeur und die Räthe (Mitglieder) des Oberkriegsgerichts.

Soweit die richterlichen Militärjustizbeamten Militärbefehlshabern untergeordnet sind (Nr. 1, 2), sind die Disziplinarbefugnisse der Letzteren durch die Disziplinarstrafordnungen, und zwar für das Heer vom 31. Oktober 1872 (§§ 32 bis 34), für die Kaiserliche Marine vom 4. Juni 1891 (Theil I §§ 32 bis 34, Theil II §§ 16 bis 18) geregelt.

Danach sind die Militärbefehlshaber berechtigt, über die bezeichneten Beamten Warnungen und Verweise, sowie Geldbuße bis zu dreißig Mark und Stubenarrest bis zu vierzehn Tagen zu verhängen. Stubenarrest darf jedoch nur in der Zeit verhängt werden, während deren der Beamte unter den Kriegsgesetzen (vgl. Militärstrafgesetzbuch für das Deutsche Reich vom 20. Juni 1872 § 9) steht, und nur in dem Umfang, in dem der betreffende Befehlshaber zur Verhängung von Stubenarrest über Offiziere berechtigt ist. Die kommandirenden Generale dürfen Geldbuße bis zum höchsten zulässigen Betrage, die übrigen Gerichtsherren nur bis zum Betrage von neun Mark verhängen.

Militärbeamte, welche sowohl unter einem Militärbefehlshaber, als auch unter einem Verwaltungsvorgesetzten (oder einer Verwaltungsbehörde) stehen, sind bei Verletzung von Dienstvorschriften, welche die Grundlage ihrer Amtswirksamkeit bilden, ausschließlich der Disziplinarbestrafung des Verwaltungsvorgesetzten (oder der Verwaltungsbehörde) unterworfen. Sonstige zur Disziplinarbestrafung geeignete Handlungen solcher Militärbeamten gehören zwar zur Zuständigkeit des ihnen vorgesetzten Militärbefehlshabers. Hierdurch wird jedoch die Mitaufsicht der Verwaltungsvorgesetzten (oder der Verwaltungsbehörden) über die sittliche Führung des Beamten und die Befugniß, auch ihrerseits dieserhalb, wo nöthig, im Disziplinarweg einzuschreiten, nicht ausgeschlossen.

Wo die Grenzen dieser beiden Unterordnungsverhältnisse zweifelhaft sein sollten, müssen bei Ausübung der Disziplinarstrafgewalt die für die betreffenden Militärbeamten ertheilten besonderen Dienstvorschriften und Instruktionen berücksichtigt werden.

Diese Bestimmungen der Disziplinarstrafordnungen läßt der Entwurf, dem § 77 des preußischen Gesetzes vom 7. Mai 1851 (G. S. S. 218) entsprechend, unberührt (vgl. § 2 Abs. 3).

Das Reichsbeamtengesetz hat davon abgesehen, hinsichtlich der richterlichen Militärjustizbeamten Bestimmungen wegen Disziplinarbestrafung, wegen vorläufiger Dienstenthebung, sowie wegen der Versetzung in ein anderes Amt und wegen einstweiliger und zwangsweiser Versetzung in den Ruhestand zu treffen (Reichsbeamtengesetz § 158), so daß insoweit die Landesgesetzgebung in Kraft geblieben ist.

In dieser Beziehung kommt gegenwärtig für die preußischen Auditeure und die Mitglieder des General-Auditoriats, sowie für die Marineauditeure, neben den vorgedachten militärischen Disziplinarvorschriften, das Gesetz vom 7. Mai 1851, betreffend die Dienstvergehen der Richter ꝛc., mit den aus den Gesetzen vom 26. März 1856 und 9. April 1879 sich ergebenden Abänderungen zur Anwendung.

Danach ist das aus sieben richterlichen Militärjustizbeamten, und zwar aus dem General-Auditeur der Armee, als Präsidenten, und sechs Räthen, (Mitgliedern) bestehende General-Auditoriat das zuständige Disziplinargericht für die Auditeure. Es ist befugt, Warnungen, Verweise und Geldbuße bis zu dreißig Mark endgültig zu verhängen.

Soweit gegen Beschlüsse oder Entscheidungen des General-Auditoriats Beschwerde oder Berufung zuläsig ist, entscheidet darüber der große Disziplinarsenat des Kammergerichts.

Der letztere ist überdies das zuständige Disziplinargericht für die Mitglieder des General-Auditoriats.

In Bayern ist für die richterlichen Militärjustizbeamten

die Verfassungsurkunde vom 26. Mai 1818, Beilage IX, maßgebend (vgl. Art. 23 der Militärstrafprozeßordnung vom 29. April 1869).

In Sachsen gilt das Gesetz vom 7. März 1835, betreffend die Verhältnisse der Civilstaatsdiener mit den Abänderungen durch das Gesetz vom 3. Juni 1876.

In Württemberg finden auf die richterlichen Militärjustizbeamten Anwendung:

1. Die Verfassungsurkunde vom 25. September 1819 Kapitel IV;
2. die Verordnung vom 30. Oktober 1821, betreffend die Disziplinarstrafbefugniß der Departements- und Kollegialvorstände;
3. die Strafprozeßordnung vom 22. Juni 1843 hinsichtlich der Bestimmungen über prozessualische Ordnungsstrafen (vgl. § 738 der allgemeinen Kriegsdienstordnung für die württembergischen Truppen vom 7. Februar 1858).

Die einheitliche Gestaltung der Militärgerichte des deutschen Heeres und der deutschen Marine erfordert auch die Einheitlichkeit der Rechtsstellung der an der Militärstrafrechtspflege betheiligten richterlichen Beamten. Denn da das Reich einerseits diesen Beamten in gleichmäßiger Weise eine unabhängige und selbständige richterliche Stellung gewährleistet (vgl. Militärstrafgerichtsordnug §§ 75, 88, 90), so hat es andererseits auch ein naheliegendes Interesse daran, daß die Würde und das Ansehen des Militärrichteramts überall gleichmäßig gewahrt bleiben, und daß Dienstvergehen nach einheitlichen Grundsätzen verfolgt und geahndet werden.

Der Entwurf lehnt sich, soweit dies unter Berücksichtigung der Richterqualität der in Betracht kommenden Beamten angängig erschien, an das Reichsbeamtengesetz vom 31. März 1873 an und beruht auf folgenden Grundlagen:

Hinsichtlich der der Disziplinarstrafgewalt unterworfenen Personen macht der Entwurf keinen Unterschied zwischen den juristischen Mitgliedern des Reichsmilitärgerichts und den übrigen richterlichen Militärjustizbeamten. Wenn auch das Gerichtsverfassungsgesetz vom 27. Januar 1877 den Mitgliedern des Reichsgerichts in dieser Beziehung eine Ausnahmestellung eingeräumt hat, so erschien doch die Uebertragung dieses Grundsatzes auf die militärischen Verhältnisse nicht thunlich. Denn schon die Möglichkeit, daß ein den

Pflichten des Amtes widerstreitendes Verhalten eines richterlichen Mitgliedes des Reichsmilitärgerichts ohne disziplinarische Rüge bleiben könnte, würde den militärischen Anschauungen zuwiderlaufen.

Der Begriff des Dienstvergehens liegt vor und die Anwendung der Disziplinarstrafgewalt ist begründet, wenn der Beamte die Pflichten verletzt, die ihm sein Amt auferlegt. Bei Bestimmung des Umfanges dieser Pflichten schließt sich der Entwurf an den § 10 des Reichsbeamtengesetzes an (vgl. § 1 und die Bemerkung dazu).

Für geringe Dienstvergehen gestattet der Entwurf im Anschluß an die preußische Disziplinargesetzgebung eine im Aufsichtswege zu ertheilende Mahnung, die indessen nicht die Bedeutung einer Disziplinarstrafe hat, sondern die Möglichkeit bieten soll, die Sühne für ein geringes Dienstvergehen herbeizuführen, ohne den mit Weiterungen verbundenen Apparat eines förmlichen Disziplinarverfahrens in Bewegung zu setzen.

Die Mahnung erfolgt hinsichtlich der Oberkriegsgerichtsräthe und Kriegsgerichtsräthe durch die oberste Behörde der Militärjustizverwaltung. Diese Befugniß ist ein Ausfluß des ihr nach § 106 der Militärstrafgerichtsordnung zustehenden Aufsichtsrechts.

Beim Reichsmilitärgerichte soll die Mahnung durch den Präsidenten desselben im Einverständnisse mit dem Vorsitzenden des Disziplinarhofs (vgl. § 11) erfolgen. Es stützt sich diese Anordnung auf die §§ 105 und 106 der Militärstrafgerichtsordnung, nach welchen dem Präsidenten die Militärjustizverwaltung und das Aufsichtsrecht hinsichtlich des Reichsmilitärgerichts zustehen. Mit Rücksicht auf seine besondere Stellung und da es sich um die richterlichen Beamten des obersten Militärgerichtshofs handelt, erschien es jedoch angemessen, ein Rügerecht des Präsidenten an das Einverständniß des Vorsitzenden des Disziplinarhofs zu binden.

Bei Bestimmung der Disziplinarstrafen weicht der Entwurf von dem Reichsbeamtengesetz insofern ab, als er die Geldstrafe bis zum Betrage des einmonatlichen Diensteinkommens (R. B. G. § 74, Nr. 3) und neben der Strafversetzung die Verminderung des Diensteinkommens um höchstens ein Fünftel oder statt dessen die Verhängung einer Geldstrafe bis zu einem Drittel des jährlichen Diensteinkommens (R. B. G. § 75, Nr. 1) nicht aufgenommen hat. Denn diese

Strafen erscheinen einerseits entbehrlich, andererseits unzweckmäßig, und zwar letzteres deshalb, weil sie, je nach der Vermögenslage des Beamten verschiedenartig wirken und überdies in vielen Fällen thatsächlich Andere, als den Schuldigen treffen. Insbesondere kann die Entziehung eines mehr oder weniger erheblichen Theiles des Diensteinkommens für eine angemessene Strafe nicht erachtet werden. Denn die weitaus überwiegende Mehrzahl der Beamten ist für sich und ihre Familie auf das Diensteinkommen angewiesen und wird durch die zeitweise Entziehung desselben in eine wirthschaftliche Nothlage versetzt, die nur zu leicht den Beamten auf Wege drängt, deren Betreten sich mit seiner amtlichen Stellung nicht verträgt.

Dem hier vertretenen Standpunkte steht nicht entgegen, daß die militärischen Disziplinarstrafordnungen Geldbuße bis zu dreißig Mark zulassen. Denn diese, in ihrer Geringfügigkeit die wirthschaftlichen Verhältnisse des Betreffenden kaum berührende Buße überschreitet nicht die Grenzen einer leichten Ordnungsstrafe.

Dagegen läßt der Entwurf neben einem Verweis und der Strafversetzung die Zurücksetzung des Beschuldigten in dem Aufrücken in eine höhere Gehaltsstufe um ein bis drei Jahre zu. Auch diese Nebenstrafe ist im Disziplinarerkenntniß auszusprechen. Es handelt sich hierbei nicht um eine Schmälerung des zustehenden, sondern um die zeitweise Vorenthaltung eines höheren Diensteinkommens, auf das ein Anspruch nicht besteht und dessen Gewährung die Würdigkeit des Beamten schon an sich zur Voraussetzung hat. Hier treten deshalb die gegen die zeitweise Entziehung des Diensteinkommens sprechenden Bedenken nicht hervor. Andererseits ist allerdings die hier vorgesehene Nebenstrafe gegenstandslos bei solchen Beamten, die sich schon auf der höchsten Gehaltsstufe befinden.

Bei den Mitgliedern des Reichsmilitärgerichts mußte übrigens auch die Strafversetzung in Wegfall kommen, da ihre Ausführung nicht wohl möglich ist. Insbesondere muß eine Versetzung an das Reichsgericht für ausgeschlossen erachtet werden, da darunter das Ansehen dieses obersten Gerichtshofs leiden und der Beamte, dessen Bestrafung wegen Verstoßes gegen die Amtspflichten geboten war, in Zukunft jeder Disziplinarstrafgewalt entzogen sein würde.

Der Entwurf weicht endlich vom Strafensystem des Reichsbeamtengesetzes noch insofern ab, als er eine Eintheilung der Strafen in Ordnungsstrafen (Warnung, Verweis) und Entfernung aus dem Amte (Strafversetzung, Dienstentlassung) nicht kennt. Er geht vielmehr davon aus, daß es der Wahrung des richterlichen Ansehens am meisten entspricht, wenn, von den Disziplinarbefugnissen der militärischen Vorgesetzten abgesehen, in allen Fällen, in denen die Verhängung einer Disziplinarstrafe, sei es auch nur einer Warnung oder eines Verweises, in Aussicht steht, ein förmliches Disziplinarverfahren stattfindet. In dieser Beziehung war zu berücksichtigen, daß für die Kriegsgerichtsräthe und Oberkriegsgerichtsräthe ein vorgesetzter richterlicher Beamter, dem die Befugniß zur Ertheilung von Warnungen und Verweisen beigelegt werden könnte, nicht vorhanden ist. Die gedachte Anordnung bietet überdies den Vortheil einer einfacheren und übersichtlicheren Gestaltung der Vorschriften.

Der Entwurf sieht im Anschluß an das Reichsbeamtengesetz die Bildung von Disziplinarkammern als Disziplinargerichte erster Instanz, und eines Disziplinarhofs, als des Disziplinargerichts zweiter Instanz, vor. Es empfahl sich, die Disziplinarkammern an die Armeekorpsverbände bezw. an den Verband der Marine anzuschließen, und dies um so mehr, als die Armeekorpsbezirke mit den Gebieten der Militärverwaltungen von Preußen, Bayern, Sachsen und Württemberg sich decken.

Die Disziplinargerichte sind ständige Gerichte, deren Mitglieder theils kraft ihres Amtes, theils durch Bestellung für die Dauer des zur Zeit der Ernennung bekleideten Richteramts berufen sind.

Diese Disziplinargerichte bestehen aus richterlichen Militärjustizbeamten. Schon im gegenwärtig geltenden Rechte ist, entsprechend dem auch für die Offiziere im ehrengerichtlichen Verfahren geltenden Grundsatze, für die richterlichen Beamten daran festgehalten, daß nur die engeren Standesgenossen — richterliche Beamte — über sie zu urtheilen berufen sind. Die richterlichen und die Verwaltungsbeamten lassen sich in dieser Beziehung nicht wohl gleichstellen, auch würde es dem Dienstansehen der richterlichen Militärjustizbeamten, gegenüber ihren bürgerlichen Standesgenossen, Abbruch thun, falls sie auch nur theilweise der Beurtheilung ihrer Standesgenossen entzogen werden sollten. Dem berechtigten Einflusse des militärischen Vorgesetzten ist in den Disziplinarstrafordnungen, deren bezügliche Bestimmungen aufrechterhalten sind (§ 2), und im § 31 Rechnung getragen.

Im Interesse steter Beschlußfähigkeit der Disziplinarkammern will der Entwurf es dem Ermessen der Militärjustizverwaltungen überlassen, mehrere Armeekorpsbezirke zu einem Disziplinarkammerbezirke zu vereinigen. In diesem Falle würden so viele richterliche Militärjustizbeamte zur Verfügung stehen, daß die Bildung der Disziplinarkammern und die Ernennung der Stellvertreter keinerlei Schwierigkeiten bieten würden. Bei der Seltenheit der Fälle, in denen voraussichtlich der Zusammentritt von Disziplinarkammern erforderlich werden wird, würden auch die Kosten einer solchen Einrichtung nicht ins Gewicht fallen.

Die Disziplinarkammern sollen aus fünf Mitgliedern, mit Einschluß des Vorsitzenden, bestehen.

Die Oberkriegsgerichtsräthe des Bereichs der Disziplinarkammer, und zwar, soweit mehr als fünf vorhanden sind, die fünf ältesten, sollen mit Rücksicht auf ihre Diensterfahrung und ihr besonderes dienstliches Ansehen kraft ihres Amtes Mitglieder der Disziplinarkammer sein; der älteste von ihnen soll den Vorsitz führen.

Soweit die Zahl der vorhandenen Oberkriegsgerichtsräthe — was in der Regel der Fall sein wird — zur Bildung der Disziplinarkammer nicht ausreicht, werden die fehlenden Mitglieder und Stellvertreter aus der Zahl der Kriegsgerichtsräthe entnommen. Ihre Ernennung steht der obersten Behörde der Militärjustizverwaltung zu.

Die zweite Instanz für die Disziplinarkammern ist als Disziplinarhof aus der Gesammtheit der bei dem Reichsmilitärgericht angestellten juristischen Mitglieder gebildet worden. Der Disziplinarhof ist aber nicht nur zuständig für die Verhandlung und Entscheidung über das Rechtsmittel der Berufung gegen die Urtheile der Disziplinarkammern, sondern er bildet auch die erste und letzte Instanz in Disziplinarstrafsachen der juristischen Mitglieder des Reichsmilitärgerichts, die einer Disziplinarkammer füglich nicht unterstellt werden können. Zur Beschlußfähigkeit des Disziplinarhofs ist die Anwesenheit von sieben Mitgliedern, einschließlich des Vorsitzenden, erforderlich.

Das Verfahren bei den Disziplinargerichten ist möglichst dem Reichsbeamtengesetze nachgebildet. Nur bezeichnet der Entwurf im Anschluß an die Militärstrafgerichtsordnung das zur Aufklärung des Sachverhalts stattfindende Verfahren nicht als Voruntersuchung, sondern als Ermittelungsverfahren.

Für das Ermittelungsverfahren, sowie für die Wahrnehmung der staatsanwaltschaftlichen Funktionen werden bei den Disziplinarkammern für jeden einzelnen Fall Kriegsgerichtsräthe bestellt, während bei dem Disziplinarhofe die letzteren Funktionen stets von dem Obermilitäranwalt ausgeübt werden und nur die Bestellung eines Untersuchungsführers für den einzelnen Fall erfolgt.

Das Ermittelungsverfahren ist schriftlich; ihm folgt, falls nicht Einstellung des Verfahrens stattfindet, eine mündliche Hauptverhandlung.

Die Vorschriften der Militärstrafgerichtsordnung kommen zur Anwendung, soweit es sich um Ausschließung oder Ablehnung von Gerichtspersonen, Berechnung von Fristen, Wiedereinsetzung in den vorigen Stand, Vernehmung von Zeugen, Zuziehung von Sachverständigen, Zustellungen an andere Personen, als den Vertreter der Staatsanwaltschaft, um die Aufnahme von Protokollen und um die Abstimmungen handelt.

Die Einleitung des Ermittelungsverfahrens, sowie die Entscheidung über die Einstellung des Verfahrens und über die Verweisung zur Hauptverhandlung erfolgt hinsichtlich der Mitglieder des Reichsmilitärgerichts durch den Präsidenten desselben im Einverständnisse mit dem Vorsitzenden des Disziplinarhofs, hinsichtlich der übrigen richterlichen Militärjustizbeamten durch die oberste Behörde der Militärjustizverwaltung.

Es erschien geboten, der obersten Verwaltungsbehörde in den zu ihrer Zuständigkeit gehörenden Fällen unter allen Umständen die Möglichkeit zu gewähren, eine richterliche Entscheidung herbeizuführen.

Die Kostenfrage regelt sich nach Maßgabe des § 124 des Reichsbeamtengesetzes.

Nach dem Ausgeführten bedarf es nur noch weniger Bemerkungen zu einzelnen Bestimmungen des Entwurfs.

§ 1.

Der Entwurf hat vermieden, für die Fälle, in denen das

Verhalten des Beamten in oder außer dem Dienste in Frage steht, den Thatbestand des Dienstvergehens davon abhängig zu machen, daß der Beamte sich der Achtung, die sein Beruf erfordert, unwürdig gezeigt habe (vgl. preußisches Gesetz vom 7. Mai 1851 § 1 Nr. 2). Denn sofern festgestellt wird, daß der Beamte sich dieser Achtung unwürdig gezeigt hat, würde jede andere Strafe als Dienstentlassung im Mißverhältnisse zu einer solchen Feststellung stehen. Andererseits aber würde sich ein Verhalten, das zwar gegen die Standespflichten verstößt, ohne jedoch den Beamten der Achtung, die sein Beruf erfordert, unwürdig zu machen, der eigentlichen Disziplinarbestrafung entziehen.

Zu

§ 2

darf auf die vorhergehenden allgemeinen Bemerkungen Bezug genommen werden.

Bei der Mahnung handelt es sich lediglich um eine zumeist im eigenen Interesse des Richters zugelassene Maßnahme. Es erschien daher unbedenklich, im Anschluß an das in Preußen bezüglich der Auditeure geltende Recht und im Gegensatze zu der den Civilrichtern in Preußen durch § 25 des Gesetzes vom 7. April 1879 eingeräumten Befugniß, den richterlichen Militärjustizbeamten eine Provokation auf Einleitung des Disziplinarverfahrens gegenüber einer ihnen ertheilten Mahnung zu versagen.

§ 3.

Nach der Entstehungsgeschichte des § 75 des Reichsbeamtengesetzes, an den § 3 sich anschließt, erhalten die Reichsbeamten bei Strafversetzung Umzugskosten nach den allgemein gültigen Bestimmungen.

Zu

§ 8 Absatz 4

ist zunächst zu bemerken, daß unter dem zur Zeit der Ernennung bekleideten Hauptamte nicht etwa die Stellung als richterlicher Militärjustizbeamter überhaupt, sondern die besondere Dienststelle verstanden, die der betreffende Beamte zur Zeit der Ernennung bekleidet.

Ist ausnahmsweise eine Disziplinarkammer, z. B. durch Ausschließung, Ablehnung, Krankheit, Beurlaubung von Mitgliedern und deren Stellvertretern nicht beschlußfähig, so kann die oberste Behörde der Militärjustizverwaltung die fehlenden

Mitglieder durch Mitglieder einer richterlichen Disziplinarkammer ersetzen.

Der Entwurf geht davon aus, daß, soweit dies irgendwie angängig, Mitglieder einer militärischen Disziplinarkammer zum Ersatze heranzuziehen sind. Er gewährt aber auch durch die gewählte Fassung der Militärverwaltung derjenigen Bundesstaaten, für welche nur eine Disziplinarkammer gebildet wird, die Möglichkeit, den nothwendig werdenden Ersatz durch Betheiligung von Mitgliedern eines Disziplinargerichts für bürgerliche Richter herbeizuführen.

Die hier der obersten Behörde der Militärjustizverwaltung hinsichtlich der Ergänzung einer nicht beschlußfähigen Disziplinarkammer eingeräumte Befugniß entspricht ihrem Rechte, die Mitglieder der Disziplinarkammern und ihre Stellvertreter, soweit nicht das Gesetz Bestimmung getroffen hat, zu ernennen.

§ 9

schließt sich im ersten Absatz an den Absatz 2 des § 88 des Reichsbeamtengesetzes an. Bestehen Zweifel darüber, an welchem Orte der Beschuldigte seinen dienstlichen Wohnsitz hat, so entscheidet die oberste Behörde der Militärjustizverwaltung.

Im

§ 12

ist der Erlaß der Geschäftsordnung der Disziplinarkammern der obersten Behörde der Militärjustizverwaltung überlassen. Für den Disziplinarhof wird die Geschäftsordnung durch diesen selbst aufgestellt, entsprechend der Vorschrift des § 92 des Reichsbeamtengesetzes. Nur bedingen es die militärischen Verhältnisse, daß im letzteren Falle die Bestätigung durch den Kaiser erfolgt.

§ 15

schließt sich dem Reichsbeamtengesetz insofern an, als die Einleitung des Disziplinarverfahrens hinsichtlich der Oberkriegsgerichtsräthe und Kriegsgerichtsräthe der obersten Aufsichtsbehörde (obersten Behörde der Militärjustizverwaltung) zusteht. Soweit es sich indessen um die Mitglieder des Reichsmilitärgerichts handelt, ist die Entscheidung in die Hände des Präsidenten des Reichsmilitärgerichts und des Vorsitzenden des Disziplinarhofs gelegt worden.

Bestimmend hierfür waren dieselben Gründe, welche dahin

geführt haben, die Befugniß zur Ertheilung einer Mahnung den Genannten zu übertragen (§ 2).

Nach

§ 30

finden die auf die vorläufige Dienstenthebung der Reichsbeamten bezüglichen Bestimmungen des Reichsbeamtengesetzes, da durch die richterliche Stellung eine Abweichung nicht bedingt ist, auch auf die richterlichen Militärjustizbeamten Anwendung. Die Entscheidung muß naturgemäß denselben Behörden zustehen, die über die Einleitung des Disziplinarverfahrens zu befinden haben.

§ 31

trägt einem für die Feld- und Bordverhältnisse unabweisbaren Bedürfnisse Rechnung. Dies hat bereits in der preußischen Verordnung vom 24. September 1826 (G. S. S. 85) Anerkennung gefunden, und es ist die bezügliche Bestimmung auch durch den § 77 des preußischen Gesetzes vom 7. Mai 1851 aufrechterhalten worden.

Es versteht sich von selbst, daß für ein weiteres disziplinarisches Einschreiten gegen den Beamten lediglich die gesetzlichen Vorschriften maßgebend sind.

§§ 32, 33.

Für die Bestimmungen, betreffend die unfreiwillige Versetzung eines richterlichen Militärjustizbeamten in eine andere Stelle, ist der Grundsatz festgehalten, daß der richterliche Militärjustizbeamte wider seinen Willen nicht versetzt werden darf.

Für die Mitglieder des Reichsmilitärgerichts kann eine Versetzung überhaupt nicht in Frage kommen. Hinsichtlich der übrigen richterlichen Militärjustizbeamten aber können allerdings, und zwar ohne Verschulden des Beamten selbst, Umstände eintreten, die sein Verbleiben in der zeitigen Dienststelle als unvereinbar mit den Interessen der Militärrechtspflege erscheinen lassen, ohne daß die Voraussetzungen für die unfreiwillige Versetzung in den Ruhestand (vgl. §§ 34, 35) gegeben wären.

Der Entwurf hat es deshalb für nothwendig erachtet, die Bestimmung des § 51 des preußischen Gesetzes vom 7. Mai 1851 aufzunehmen. Auch ist Vorsorge getroffen, daß der Beamte durch eine solche Versetzung weder in seinem Range noch in seinem Diensteinkommen geschädigt wird. Insbesondere steht ihm der Anspruch auf Umzugskosten zu.

Damit ist zugleich dem Gesichtspunkte Rechnung getragen, welcher dem § 74 Absatz 3 des preußischen Gesetzes vom 7. Mai 1851 zu Grunde liegt, so daß es möglich ist, einen Oberkriegsgerichtsrath oder Kriegsgerichtsrath, der wegen hohen Alters oder aus anderen Gründen nicht mehr felddienstfähig ist, in eine Stelle zu versetzen, welche die Felddienstfähigkeit nicht erfordert. Es wird hierdurch u. A. die Möglichkeit geboten, verdiente ältere Beamte, die andernfalls in den Ruhestand überzuführen wären, durch Versetzung in eine andere ihren Kräften angemessene Stelle noch länger im Dienste zu erhalten.

Daß im Uebrigen eine solche Versetzung nicht ohne zwingende Gründe geschehe, ist zwar selbstverständlich, wird überdies aber auch durch die Entscheidung des Disziplinarhofs garantirt.

Aus militärischen Rücksichten hätte es zwar nahe gelegen, diese Entscheidung der obersten Behörde der Militärjustizverwaltung zu übertragen; indessen erschien es in Rücksicht auf § 90 der Militärstrafgerichtsordnung geboten, den Disziplinarhof, als eine richterliche Körperschaft, mit dieser Entscheidung zu betrauen.

Die unfreiwillige Versetzung in eine andere Stelle unterscheidet sich von der Strafversetzung sehr wesentlich durch die Veranlassung, die zu der Versetzung führt, und durch die Form, in der ihre Nothwendigkeit ausgesprochen wird. Es bleibt immer der große Unterschied bestehen, daß in dem einen Falle nur die nothwendige Rücksicht auf den ordnungsmäßigen Dienstbetrieb maßgebend ist, während in dem andern Falle das pflichtwidrige Verhalten des Beamten die Verhängung einer disziplinargerichtlichen Strafe nothwendig gemacht hat. Ueberdies liegt ein erheblicher Unterschied auch darin, daß mit der Strafversetzung eine zeitweise Zurücksetzung in dem Aufrücken in eine höhere Gehaltsstufe verbunden werden kann.

Die Bestimmungen über die unfreiwillige Versetzung in den Ruhestand (§§ 34, 35) bedürfen im Hinblick auf § 61 des Reichsbeamtengesetzes, § 130 Absatz 1 und § 131 des Gerichtsverfassungsgesetzes vom 27. Januar 1877 keiner besonderen Begründung.

§ 36

schließt sich an den § 1 des preußischen Ausführungsgesetzes zur deutschen Gebührenordnung für Rechtsanwälte vom 2. Februar 1880 an.

§ 37

enthält die erforderlichen Uebergangsbestimmungen.

§ 38

bedarf keiner weiteren Begründung.

Druck von G. Bernstein in Berlin.

FSC
www.fsc.org
MIX
Papier | Fördert gute Waldnutzung
FSC® C083411

Kolibri 360 GmbH
Ferdinand-Jühlke-Straße 7
99095 Erfurt, Deutschland
produktsicherheit@kolibri360.de